Eugen Kogon

Liebe und tu, was du willst

Reflexionen eines Christen

Eugen Kogon

Liebe und tu, was du willst

Reflexionen eines Christen

Redaktion: Michael Kogon

BELTZ
Quadriga

Band 4 der Gesammelten Schriften

Herausgegeben von Michael Kogon und Gottfried Erb

Lektorat: Claus Koch
Herstellung: Iris Müller

Satz: Rada & Gutzwiller, Atelier für Gestaltung, Basel
Druck und Bindung: Druckhaus Beltz, 69494 Hemsbach
Umschlaggestaltung: Dieter Vollendorf
Umschlagfoto: Willi Klar
Printed in Germany
ISBN 3-88679-264-1

Inhalt

Vorwort

Der religiöse Glaube Eugen Kogons ruhte fest in der Überzeugung, daß Gott den Menschen liebt und daß er ihm eine entsprechende Bestimmung gegeben hat, „ein die Natur der Dinge transzendierendes Ziel, auf das hin zu handeln“ ist – in stets freier Entscheidung: die Welt durch Liebe zu verwandeln und dadurch schließlich selber in die Liebe Gottes heimzukehren.

Eben deshalb beschäftigte ihn aber auch die existentielle Erfahrung, daß es kein Leben ohne Leid gibt, daß nicht primär die Liebe unser Zusammenleben bestimmt, daß die Jahrmillionen der natürlichen Evolution daran offenbar nichts geändert haben und daß Gott auch sonst nichts Erkennbares dagegen getan hat. Solange wir zurückforschen können, ist es anscheinend so gewesen. Warum nicht anders? Um diese Frage kommt niemand herum, der an Gottes Liebe und Allmacht glaubt. Aber es fiel Eugen Kogon schwer, darauf eine Antwort zu finden, die Bestand hatte. „Nichts gelten die traditionellen Erklärungen, die uns zumuten, jede Art von Schmerz, von Qual, von Dahinsiechen, Verstümmelungen, Foltern ..., alles dies, angeblich erst mit dem Menschen und durch ihn, als Folge von Sünde in die Welt gekommen, sei im einen Fall Strafe, im andern Fall Prüfung, im dritten stellvertretendes Opfer, im vierten notwendige welt- und heilsgeschichtliche Fügung.“[1] Auch die tröstenden und die einfachen Erklärungen befriedigten ihn nicht ganz – etwa die, daß das Leid die Nähe Gottes nicht aufhebe und Gott unser Leid mit uns teile, daß es ein Anlaß sei, über sich und die Welt besser nachzudenken, daß Gott vielleicht nicht an alles gedacht habe oder daß das meiste Unheil von Menschen verursacht werde; er könnte sie ja davon abhalten. Ebensowenig akzeptierte Eugen Kogons Gefühl den (allerdings nicht speziell auf das Leid bezogenen) Satz von Heinz Zahrnt: „Das Ziel der Schöpfung Gottes garantiert auch ihre Güte“, und „um das zu erkennen, darf der Mensch nur nicht von sich aus wissen wollen, was gut oder

---

1 Siehe weiter unten S. 61.

schlecht ist".[1] Und er konnte auch nicht uneingeschränkt „das Leid als ungelöste Frage stehen lassen", deren Sinn uns Gott am Ende sehen lassen wird[2].

So ließ er sich auf eine Vermutung ein, auf die ihn das Gedankengebäude des von ihm vielfach erwähnten katholischen Religionsphilosophen Teilhard de Chardin gebracht haben mag und die ihn schließlich zu einem Welt- und Weltallbild von beeindruckender Konsistenz und Geschlossenheit führte. 1968 formulierte er diese Vermutung so: „In einem ungeheueren, uns unfaßbaren Geschehen vor und völlig außerhalb unserer Existenz ist es zur Grausamkeit des Leidens gekommen. Es könnte, aus Gründen, die uns unzugänglich sind, die universelle Vorgegebenheit sein, in die wir gestellt sind – Wesen der Bewährung, nicht einer ehernen, unentrinnbaren, unerbittlichen Notwendigkeit ausgeliefert. Wir sollen durch Wirrnis und Verführung hindurch als Berufene heimfinden in die Güte, die über uns waltet und uns erwartet. Der bessere Teil unserer Humanität gibt Kunde von ihr. In Jesus Christus aber ist Gott, um uns das wegweisende Zeugnis zu geben, selbst sichtbar geworden, – wer sonst hätte es so vollkommen zu geben vermocht?"[3] Und Gott wurde konsequenterweise sichtbar in jenem Volk, das als erstes in der Geschichte daran glaubte, daß er der einzige und zudem gütig sei (wenn auch nur zu den Guten und zu denen „seines" Volkes). Diese Menschwerdung Gottes bezeichnete die zweite große Mutation auf einem vielleicht noch sehr langen Weg moralischer Evolution hin zur voll entfalteten Humanität, zu einem Leben aller in Liebe zueinander. (Die erste Mutation war die Herausbildung der spezifisch humanen Qualitäten in jenem Wesen, das daraufhin in klarer, aber nicht überheblicher Abgrenzung zum Tier „der Mensch" genannt werden konnte.) Wenn die Menschen dieser Heilsbestimmung Gottes bisher nur wenig gefolgt sind, so bedeutete das für Eugen Kogon nicht, daß Gottes Plan mißlungen wäre, sondern es ließ ihn eher daran denken, daß die Menschheit heute, zweitausend

1 Heinz Zahrnt: Die Sache mit Gott – Die protestantische Theologie im 20. Jahrhundert, R. Piper & Co. Verlag, München 1966, S. 120 f. Siehe weiter unten S. 62 f.

2 J. Feiner und L. Vischer (Hrsg.): Neues Glaubensbuch – Der gemeinsame christliche Glaube, Verlag Herder, Freiburg im Breisgau 1973, S. 316.

3 Siehe weiter unten S. 62.

Jahre nach Jesu irdischem Leben, möglicherweise immer noch ziemlich am Anfang dieses Heilsweges steht, der sich, in Etappen, vielleicht über hunderttausend weitere Jahre hinziehen wird. Aber gerade in unseren Jahrzehnten könnten wir eine neue solche Etappe erreicht haben, da die weltweite Interdependenz, in die wir hineingeraten sind, uns zwingt, unsere bisherige Individualethik durch eine vom Grundsatz der Fraternität getragene neue Solidarethik zu ersetzen.[1]

Diese religiöse Grundüberzeugung Eugen Kogons hat sich anfänglich strikt innerhalb der katholischen Glaubenslehre entwickelt. Er war streng katholisch erzogen worden und vertrat als junger Redakteur in Wien eine sehr konservative kirchentreue Position. Erst während der sieben Jahre seiner Gefangenschaft unter Hitler bis zum Ende des zweiten Weltkrieges fing er an, sich davon zu lösen. 1945 verstand er sich nicht mehr nur als Katholik, sondern als Christ, der in sein Glaubensbild auch evangelische Überzeugungen einbezog – ein ökumenischer Standort, den er, zusammen mit seinen Freunden, vor allem in den „Frankfurter Heften" vertrat, auch wenn er das Wort „Ökumene" selten gebrauchte und sich bis zum Ende seines Lebens der katholischen Kirche zugehörig fühlte. Beiden Kirchen dachte er eine „ganz besondere Rolle" bei der moralischen Erneuerung und beim Aufbau einer neuen Gesellschaft in Deutschland zu. Enttäuschungen blieben nicht aus. Seine Kritik an der katholischen Kirche wuchs: an Amtsträgern, die blind an der neuen Herausforderung vorbei agierten, und an „Gläubigen", die ihren Glauben nicht überzeugend lebten.

Auch Aussagen der kirchlichen Glaubensverkündigung gerieten zunehmend in seine Ernüchterung hinein. Er setzte sich eingehend und sehr kritisch mit dem „Sündenfall" und seinen ungeheueren Konsequenzen auseinander, forderte in diesem Zusammenhang „die Preisgabe der Ableitung des Todes von der Sünde", sprach von der „gräßlichen Prädestinationslehre", ging auf Distanz zur „Mystik des Leidens", zur „Jammertal"-Ideologie, zum „Tag des Zornes" im Jüngsten Gericht und zur Drohung mit den Jahrmilliarden und Jahrmilliarden und noch eine Ewigkeit währenden Qua-

---

1 Eine übersichtliche, knappe Zusammenfassung dieser Gedankengänge bietet der Anfang des Beitrags „Die Botschaft Jesu in der Hand der Kirchen" auf S. 206.

lenstrafen der Hölle und verstand gegen Ende seines Lebens den „persisch-römischen Martertod“ Christi nicht mehr als gottgewollten Akt der Menschheitserlösung von Sünde und ewigem Tod, sondern als unausweichliche Konsequenz eines kompromißlos nach Gottes Vorstellung ausgerichteten vorbildhaften Lebens. Dabei gelangte er zu einem neuen Verständnis von „Erlösung“, nämlich als durch die ganze Existenz Christi bewirkte „Befreiung aus der Verfallenheit in das universale Gesetz der Determinationen“ in einer Welt des Kampfes ums Dasein „mit allen seinen Schrecklichkeiten“[1] hin zum wahren Menschsein.

Es konnte nicht ausbleiben, daß er auch in der Bibel mancherlei entdeckte, was er nicht mit der Güte Gottes in Einklang zu bringen vermochte[2]. Er erkannte, daß man (um mit Heinz Zahrnt zu formulieren, dessen Lebensweg den seinen viele Male kreuzte) zwar Gott beim Wort, aber die Bibel „um Gottes willen“ nicht in jedem Fall wörtlich nehmen soll[3], weil sie ein Dokument des Glaubens in einem tieferen Sinne ist: keine Schrift, deren Inhalt „einfach so“ zu verinnerlichen wäre, sondern eine, die Glauben an Gott und Erfahrung mit ihm bezeugt und bewirkt.

Der Kern seines Glaubens, wie ich ihn eingangs beschrieben habe, blieb von dieser Entwicklung jedoch unberührt, und auch die wichtigsten Grundsteine der Glaubensverkündigung gerieten für ihn nie ins Rutschen. An der Offenbarung der Güte und Liebe Gottes und an der Auferstehung – Jesu und der Menschen – hat er bis in seine abschließende Lebensphase genereller Resignation hinein nie gezweifelt, und die Sätze der Bergpredigt – mit den Verheißungen, dem Gebot der Feindesliebe, dem Vaterunser – behielten für ihn eine unauflösliche Verbindlichkeit. Ich habe mich schon zu seinen Lebzeiten manchmal gefragt, wie ein solcher Kritiker von Religion und Kirche so zutiefst gläubig sein konnte – oder auch umgekehrt. Die zunehmende Rückbesinnung auf die elementaren Inhalte seines Glaubens öffnete zugleich seinen Sinn für andere monotheistische Religionen, besonders für den jüdischen Glauben, den er als Urgrund des Christentums verstand.

---

1 Siehe zu diesen Gedankengängen vor allem den Beitrag „Ein neues Verständnis des Erlösungsgeschehens“ auf S. 69 ff.

2 Siehe weiter unten S. 25-26.

3 Heinz Zahrnt: Mutmaßungen über Gott – Die theologische Summe meines Lebens, R. Piper & Co. Verlag, München/Zürich 1994, S. 58.

In Eugen Kogons persönlicher Religiosität gab es also ebenfalls eine Art Evolution. Zwischen seinem ersten religiösen Artikel aus dem Jahr 1931[1] und seiner letzten veröffentlichten religiösen Betrachtung aus dem Jahr 1984[2] liegt weit mehr als ein halbes Leben unentwegten Lernens und Nachdenkens. Die religiösen Aufsätze aus der Vorkriegszeit sind in einigen wesentlichen Punkten von jenen der Nachkriegszeit so verschieden, daß sie in einem gesonderten Band vorgelegt werden sollen, der die gesamte damalige Position Eugen Kogons zeigt, einschließlich der gesellschaftlichen und politischen. In jenem Band soll auch dargelegt werden, was den inneren Wandel verursacht hat.

Aber auch die Nachkriegstexte erstrecken sich über ein breites zeitliches und inhaltliches Spektrum. Der erste Nachkriegstext zu einem religiösen Thema trägt das Datum des September 1945[3] – es ist der erste Aufsatz überhaupt, den Eugen Kogon nach dem Krieg publizierte, etliche Zeit, bevor er in den „Frankfurter Heften" zu schreiben begann. Die letzte religiöse Betrachtung entstand, wie gesagt, 1984, fast vier Jahrzehnte später. In diesem langen Zeitraum haben sich die inhaltlichen Akzente mächtig verschoben. Während manchem Artikel aus den vierziger Jahren noch einiges von Eugen Kogons ursprünglicher strikter und umfassender Kirchentreue anzusehen ist, nicht selten verbunden mit einem Rest von Pathos, enthalten die späteren immer häufiger scharfe Kritik – freilich keine bloß negative, sondern gemeint als Appell, doch endlich mit der Botschaft Christi Ernst zu machen. Da klang manches an, was dann Theologen und Kirchenmänner wie Leonardo Boff, Hans Küng, Eugen Drewermann oder Jacques Gaillot vertraten und vorlebten, um nur einige der jetzt bekanntesten zu nennen. (Hans Küng wurde allerdings schon von ihm zitiert und kommentiert, ebenso wie etwa Edward Schillebeeckx oder Johann Baptist Metz, mit dem er des öfteren zusammenarbeitete.)

In vielen Fragen – übrigens nicht nur der Religion, sondern auch der Gesellschaft und der Politik – waren also Eugen Kogons

---

1 „Nathan Söderblom † und die ökumenische Bewegung", Schönere Zukunft, Nr. 44, 2. August 1931, S. 1041.

2 „... und ein ewiges Leben? Nachdenken über die eigene Vergänglichkeit". Siehe weiter unten S. 84 ff.

3 „Der Teppich des Weltgeschehens", Frankfurter Katholisches Pfarrblatt, 9. September 1945.

spätere Gedanken denen vieler seiner Zeitgenossen voraus. Seit seinem Tod im Jahr 1987 ist die Zeit aber weitergegangen; im Vergleich zu damals denken und sprechen heute mehr Menschen wie er. So war bei der herausgeberischen Arbeit zu prüfen, ob das Material genügend Aussagen enthielt, die auch heute als für das Leben wichtig empfunden werden, und ob, um dies zur Geltung zu bringen, „fortschrittliche" Texte bevorzugt werden sollten, oder ob besser mit einer reinen Querschnitt-Strategie zu arbeiten wäre, die im Extremfall eher eine Art religiöser Biographie für die Zielgruppe der am Leben Eugen Kogons oder ganz allgemein an Schicksalen und menschlicher Entwicklung Interessierten erbrächte.

Es hat sich gezeigt, daß aus dem Material ein aktuelles Buch – nicht im Sinne von Tagesaktualität, sondern bezogen auf die Grundfragen der Menschheit, wie wir sie auch heute sehen – zusammengestellt werden konnte, und ich habe von dieser Möglichkeit Gebrauch gemacht. Die Aktualität schließt nicht nur unseren Alltag ein (mit Stellungnahmen zur Empfängnisverhütung, Abtreibung, Sterbehilfe, zur Rolle der Frau, zum Pflichtzölibat), sondern erstreckt sich weit in das Geistesleben und in die Politik. In seinen Darlegungen beispielsweise zum Widerstand der Kirchen gegen den Nationalsozialismus und gegen das DDR-Regime anerkennt Eugen Kogon, wie schwierig die Verhältnisse waren, und er zeigt aus solcher Wahrnehmung heraus, die ihm ja auch aus seiner eigenen Erfahrung in Gestapo-Gefängnissen und KZ vertraut war, Verständnis für manches damalige Zögern und vermeintliche Mitmachen jener Verantwortlichen, die dennoch nicht korrumpierbar waren. „Widerstand – ja, aber nicht alle können ihn immer und an jeder Front leisten. Wir sitzen sozusagen auf den Tribünen, – es gefällt mir ohnehin nicht, von da aus jenen, die sich in der Arena befinden, kühne Parolen zuzurufen, schon gar nicht aber in Gewissensfragen."[1]

Was hat der Christ Eugen Kogon mit seinen Gedanken von damals uns heute zu sagen? Zunächst: daß die Botschaft Christi gilt wie eh und je und daß wir uns durch sie frei, froh und zuversichtlich fühlen können. Seine Schriften können vielen Verunsicherten helfen, das heute weithin modische Horrorbild eines „rebiologisierten und auf das Niveau der Lurche und Amöben heruntertheore-

---

1 Siehe weiter unten S. 222.

tisierten Menschen"[1] beiseitezustellen und zu einer existentiellen Zuversicht zurückzufinden, wie sie beispielsweise auch vielen zuteil wird, die Viktor Frankl und mit ihm das beglückende Gefühl erleben, daß die Menschheitsgeschichte und darin unser aller Handeln einen guten Sinn hat und zu einem zu allerletzt guten Ende bestimmt ist.

Eine wichtige Kennzeichnung der Schriften Eugen Kogons ist damit, trotz der Fülle der dargebotenen Gedanken und Fakten, die Ausrichtung auf das Wesentliche. Eugen Kogon war kein Mann der Phrasen. Alles, was er sagte und schrieb, hatte Hand und Fuß, war bedacht, relevant, versuchte eine Antwort auf die großen Menschheitsfragen zu geben, wie sie Immanuel Kant formuliert hat: Was können wir wissen? Was sollen wir tun? Was dürfen wir hoffen? Was ist der Mensch?[2] und vermittelte „die tragende Überzeugung von der Verbindlichkeit (der zwingenden, intersubjektiven, auch wissenschaftlich nachweisbaren Gültigkeit) gemeinsamer humanexistentieller Grundwerte"[3].

Darüber hinaus sagt der Christ Eugen Kogon, daß wir durch Christi Botschaft gefordert sind. Zwei Schwerpunkte treten hervor, so breit gefächert sein religiöses Interesse auch war: In welchen Formen kann die Heilsbotschaft heute vermittelt werden, damit sie glaubenswürdig ist, und welche Bedeutung hat sie für unsere Gesellschaft, das heißt, wie hat sie unsere Gesellschaft geformt, und was könnte sie heute bewirken? Eugen Kogon war kein Theologe, und er war auch nicht primär an Theologie als Wissenschaft interessiert. Er verstand viel davon, und nicht nur als Rezipierender. Seine Gedanken zum Erlösungsgeschehen sind möglicherweise eine wichtige Bereicherung der Theologie, und auch die Hauptthese der Prozeßtheologie[4] nahm er bereits 1980 vorweg[5]. Aber er benutzte sein Wissen vor allem, um auf die Praxis einzuwirken. Ihn interessierte die Frage, wie Christen heute leben müßten, um nach

---

1 Nach einer Formulierung von Reimer Gronemeyer: Wozu noch Kirche? Rowohlt-Verlag, Berlin 1995, S. 41.

2 Kant's Gesammelte Schriften, Band IX: Logik. Physische Geographie. Pädagogik, Berlin 1923, S. 25. Zitiert nach Arsenij Gulyga: Immanuel Kant, Insel Verlag 1981, S. 274.

3 Siehe weiter unten S. 223.

4 Vgl. David Griffin: God, Power and Evil, University Press of America 1990.

5 Siehe weiter unten S. 70 f., 86 ff. und 124.

dem Auftrag Gottes einen wenn auch vielleicht nur bescheidenen Beitrag zur Brüderlichkeit zu leisten und damit die moralische Evolution der Menschheit in Richtung auf das große Ziel einer „Gesellschaft der Liebe" weiterzubringen.

Hierfür wurde er bisweilen recht konkret. Er empfahl nicht nur bestehende Initiativen – den Weltfriedensdienst, amnesty international, das Rote Kreuz, Misereor, Brot für die Welt, den internationalen Bauorden, die Kinderernährungshilfe, die Blindenhilfe, die Leprosenhilfe, die Betreuung von Behinderten und Vorbilder wie die Arbeiterpriester, Danilo Dolci in Sizilien und La Pira in Florenz –, sondern er steuerte auch eine Fülle eigener Ideen bei. Er forderte von jedem Christen Respekt vor der Eigenart, der Würde, dem Schicksal des Mitmenschen, den Abbau jeglicher Art von Vorurteilen, eine Haltung, die dem Mitmenschen das Schwerertragbare des Lebens zu erleichtern sucht, und speziell von den in verantwortlicher Position stehenden Christen eine überzeugende Politik der Menschenwürdigkeit des Lebens aller – so auch die Entschlossenheit, nirgendwo in der Welt Ausbeutung und Unterdrückung hinzunehmen, also „die Privilegien abzubauen, die uns nicht zustehen" und die Konsumwirtschaft unablässig auf alle in der Welt auszuweiten. Er mahnte – zur Zeit der atomaren Hochrüstung im Ost-West-Konflikt –, „die Diktatur des Vertrauens in die Waffen abzubauen" und als Christ gegen Atomrüstung und Atombombentests einzutreten. Er hielt es für erforderlich, dem höheren humanen Fortschritt, von der Bildung bis zum Strafvollzug, durch christliche Beweggründe Auftrieb zu geben, und erinnerte daran, daß das Liebesgebot zum Beispiel auch in der Wirtschaftsmoral, der Preispolitik, der Rücksichtnahme, der Möglichkeit des Verzichts, in der Hilfsbereitschaft, im Verständnis für Dritte, für die Völker der Dritten Welt, für die Gastarbeiter spürbar werden müßte. Er stellte sich vor, jede christliche Gemeinde könne Kapitalüberschüsse sammeln, „um neue Versuche, besonders bei jungen Leuten, zu unterstützen, damit sie sehen, wie anders, wie in Gemeinschaften produziert werden kann". Und er überlegte, was wohl geschehen würde, wenn der Papst eine Milliarde Mark für bestimmte Formen der Entwicklungshilfe, für die im marktwirtschaftlichen Renditedenken nicht von vornherein die Voraussetzungen gegeben sind – oder zum Beispiel auch, um die Elendsviertel zahlreicher Großstädte systematisch-schrittweise zu sanieren –, zur Verfügung stellen und alle

Getauften auffordern würde, sie sollten diese Summe verdreifachen, wenn möglich verfünffachen, verzehnfachen.

In solchen Vorschlägen zeigt sich die Qualität dessen, was alle Schriften Eugen Kogons – nicht nur die religiösen – auszeichnet: Offenheit gegenüber jeder Frage, Originalität der Zielsetzung, Realismus und Kompetenz in der Einschätzung und Darlegung der Möglichkeiten, Leidenschaft und Kompromißlosigkeit in der konkreten Auseinandersetzung. Er wußte bei allem, was er sagte, genau, was er wollte. Da gab es kein Zögern, kein Taktieren, keine Unsicherheit.

So, wie Eugen Kogon geglaubt hat, kann man, meine ich, auch heute glauben. Und jene, die nicht glauben, werden vielleicht zumindest ein wenig nachdenklich werden, wenn sie lesen, wie ernsthaft er sich mit Gegenargumenten auseinandergesetzt hat. Er sah ja das Schwinden des Glaubens in unserer Zivilisation. Er nahm diese Entwicklung ernst und ging ihren Ursachen nach. Seine Religiosität lebte nicht im elfenbeinernen Turm. Es zieht sich ein weiter Bogen der Spannung von seiner Religiosität zur allgemeinen Lebenswirklichkeit – zu jener, die er in positivem Sinne ernst nahm, und zu jener, die er schonungslos kritisierte.

Es mag sein, daß er manchem Christen, und erst recht den Nichtchristen, zu viel zumutete. Der etwa von Eugen Drewermann so eindrücklich vertretene Gedanke, daß der Christ, der sich zu unentwegter Hilfeleistung aufgerufen fühlt, schon auch prüfen darf, ob er nicht selber zu denen gehört, die, und sei es „nur" im seelischen Bereich, auf Verständnis, Respekt und Hilfe der Mitchristen angewiesen sind, oder um es mit Jörg Zink auszudrücken[1]: die Erinnerung daran, daß unsere Religion der Gebote ursprünglich auch als Religion der Angebote gedacht war, lebte in Eugen Kogon noch nicht so stark, daß er sie für den Alltag hätte vermitteln können. Seine Religiosität war eher bemüht, fast ängstlich ernst. Er war streng in seinen Forderungen, auch sich selbst gegenüber. Aber er hatte auch Verständnis für alle (sich selbst nicht ausgenommen), denen es nicht immer gelang, sie zu erfüllen. Und er zitierte gern den „grandiosen" augustinischen Satz: Liebe und tu, was du willst.

Dennoch ergeben die Texte von Eugen Kogon kein pädagogisches Buch. Trotz seiner oft eingestandenen missionarischen Ader

---

1 Jörg Zink: Neue Zehn Gebote, Kreuz Verlag, Stuttgart 1995.

wollte er nicht überzeugen, sondern bezeugen: was Glaube ihm selbst bedeutete, wo er an Versäumnissen und Unzulänglichkeiten litt, wo er Ansatzpunkte für Handeln sah. So ist diese Sammlung ein Bekenner-Buch geworden. In ihm zeigt sich einfach ein Mensch: ein sehr gläubiger, aber auch sehr nachdenklicher und kritischer Christ.

Das dritte, was Eugen Kogon den Christen mit auf den Weg gegeben hat, war die Warnung, Glaubenswahrheiten nicht mit dem zu verwechseln, was Glaubensverwalter über zwei Jahrtausende hinweg dafür ausgegeben haben. Er wurde nicht müde, den Kern der Botschaft Christi aus der dick angelagerten Verkrustung von Deutungen, Ableitungen, Regelungen und Gepflogenheiten herauszuschälen. Dabei gab er sich aber niemals zu billiger, im Negativen steckenbleibender Kritik mit gängigen Meinungsklischees, massenwirksamen Schlagworten und salopp-reißerischen Sprüchen aus dem Jargon der Skandalpresse her. Wohl setzte er gern prägnante Formulierungen ein – „Gott zwingt nicht, Gott fragt", „Wo die Kirche Hilfe leistet statt Abhilfe schafft", „Die Lichter, die gesetzt werden, stecken allzu oft in alten Laternen", „Wirtschafts- ohne Moralwunder" oder „Der Felsen Petri steht unerschüttert auf einer driftenden Insel, und ringsum ertrinken die Menschen" –, aber sie treffen stets einen klar gesehenen und gründlich durchdachten Sachverhalt. So gut lesbar dieses Buch daher über weite Strecken ist (zwischen die sich nur gelegentlich eher gelehrte Abhandlungen einschieben), so ist es doch ein ernstnehmendes und ernstzunehmendes, ein durch und durch von religiösem Engagement geprägtes Werk, das aber dennoch frei ist von jeder Art von Frömmelei.

Möglicherweise war Eugen Kogons Vorstellung von der Zukunft der – noch – großen Amtskirchen zu skeptisch. Er sah bei manchen ihrer Vertreter den Mangel an Sensibilität gegenüber den Nöten allzu vieler Menschen, die Anklammerung an formale Positionen, die Verschanzung hinter Bastionen ohne weitere Rückzugsmöglichkeit, sah sie pendeln „zwischen der Neigung, an den dogmatischen Überlieferungen bis zur vollendeten Isolation starr konservativ festzuhalten, und einer Anpassungstendenz, die in der Verkündigung, daß Gott tot sei, bis zur Selbstpreisgabe geht,"[1] und

[1] Kommentar vom 22. Oktober 1972 in der Südwestfunk-Reihe „Blick in die Zeit". Siehe weiter unten S. 277.

prophezeite ihnen, wenn sie sich nicht zu einer radikalen Besinnung durchrangen, die Möglichkeit des Absinkens „zu einer Art lamaistischer Einrichtung“. Neues christliches Leben sah er zwar auch in den von ihm hoffnungsvoll erwähnten „Basisgemeinden“ und in anderen gerade noch innerkirchlichen Institutionen und Aktivitäten „von unten“, vor allem auch in Kreisen der Jugend, aber doch vielfach außerhalb hohl gewordener Formen heranwachsen. Er konnte zu seinen Lebzeiten nicht wissen, wie stark der Drang zur Erneuerung innerhalb der bestehenden kirchlichen Strukturen sich entfalten würde und daß entgegen dem von der Austrittswelle vermittelten Eindruck viele engagierte Christen keinesfalls bereit sein würden, sich aus den Kirchen hinausdrängen zu lassen oder von sich aus zu emigrieren und das Heil außerhalb zu suchen. Der „Fundamentalismus von unten“, der sich in dieser Auseinandersetzung gelegentlich mit zur Geltung bringt, hätte ihm allerdings wiederum auch nicht gefallen, außer vielleicht der darin lebende religiöse Ernst.

Drei große Anliegen, und dazu so viele Gedanken! So sehr dieses Buch auf das Wesentliche ausgerichtet ist, so eindrucksvoll ist andererseits sein Reichtum. Repräsentiert es doch die Summe eines langen und produktiven religiösen Lebens. Seine Themen sind der christliche Glaube, die Bibel, die Kirchen, die Gläubigen und die Nichtglaubenden, die Gesellschaft, die Politik, die Demokratie, der Alltag, die Geschichte, Wissenschaft, die Zukunft, Fragen, Kritik, Ideen. (Nur zur Ökumene verharrte er in einem fast schon auffälligen Schweigen. Er äußerte sich so wenig dazu, daß nicht einmal zu erfahren war, warum sich das so verhielt. Fast konnte man meinen, er vermeide das Thema bewußt. Doch so war es wohl nicht. Es interessierte ihn einfach nicht sehr. In seinem Leben und Wirken war Ökumene so selbstverständlich wie Wasser und Luft. Er hatte nichts gegen Vielfalt, und schon gar nicht im religiösen Bereich. Es leuchtete ihm vermutlich überhaupt nicht ein, was die Zugehörigkeit zu dem einen oder dem anderen Bekenntnis mit jenem gelebten Christentum zu tun haben könnte, auf das es ihm ankam.) Manche meinen, gesammelte Schriften seien „Schnee von gestern“, während es den heutigen Leser nach Heutigem verlange. Gelingt es jedoch, aus den Schriften eines großen kreativen Autors, der nicht nach Auftrag, sondern nach seinem Herzen schrieb, die Fülle dessen zu extrahieren, was er während eines ganzen Lebens zu Themen mitzuteilen hatte, die ihm in der Seele brannten, so kann das Ergebnis manchen verlegerischen Schnellschuß in den Schatten stellen, dessen Autor innerhalb knapp gesetzter Frist Gehirn und Zettelkasten zu entleeren hat, um rechtzeitig mit einem gerade modischen Thema auf dem Markt zu sein. Wortreich Weniges zu umkreisen und damit den Eindruck zu hinterlassen, zwar dick an Seiten, aber gedanklich dünn zu sein: von solcher Art ist das vorliegende Buch nicht.

Alles in allem ist dieser Band 4 der Gesammelten Schriften zu einer Art Kontrapunkt zu Band 1 geworden. Geht es dort um die Denunziation und Analyse der Unmenschlichkeit, so hier um das ursprüngliche positive Gegenbild: ein Plädoyer für die Humanität – zumindest soweit sie ihre Wurzeln in der Botschaft Christi hat. Das gesamte Thema war für Eugen Kogon so wichtig, daß er sich mit ihm oft auch außerhalb der Religion beschäftigte. Eine Auswahl jener nicht primär religiösen Betrachtungen zur Humanität soll in einem gesonderten Band vorgelegt werden.

Der persönliche Glaubensweg Eugen Kogons, die religiöse Seite seiner Biographie, kommt in der vorliegenden Auswahl dennoch nicht zu kurz. Mit zahlreichen seiner Stellungnahmen sind ja ohnehin unvermeidlicherweise biographische Aussagen verbunden, und ein zusätzliches Ausgleichsgewicht bieten einzelne Passagen der drei Einführungsbeiträge sowie ein längerer autobiographischer Text, mit dem die Sammlung eingeleitet wird. Manchen Leser werden vielleicht beide Aspekte interessieren. Während mit den biographischen Aussagen jeder seinen eigenen Lebens- und Glaubensweg vergleichen kann, bieten die „aktuellen" Texte die Möglichkeit, sich mit vielleicht in dieser Form noch nicht bedachten Einsichten und Einfällen zu beschäftigen, ganz abgesehen von der immensen Fülle der ausgebreiteten Fakten, deren Aufbereitung den Leser quer durch alle Bereiche christlichen Lebens und durch die ganze Geschichte der Christenheit bis ganz zu den Anfängen führt.

Insgesamt schrieb und sprach Eugen Kogon zum Thema dieses Bandes wesentlich mehr, als in ihn aufgenommen werden konnte. Ich mußte daher nach strengen Kriterien auswählen. Die Sammlung enthält, wie bereits dargelegt, vorzugsweise Texte mit Bezug zu den großen Fragen, die uns auch heute beschäftigen. Aufgenommen wurden nicht nur vollständige Aufsätze, denn dies hätte zur Folge gehabt, daß viele andere Darlegungen, die ebenfalls wertvolle Aussagen enthalten, hätten wegfallen müssen. Vielmehr wurden möglichst viele Texte berücksichtigt, aus denen aber zu Lasten des allzu sehr auf die damalige Zeit Bezogenen das heute noch Relevante und zugleich für Eugen Kogon Kennzeichnende herangezogen wurde. Die starke Berücksichtigung von Auszügen drängte sich auch deshalb auf, weil zahlreiche wichtige religiöse Aussagen Eugen Kogons in Texte mit ansonsten anderer Thematik – Kommentare zu Fragen der Tagesaktualität, politische Stellungnahmen, Rezensionen – eingebaut sind.

So entstand ein kaleidoskopartiges, mit Zitaten, Marginalien und Aphorismen angereichertes „Gesamtkunstwerk" aus langen und kurzen, frühen und späten, anspruchsvollen und leichteren, gedanken- und kenntnisreichen Betrachtungen. Auf diese Weise wird Eugen Kogon nicht nur getreulich wiedergegeben, sondern er tritt zugleich noch einmal sehr lebendig vor die Öffentlichkeit.

Gleichzeitig war ich bemüht, die bunte Vielfalt zu einem einigermaßen kohärenten Bild zu ordnen. Diese Aufgabe konnte wegen der zahlreichen inhaltlichen Überschneidungen manchmal nur durch Willkürakte gelöst werden. Deshalb war es mir auch wichtig, die neuentstandene Ordnung insbesondere dort, wo Textauszüge in einen neuen Zusammenhang gestellt wurden, durch neugewählte, gemäßere Titel zu verdeutlichen (zumal viele „seiner" Titel ohnehin nicht von ihm, sondern von Redaktionen stammen); die neuen Titel wurden aber wo immer möglich dem Text entnommen, und die Originaltitel stehen dann in der Quellenangabe.

Trotz konsequenter Kürzungspraxis waren Wiederholungen nicht immer zu vermeiden; einzelne Artikel sind so monolithisch, daß sie nicht zu kürzen waren, auch wenn sie Textstellen enthalten, die in anderem Zusammenhang ähnlich zu lesen sind. Nicht zu umgehen waren auch die deutlichen Stilverschiedenheiten in diesem Band; sie erklären sich zum Teil durch die Entwicklung Eugen Kogons während so vieler Jahre, zum Teil durch die jeweilige Medienwahl.

Für die Wiedergabe von Druckfassungen galt natürlich der Grundsatz absoluter Texttreue. Im Gegensatz dazu bedurften die Aufzeichnungen von in freier Rede gehaltenen Vorträgen und Interviews gelegentlich einer leichten Glättung; sie wurde so gut wie möglich im Sinne Eugen Kogons vorgenommen. Wie schon in den vorangehenden Bänden wurden wiederum einige von ihm gepflegte Eigenwilligkeiten der Schreibung und Zeichensetzung zugunsten der Dudenregelung aufgegeben; sie könnten heute, und noch mehr nach dem Inkrafttreten der neuen Rechtschreibung, als Druckfehler gedeutet werden.

In der nun folgenden Einführung kommen drei Persönlichkeiten zu Wort, die Eugen Kogon in langer Freundschaft verbunden waren, sein Vertrauen genossen und deshalb mit ihm viele ehrliche religiöse Gespräche führen konnten: der evangelische Theologe und Publizist Heinz Zahrnt, der katholische Theologe und Sinologe Eduard Kroker und der katholische Pfarrer Ferdinand Eckert. Alle drei können aus persönlicher Erfahrung authentisch über Eugen Kogon und seinen Glauben berichten. So verschieden die Blickwinkel der drei Beiträge sind, so geben sie doch gerade deshalb in ihrer Gesamtheit ein abgerundetes Bild. Alle drei Texte sind 1995 entstanden.

Dr. theol. Heinz Zahrnt war über viele Jahre theologischer Chefredakteur des Deutschen Allgemeinen Sonntagsblatts in Hamburg und arbeitet heute als freier Schriftsteller in Soest. Seit 1960 gehört er dem Präsidium des Deutschen Evangelischen Kirchentages, zeitweise auch im Vorstand und als Präsident, an. Neben einer ausgedehnten Vortragstätigkeit und Mitarbeit in Rundfunk und Fernsehen hat er zahlreiche Aufsätze und eine Reihe von Büchern veröffentlicht, unter denen als wichtigste zu nennen sind: Die Sache mit Gott (1966), Gott kann nicht sterben (1970), Wozu ist das Christentum gut? (1972), Warum ich glaube (1977), Jesus aus Nazareth – Ein Leben (1987), Wie kann Gott das zulassen? (1985), Gotteswende (1989), Leben, als ob es Gott gibt (1992) und: Mutmaßungen über Gott (1994).

Prof. Dr. phil. Dr. jur. utr. Eduard Jos M. Kroker, SVD, wirkte ab 1939 als Dozent an der Fu Jen-Universität in Peking und ab 1951 als Professor an der Nanzan-Universität in Nagoya. Von 1961 an lehrte er an der Philosophisch-Theologischen Hochschule in Königstein im Taunus. 1963 erhielt er einen Lehrauftrag für Ostasiatisches Recht an der Universität Frankfurt. 1972 übernahm er die Leitung der Ostakademie Königstein e.V. 1977 wurde er Honorarprofessor der Universität Frankfurt und zugleich Lehrbeauftragter für Philosophie an der Universität Mainz. Seit fünfzehn Jahren betreut er außerdem das Königsteiner Forum, dessen gesammelte Vorträge im Verlag der Frankfurter Allgemeinen Zeitung erscheinen; auch Eugen Kogon zählte zu seinen Referenten. Unter den Publikationen von Prof. Kroker sind neben zahlreichen Aufsätzen zu nennen: Sammlung chinesischer Rechtsgewohnheiten (1965), Die Strafe im chinesischen Recht (1970) und das von ihm mitherausgegebene Werk „Rechtspositivismus, Menschenrechte und Souveränitätslehre in verschiedenen Rechtskreisen" (1976). Prof. Kroker lebt in Königstein/Taunus.

Pfarrer Ferdinand Eckert studierte an der Philosophisch-Theologischen Hochschule St. Georgen in Frankfurt am Main und wurde 1936 zum Priester geweiht. In der Hitlerzeit war er wegen seiner unbeirrbaren christlichen Haltung und Aktivität, die ihn gleich zu Anfang in konsequenten Gegensatz zum Nationalsozialismus brachte, zahlreichen Repressalien ausgesetzt; unter anderem wurde er wegen „Weiterführung des verbotenen Bundes der katholischen Jugend" angeklagt. Über einzelne Aspekte seiner Tätigkeit nach dem Krieg berichtet er selber. Der spontane Charakter seines Beitrags erklärt sich nicht nur mit seinem Temperament, sondern auch daraus, daß er wegen seiner geschwächten Sehkraft nicht schriftlich formulieren konnte, sondern seinen Text auf Band gesprochen hat.

Ich danke Herrn Prof. Kroker für manchen wertvollen Rat bei der redaktionellen Arbeit an diesem Band und meiner Frau für viele hilfreiche Hinweise.

Michael Kogon

Einführung

Heinz Zahrnt: „Was denn sonst?"

Eugen Kogon und das Christentum – ein ununterbrochenes Gespräch

Wir waren einander bereits einige Male begegnet, als ich Eugen Kogon zum erstenmal über das Christentum sprechen hörte.

Es war in einer Fernsehdiskussion, die er zu moderieren hatte und bei der es um die Zukunft der christlichen Religion ging. Die Teilnehmer waren ein aggressiver Atheist, ein müder Agnostiker und drei bemühte Christen, von jeder Sorte einer: ein evangelischer Kirchenmann, ein katholischer Theologe und ein ökumenischer Laie. Die drei Christen versuchten, gegen die temperamentvollen Angriffe des Atheisten und die resignierten Einwürfe des Agnostikers die Zukunft des Christentums dadurch zu erweisen, daß sie beredt darlegten, wie die Kirche sich geändert habe, wie sie keineswegs mehr nur auf den Glauben an Gott rekurriere, vielmehr bemüht sei, Mitmenschlichkeit zu üben, Gerechtigkeit zu mehren und so die Gesellschaft verändern zu helfen. Schließlich aber hakte Eugen Kogon ein und fragte energisch, ob der christliche Glaube denn nur an seinem politischen Zweck und gesellschaftlichen Nutzen gemessen werden dürfe oder ob er seinen Sinn und seine Wahrheit nicht zunächst, gänzlich zwecklos, in sich selbst trage.

Ich war mir, als Zuschauer vor dem Bildschirm, in diesem Augenblick noch nicht klar, was das Motiv für Kogons kritischen Einwurf war, ob er nur als Diskussionsleiter etwas sachlich zurechtrücken wollte oder ob er hier aus seiner Rolle als Moderator heraustrat und persönlich ein Wort für Gott einlegte. Das persönliche Engagement erschien mir freilich schon damals unüberhörbar, und kurze Zeit darauf wurde ich darin bestätigt.

Es war bei der Vorbereitung des stürmischen Stuttgarter Evangelischen Kirchentages 1969. Kogon war von mir eingeladen worden, in der Arbeitsgruppe „Kirche“ mitzuarbeiten, und er hatte diese Einladung zu meiner Freude angenommen. Gleich bei der ersten oder zweiten Sitzung machte er deutlich, wie er seine Mitarbeit aufgefaßt wissen wollte. Es hatte eine lange, wirre Diskussion darüber gegeben, was unter dem Stichwort „Kirche“ auf dem Kirchentag behandelt werden sollte. Dabei hatten vor allem die damaligen „Achtundsechziger“ das Wort geführt. Sie wollten die Kirche nur noch als eine Plattform verstanden wissen, von der die notwendigen gesellschaftlichen Veränderungen auszugehen hätten. Entsprechend war viel von „Strukturen“ und „Verhältnissen“ die Rede gewesen.

Die Nachmittagssitzung war eigentlich schon beendet – da meldete Kogon sich zu Wort. Seine Rede geriet ihm zu einer zornigen Philippika: Er habe sich gefreut, als man ihn, den Katholiken, zur Mitarbeit auf dem Evangelischen Kirchentag eingeladen habe. Jetzt aber sei er enttäuscht. Was politische Strukturen und Verhältnisse betreffe, so kenne er sich als Politologe darin aus; um über sie belehrt zu werden, bedürfe er keiner Teilnahme am Kirchentag. Er sei einzig aus dem Grund gekommen, weil ihn die Frage nach dem „Rabbi aus Nazareth" interessiere, ob dieser recht habe mit dem, was er über Gott gesagt habe – angesichts der unendlichen Leiden in der Weltgeschichte. Darüber habe er zusammen mit evangelischen Christen nachdenken wollen. Nach dieser Nachmittagssitzung aber könne er keinen Sinn mehr in seiner Mitarbeit erblicken und überlege sich daher, ob er sie fortsetzen solle.

Es bedurfte dann eines langen Gesprächs bei gutem Essen und Trinken, um Kogons Zorn zu besänftigen und ihn zum Bleiben zu bewegen. Daß er blieb, hat niemanden gereut.

Nimmt man diese beiden Szenen zusammen, so enthalten sie bereits fast alle Probleme, um die Kogons religiöses Interesse kreiste – richtiger, das eine zentrale Problem, zu dem sich ihm alle einzelnen Fragen verdichteten: Wie kann die Liebe Gottes, die Jesus aus Nazareth verkündigt hat, angesichts der Welt, wie sie ist, glaubwürdig bezeugt werden? Auch Kogons kritische, freilich immer auch praktizierte Beziehung zu seiner Kirche steht in der Fluchtlinie dieser Problematik.

Theologisch-philosophisch ausgedrückt, handelte es sich um das sogenannte „Theodizeeproblem" – nur daß dies für Eugen Kogon kein akademisches Problem war! Vielmehr kollidierten hier in seiner Existenz seine leidvolle Zeitgenossenschaft, seine wissenschaftliche Erkenntnis als Politikwissenschaftler und sein persönlicher Glaube als Christ. Und so kreisten auch unsere Gespräche immer wieder um die gleichen theologischen Lösungsversuche.

Den ersten Ausweg bot der Gedanke der „Allversöhnung", das heißt der schließlich endgültigen Heimholung aller Menschen und Dinge in Gott. Das bestimmende Motiv dabei: der Glaube an die Universalität der Liebe Gottes – war für Kogon ein überzeugender Grund; aber er wurde von ihm selbst alsbald wieder in Frage gestellt durch den Gedanken der Gerechtigkeit Gottes, daß ihr Genüge getan werden müsse.

Der Gedanke an Vergeltung und Sühne war ihm hier wie überall verdächtig. Daß der Zorn Gottes nur durch das Blut seines eigenen Sohnes gestillt werden könne; daß der Apostel Paulus den sogenannten „Blutschänder", weil er mit seiner Stiefmutter geschlafen hat, sogleich dem Satan übergeben will; daß in der Apostelgeschichte Ananias auf der Stelle tot umfällt, nur weil er mit seiner Frau Saphira ein bißchen Geld vom Verkauf seines Ackers auf die Seite gebracht hat, statt die ganze Summe der Urgemeinde zu opfern – das alles und noch viel mehr fand Eugen Kogon grauslich. Er lastete dies jedoch nicht Gott, sondern der neutestamentlichen Überlieferung und damit der Kirche an.

Wenn für Kogon das Motiv der Liebe durch den Gedanken der Gerechtigkeit in Frage gestellt wurde, dann hatte er dabei die Geopferten vor Augen – die Entrechteten, Vergasten, Gedemütigten, Verfolgten, Gefolterten, Verbrannten und Gefallenen – und fragte, ob das jenen Millionen angetane Unrecht einfach mit dem Mantel der Liebe zugedeckt werden könne, ob selbst Gott solches tun dürfe.

Aber auch an die Täter dachte er, vor allem immer wieder an den einen, den Hauptschuldigen, und fragte, ob dieser eine und die vielen anderen einfach so, wie sie gestorben sind, ohne Einsicht, ohne eigene Verwandlung der Liebe Gottes teilhaftig werden können. Dann aber konnte es auch wieder geschehen, daß er sich gleichsam einen Ruck gab und sagte: Man könnte sich ja auch vorstellen, daß selbst bei einem Mann wie Hitler, wenn ihm die Augen aufgingen, das Böse wie ein entsetzlicher Krampf sich löste. Gewiß waren dies Spekulationen, die sich ins Ausweglose verloren, aber angetrieben waren sie durch die Liebe eines, der selbst an deren Realität glaubte.

Eine andere Möglichkeit, den Konflikt zwischen göttlicher Liebe und irdischer Gerechtigkeit zu schlichten und so dem Dilemma des Theodizeeproblems zu entkommen, bietet seit je der Evolutionsgedanke. Eugen Kogon liebte die Idee der Evolution, fast möchte man sagen, er sei in sie verliebt gewesen. Fasziniert konnte er davon sprechen, wie kurz doch die Strecke sei, die die Menschheit hinter sich gebracht habe, und wie lang dagegen noch der Zeitraum, der vor ihr liege: ein paar tausend Jahre gegenüber Jahrmillionen.

Ich erinnere mich: Wir hatten im Fernsehen, zusammen mit anderen Fachleuten, über Rudolf Augsteins Jesus-Buch zu diskutieren. Dabei fiel von Augsteins Seite der übliche Einwand, daß das Christentum nun schon zweitausend Jahre andauere und die Welt trotzdem nicht besser geworden sei. Darauf Kogon souverän: „Herr Augstein, was sind zweitausend Jahre?“ Ähnlich hatte ich kurz zuvor bei einer Forumsdiskussion im Auditorium Maximum der TU Braunschweig aus Kogons Mund gehört, wie die Jahrtausende alle Einwände gegen das Christentum überrollen.

Es mochte sein, daß es der Politik- und Gesellschaftswissenschaftler war, der hier mit Hilfe des ihm vertrauten Entwicklungsgedankens mit dem gegenwärtigen Weltzustand fertig zu werden suchte. Aber auch die Idee der Evolution war bei Eugen Kogon letzten Endes christlich begründet. Ihr Grund lag für ihn in der Auferstehung Jesu Christi: Mit ihr ist die Geschichte der ganzen Welt in eine ewige Bewegung hineingerissen. Wie eine Geburt, wenn sie einmal in Gang gekommen ist, sich nicht mehr aufhalten läßt, so läßt sich auch der Prozeß der Erneuerung und Vollendung der Schöpfung nicht mehr aufhalten. Er wird ans Ziel gelangen, so gewiß der Donner nicht ausbleiben kann, wenn der Blitz geleuchtet hat. Darum befand sich das Christentum für Eugen Kogon nicht am Ende, sondern hatte gerade erst begonnen.

In diesem universalen Evolutionsprozeß sollte auch die Kirche ihren Ort haben, mehr noch, sie sollte seine Initiatorin und Trägerin sein. Doch in dieser Hinsicht war Eugen Kogon skeptisch, und solange ich ihn kannte, ist diese Skepsis bei ihm eher noch gewachsen. Von der Kirche erwartete er schließlich kaum noch etwas; ihre Erneuerung sah er nicht vor sich. Versuchte man ihn davon zu überzeugen, daß doch auch die Kirche sich in den letzten Jahren gewandelt habe, antwortete er mit einem nicht gerade hoffnungsvollen Seufzer: „Gebe Gott, daß Sie recht haben." Was mochte er wohl erst heute gesagt haben?

Schon damals endeten unsere gemeinsamen Ausflüge bzw. Ausflüchte in die Zukunft immer wieder in der Gegenwart, und das hieß für Eugen Kogon: bei der Verdunkelung der Liebe Gottes durch das Leid der Welt und damit bei der Bedrängnis des Glaubens durch den Zweifel. Aber eben die Verdunkelung der Liebe durch das Leid und die Bedrängnis des Glaubens durch den Zweifel setzten ihn alsbald wieder in Bewegung, aufs neue über Gott und die Welt nachzudenken – nicht nur, weil die Dunkelheit und die Bedrängnis so groß waren, sondern weil sie nicht groß genug waren, um ihn vom Glauben und von der Liebe endgültig zu trennen.

„Was denn sonst"? – in dieser Frage faßt sich für mich Eugen Kogons Verhältnis zum Christentum zusammen.

Eduard Kroker: Weisheit und Spiritualität

Professor Kogon kam in den letzten Jahren fast jeden Sonntag in seinem kleinen VW von Falkenstein nach Königstein und nahm am Gottesdienst um 9 Uhr 30 in der Kollegskirche der philosophisch-theologischen Hochschule Königstein teil. Zwei Geistliche, die hin und wieder die Gottesdienste hielten, hatten es ihm, wenn ich das so sagen darf, angetan, ein Religionslehrer der Bischof-Neumann-Schule (ein alt- und neusprachliches Privatgymnasium mit rund tausend Schülerinnen und Schülern) und der Dogmatiklehrer an der philosophisch-theologischen Hochschule, Professor Leander, ein Benediktiner. Von beiden sagte Eugen Kogon, sie wirkten überzeugend. Denn man spüre, sie glaubten, was sie verkündeten, sie hätten die Gabe, Trost zu schenken. Sein Urteil freute mich. Ich selbst war mit beiden befreundet.

Eugen Kogon wollte keine Lehrbuchdogmatik. Er wollte Trost, Tröstung sage ich. Damit deute ich an, daß er – je älter er wurde – litt, immer noch litt unter den schrecklichen Erfahrungen des Aufenthalts im KZ und an all dem, was ihm während der Zeit des Nationalsozialismus angetan worden war. Er litt aber auch daran, daß sein Augenlicht immer schwächer wurde und – das sagte er mir öfters – daß ihn immer wieder unvorstellbare Depressionen befielen.

Nach den Gottesdiensten, die ich später selbst regelmäßig in der Kollegskirche zu halten hatte, pflegten wir uns zusammenzusetzen, um auf den Inhalt des Evangeliums und auf die mehr oder minder gelungene, meist mit philosophischen Reflexionen durchsetzte Interpretation des Textes zurückzukommen.

In den ersten Jahren meiner Tätigkeit fanden die Diskussionen in meiner Wohnung statt, einer Mönchsklause, die auch heute noch nur zu Fuß, Treppen steigend, im dritten Stockwerk des sogenannten Oberhauses erreicht werden kann. Einen Aufzug gab es nicht und gibt es auch heute noch nicht. Als ich merkte, daß ihm das Steigen beschwerlich fiel, verlegten wir unsere Gespräche in die zur ebenen Erde gelegenen Räume der Ostakademie, deren Leiter ich damals war. Unsere Gespräche landeten häufig bei Georg Büchners Fels des Atheismus. „Warum leide ich?“ fragt Büchner und fährt fort: „Das ist der Fels des Atheismus.“ Das Leiden.

Eugen Kogon war kein Atheist. Er war ein überzeugter Katholik, der keine Hemmung hatte, für seine Überzeugung einzustehen, gleichviel, wo es war, ob in Moskau – wie er mir einmal nach seiner Reise erzählte, die ihn in die damalige Sowjetunion führte und Sibirien erleben ließ – oder in Washington oder auch und erst recht in der Bundesrepublik gegenüber jenen ominösen Achtundsechzigern.

In diesen sonntäglichen Stunden nach dem Hochamt hatten wir oft sowohl über den theologischen als auch den philosophischen Aspekt einer jeweiligen Frage diskutiert, meist über das Leiden, über das Böse, über die présence du mal dans le monde, wie das Gabriel Marcel einmal im Mystère de l'être formulierte. Die Philosophen haben auf solche Fragen keine Antwort. Die Theologen christlicher Provenienz – hört man immer wieder – im Grunde auch nicht. Sie verweisen statt dessen auf die Gestalt unseres Herrn Jesus Christus, auf sein Schicksal. Das ist in der Tat eine Antwort, eine Trost spendende überdies.

Hier, in diesem Zusammenhang, beeindruckte mich immer wieder das, was ich die Weisheit Eugen Kogons nennen möchte, sein Gespür für das Unfaßbare des Ewigen, für das Unvorstellbare des Absoluten und zugleich, auf der anderen Seite, seine Überzeugung von der Begrenztheit des menschlichen Intellekts. Es ist ein billiger Fehlschluß, dessen Faszination viele Intellektuelle erliegen, wenn sie meinen, es gebe Sachverhalte in der Weltwirklichkeit, deren Kompatibilität mit dem Dasein Gottes nicht einsehbar ist. Ein billiger Fehlschluß, der die Begrenztheit des geschaffenen Intellekts nicht in Rechnung ziehen will.

Von dieser Weisheit, die ihm zu einer Souveränität im Geistigen verhalf, zeugt sein stets präsentes Wissen um die Kontingenz des eigenen Wesens, um die Kontingenz des eigenen Daseins, aber auch um die Folgen, die sich aus solchem Wissen für die konkrete Gestaltung des alltäglichen Lebens ergeben.

Und hier liegt auch der Schlüssel zu seiner Spiritualität, die letztlich die Wirkung seiner – ich möchte sagen – meditativen Einstellung zur sinnenhaften Wirklichkeit ist. Als eine Haltung möchte ich sie beschreiben, die sich dadurch auszeichnet, daß sie die Realität, so wie sie nun einmal ist, innerlich voll bejaht, weil sie ihren Ursprung und ihren Bestand in jenem Wesen verankert sieht, das die Heilige Schrift Vater nennt, – Vater, der seinen Geschöpfen in Güte zugekehrt ist, dessen Name allein schon Schutz und

Sicherheit assoziieren läßt. Wenn ich Eugen Kogons Spiritualität charakterisieren darf, möchte ich sagen, daß sie von einem kindlich vorbehaltlosen Vertrauen geleitet und geprägt war, von einem Vertrauen, das sozusagen in der Atmosphäre der Ehrfurcht und zugleich der Sehnsucht nach Geborgenheit gedieh und wirksam blieb gegenüber der geheimnisvollen, bewußt als gütig begriffenen Wirklichkeit des Absoluten.

Ich darf mich auf ein Gespräch beziehen, das da einmal nach dem Hochamt in der Kollegskirche auf dem Wege in die Räume der Ostakademie stattfand. Die Aussprache schloß sich an den Text des Weihnachtsevangeliums an mit seiner dem menschlichen Intellekt geradezu unzumutbaren Aussage der Inkarnation des Göttlichen Wortes, der Fleisch-Werdung Gottes, in menschlicher Gestalt. In der folgenden Diskussion ging es nicht um die bunten Erklärungsvarianten dieser dogmatischen, den Kern des Christlichen betreffenden Lehre.

Wissen Sie – sagte er mit einer Geste, die alle abstrakten Überlegungen wegzuwischen schien –, wissen Sie, ich stelle mir oft die schlichten Wohnverhältnisse in Nazareth vor, wie sie zur Zeit Jesu geherrscht haben dürften. Dort möchte ich, still und unerkannt an der Tür stehend, im Zimmer der heiligen Familie zugegen sein, unerkannt und sozusagen geborgen in der unmittelbaren Nähe der heiligen Drei.

Mir ist diese Erinnerung teuer. Eugen Kogon, den alles in der Welt interessierte, gleichviel was immer man nennen möchte, Naturwissenschaft oder Dichtung, Politologie oder Politik, Philosophie, Theologie oder Geschichte, war hierbei immer an der Harmonisierung des abendländischen Geisteslebens mit der christlichen Weltanschauung interessiert. Dieses sein Anliegen verfolgte er im Lichte der Erkenntnis, daß die Wirklichkeit größer ist als der Intellekt des Menschen und daß es zur Redlichkeit des Wissenschaftlers gehört, die Aneignung der Realität, wie sie sich im erkennenden Vorgang zuträgt, stets im Wissen um das Geheimnis des Seins und in der Ehrfurcht vor dem Geheimnis des Seins (Karl Jaspers) zu vollziehen. Ich füge hinzu: weil das Sein dem Unendlichen entstammt und sein Erkenntnisgehalt – weil vom Unendlichen kommend – dem begrenzten Intellekt ewig unausschöpfbar bleibt.

Wie sehr ihm die Harmonisierung des abendländischen Geisteslebens mit der christlichen Weltanschauung am Herzen lag, zeigt auch seine Anregung, eine Gesprächsrunde ins Leben zu rufen, welche Herrn Professor Sachsse, Professor Kogon, Oberschulrat Borucki, Pfarrer Eckert und mich umfassen sollte. Als Diskussionsgegenstand schlug er das Evolutionsproblem vor. Als Einführung in die Problematik empfahl er die Lektüre des Buches: Evolution und Christentum (herausgegeben von Robert Spaemann, Reinhardt Löw, Peter Koslowski, Weinheim 1986). Die anstehenden Diskussionen waren von vornherein so geplant, daß sie vor dem Hintergrund eines Gottesbegriffs vor sich gehen sollten, der das Absolute als ein personales Wesen faßt, das, allem Seienden immanent, alle Wirklichkeit transzendiert und zugleich aller raum- und zeitbedingten Evolution koexistent ist.

Wir tagten nur einmal – und nur zu dritt – im katholischen Pfarrhaus Falkenstein. Gastgeber war Herr Pfarrer Eckert. Zu einer weiteren Tagung kam es infolge der Krankheit von Herrn Kogon nicht mehr. Die Anregung, die er zur Gründung dieser Gesprächsrunde gegeben hat, zeigt auch diesmal wieder, wie sehr sie von seiner Spiritualität motiviert war und von der festen Überzeugung, daß eine tiefere Einsicht in den Seinsbereich des Evolutionären zu einem umfassenderen Verständnis der Wirklichkeit Gottes führen müsse.

Professor Eugen Kogon wußte, daß es verschiedene Quellen gibt, aus denen wir die Bilder Gottes schöpfen; neben der Vernunft, neben der Geschichte und Innenerfahrung vor allem das weite Feld der Natur. Er wußte auch, daß uns Menschen das unendliche Sein nur in Gestalt der Endlichkeit vermittelt werden kann und daß das Wissen um den unendlichen Gott und das persönliche Verhältnis zu ihm unserem irdischen Dasein Sinn und erfüllenden Inhalt schenkt.

Ferdinand Eckert: Wie ich Eugen Kogon erlebt habe

Ich bin gebeten worden, über Eugen Kogon zu berichten, wie ich ihn erlebt habe – in Frankfurt und später in Falkenstein im Taunus.

Im Jahre 1945 wurde ich als Kaplan nach Frankfurt zur Seelsorgstätigkeit in die Pfarrei Allerheiligen gesandt und außerdem von der bischöflichen Behörde mit der Sonderaufgabe betraut, mich um den Wiederaufbau des Kolpinghauses in der Seilerstraße und um das Kolpingwerk in Frankfurt zu kümmern. Wie die ganze Innenstadt lag auch das Kolpinghaus in Trümmern, und auch vom Kolpingwerk wußte kein Mensch mehr etwas; die Nazis hatten es, wie alle katholischen Organisationen, schon 1937 verboten.

Jeden Tag kamen junge Menschen in die Stadt, die nur Arbeit bekommen konnten, wenn sie eine Unterkunft nachwiesen. So habe ich den jungen Leuten gesagt: „Wenn ihr mir beim Wiederaufbau behilflich seid, kann ich euch aufnehmen, dann stehen wieder Zimmer zur Verfügung." Und ich muß sagen, daß sie großes Interesse hatten. Sie kamen, packten tatkräftig zu, und abends bekamen sie von uns eine Mahlzeit. Auch aus einem Kriegsgefangenenlager in Griesheim meldeten sich bald deutsche Kriegsgefangene, die uns sagten, daß sie, wenn sie Arbeit bekämen, aus dem Lager herauskommen könnten. So haben wir dann, soweit es uns möglich war, einige aus dem Lager geholt. Das Kolpinghaus wurde notdürftig aufgebaut, und ca. 40-50 Leute wurden dort untergebracht. Als das immer noch nicht reichte, sind wir darangegangen, das Nachbargrundstück vom Trümmerschutt freizuräumen. Dort haben wir ebenfalls junge Leute untergebracht.

In dieser Zeit, in der sich gerade in Frankfurt viele Menschen, vor allem heimatlose junge Leute, herumtrieben, kam Eugen Kogon in die Stadt. Er sprach vor großen Menschenmengen im Freien, auch auf dem Römerberg, wo ich ihn selbst hörte. Eugen Kogon hatte den Menschen wirklich etwas zu sagen, und das zog sie an. Es bestand so viel Hoffnungslosigkeit, Unsicherheit und Enttäuschung, und niemand wußte, wie es weitergehen sollte. Viele hatten keine Eltern mehr und hatten zum großen Teil auch die Heimat verloren.

Eugen Kogon sprach zu den Menschen nicht mit großen wissenschaftlichen Theorien. Was er zu sagen hatte, war praktisch und vernünftig für Menschen in dieser Situation – etwa in dem Sinne: „Diese Trümmer, woher kommen sie? Vom Krieg. Und woher kam der Krieg? Und die materiellen Trümmer, die uns umgeben, zeugen von noch viel größeren geistigen und geistlichen Trümmern, die leider vielfach auch in uns sind." Die Leute kamen – nicht nur Christen, auch Menschen, die sich keiner Religion zugehörig fühlten. Vor allem die Jugend fühlte sich angesprochen. Wir jungen Geistlichen waren froh, daß es einen Mann gab, der nicht so hochtrabende Geschichten erzählte, sondern wußte, wo der Schuh drückte. Den

Menschen sagte er: „Ihr dürft euch nicht aufgeben, ihr könnt euer Leben selbst wieder in die Hand nehmen, wenn ihr die Lehre aus all dem zieht, was uns hier an Trümmern umgibt."

Neben Kogon sind noch einige Männer zu nennen, die sich sehr um die Arbeit für christliche Hoffnung und Zukunft einsetzten. Vor allem ist hier Walter Dirks, ein guter Freund von Eugen Kogon, zu nennen. Er wirkte mehr in kleineren Gruppen, besonders im Haus der katholischen Volksarbeit. Er war auch mit Kogon Herausgeber der „Frankfurter Hefte", an denen u.a. Clemens Münster und K.H. Knappstein mitwirkten. Das war die geistige Nahrung, nach der alle hungerten, und außerdem fast das erste, was man überhaupt an Lesbarem bekommen konnte. Wir haben uns auf jede Nummer gefreut.

Wir haben in unserem Kolpinghaus auch den Saal wieder hergerichtet, so daß dort Veranstaltungen aller Art stattfinden konnten. Es war ein Ort für katholisches Leben, auch für viele Besprechungen.

Ferdinand Dirichs kam, nachdem er 1948 Bischof geworden war, öfters ins Kolpinghaus. Ich erinnere mich, wie er bei einem seiner Besuche eine Reihe von Persönlichkeiten eingeladen hatte, mit denen er sich besprechen wollte, darunter auch Eugen Kogon, Walter Dirks und Clemens Münster. Für dieses Gespräch gab es einen besonderen Anlaß. In den „Frankfurter Heften" war bereits 1946 ein großer Artikel „Brief über die Kirche" von Ida Friederike Görres erschienen[1]. In einem Vorwort zu diesem Artikel hatten die Herausgeber erklärt, daß sie die Verantwortung übernähmen, daß sie hofften, die Leser möchten ihn ganz lesen und verstehen, und daß sie, insoweit dies nicht der Fall sei, bereit seien, auch für Mißverständnisse einzustehen. Wer allerdings nur den zweiten Teil des Artikels las, der mit schonungsloser Offenheit alle Negativa in der Kirche aufzählt und schildert, der konnte ihn nicht ganz verstehen. Erst im dritten Teil berichtet die Verfasserin, warum sie überhaupt noch katholisch sei. Da wird deutlich, was das Leben und die Seele der Kirche ist und wer eigentlich Herr der Kirche ist – Gottes Wirken durch Gottes Heiligen Geist –, und erst da war der Artikel ganz zu verstehen. Gleichwohl hat er bei frommen ängstlichen Seelen viel Staub aufgewirbelt – und auch bei einigen Bischöfen, die mein-

---

1 Frankfurter Hefte, Nr. 8, November 1946, S. 715-733.

ten, man liefere den Feinden der Kirche unnötig „Stoff für Angriffe". Nun, die Herausgeber hatten in Bischof Dirichs den richtigen Gesprächspartner gefunden, der genau auf ihrer Wellenlänge lag. Alle Beteiligten waren zufrieden mit diesem Gespräch.

Eugen Kogon sprach vor großen Gruppen, wie gesagt, auch auf großen Plätzen, aber auch in kleinerem Kreis. So wurde er zum Beispiel von Religionslehrerinnen und -lehrern gebeten, zu ihnen zu sprechen. Er stellte zunächst klar, daß von ihm keine großen pädagogischen, psychologischen oder theologischen Ausführungen oder Weisungen und Hilfen zu erwarten seien, wie Religionsunterricht interessant und ansprechend gestaltet werden könne. Das Wichtigste, sagte er, sei, Religion nicht nur zu unterrichten – zumal noch nicht viele Religionsbücher zu haben seien. Die Lehrer sollten sich vielmehr bemühen, in ihrem Leben so zu sein, zu sprechen und sich zu verhalten, daß man spüren könne, was das heiße, ein Christ zu sein, wie sich das im praktischen Leben auswirke. Es gehe, sagte er, darum, nicht einfach etwas Angelerntes, sondern das weiterzugeben, was man selbst im praktischen Leben erfahren, erlebt und ausprobiert habe, auch durch die Schwierigkeiten und Nöte des Krieges und der Verfolgung hindurch. Es gehe darum, daß man den Menschen etwas zu sagen habe, wie sie ihr Leben sehen und lebendig mit Sinn und Ziel verbringen können – etwa in dem Sinne, wie es der Kirchenlehrer Ignatius von Antiochien gesagt haben soll: „Hast du einen Christen gesehen, dann hast du Jesus Christus gesehen." Das setze allerdings Christen voraus, die wirklich mit Christus leben, nicht eigene Steckenpferde reiten oder ihre Lieblingsideen zum besten geben, sondern sich vom Glauben formen lassen, innerlich getragen und auch begeistert sind und aus dieser inneren Haltung des Glaubens heraus den Menschen Freude am Glauben geben können. Diese Ausführungen, die hier nur ganz knapp wiedergegeben sind, waren in Wirklichkeit noch viel zügiger. Es war ein Dialog, ein Gespräch. Alle Teilnehmer waren tief beeindruckt. Was Eugen Kogon uns mit auf den Weg gegeben hat, habe ich noch jetzt in meinen alten Tagen in allerbester Erinnerung.

Das gesamte Wirken Kogons und seiner Freunde – unter ihnen besonders Walter Dirks – rief viele Menschen in Frankfurt aus der Reserve und Resignation. Vor allem die katholische Jugend der Stadt, unter Jugendpfarrer Karl Pehl, wurde aktiv und war sehr erfinderisch in jeder Art von sozialer Betätigung. Viele aus ihren

Reihen stellten sich für Obdachlose und junge Menschen zur Verfügung und setzten sich helfend ein. Man sprach jüngere Menschen am Hauptbahnhof an, lud sie zum Abendessen ein, gab ihnen eine Unterkunft und verbrachte mit ihnen einige Stunden in der notdürftig hergerichteten Gutleutschule. „Bahnhofsdienst" nannte man das.[1]

Auf den Trümmern und in den Trümmerkulissen vor dem Dom trat die katholische Jugend mit einigen guten Freilichtstücken auf. Gute Fachleute waren bereit, für die Regie zu sorgen. Diese Veranstaltungen fanden großen Anklang in ganz Frankfurt.

Für die Folgezeit bekam ich eine neue Aufgabe. Für die aus der Kriegsgefangenschaft zurückkehrenden Männer sollte ich vor Ort zur Verfügung stehen. Aus diesem Grund war ich nur noch spät abends in Frankfurt.

Von Bischof Dirichs wurde ich einige Tage vor seinem Tode zum Diözesanpräses des Kolpingwerkes und Diözesanseelsorger für die Männer ernannt. Im Jahre 1952 mußte ich diese Arbeit aus gesundheitlichen Gründen beenden und kam dann nach St. Goarshausen am Rhein. Danach war ich zwanzig Jahre Pfarrer in Frankfurt-Höchst. 1976 wurde mir die Pfarrei Falkenstein im Taunus übertragen. Hier traf ich Prof. Dr. Eugen Kogon wieder, der dort seinen Wohnsitz hatte.

Ich lernte ihn schon in meinem ersten Gottesdienst kennen, das heißt, ich sah ihn – zu einem Gespräch war nach diesem Gottesdienst leider noch keine Gelegenheit. Später haben wir uns nach den Gottesdiensten, die Eugen Kogon besuchte, immer eine gewisse Zeit zum Gespräch genommen. Wenn ich ihn nicht in meiner Kirche sah, dann war er – es lag ihm am Herzen, mir das zu sagen – in Königstein im Gottesdienst von Prof. Kroker, mit dem er ebenfalls gerne sprach.

Nachdem Prof. Kogon einen ersten Besuch bei mir gemacht hatte, erschien er wieder vor der großen Misereor-Kollekte persönlich bei mir. Wir sprachen miteinander, und er bat um ein wenig Zeit, damit er den Prozentsatz seines Einkommens ausrechnen konnte, den zu geben er sich verpflichtet hatte. Es war eine ansehnliche Summe, die er dann Misereor spendete.

---

1 Vgl. hierzu: Karl Pehl, „Bahnhofsdienst der Jugend", Frankfurter Hefte, Nr. 6, September 1946, S. 81-87.

Später haben wir uns oft getroffen. Er fand, daß wir eigentlich viel miteinander zu bereden hätten. So haben wir uns zu vielen unvergeßlichen Spaziergängen im Taunuswald getroffen. Wir haben uns ausgetauscht und vieles miteinander besprochen. Er war zum Beispiel interessiert zu erfahren, wie das Konzil sich in der Pfarrei auswirkte und was davon in der Diözese zu spüren war. Wir haben zwar nicht nur über Theologie gesprochen und religiöse Themen behandelt, aber sie standen doch im Mittelpunkt.

Ein Thema, das Eugen Kogon keine Ruhe ließ – in der Zusammenkunft seiner Freunde am 3. Mai 1995 im Palmengarten in Frankfurt wurde dies auch besonders von Heinz Zahrnt hervorgehoben –, war die Frage, wie der gütige Gott, der gute Vater im Himmel es zulassen kann, daß sein Sohn so schrecklich, so grausam umkommt, daß man so mit ihm umgeht, daß er zugrundegerichtet und vernichtet wird. Das hat ihn über alle Maßen empört und war ihm unverständlich: Der gütige Vater und dann das – verträgt sich das!

Ich habe nicht versucht, eine fertige Antwort zu geben – die habe ich auch nicht. Ich habe ihm zugestimmt. „Jawohl", sagte ich, „es ist eines der vielen großen Rätsel, die wir Menschen mit unserem Verstand nicht lösen können. Gott ist Gott, und Gott ist unbegreiflich. Gott können wir nicht fassen. Aber die Dreifaltigkeit lehrt mich doch so viel, daß der Wille des Vaters auch der Wille des Sohnes ist, daß also dem Sohn nicht etwas aufgezwungen wurde, was er nicht auf sich nehmen wollte. Gewiß, es war schrecklich für ihn – ‚Vater, laß diesen Kelch an mir vorübergehen!' –, er war ja auch Mensch, er sollte ja spüren und wissen, daß er wirklich ein Mensch war, mit allen menschlichen Empfindungen und auch der Angst vor dem Tod. Aber trotzdem: ‚Nicht mein Wille geschehe, sondern Dein Wille geschehe'. Der Wille des Vaters war auch sein Wille. Und was die Güte Gottes betrifft: Sie kann ganz harte Dinge verlangen, auch von uns Menschen. Da wird nicht immer sofort ein Eingreifen und Helfen Gottes sichtbar und spürbar, wenn etwa ein Mensch ohne eigenes Verschulden unheilbar krank wird oder wenn im Dritten Reich ein Mensch den Mund aufmachte, etwas zuviel sagte und dann in die größten Schwierigkeiten geriet. Dieses schreckliche ‚Warum?' wegen all diesen Leides ist nicht bloß ein ‚Warum' für uns Menschen, sondern für Jesus Christus am allerschlimmsten – ‚Mein Gott, mein Gott, warum hast Du mich verlassen?' Natürlich ist das für uns nicht zu verstehen: die Güte und Liebe Gottes, die all dieses geschehen läßt – ich möchte sagen, mit Tränen, so wie Christus am Grab des Lazarus Tränen vergoß. Das ist ein Geheimnis."

Weil ich wußte, daß Eugen Kogon aus der Schule der Dominikaner kam, habe ich ihn auf den heiligen Thomas von Aquin hingewiesen. Thomas von Aquin bringt seinen Glauben – wie ich meine, vor allem in einem Hymnus – so zum Ausdruck, daß er, der Universalgelehrte, ganz klein wird in seinem „Adoro te devote ..." (In tiefster Ehrfurcht bete ich Dich, verborgene Gottheit, an ...), wo er spricht: Ich sehe nicht, wie der Apostel sah, und trotzdem glaube ich. Er fällt also auf die Knie. Glauben: „Auch wenn ich es nicht verstehe". Ich kann mir nicht anmaßen, Gott verstehen zu können, aber ich kann mich auch nicht unterstehen, Gott, dem gütigen Vater, zuzutrauen, daß er etwas tut, was nicht im letzten Grunde gut ist. Gott ist eben unermeßlich in allem, was er tut. Seine Güte ist groß, aber Güte besteht nicht darin, den Menschen immer gute Tage zu bescheren und sie nur Gutes erleben zu lassen. Sie besteht darin, sich durch nichts, aber auch gar nichts, davon abbringen zu lassen, den Menschen Güte, Liebe, Zuwendung zu geben. Auch wenn der gütige Gott – der Vater leidet doch mit dem Sohn! – hier auf dieser Erde so scheußlich und schrecklich, wie der letzte Dreck behandelt und auf den letzten Platz gestellt wird, sagt er niemals: „Bis hierhin und nicht weiter." Wenn wir Menschen einmal eine gehörige Portion Güte und Milde aufgebracht haben, sagen wir bald: Jetzt ist es genug! So ist Gott nicht. Gott geht in seiner Liebe durch alles hindurch, auch durch den Tod, und zwar diesen Tod, durch den Jesus Christus hindurchgegangen ist. Er macht niemals Schluß, setzt keine Grenze, seine Liebe ist grenzenlos. Und wenn schon unter uns Menschen die Sprache des Herzens eine andere ist als die des Verstandes – Blaise Pascal spricht davon –, wieviel mehr spricht dann das Herz Gottes, des menschgewordenen Sohnes, Jesus Christus. „Ihr könnt es jetzt noch nicht ertragen", sagt Jesus zu seinen Jüngern. Er wußte, was er ihnen zumutete, und hat sie nicht ohne Grund zuerst auf den Berg Tabor geführt, damit sie seine Herrlichkeit sehen und das, was dann kam, tragen konnten, wenn auch immer noch nicht sehr gut.

Da habe ich angefangen, von den Strophen des „Adoro te devote ..." das zu zitieren, was ich noch wußte. Und Eugen Kogon fiel ein und zitierte auswendig den ganzen lateinischen Text, von der ersten bis zur letzten Strophe. Ich werde im Leben nicht vergessen, wie er diesen Text mit so viel Ergriffenheit sprach, daß es kein Rezitieren mehr war, sondern ein Beten von uns beiden. Das ist unvergeßlich. Seit diesem Gespräch hatte ich mit ihm eine ganz besondere Verbindung.

Wir haben uns sehr gut verstanden, und so habe ich ihn auch in seinem Leiden begleitet, das zum Tode führte. Er hat sein Leiden geduldig und ohne Klagen getragen, hat die Heilige Kommunion in Ehrfurcht und Dankbarkeit empfangen, wie auch die heilige Krankensalbung, die ich ihm spendete. Dabei habe ich mich bemüht, die Gebete so zu formulieren, daß sie seiner inneren Verfassung und Auffassung entsprachen. Darum hat es mich auch tief ergriffen, als bald nach der Beerdigung, die ich halten durfte, seine Tochter zu mir kam und sagte: „Herr Pfarrer, wir wissen, was Sie unserem Vater bedeutet haben, und so möchte ich Ihnen, als Vermächtnis für Sie, im Namen der Familie hier die Bibel übergeben, die er im Konzentrationslager und auch schon vorher im Gefängnis bei sich hatte." Sie äußerte den Wunsch der Hinterbliebenen, diese Bibel möge nach meinem Tod wieder in die Familie Kogon zurückkehren, und fragte mich, ob es mir möglich sei, dies testamentarisch zu verfügen. Ich habe dies dem Wunsche entsprechend in mein Testament geschrieben. Ich habe diese Bibel sehr oft in den Händen. Sie ist ziemlich eng gedruckt und bietet nicht viel Platz für schriftliche Anmerkungen, aber trotzdem hat er, vor allem im letzten Teil, eine ganze Reihe von Hinweisen angebracht und manche Stellen unterstrichen. Es steht da auch eine Bemerkung: „Zum erstenmal die Bibel ganz durchgelesen." Wie ich ihn kenne, hat ihm die Bibel sehr, sehr viel bedeutet. Denn daß sie gelesen ist, spürt man, wenn man sie zur Hand nimmt. Sie ist nicht nur gelesen, sie ist förmlich zerlesen, sie ist nicht nur gebraucht, sondern förmlich verbraucht. Sie ist ein Zeugnis für einen Menschen, der mit diesem Buch Not, Gefängnis und schreckliche Haft im Konzentrationslager durchgestanden hat und dann, als er wieder in Freiheit war, in Frankfurt so gewirkt hat, wie ich es eingangs geschildert habe.

Eugen Kogon ist mir ein väterlicher Freund geworden. Ich vergesse ihn nicht. Ich denke jeden Tag an ihn im Gebet.

Nachfolge ist mir das Wesentliche, nicht Streiterei um Sätze oder um das Versagen anderer Leute.

Aus Eugen Kogons Beitrag zu Norbert Sommer (Hrsg.): Zorn aus Liebe, Kreuz Verlag, Stuttgart/Berlin 1983, S. 183.

Meine Entwicklung im Glauben

Der nachstehende Text wurde aus Passagen der drei folgenden Quellen zusammengestellt: 1. „Sonntag um sechs – Eugen Kogon im Gespräch mit Leonhard Reinisch“ – Sendung des Bayerischen Rundfunks vom 9. Juni 1975. 2. „Zeitgenossen – Eugen Kogon im Gespräch mit Paul Assall und Ursula Nusser“ – Sendung des Südwestfunks Baden-Baden vom 6. Juli 1980. 3. „Zeugen des Jahrhunderts – Eugen Kogon im Gespräch mit Reinhardt Hoffmeister (Teil II: 1945 – heute)“ – Sendung des Zweiten Deutschen Fernsehens aus dem Jahr 1982.

Ich habe eine, jetzt hätte ich beinahe gesagt „romantische“, aber das ist nicht ganz richtig: ich habe eine ganz intensive Liebe zu meiner Mutter, die sehr früh gestorben ist, als ich noch ein Kind war. Ich kann aber nicht behaupten, daß der Mangel der natürlichen Mutter mich schwer behindert hätte. Ich habe später Zielstellungen und Zielsetzungen erfahren, auf die sich mein Leben gerichtet hat, so daß ich nicht behaupten kann, der Mangel dieser persönlichen, sozusagen physischen Mutter-Sohn-Beziehung habe eine elementare Rolle in meinem Leben gespielt. Ich bin dadurch nicht ärmer an Liebesbereitschaft geworden.

Die Beziehung zu meinem Vater existierte praktisch nicht. Ich hatte später einige Informationen. Er war nicht sehr gläubig. Ich habe auch heute nichts gegen ihn. Es gibt Erklärungen, warum ein Mann ein Liebesverhältnis eingeht, das nicht in eine Ehe mündet, und dafür haben wir heute großes Verständnis, vielleicht mehr als damals, obgleich die Praxis damals nicht geringer war als heute.

Dieses Verhältnis braucht also nicht nur eine negative Bestimmung für das Leben zu haben. Was aus einem wird, hängt von einer Fülle von Umständen ab, für die wir nichts können, Fügungen, Ineinanderfügungen von Umständen, von Menschen und Verhältnissen, die einen bestimmten Einfluß auf unseren Lebensweg nehmen, und dann machen wir etwas daraus oder nicht.

Mein Vater hat dafür gesorgt, daß ich in eine befreundete Familie kam. Es war eine kleinbürgerliche, echt bayrische, kernkatholische Familie in Schwabing in München, aber nicht streng katholisch, sondern eher fröhlich katholisch. In dieser Familie bin ich aufgewachsen.

Ich habe die monarchische Zeit der Wittelsbacher erlebt. Ich bin im tiefsten Bayern, in der vollen Substanz Bayerns von damals aufgewachsen. Das war gleichzeitig die Substanz der großen Schriftsteller – einschließlich der Filser-Briefe. Ich bin in diesen bayrisch-katholischen Gefügen und Denkweisen aufgewachsen, die eben unproblematisch waren. Das war ein liberales katholisches Bürgertum, vor allem in München, eine festgefügte Ordnung, die unbezweifelbar war. Die tiefe Mystik gehörte zu diesem barocken Katholizismus. Er war in sich gefestigt, zwar aufnahmefähig, aber in Abwehr gegen die übrige Welt. Mir scheint, das ist schon ein bestimmendes Merkmal. Wir sind gut katholisch erzogen worden, aber – und jetzt kommt mein Einwand, der von später her stammt – doch sehr traditionell. Dazu gehörte ein tiefes Mißtrauen gegen Aufklärung, gegen Emanzipation.

Die ersten Erinnerungen habe ich aus der Zeit, als ich dreieinhalb Jahre alt war. Das sind natürlich nur punktuelle kleine Erinnerungen. Aber dann werden sie immer stärker. In der Volksschule war ich mit dem Mädchen zusammen, das ich später geheiratet habe. Wir sind zusammen aufgewachsen. Wir haben zusammen Theater gespielt. Einmal haben wir den Othello gespielt, da haben sie mir mit Schuhcreme das ganze Gesicht und den Hals schwarz angestrichen. Nein, wir waren fröhlich.

Interessanterweise wollte ich – ich weiß nicht mehr, wie das kam, ob das aus mir selbst stammte, niemand hat mir dazu geraten – vom Start an Geistlicher werden. Ich wollte Missionar werden, Priester und Missionar. Ich habe mir das gewünscht: einen Altar, die Messe, Geräte, und das schon als kleiner Bub. Ich habe darüber gelesen. Das war eine Tendenz, Welt auf ein bestimmtes Ziel hin zu verwandeln. Ich kann mich erinnern, daß das schon in der Volksschule begann – in der Haimhauserschule in Schwabing in der dritten oder vierten Klasse. Ich war, ich muß es mit einer gewissen Genierlichkeit sagen, der Beste der Klasse. Das hatte erhebliche Nachteile. Damals bestand zum Beispiel in den Volksschulen noch die Prügelstrafe, und ich hatte immer die Ehre, für zehn Pfennige den Rohrstock für den Herrn Lehrer zu kaufen oder beim Pedell zu holen, weil ich der Beste war. Das hat mich natürlich in der Klasse nicht sehr beliebt gemacht.

Dort ist im dritten oder vierten Volksschuljahr der Gedanke in mir aufgetaucht. Ich bin während meiner ganzen Schulzeit nie davon abgegangen. Meine Pflegeeltern waren nicht dagegen, aber sie haben mich immer wieder gefragt, ob das denn notwendig sei. Sie hätten gern gehabt, daß ich später heiratete. Ich habe dieses Empfinden nicht geteilt. Nachdem ich im Maximilians-Gymnasium in der Morawitzkystraße das erste Gymnasialjahr bestanden hatte, hat mich ein Benediktinerpater auf die Missionstätigkeit der Ottilianer aufmerksam gemacht, die ja zum Zeichen des Martyriums ein rotes Zingulum trugen. Das hat mir sehr imponiert. Das war noch die Zeit, in der man für die Benediktiner sammelte; in der Theatinerkirche stand so ein Modell, in das man zwei Pfennige einwarf, und dann kam ein Heidenkind heraus und nickte. So bin ich im September 1914 in die zweite Gymnasialklasse eines Benediktiner-Internats eingetreten, bei den Ottilianern in Schweiklberg in Niederbayern, ein neugegründetes Kloster. Das ist etwa vom neunten Lebensjahr an bis zum elften ein geradliniger Weg.

Das Missionarische ist natürlich eine Beziehung zum andern – aber, sage ich heute, es ist nicht so sehr der Versuch, den anderen rational zu überzeugen, ihn zu gewinnen, sondern der Versuch, ihn sozusagen zu überwältigen, wenn auch mit Gnade. Das liegt mir heute gänzlich fern.

In einem solchen Milieu bin ich aufgewachsen, und das hätte mich in vielem lange behindert, wenn ich nicht Pazifist geworden wäre und gleichzeitig eine tiefe Nähe zur Arbeiterjugend gehabt hätte. Das hängt aber auch mit diesem missionarischen Trieb zusammen: Man muß die Welt bekehren – das jetzt im traditionellen Sinne – , also auch die Arbeiterschaft, weil die Arbeiterschaft vom bösen Marxismus verführt ist und der Marxismus im Grunde nur der Zwillingsbruder des Liberalismus ist. Beide haben – nach meiner damaligen katholischen Auffassung – eine falsche Weltanschauung und eine falsche Auffassung vom Menschen. Sie glauben, daß der Mensch autonom werden könne, das heißt, völlig selbständig und ohne Gott existieren kann.

Hier ist die Brücke, der Versuch, die zu bekehren, die besonders gefährdet seien. Eines Tages kam ich darauf. Es muß in der sechsten Gymnasialklasse gewesen sein, also etwa beim Ende des ersten Weltkrieges. Damals kam mir ein Buch mit Predigten eines deutschen Dominikaners in die Hand, das las ich während der Ferien. Da kam es blitzartig über mich, daß ich mir sagte: Warum eigentlich nach Afrika gehen? Bekehren muß man ja schon hier im eigenen Land. So schlug die Absicht, Heiden zu bekehren, in mir in die Absicht um, das hier doch bei uns selber zu machen: diese immer schwieriger werdende Welt mit der Heilsabsicht der christlichen Botschaft in Einklang zu bringen. Hier sehen Sie die erste Umwandlung, das erste Weitergehen.

So entschloß ich mich, zu den Dominikanern zu gehen. Ich habe noch ein Vierteljahr bis Weihnachten 1919 in Passau als Benediktinerschüler studiert, und dann habe ich mich im Februar 1920 – ich war siebzehn Jahre alt – in Vechta in Oldenburg im einzigen Seminar-Internat angemeldet, das es bei den Dominikanern gab, um bei ihnen das Gymnasium zu beenden und in den Orden einzutreten. Ich wollte Dominikaner werden. Die Dominikaner sind nicht auf irgendeine Mission beschränkt, sondern die Aufgaben des Ordens gelten für die ganze Welt und für jede Gesellschaft.

Es war ein absoluter Glückstreffer meines Lebens, denn ich habe großartige Lehrer gehabt. Ich bin meinen dominikanischen Lehrern unendlich dankbar. Die Jahre in Schweiklberg waren sehr schwierig gewesen. Das Kloster war erst neugegründet worden, in schwierigen Verhältnissen. Auch während des ersten Weltkrieges waren die Verhältnisse nicht leicht. Wir hatten große Entbehrungen durchzumachen, was mir später im Leben sehr genützt hat. Die Erziehung war sehr hart, ganz auf das gedachte missionarische Ziel bezogen. Bei den Dominikanern war ein viel weiterer Horizont bestimmend, auch wissenschaftlich. Was diese Lehrer mir alles beigebracht haben! Nicht nur an Wissen, an klassischem Wissen, sondern auch an Methoden: die großen Künste des Mittelalters, zum Beispiel Dialektik und auch die thomistischen Methoden, also Rhetorik, die heute kein Mensch mehr lernt. Das gab es ja sonst nirgends mehr. Das sind zum Teil ganz einfache Regeln, die einem aber wirklich behilflich sind. Ich habe sie später manchmal meinen Studenten zur Erleichterung ihrer Seminararbeiten gesagt. Oft einfache Sätze, wie: Wenn du eine Diskussion führst, vergiß nie den Ausgangspunkt. Das ist doch ganz wichtig, daß man nach zwei Stunden zurückkommt. Oder: Wenn du ein Beispiel gebrauchst und es wird inhaltlich umstritten, laß es fallen. Das ist doch eine glänzende Maxime – weil man ja ganz verwirrt wird, wenn alle plötzlich über ganz andere Dinge reden. Manche sagen auch, aus dem Mittelalter könne man in der Rhetorik nichts mehr brauchen. Thomas von Aquin zum Beispiel sagt an einer Stelle: Lies nie einen Satz, bevor du den vorhergehenden verstanden hast. Nun, da könnten wir keine Zeitung mehr lesen, das geht also nicht.

Ich erinnere mich an den einen Rektor, der dann später unter den Nazis verfolgt worden ist und gestorben ist: Pater Laurentius Siemer, der die schriftstellerische Begabung systematisch herausgelockt hat. Der hat gefragt: Wer führt die Chronik? Die Chronik, die täglich geführt werden mußte und beim Mittagessen verlesen wurde. Ich habe mich gemeldet. Das schriftstellerische Talent ist systematisch gefördert worden – auch die Redebegabung. Ich sprach ja schon von der Rhetorik. Wir mußten von Pulten aus nach scholastischer Methode des Mittelalters gegeneinander Debatten führen. Das hatte für später einen ungeheuren Nutzen.

Ich bin also meinen Lehrern von damals, die mir diese besondere Methode und den Schatz der Weisheiten beigebracht haben, sehr dankbar. Der genannte Rektor war Geschichtslehrer. Wir haben keine Zahlenreihen zu memorieren gehabt, die wir dann abgefragt worden wären, sondern er hat uns das beigebracht, was man heute die Synchron-Betrachtung der Geschichte nennt. Wir erfuhren, was sich während bestimmter kriegerischer Ereignisse in der Kunst oder in der Philosophie abgespielt hat. Das heißt: die Zusammenhänge. Und das ist doch das Wesentliche. Meine pazifistische Note, die sehr früh in mir zutagegetreten ist, die Ablehnung aller Gewalt, wo immer sie auftritt, besonders des Krieges, ist in Vechta bei diesen Dominikanern begründet worden. Ich bin mein Leben lang und besonders nachher in den schweren Zeiten des Studiums in München Pazifist gewesen, mit abenteuerlichen Erfahrungen, weil da schon 1923-24 die Nationalsozialisten kamen. Die Entwicklung dieser besonderen Qualitäten danke ich diesen Lehrern. Sie haben uns dauernd in der unglaublichsten Weise herausgefordert – und haben mit uns damals in der ganzen Oberstufe die besten Erfahrungen gemacht. Ich weiß noch, daß wir als Abiturienten im Seminar sehr bevorzugt waren. Wir durften zum Beispiel rauchen wie die Primaner, die schon fertig waren. Einmal spielte ich mittags nach dem Essen im Rekreationsraum mit einem Klassenkameraden Schach und rauchte dazu eine Zigarette. Da stand der Pater Laurentius in seinem weißen Habit daneben und sah zu. Auf einmal sagte er: „Eugen, was übrigens die Jugendbewegung betrifft: das brächtest du ja wohl nicht fertig, nicht zu rauchen und nicht zu trinken." Ich war ohnehin gerade dabei, zu verlieren. Da habe ich mit der Faust auf den Tisch gehauen und gesagt: „Das werden wir sehen." Und stellen Sie sich vor: Ich habe fünf Jahre lang während meiner Studentenzeit keinen Alkohol zu mir genommen und nicht geraucht – was mir sehr genützt hat.

Wir haben dann Anfang 1922 in Vechta Abitur gemacht. Wir waren Internisten, im Internat der Dominikaner, und wir mußten am staatlichen Gymnasium mit den dortigen Abiturienten das Examen machen. Also wurde uns gesagt – das war eine Kollektivaufforderung –, daß wir natürlich die vom staatlichen Gymnasium zu übertreffen hätten. Und ich finde es entzückend, wenn ich zurückdenke, daß alle übrigen Klassen, also die von eins bis acht – wir waren als Abiturienten in der neunten –, währenddessen in der Kapelle die Gebetsfront bilden mußten. Mittags wurde immer für die Abiturienten, die in Vechta das Abitur machten, feierlich gebetet, daß der Himmel seine Kräfte auf sie konzentrieren möge. Wir haben alle sehr gut abgeschnitten.

Und dann wollte ich 1922 nach den Ferien, ich war neunzehn Jahre alt, in den Orden eintreten. Da haben mir Pater Laurentius und ein anderer, Pater Erasmus Bernert, ein sehr guter Mann, ein Naturwissenschaftler, beide geraten, das nicht zu tun. Das will etwas heißen, das ist sehr selten. Sie haben gesagt, meine Qualitäten seien zu vielfältig, ein bißchen zu schwierig: ich müßte mich im Orden zu sehr an Askese halten. Mein Charakter sei so, daß ich mich das ganze Leben lang ans Kreuz anklammern müßte, und es gebe keine Garantie, daß das glücke. Sie haben damit gemeint: dauernd mich unterwerfen. Es gibt die drei Ordensgelübde Gehorsam, Keuschheit und Besitzverzicht. Das sind drei elementare Grundbeziehungen der Menschen im Orden. Und die beiden

Patres waren, so wie sie meinen rebellischen Geist kannten, der Meinung, daß ich das nicht durchstehen würde. Sie haben mir geraten, an einer Universität zu studieren.

Ich bin nach München gegangen und habe Nationalökonomie und Soziologie studiert. Inzwischen hatte ich mich aber auch schon in meine frühere Schulkameradin, wie soll ich sagen, verehrend verliebt – ein Mädchen aus einer Familie, die in meiner ganzen Jugend sehr zu meiner Ausbildung beigetragen hat, mir sehr geholfen hat. Das ist meine heutige Frau. Ich sage „verehrend", weil die Sexualität gemäß meiner Erziehung eine geringe Rolle gespielt hat. Da waren wir nicht die normalen jungen Leute, sondern sehr zurückhaltend, sehr vorsichtig, sehr puritanisch. Die übermäßigen sexuellen Hemmungen, die uns eingebaut worden sind, halte ich doch für verkehrt. Ich finde heute in der Gelockertheit junger Leute und der Selbstverständlichkeit, mit der sie die natürlichen Dinge betrachten, vieles doch sehr viel besser als damals. Meine spätere Frau war ständig in München mit mir zusammen, doch wir haben niemals darüber gesprochen, daß wir heiraten wollten, sondern ich war immer noch der Meinung, daß ich in den Dominikaner-Orden eintreten werde. Ein kurioses Verhältnis. Da haben mich die beiden Patres drei Semester lang in München besucht und mich jedes Mal gut beraten, bis ich dann endgültig in München geblieben bin.

Nach dem ersten Weltkrieg hat sich vieles entscheidend geändert. Das Neue ist zum Durchbruch gekommen, nachdem es sich in der Jugendbewegung schon vom Hohen Meißner her, also ab 1905, vorbereitet hatte. Wie mir scheint, ist die Jugendbewegung der große Einschnitt in der deutschen Entwicklung gewesen. Auch die katholische Jugend ist davon miterfaßt worden. Ich wurde durch die Jugendbewegung geprägt, auch in meiner Studentenzeit. Ich gehörte an sich zu „Hochland", also einer der großen katholischen Organisationen. Ich habe mich aber als einziger Student der Arbeiterjugend gewidmet. Ich habe in der Maffeischen Lokomotivenfabrik in Schwabing mit Hilfe eines Kaplans die Lehrlinge gesammelt und ihnen in der Pfarrei St. Sylvester zweimal in der Woche abends einen Vortrag gehalten. Ich habe mit ihnen Ausflüge gemacht. Ich bin dann unter Prälat Ludwig Wolkert in die „Jungmannschaft" – die Zeitschrift hieß „Die junge Tat" – eingetreten. Wir waren Tausende von jungen Katholiken, die bereit waren, von der Jugendbewegung her in ihrer Weise auf den Charakter dieser neuen Epoche einzuwirken, die da heraufzog und die uns ja allen klar war.

Ich wäre aus der konservativen Erziehung früher ausgestiegen, wenn ich einige Entscheidungen ein bißchen anders getroffen hätte. Denn ich war ja von Anfang an auf der Seite der Gewerkschaften, auf der Seite der Arbeiterjugend, und ich war Pazifist, als Student, und zwar aktiver Pazifist. Das paßt ja nun gar nicht in die streng konservative Erziehung. Es war ja schon ein anderer Typus, der in mir angelegt war.

Meine soziale Interessiertheit hängt mit der missionarischen Tendenz zusammen, die von Anfang an in mir wirksam war: zuerst also Missions-Benediktiner werden, dann Dominikaner werden zur Verchristlichung der Welt, und dann kommt die Frage: Wo sitzen denn die Kräfte, auf die es in der neuen Zeit nun ankam? Von da an wirkt das Soziale auf mich als das Stärkste ein.

Politisch waren also in meiner ganzen Münchner Studentenzeit zwei Komponenten für mich bestimmend: Ich stand vom Start an den Gewerkschaften nahe, besonders den christlichen Gewerkschaften, und ich war Pazifist: diese Welt friedlich zu verwandeln und nicht mehr gewalttätig. Beide Komponenten wirkten in mir in den ganzen drei Studienjahren, also sechs Semester an der Universität, wo ich dann mit Walter Maria Guggenheimer zu den ersten gehörte, die den Diplom-Volkswirt machten. Man hat damals das Examen der Diplom-Volkswirte eingeführt, um die Flut der Nationalökonomie-Doktoren abzuwehren.

Ende 1924 oder 1925 habe ich mich dann in der Absicht, an der Universität Florenz weiterzustudieren, nach Italien zu einem Schriftsteller als Sekretär gemeldet. Er entschied sich für mich unter vierundvierzig Bewerbern aufgrund meiner Sprachenkenntnisse – ich hatte schon bei den Benediktinern während der Lateinstunden Italienisch gelernt. Es war ein deutscher Schriftsteller, Richard Grelling, ein Rechtsanwalt, der während des Weltkrieges gegen die deutsche Seite eine Kriegsschuldthese aufgestellt hatte[1] und daher nicht mehr nach Deutschland zurückkonnte. Er lebte in Florenz. Verbunden hat mich mit ihm der Pazifismus. Ich reiste also zu ihm nach Florenz und studierte ein ganzes Jahr dort an der Universität.

---

1 Richard Grelling, „J'accuse, von einem Deutschen", 1915.

Ich habe nun praktisch den Faschismus, den Korporativstaat des Faschismus und den realen Faschismus, miterlebt, ziemlich genau analysiert, bin sehr in die Quellen eingestiegen und habe darüber auch geschrieben. Prof. Carl Muth, der Herausgeber des „Hochland“, der großen katholischen Monatsschrift, der mich schon kannte und wußte, daß ich nach Florenz gegangen war, hat mich gebeten, darüber zu schreiben. Das Interesse der katholischen Kirche am Faschismus hing mit den Auffassungen der mittelalterlichen Gesellschaft zusammen. Mit geringfügigen Ausnahmen hatten wir in unserer Generation alle eine Ordnungsvorstellung, die ganz stabil war. Ich habe ja schon darauf verwiesen, als ich von der bayrischen Substanz sprach. Dazu gehörten bestimmte Normen, die geoffenbart waren, die man einhalten mußte, nach denen man lebte und die nun in dieser, wie wir meinten, sich auflösenden Gesellschaft wieder stabil gemacht werden mußten.

Ich habe dargestellt, daß die Diktatur im Grunde einer Verselbständigung entgegensteht, daß das Ziel der Gesellschaft sein müßte, in Verständigung zu leben. Sie sehen jetzt wieder das spätere Dialogische und das Christliche, also Verständigung zustandezubringen und nicht einfach Klassenkampf, den Klassenkampf also zu überwinden. Ich war von der Idee des Korporativstaates als einer geschichtlichen Möglichkeit fasziniert. Ich stand ja sehr unter dem Einfluß der christlichen Soziallehre. So, wie ich erzogen war, konnte ich unmöglich Marxist sein, das wäre mir damals nicht in den Sinn gekommen. Ich habe die großen Autoren des Sozialismus studiert und von den Marxisten eine ganze Reihe von Einsichten in die geschichtlichen Verläufe übernommen. Ich bin aber nicht der Meinung, daß der Klassenkampf, um ein wesentliches Stück herauszugreifen, das allein und bestimmend treibende Element der Geschichte sei. Was sich in mir entwickelt hat, war die Idee eines freiheitlichen Sozialismus. Ich möchte so sagen: Zuerst hat mich die katholische Soziallehre geprägt. Die katholische Soziallehre, die große Tradition, ist antikapitalistisch gewesen, und sie hat natürlich notwendigerweise Befreiungselemente in sich, wenn auch in autoritäre Auffassungen eingebettet – ständestaatliche Auffassungen: die Einspannung der gesellschaftlichen Kräfte in feste Formen, die bleibend sind, und innerhalb dieser festen Formen vollzieht man seine Laufbahn. Später kam ich von den alten tradierten katholischen Auffassungen dieser extremen Art ab – ich sah die Problematik, wußte aber noch keinen Ausweg.

Ich bin dann von Florenz nach Wien gegangen, zu Othmar Spann und Hans Kelsen. Spann war schon ein anerkannter Soziologe, und etwas anderes gab es auf diesem Gebiet eigentlich gar nicht. Sozialphilosophie ist das große Vorfeld und die Umgebung der Soziologie gewesen. Auch Kelsen, der Rechtsphilosoph und Rechtslehrer, hat solche Elemente sozialphilosophischer Natur vertreten. Das heißt, er hat das Recht nicht nur als reine Rechtslehre, sondern auch in seinen gesellschaftlichen Verflechtungen behandelt. Ich bin nach Wien gegangen, weil diese soziologische Richtung nur dort sichtbar geworden ist. Und selbstverständlich zu den Lehrern, die da waren – wohin denn sonst. Ich bin dann mit Othmar Spann sogar sehr eng gewesen; aber immer mit außerordentlicher Betonung der Gewerkschaftsseite, was er mir zum Teil verübelt hat. Es war ein gutes Verhältnis, bei dem ich als weitgehend konservativer Mensch – so erzogen, so aufgewachsen, so geübt – in der Tat den Universalismus von Spann aufgenommen habe.

Bestimmend war damals absolut das katholische Soziale, und das war eine Ordnungsvorstellung, eine Reichsvorstellung – eine große Strömung. Heute ist es mir so fern. Ich wage heute kaum mehr, so darüber zu sprechen. Es ist für mich fast unerträglich geworden, daran zu denken, wie man in einer solchen Ideologie, die Jahrhunderte alt war und die modern ausgeprägt wurde, gebannt sein konnte, ohne zu sehen, daß es auf die konkreten gesellschaftlichen Kräfte ankommt, die die eine oder die andere Norm realisieren oder verkünden. Wenn zum Beispiel der Episkopat gesellschaftliche Formationen verkündet, die für Ordnung sind, die für das Gesetz sind, die für Moral sind, lauter große Maximen, auch große Worte, was liegt näher, wenn man so erzogen ist, als zu sagen: Nun ja, wir wollen uns nicht mit den auflösenden Kräften verbinden, selbstverständlich nicht, es sind ja unsere Gegner. Sondern wir wollen uns mit den anderen verbinden. Das Ergebnis ist eine Tragödie sondergleichen. Man torkelt in Zusammenhänge und Bündnisse hinein, die man gar nicht gewollt hat, deren Tragweite man nicht durchschaut hat.

Ich war bis 1932 Redakteur der „Schöneren Zukunft". Das war ein großes katholisches soziales Wochenblatt, das eine gründliche antikapitalistische Sozialreform wollte, aber in jeder anderen Hinsicht sehr konservativ war, zum Beispiel gegen den parlamentarischen Staat, also für Autoritätsverhältnisse. Ich habe darin aufgrund meiner Sprachenkenntnisse die sogenannte „Weltrundschau" gemacht. Das war mein Haupttätigkeitsfeld: einen Überblick über die spezifisch katholischen Stellungnahmen in aller Welt zu geben, in Spanien, Südamerika, Nordamerika, England. Das wurde gesammelt und jede Woche in zehn Seiten „Weltrundschau" wiedergegeben. Wir Redakteure waren intern praktisch alle gegen Dr. Eberle, den Hauptschriftleiter. Er war uns zu undifferenziert. Wir fingen alle schon an zu sehen, daß die gesellschaftlichen Verhältnisse andere Formationen und andere Bündnisse erforderten, als sie in der „Schöneren Zukunft" vertreten wurden, die übrigens ein großes Echo in Deutschland hatte.

Ich habe damals immer bedauert, nicht direkt auf der Seite von Walter Dirks stehen zu können. Als er bei der Rhein-Mainischen Volkszeitung massiv für die parlamentarische Demokratie eintrat, hat es mir eigentlich immer leid getan, daß ich da nicht mittun konnte, zum Teil wegen dieser Verflechtung und zum Teil wegen meiner Gesinnung – ich sah zu viele Schwächen in der parlamentarischen Weimarer Demokratie und sah sozusagen das Unheil kommen. Aber ich habe ja geschildert, wie ich als Student die Lehrlinge bei Maffei sammelte, als einziger; wie sehr ich auf der Seite der Gewerkschaften stand; daß ich Pazifist war. Das sind alles keine rechtskonservativen Elemente. Das heißt: Die Wurzeln dessen, was später deutlich und massiv zutagetrat, sitzen sehr tief.

Ich sage wieder: Es ist entscheidend, welche gesellschaftlichen Kräfte sich mit welchen Vorstellungen und welchen Ideen verbinden. Es können sich miserable gesellschaftliche Kräfte mit erhabenen Motiven, mit erhabenen Normen verbinden, und dann kommt unter Umständen etwas Grauenhaftes, falsch Missionarisches in der Politik heraus. Hier fing ich schon an, soziologisch zu merken, wie wichtig das Spannungsverhältnis zwischen konkreten Interessen in der Gesellschaft und diesen Ideen ist.

Ich bin also von der „Schöneren Zukunft" weggegangen und habe mich, als 1933 in Deutschland der Umsturz war, mit den christlichen Gewerkschaften noch bemüht, Luft zu schaffen, indem ich zusammen mit anderen versuchte, Kontakte in Deutschland aufrechtzuerhalten. Aber man sah natürlich, daß die Gewerkschaften gleichgeschaltet wurden, da war auch vom konservativen Standpunkt aus nichts mehr zu retten. Infolgedessen habe ich aufgehört zu schreiben. Ich habe praktisch vom Herbst 1933 an nichts mehr geschrieben und bin in die Wirtschaft gegangen. Ich bekämpfte am Nationalsozialismus das Sozialdarwinistische, das den Menschen den determinierten Tieren gleichstellt, während der Mensch für mich das Wesen der Entscheidungsmöglichkeiten – unter Konditionen – ist. Er ist natürlich nicht völlig unabhängig, aber er kann auch anders. Dazu bedarf es oft vieler Veränderungen, im individuellen Leben wie in der Gesellschaft.

Vom 23. September 1939 an war ich im Konzentrationslager Buchenwald, und da hat sich nun mein ganzes Weltbild gründlich geändert. Die wahren Einsichten in die wirklichen Zusammenhänge sind mir praktisch erst in der Haft in Buchenwald gekommen. Da war ich natürlich mit Marxisten und Kommunisten zusammen, und wir haben alles durchdebattiert. Die Prinzipien, die ich in meiner Jugend anerzogen bekommen habe, sind zum Teil natürlich gefestigt worden, nur nicht die politischen; das Konservative hat sich in einen tieferen Bereich zurückgezogen. Ich bin heute noch der Meinung, daß vieles in der Gesellschaft nicht beliebig veränderbar ist. Ich bin auch der Meinung, daß man nicht einfach alles ändern soll, sondern daß man nur ändern soll, wenn es sein muß; daß es Dinge gibt, die man zu bewahren hat; daß der Mensch nicht beliebig veränderbar ist. Ich bin also nicht der Meinung mancher heutiger Jugendlicher, die sozusagen den nackten, guten Menschen auf der Wiese sehen wollen, wo er dann eine neue Welt aufbaut. Insofern ist ein konservatives Element geblieben. Aber das Weltbild hat sich verändert. Es ist das geblieben, was von allem Anfang in mir war: der Glaube, daß sich die Bedingungen des Menschseins verbessern lassen. Auch diese Formulierung zeigt eine Verbindung zum Sozialismus. „Das wahre Menschsein" ist eine Prägung, die von Marx stammt. Ich bin darin ein Aufklärer, also ein Missionar geblieben. Und warum sollte nicht der Versuch gemacht werden, zu beweisen, daß man unter extremen Verhältnissen ein Mensch ist und daß man als Mensch sich selbst bewahren kann und Respekt vor dem anderen hat?

Ich muß dazu etwas sagen. Das ist natürlich eine persönliche Eigenart, ich weiß nicht, wie man sie erklären soll: Ich kann nicht hassen. Ich habe auch die Gestapo nicht gehaßt. Ich habe sie abgelehnt, bekämpft, belogen, wo ich konnte. Ich habe im Lager nicht den geringsten Respekt vor der SS gehabt, das ist ja klar. Aber ich habe sie nicht gehaßt, und als Christ habe ich mich noch anders verhalten, wenn ich bei den Verhören stundenlang mit verschränkten Armen an der Wand stand. Übrigens: schon ein Dominikaner, einer meiner Erzieher, der später vom Orden weggegangen ist, den ich dann in einer dramatischen Nachtunterredung in Wien gebeten habe, im Orden zu bleiben, hat zu mir, als ich das Abitur gemacht hatte, gesagt: Eugen, wenn du hinausgehst ins Leben, bitte, laß nicht die Fahne sinken, außer du bist der Überzeugung, daß die Sache, die du vertrittst, falsch ist! Das habe ich mir gemerkt, das ist eine gute Maxime. Und so habe ich mich auch im Lager bemüht, in allem ein Mensch zu sein. Das ist der Maßstab.

Noch etwas kommt als Lagererfahrung hinzu: die Zusammenarbeit mit allen Kräften. Wir, die Aktiven im Widerstand gegen die SS zur Bewahrung unserer Existenz und der aller Gefangenen und in der Vorbereitung des Kommenden, waren diejenigen, die daran glaubten, daß wir überleben würden. Wir haben das Kommende ins Auge gefaßt. Wir wollten eine andere Verfassung, die die Fehler von früher vermeiden konnte, und da war die Zusammenarbeit zwischen allen, auch mit den Kommunisten, sehr wichtig. Ich bin im Lager natürlich auch mit den Sozialdemokraten in einen viel engeren Kontakt gekommen. Nach der Befreiung haben Walter Dirks und ich in Frankfurt eine Gruppe gebildet. Daraus entstand dann im September 1945 die Initiative zur Gründung der Christlich-Demokratischen Union in Frankfurt mit unseren freiheitlich-sozialistischen Leitsätzen. Die Frankfurter Leitsätze der CDU, die Walter Dirks und ich mitbestimmt haben, die Kölner Leitlinien der CDU, das Ahlener Programm fordern alle noch die Sozialisierung der Grundstoffindustrien. Wir meinten, daß Protestanten und Katholiken gemeinsam in das Feld der Politik gehen und nun eine neue Gesellschaft zustandebringen, eine Gesellschaft der Solidarität in der Not – nach dem Grundsatz: „Jetzt halten wir angesichts der zehn Millionen Flüchtlinge alle zusammen. Jetzt wird ein neuer Geist in Deutschland einkehren. Jetzt ist es vorbei mit dem Nationalsozialismus. Wir haben alle gelernt. Wir wollen eine andere Gesellschaft." Was wir wollten, waren Sozialgemeinschaften, öffentlich-rechtliche Körperschaften, die bestimmte Grundstoffindustrien, Grundunternehmen verwalteten. Wir hätten eine neue freiheitliche Form des Sozialismus eingeführt. Immer sollte das Solidaritätsprinzip maßgebend sein, Mitverantwortung für alles.

Der Einfluß der „Frankfurter Hefte“, besonders als sie noch in der feldgrünen Umhüllung erschienen, war sehr groß. Wir hatten den Mut, Moral in der Politik zu vertreten, und zwar nicht künstlich und nicht falsch pathetisch, sondern real. Wir haben uns gesagt: Das hat es in der Weltgeschichte in dieser Weise noch gar nicht gegeben, daß man aus Moral Politik machen konnte und die anderen alle einverstanden gewesen wären. Sie waren ja gegen den Militarismus, sie waren anfangs, in den ersten drei Jahren, gegen die Remilitarisierung, sie waren gegen den Nationalsozialismus, und daher konnten wir sagen: Wir machen jetzt zusammen eine Gesellschaft der Solidarität nach bestem Können und Vermögen. Und einiges davon werden wir beispielhaft und musterhaft für uns selbst zustandebringen. Wir, das heißt diese Gruppe und noch ein paar andere Freunde, haben damals, im Herbst 1945, zum Beispiel bei der ersten Bischofskonferenz in Fulda eine Eingabe gemacht und auf Wunsch eines Bischofs, der uns nahestand, sogar einen Text vorgeschlagen. Wir haben gesagt: Die katholischen Bischöfe sind die einzigen, die in diesem Land noch als Autorität konkret unbelastet dastehen. Sie mögen doch jetzt sagen: Wir wollen unsere Probleme untereinander unabhängig von den Anklagen draußen bedenken, damit wir uns von all dem befreien können und nicht in Ressentiments ersticken. Wir haben eine schlimme Abfuhr erfahren. Nichts davon wurde aufgenommen.

Wir haben uns nicht als katholische Zeitschrift empfunden. Wir betrachteten uns – das ist ein großer Unterschied zu früher – vom Start an als christlich motivierte Politiker und Kulturpolitiker und Sozialpolitiker. Jetzt muß ich es ein wenig pathetisch sagen: Die Botschaft Jesu, das Evangelium war für uns die innerste Antriebskraft. Sie sehen, ich kehre wieder zu meinen Anfängen zurück. Das war unsere Kernmotivation. Wir wollten dazu beitragen – ich sage „beitragen“, so wie andere in anderen Kreisen –, eine paradigmatische Gesellschaft zustandezubringen. Wir waren eine von Katholiken gemachte, aber keine katholische Zeitschrift.

Und heute muß man das erst recht sagen. Aber das ist ein langer Weg, den wir jetzt mit der Republik und mit der Welt zusammen durchlaufen haben.

GLAUBE HEUTE

Meditationen über die Liebe Gottes

... Das Leben innerhalb unseres Sonnensystems ist das grandiosmerkwürdigste Geschehen, das sich denken läßt. Schon daß in ihm einzig und just auf diesem kosmischen, von uns denn nun also bewohnten Punkt die optimalen Bedingungen entstanden sind ... Tatsächlich muß man sich an Gott wenden, um sich das ungeheure und ungeheuerliche Gebilde „Schöpfung" wenigstens paradox plausibel machen zu können, wenn man nicht Gefangener der Annahme bleiben soll, die Evolution sei eine Abfolge „blinder" (und doch so „weiser"?) Zufälligkeiten – von der „Urmaterie" zum programmiert-programmierenden DNS-Molekül, „von ihm dann" zu uns (und nicht weiter?). Wie je, zu allem Überfluß, hätte dieses Sein, in noch so vielen Jahrmillionen, aus sich das Bewußtsein hervorbringen können, daß der „Kampf ums Dasein", nachdem das Leben entstanden war, Verschlingen und Verschlungenwerden, als Begleitfolge inmitten unbegreiflicher Schönheiten das Leiden in ungezählten Formen, in allen seinen Schrecklichkeiten, die Verwandlung als Auflösung *nicht* das unaufhebbare Gesetz dieser Existenz seien, sondern Bedingungen einer Entscheidung? Sinn des Geschehens sollte gesucht und gefunden werden? Ein in die Natur der Dinge transzendierendes Ziel, auf das hin zu handeln sei? Und wenn es in dieser Welt, deren widerspruchsvolle Bedingungen von sich aus den Sinn nicht ergeben, zur Idee der Verwandlung durch Güte – durch Liebe! – wirklich hätte kommen können, wo war ihre Verbindlichkeit? Erkenntnis einer solchen Bestimmung der Welt konnte nur erträumte Einbildung sein.

Verkündigung der Liebe! Nicht, als ob sie im Kampf ums Dasein, innerhalb der unerbittlichen, in weiten Teilen zauberhaften Furchtbarkeit des Fressens und Gefressenwerdens, des Unterliegens und Überlebens nicht vorhanden wäre: sie ist, für die Fortpflanzung und für die Aufzucht, sogar nebenher konstitutiv, und sie entfaltet sich in der personalen Zuwendung zu einer jede Determination beglückend übersteigenden Kraft. Aber als das bestimmende Prinzip der Entwicklung, gar einer universalen, läßt sie sich nicht feststellen. Daß sie es werden solle, mußte uns gesagt werden.

Die Offenbarung, daß es so sei, ist innerhalb des jüdischen Volkes für alle Welt durch das Wort und das Leben Jesu von Nazareth erfolgt. In ihm hat sich uns Gott in Identifikation mit uns sichtbar, erfahrbar gemacht. Das mußte schon Gott selber sagen, daß die Welt, und zwar durch den Menschen, zu einem anderen Dasein als ihrem natürlichen bestimmt sei. Daß sie, obschon von Ihm, göttlich erst zu werden habe im Prozeß kontinuierlicher Entscheidung eines „ebenbildlichen" Geschöpfes. Daß „Erlösung" also Befreiung aus der Verfallenheit in das universale Gesetz der Determinationen, aus der Verhaftetheit in teils fesselnde, teils verlockende Konditionen meint. Daß Liebe – in der Tat: Liebe – die Herrschaft, den Glanz und die Grauenhaftigkeiten der Macht ablösen soll. Ablösen wird. Konnte Evolution, von den Anfängen bis zu den Primaten, bis zum Neandertaler, bis zu uns ..., bis zur verkündeten fernen Zukunft, die doch damals schon begonnen hat, in jener Nacht Null der Zeitrechnung nach Jesu Christi Geburt, phantastischer ausfallen?

Der altjüdische Mythos vom Paradies, Projektion des Dramas in die Anfänge, bezeichnete im Weltbild von damals so treffend wie naiv genau das Problem in allen seinen Dimensionen. Die Schuld ist ein währender Akt, nicht nur ein vergangener. Wir setzen sie fort, indem wir die gegennatürliche, die übernatürliche Stimme nicht aufzunehmen gewillt sind: daß die Welt verwandelt werden muß; daß dies unsere Bestimmung ist. Die Botschaft von „Seinem Reich" trat der totalen Cäsarenherrschaft, für immer von da an und für überall in der Welt, gegenüber – völlig unscheinbar, aber mit absolutem Anspruch auf den Ausgang. In der Nacht, in der, wie Bischof Robinson von Woolwich im Osten Londons das so gut ausgedrückt hat, „Gott ganz sichtbar geworden ist", nämlich im „Menschensohn", dessen Integrität bis in den Tod sich als unanzweifelbar erwiesen hat, in jener Nacht sollte die Vermenschlichung aller Verhältnisse nach „Seinem Wohlgefallen" ein für allemal, unwiderruflich begonnen haben. Und sie hat ja, trotz allem, in der Weise des „Gesandten des Herrn" begonnen.

Diese Auffassung – diese Glaubensannahme – ist heute gegenüber dem Jahre Null der Zeitenwende wahrlich nicht inaktuell geworden. Daß die Christenheit es in der Verwirklichung der Erlöserbotschaft noch nicht weiter gebracht hat, besagt nichts gegen das gegebene Zeugnis und das gegebene Vorbild. Beachtliches nur nach der Seite der Welt und zu uns hin: deren Tatsachen sind hart, unsere Herzen, um es biblisch zu sagen, aus Stein; in der Auseinandersetzung um Selbstbehauptung und Vorrang und Herrschaft zumindest partiell versteint. Es ist ein langer Weg der Verwandlung – in vielen Umwegen –, der gegangen wird.

Am Ende der Entwicklung, dies die Verheißung, wird „das Prinzip Liebe" sogar die Absurdität der objektiven Voraussetzungen überwunden haben, auf denen, einsehbar und doch unerklärlicherweise, unsere Entscheidungsfreiheit beruht.

Aber dies ist „Eschatologie", Hoffnung; Erwartung aus Vertrauen. Das uns aufgegebene Stück Zukunft beginnt jeweils heute.

Originaltitel: „Liebe kommt allein von der Liebe", Deutsches Allgemeines Sonntagsblatt, 26. Dezember 1971; zwei kurze Passagen wurden aus einem inhaltlich ähnlichen Typoskript ohne Datums- und Bestimmungsangabe mit dem Titel „Versuch einer Meditation über die Liebe Gottes" eingefügt.

Nichts, was von Gott kommt, ist pathetisch. Weder die Freiheit noch die Liebe. Beide verstehen sich ganz von selbst.

Aus: „Der Teufel und das Heilige Jahr", Frankfurter Hefte, September 1950.

„Bethlehem" – einschließlich natürlich der Erzählung von den „Magiern" – ist Legendärbericht, aber voll von aussagestarkem Sinngehalt. „In der Fülle der Zeit", als nirgendwo auf Erden, innerhalb der entstandenen und der bestehenden Kulturen, am wenigsten in der mittelmeerischen, erkannt werden konnte, daß die Geschichte evolutiv und auf Liebe angelegt sei – angesichts der Grauenhaftigkeit der Machtverhältnisse (der wirklichen Weltverhältnisse) eine geradezu absurde Vorstellung –, ist, wie hätte sich sonst die andere Zielsetzung der Evolution verbindlich-glaubhaft offenbaren können, Gott selbst in einem Menschen sichtbar geworden, der „Sein Reich", das vorbestimmte, durch uns zu verwirklichende Seines Wohlgefallens verkündigen und, im kompromißlosen Zusammenstoß mit der so ganz anderen Herrschaft auf Erden, bis in den Tod gehorsam vorleben sollte. Jesus von Nazareth ist die in den Augen der Welt unscheinbare – von den zeitgenössischen politischen Geschichtsschreibern unter den damals ungezählten Gekreuzigten selbstverständlich unbeachtet gebliebene –, für die Glaubenden aber in der Auferstehung durch Gott beglaubigte Manifestation des absoluten und radikalen Gegenprinzips zur Verfallenheit an die Prinzipien der Welt. (Die „Bergpredigt" drei Jahrzehnte später ist die „Verfassung" des *Heils* der Welt; nicht die römische Machtfriedensordnung unter Augustus „dem Retter".) Jesus ist der Mensch der totalen Umkehr und darin Vorbildhaftigkeit aus göttlicher Kraft.

Der „Bethlehem"-Bericht – mit der Engelsverkündigung an die selbst Unscheinbaren, die „Hirten auf dem Felde" – ist literarisches Licht vom Erscheinen Gottes für alle, die sich bereit finden, in der Entscheidung zur Heilsevolution „wie die Kinder zu sein", denn anders ist dieser Glaube im letzten nicht möglich: Kinder Gottes, in der Tat, Nachfolger des gewaltigen Unscheinbaren – des unscheinbaren Gewaltigen der anderen Welt: Seines Reiches, das begann, als *er* sichtbar wurde – von Gott und einer von uns! –, des Reiches, das sich im weiteren Verlauf, innerhalb der weltlichen Geschichte und daher durchaus nicht geradlinig, sondern je „versuchsweise", verwirklichen soll.

Das Ereignis des Beginns von damals – mag es sich in Bethlehem oder woanders im Prophetenland dort und wie immer zugetragen haben – erlebe ich, da ich katholisch bin, in der alljährlichen weihenächtlichen Erinnerungsfeier dankbar mit. Es ist ein Fortsetzungsakt in der Verkündigung der Botschaft, die wir als Kirche in unserer sonst meist gräßlichen Versagens- und Entstellungsgeschichte immerhin bewahrt haben – bewahrt, damit sie jederzeit, in immer neuem Ansatz, durch Liebe erlösend, wirken kann, bis sie sich, irgendwann, zum uneingeschränkten „Reich" erfüllt haben wird.

Die Botschaft „... und auf Erden Friede den Menschen des Wohlgefallens" (wie es im griechischen Text des Lukas-Evangeliums ja heißt; aber meinetwegen mag auch die Übersetzung des eigenwilligen Hieronymus gelten: „... den Menschen, die guten

Willens sind"), diese Botschaft ist, als Evolutionszielverheißung, wie zu ersehen, nicht nur endzeitlich gemeint, – sie ist eminent politisch. Ihr Aufforderungscharakter trifft in unseren Tagen auf eine ganz besondere, im rein weltlichen Geschichtsverlauf zutagetretende Verwirklichungs-Chance, die allerdings allem Anschein nach ohne außergewöhnliche Motivation und Kraft nicht zu erfüllen ist ...

> Zur Verwendung im Religionsunterricht bestimmter Brief vom 17. Dezember 1972 an den Religionslehrer Heinz Prudlo, Neuwied, zum Thema „Was mir persönlich Weihnachten bedeutet".

Man kann das Gleichnis vom barmherzigen Samariter so lesen und nehmen, wie es einem geboten wird. Man ist dann zur Caritas aufgefordert. Das hat Großes, Bewundernswertes in der Geschichte bewirkt – bis heute: Um wieviel übler wäre es in der Welt bestellt ohne die tätige Fürsorge, die sich der Bedürftigen und der Leidenden annimmt.

Der Erzählung, wie es zum Gleichnis kam, die das Gleichnis hervorgebracht hat, liegt aber eine Glaubenslehre zugrunde. Von ihr, nicht von ungefähr, geht die Aufforderung aus. Mit dieser Lehre, die das A und O der neuen Botschaft ausmacht und daher nicht nur hier, sondern vielerorts in ihr vorkommt, hat es eine über die Caritas hinausführende Bewandtnis; erbarmende Fürsorge ist eine der Sichtbarwerdungen, auf die es ankommt ...

Vor allem, nicht nur; viele andere Stellen im Evangelium verkünden es: „Ihr habt gehört, es ward gesagt: ‚Du sollst deinen Nächsten lieben', doch hassen magst du deinen Feind. Ich aber sage euch: Liebet eure Feinde und betet für die, die euch verfolgen, auf daß ihr Kinder eures Vaters werdet, der in den Himmeln ist! Er läßt ja seine Sonne aufgehen über Böse und über Gute, und über Gerechte und über Ungerechte läßt er regnen. Wollt ihr nur lieben, die euch lieben, auf welchen Lohn könnt ihr dann Anspruch machen? Handeln denn nicht auch die Zöllner ebenso? Und wollt ihr nur eure Lieben grüßen, was tut ihr da Besonderes? Handeln denn nicht auch die Heiden ebenso? Ihr aber sollt vollkommen sein, wie euer himmlischer Vater vollkommen ist!" (Matthäus 5, 43-48).

Damit war die Verwandlung der Welt zur Aufgabe, ja zum Gebot gesetzt.

Es wird immer wieder bemerkt, daß auch andere, schon Jahrhunderte in der Geschichte vorher, dies gewollt haben – Lehrer der Weisheit, Heilskünder, Religionsstifter. Doch niemand so, daß die Götter als der Quell der Liebe gegolten hätten, Gott selbst die Begründung der Liebe gewesen wäre. Man mußte opfern, fortwährend opfern, um sie versöhnlich zu stimmen, sei es in ihren Launen, sei es in ihrer Gerechtigkeit. Den Griechen stand hinter den Schicksalsabläufen die unentrinnbare, die unerkennbare Notwendigkeit. Buddha versuchte, zur Erlösung aus der Illusion des Daseins zu gelangen – es läßt sich mit der Bergpredigt Jesu von Nazareth nicht vergleichen. Afrikanische Stämme, schreibt Walter Dirks in seinem Büchlein „Unser Vater und das Vaterunser", gebe es, „die Gott primär als ‚Freund' verstehen" – der Unterschied, abgesehen davon, daß sie nicht geschichtsmächtig geworden sind, ist gleichwohl erheblich. Gewiß wurde der Wandel im Alten Testament angekündigt: „Wie Licht geht meine Forderung doch aus, daß ich die Güte lieber habe als die Opfer, Erkenntnis Gottes lieber als den Opferbrand" (Hosea 6, 6); aber was der Prophet gesagt hat, wird bei Matthäus, der es zitiert (9, 13), im Munde Jesu zu den Worten: „Lernet doch, was es bedeutet: ‚Erbarmen will ich, keine Opfer!' Nicht dazu bin ich da, Gerechte zu berufen, sondern die Sünder."

Gott selbst ist es, der dieser Verkündigung gemäß in ihr darüber aufklärt, was sein soll, und zwar gegen seine eigene Schöpfung! Es ist absurd: Wahrlich liegt der Natur nicht das Gesetz der Liebe zugrunde, und der Mensch, seinerseits in die Unerbittlichkeit der Existenzbehauptung gestellt, hat seine Geschichte nach keinem anderen Gesetz als dem des Kampfes sowohl angetreten als auch ausgeführt ...

Als „die Fülle der Zeit" gekommen war – die Erbarmungslosigkeit in einer ihrer mächtigsten, zugleich turbulent-, aber imperialglanzvollen Entfaltungen dort, wo besondere Antriebskräfte der Geschichte aufeinanderstießen –, ist uns, in einem äußerlich unscheinbaren Land, in weltlich gesehen unscheinbarer Weise, gezeigt und vorgelebt worden, daß „alles anders gemeint" ist.

Nach der unerfüllten apokalyptischen Erwartung – mir scheint, angesichts der Absurdität, ja Ungeheuerlichkeit der Botschaft die plausibelste Deutung damals – mußte es klar werden, daß „lediglich" ein Prozeß in Gang gesetzt war. Umwegig wirkte „das Wort", in vielerlei Kooperationen, Verkennungen, Verwicklungen, Rückläufigkeiten, auf die staatlichen Ordnungen ein. Nicht, als ob die Barmherzigkeit gegen die vorherrschenden Verhältnisse überhaupt nichts erreicht hätte; aber das Prinzip „Gerechtigkeit", im Evangelium doch ebenfalls als Manifestation der Liebe gemeint, behielt als die gesonderte und bestimmende politische Kategorie die Oberhand. In der Folge wurde die Liebe zur Caritas. Unmöglich konnte es die Politik daher in erster Linie mit ihr zu tun haben, auch nicht in der „christlichen Zeit". Hätte es anders sein können, als daß die Aussagekraft des Gleichnisses vom barmherzigen Samariter auf den unmittelbaren Gehalt der Erzählung beschränkt blieb?

Trotzdem hat sich im Verlauf der Geschichte auf das in Wirklichkeit Gemeinte hin einiges verändert. Gegen Humanität im späteren und gar im heutigen Sinn waren die Herrschenden zur Zeit Jesu nach Natur und Gepflogenheiten empfindungslos – nicht nur die Herrschenden, auch nicht nur die Truppen und die Henker, die in ihrem Auftrag vorgingen, sondern bis zu einem gewissen Grad jedermann, wenn ihn nicht das Gegenteil betraf, zum Beispiel in der Sklaverei und ihren oft unsäglichen Zuständen, ja sogar dann noch, der Härte des Schicksals unentrinnbar ausgeliefert. Aber sowohl die Philosophie, die die Würde der Person erkannte, als auch die christliche Botschaft, die die Gleichheit in Gottebenbildlichkeit und Gotteskindschaft lehrte, haben gemeinsam den Keim zur allmählichen Verwandlung des Bewußtseins gelegt. Unter der Einwirkung von Ereignissen und Interessen ist es schließlich in der Renaissance des 15. und 16. Jahrhunderts, im rationalistischen Naturrecht des 17., in der Aufklärung des 18. Jahrhunderts an die Schwellen der Geschichtsmächtigkeit gelangt: 1688/89 in der englischen Revolution, die die Zeitgenossen wegen der – überdies ohne Blutvergießen – beschlossenen „Bill of Rights" die Glorreiche Revolution genannt haben, in den Verselbständigungserklärungen der dreizehn amerikanischen Kolonien sodann und, für den europäischen Kontinent die Entwicklung bis heute in Gang setzend, in der Französischen Revolution mit der „Déclaration des Droits de l'Homme et du Citoyen". Der Prozeß der rechtsstaatlichen Bändigung der Willkürgewalt hat den geistigen und den ökonomischen Fortschritt der Zivilisation wirksam ergänzt.

Auf die zwischenstaatlichen Beziehungen hat dies ansatzweise erst nach der fürchterlichen Erfahrung übergegriffen, die der Weltkrieg von 1914-1918 mit sich brachte. Mittlerweile haben die wechselseitigen Abhängigkeiten erdumspannend eine solche Intensität angenommen, daß die existentielle Solidarität inmitten aller Gegensätzlichkeiten als Grundnotwendigkeit erkannt ist. In der geschichtlichen Entwicklung ist ein Punkt erreicht, an dem Aussicht besteht, der Politik der Menschenrechte weltweit den Durchbruch zu geltender Verwirklichung zu ermöglichen. Christlich und weltlich zugleich gesagt: Wir sind so weit, in den Verhältnissen, in denen wir leben, aus der Bergpredigt als einer – vormals im übrigen für utopisch gehaltenen – Individualethik jetzt, wenigstens in einigem Wesentlichen, praktikable soziale Verhaltensmaßstäbe abzuleiten.

Der Faschismus war der Versuch, diesen Fortschritt, noch ehe er genügend erreicht war und sich unumstürzbar hatte festigen können, zu liquidieren. Das System der brutalen Gewalt war die radikalste Verneinung der Humanität als des politischen Generalprinzips unserer Zeit; Faschismus heißt fundamentale Herrschaftsungleichheit, in jedem Lebensbereich Sozialdarwinismus.

Die kommunistische Lehre von der historischen Rolle des Klassenkampfes ist ganz und gar nicht der gleichen Art: er soll ja gerade, dies die dogmatische Meinung, Verkündigung und Absicht, die Bedingung der Möglichkeit des wahren Menschseins herstellen und durch die Einführung des Sowjetsystems für alle Zeit sichern. Zu Maxim Gorki hat Lenin einmal gesagt: „Heutzutage darf man niemandem den Kopf streicheln, auch wenn man es möchte, die Hand wird einem sonst abgebissen. Schlagen muß man auf die Köpfe, unbarmherzig schlagen, obwohl wir im Ideal gegen jede Vergewaltigung der Menschen sind. Hm", fügte er nachdenklich hinzu, „unser Amt ist höllisch schwer." Lenin faßte die Aufgabe, der Humanität generell die bleibenden gesellschaftlichen Voraussetzungen zu schaffen, wie die Arbeit des Chirurgen im Kriege auf: der muß imstande sein, aus Barmherzigkeit unbarmherzig zu sein. Unsere Antwort ist: daß es die Wirklichkeit ideologisch verkennen heißt, sie prinzipiell, solange die Humanität nicht in allem und überall gesiegt hat, lediglich als Kriegs- und Schlachtfeld anzusehen; Menschlichkeit, selbstverständlich von Klugheit mitgetragen, ist in ungezählten Situationen und in vielerlei Zusammenhängen eine höchst geeignete Methode, realen Fortschritt zustandezubringen; also ist es wirksam, wünschenswert, sinnvoll, derart Politik zu betreiben.

Die Motivation „Barmherzigkeit“, so aufgefaßt – dem „sympathein“ des Sophokles gleich: nicht mitzuhassen, sondern mitzuleiden und dadurch mitzulieben –, setzt die helfende, nicht zuletzt gerade Strukturen kritisch angehende Phantasie in Bewegung: Gedanken des Verstandes aus dem Herzen, das sich für Gerechtigkeit und Partnerschaft solidarisiert. Insofern ist Liebe auch eine politische Kategorie …

„Liebe – einfach und paradox, in: Walter Jens (Hrsg.): Der barmherzige Samariter, Kreuz Verlag, Stuttgart/Berlin 1973, S. 116-124.

Die Menschheitsgeschichte als einen sinnvollen Prozeß von einem Woher zu einem Wohin, von einem Ausgang zu einem Ende – und zwar über Niederbrüche aller Art zu einem guten Ende –, hat nach der philosophischen, der kosmopolitischen und der religiös-kirchlichen Entdeckung der Personalität des Menschen – jedes Menschen – in der Antike erstmals in solcher Klarheit und solcher Stärke die Christenheit behauptet.

Aus: „Der christliche Politiker“, Frankfurter Hefte, November 1957.

Der Sinn des Leidens

Fast jedermann möchte heutzutage wissen, wie sich das Leid mit der Gerechtigkeit Gottes verträgt („wenn es ihn gibt“, wird in der Regel hinzugesetzt). Nichts gelten die traditionellen Erklärungen, die uns zumuten, jede Art von Schmerz, von Qual, von Dahinsiechen, Verstümmelungen, Foltern der Menschen, der Tiere – ach, wozu sie auch nur aufzählen, alle die Unsagbarkeiten, die bekannt sind, alles dies, angeblich erst mit dem Menschen und durch ihn, als Folge von Sünde in die Welt gekommen, sei im einen Fall Strafe, im andern Fall Prüfung, im dritten stellvertretendes Opfer, im vierten notwendige welt- und heilsgeschichtliche Fügung. Am persisch-römischen Martertod des Gerechtesten aller Gerechten habe Gott – der allgütige Vater? – versöhnendes Wohlgefallen gehabt, nachdem kurz vorher, unter anderen, siebentausend Juden, die an einem Aufstand beteiligt gewesen waren, den gleichen Tod hatten sterben müssen – Tage hindurch, Nächte hindurch.

Das Leiden ist es, das das religiös ungläubige Denken wie das gläubige bewegt, – das ungläubige, wenn ich es recht sehe, tiefer als das gläubige, das sich – oder ist es nicht so? – leicht widerspruchsvoll und zuweilen bestürzend billig abfindet. Um eine einigermaßen einleuchtende, einigermaßen verständliche, annehmbare christliche Antwort auf die Frage nach dem rechtfertigenden Sinn des Leidens kommt der Christ, der sich solidarisiert, nicht herum, – er will der Frage gar nicht ausweichen.

Was kann man vorbringen? Vielleicht das Folgende? Ich überlege es:

In einem ungeheueren, uns unfaßbaren Geschehen vor und völlig außerhalb unserer Existenz ist es zur Grausamkeit des Leidens gekommen. Es könnte, aus Gründen, die uns unzugänglich sind, die universelle Vorgegebenheit sein, in die wir gestellt sind – Wesen der Bewährung, nicht einer ehernen, unentrinnbaren, unerbittlichen Notwendigkeit ausgeliefert. Wir sollen durch Wirrnis und Verführung hindurch als Berufene heimfinden in die Güte, die über uns waltet und uns erwartet. Der bessere Teil unserer Humanität gibt Kunde von ihr. In Jesus Christus aber ist Gott, um uns das wegweisende Zeugnis zu geben, selbst sichtbar geworden, – wer sonst hätte es so vollkommen zu geben vermocht? Der Mensch Jesus Christus, der uns entgegen allem Entgegenstehenden und Entgegengeschehenden „Vater im Himmel" sagen lehrte, an die erlösende Güte also glauben, hat bis an den Rand der Verzweiflung vertraut, hat mit der überwältigenden Macht der Welt, der er in nichts verfiel, keinerlei Kompromiß geschlossen und ist so, gehorsam bis zum Tode, den die verblendet Herrschenden über ihn verhängt haben, unser aller Versöhner, Helfer und Fürsprecher geworden.

Der Christ folgt Ihm nach – in der Welt, nicht von ihr, ganz und gar das wahre Mensch-Sein entwickelnd, aber nicht nur in der Welt, sondern über sie hinaus zur Heimkehr in das vollkommene Sein.

Aus: „Der Laie / Eine andere Generation", Kommentar vom 18. November 1968 in der Reihe „Tagträume von einer Kirche der Zukunft" im Kirchenfunk des Senders Freies Berlin.

Zahrnt: Das Ziel der Schöpfung Gottes garantiert auch ihre Güte. Welche Einwände und Beschwerden einer gegen die Welt auch immer vorbringen mag, ihre Güte ist unangreifbar: „Was Gott geschaffen hat, das ist als solches wohlgetan." Um das zu erkennen, darf der Mensch nur nicht von sich aus wissen wollen, was gut oder schlecht ist (*Kogon:* Oha!), sondern er muß sich daran erinnern, wozu Gott die Welt gemacht hat.

Zahrnt: Wie alle Schöpfung, so hat auch alles Leiden in der Schöpfung eine Würde in sich selbst und erheischt unseren Respekt.

Kogon: Herzlichen Dank!

Zwei Marginalien von Eugen Kogon in dem Buch von Heinz Zahrnt: Die Sache mit Gott - Die protestantische Theologie im 20. Jahrhundert, R. Piper & Co. Verlag, München 1966, S. 120 f. und S. 133.

Die Tötung von Lebewesen ist ein Problem der Menschheit von Grund aus und von Anfang an: aus uns unerklärlichen Gründen ist alles in diese Existenznotwendigkeit gesetzt. Aber nur der Mensch ist imstande und bereit, systematisch seinesgleichen zu töten, die eigene Art. Er verleugnet dadurch seine Bestimmung, sich über die Determination, die sonst herrscht, zur Humanität, das heißt zu Liebe und Gerechtigkeit zu erheben.

Aus einem am 13. Juni 1971 im Süddeutschen Rundfunk gesprochenen Kommentar.

Die Provokation der Bergpredigt – Einweisung in die Humanität

Aus der Wüste das Heil. So die Ankündigung im Alten Testament. Warum die Botschaft, die die Welt verändern sollte, gerade an diesem Punkt der Erde: im wüstenumgürteten Galiläa? Diesen hier und denen in den Marktflecken, in den Städten des winzigen Palästina hat Christus ... verheißen: „Selig sind, die da hungert und dürstet nach der Gerechtigkeit ... Selig die Sanftmütigen ..., die Barmherzigen ..., die Friedfertigen ..."

Hätte es auch dort geschehen können – in den tropischen Wäldern Südost-Asiens, in Mittel- oder Südamerika, vor den so viel älteren Tempeln – unter einer anderen Priesterschaft? Dort war alles überwältigend anders – überwuchert von Göttern. Dort hatte das einfache, klare Wort, das auf das kühnste die ganze Welt und ihre Zukunft meinte, nicht seinen Platz.

Die Bergpredigt ereignete sich just im unterprivilegierten Palästina, weil es nur dort – eine phantastische Ausnahme rund um die Erde – den Monotheismus, den Glauben an einen Gott und Herrn, in Reinkultur gab. Unter ihrem Himmel, aus ihren Zelten heraus haben die Juden-Nomaden diesen Glauben gefunden, entwickelt, an ihm festgehalten, haben Jahre gefürchtet, geliebt und an seinen Verheißungen sich gelabt.

Aus der Wüste das allerlebendigste Heil, das war der Lohn derer, die dem einen, dem einzigen Gott treu bleiben: ein wiedergekehrtes Paradies auf Erden, getilgt die Ursprungsschuld, die die Welt verdorben hatte, – ein Reich der Gerechtigkeit und des Friedens, kein Unrecht mehr und keine Gewalttat. Ausgesöhnt in Freude die Menschheit. Die Schlange der Verführung dann entfernt vom Baum der Erkenntnis.

Aber so war die göttliche Schöpfung nicht angelegt. Lange bevor es den Menschen gab, der es dann verstanden hat, die Grausamkeit zu seiner Lust noch zu steigern, gab es das unerbittliche Gesetz des Überlebens durch Kampf. Die Welt, das wissen wir heute positiv, ist nicht perfekt als die beste aller möglichen Welten geschaffen worden. Die Natur ist nicht durch unsere Schuld, die Schuld Evas und Adams … oder wer immer die Ersten gewesen sein mögen, in die schauerlichen Auseinandersetzungen ums Fressen und Gefressenwerden gestürzt worden. *Niemals* lagen die Tiere friedvoll nebeneinander, nur von den herrlichen Gräsern der Savanne sich nährend, von Menschen später beim Namen genannt und, ohne gezähmt worden zu sein, immer auf das allerangenehmste willfährig. Von allem Anfang an war die Welt, in der das Leben herrscht, grauenhaft und doch andererseits, was die Gesetzmäßigkeit betrifft, grandios unvollkommen.

Nein, die Welt ist von „unten nach oben" – als Versuch –, vom einfachen Gewaltigen zu einer höheren Vollkommenheit hin angelegt. Das beweist die Entwicklungsgeschichte. Es gibt darin, und der Wachstumsweg des Menschen ist davon nicht ausgenommen, fortwährend Sackgassen. Das hat insbesondere der französische Paläontologe, Philosoph und Jesuitenpater Teilhard de Chardin aufgewiesen. Aus diesen Fehlwegen herauszufinden und immer wieder herauszukommen, ist in der eigenen Geschichte die Aufgabe des Menschen. Er ist, nun lange schon hochentwickelt, das Wesen der Entscheidung zwischen stets mehreren Möglichkeiten. Person unter Bedingungen – gar nicht leichten Bedingungen.

Eine wahrlich weite Strecke der Entwicklung bis zum römischen Imperium – bis zu all den Imperien, die der Mensch sich geschaffen hat. Konnte irgend jemand, ob im Mittelmeer-Raum oder in China oder in Amerika, jemals bis dahin aus sich erkennen, daß das Ziel der Welt, daß die Bestimmung des Menschen nicht der Glanz der Macht, nicht Grausamkeit, nicht Unterdrückung und Ausbeutung war? Wie hätte sich die Erkenntnis, daß der eigentliche Sinn der Welt die Humanität sei, gegen die Wirklichkeit durchsetzen können? Die Mitleidlosigkeit der Herrschaft, die Härte, die keine Menschenopfer scheute – 6000 Kreuzigungen die römische Via Appia entlang, sakrale Schlachtungen auf ungezählten Bergen der Erde –, der Wahn, daß es Herren und Sklaven aus natürlicher Ordnung gäbe, daß es unendlich viel mehr Sklaven als Herren gäbe, diese erschreckenden Sackgassenüberzeugungen haben allerorten in den Imperien die Oberhand behalten. Da erschien, am vorderasiatischen Rande Roms, damals, der Mann, der nun beten lehrte: „Ankomme dein Reich, dein Wille geschehe ..." – ein anderer Wille als der bis dahin geltende, ein anderer göttlicher Wille. Der Tag möglicher Umkehr war damit angebrochen, das wahre Entwicklungsgeheimnis der Menschheit, gegen Willkür und Wirrnis, zutagegetreten.

„Selig die Sanftmütigen – die Barmherzigen – die Friedfertigen" – es ist der Christenheit in den 1900 Jahren geforderter Nachfolge nicht gerade grandios gelungen, die Bergpredigt auch nur im Ansatz zu verwirklichen. Einzelne, gewiß, haben bewundernswerte Beispiele gesetzt; auch ganze Gruppen. Aber bestimmend blieb doch, nun freilich oft genug auch noch im Namen des Erlösers, das Gegenteil. Bis jetzt ist das so, jedermann weiß es doch, sieht es doch, bis heute, bis in unsere Tage.

Wer Augen im Kopfe hat, das Herz mitsprechen läßt und nachdenkt, der kann doch wohl nicht umhin – ob Christ, ob Nichtchrist –, die Weltzustände endlich anders zu wollen: von diesem unerträglichen Zwiespalt befreit... In den Massen ist der aktive Wille zum Frieden und zu universeller Gerechtigkeit erwacht wie noch nie...

Noch ist die Bewegung ganz in ihren Anfängen. Und zumindest in den hochindustriellen Ländern ist sie durchsetzt, gehemmt, verdrängt, vom Leben im Wohlstand. Der Reichtum schafft ja auch das gefährliche Desinteresse gegenüber der Demokratisierung der Demokratie und eine falsche Zufriedenheit. Es ist bequemer, sich treiben zu lassen. Die verbreitete Meinung kommt hinzu, als Einzelner sei man ja doch nur ein Nichts im Getriebe der Großgesellschaft, der Wirtschaftssysteme, der Politik der Mächte. Beides lähmt die verändernde Tatkraft, auf die es ankommt, – nicht gerade jeden Tag ankommt, aber zur rechten Zeit am rechten Ort bei gegebener Gelegenheit...

Die Bergpredigt, der Appell zu einer so *ganz* anderen Bemühung und Tatkraft gerade in der Politik, erscheint da als bare Utopie – Traum wider die Wirklichkeit –, jetzt beinahe noch mehr als in den vergangenen 1900 Jahren, als man meinte, sie sei lediglich dem Gewissen des Einzelnen verkündet worden, und zwar als Trostausgleich für unabänderliche Gewalt, hinzunehmendes Unrecht...

Radikalste Entschlossenheit zu Einsicht und Umkehr ist daher notwendig geworden. Nun muß der Verständigung der Vorzug gegeben werden. In dem Maße, wie es geschieht, können *weltweit* Bedingungen eines lebenswerten Lebens bewirkt werden. Gerechtigkeit für alle ist die Zwillingsschwester des Friedens. Wer Hochrüstung wie die heutige zustandebringt und erfolgreich sogar in den Weltraum vordringt, der ist auch zum anderen, zum *wahrhaft* Notwendigen imstande. Unvollkommen und mühsam genug haben wir einen neuen Wendepunkt unserer Weiterentwicklung erreicht: Die Emanzipation muß *materiell* voll geleistet, aber über das Materielle hinaus vorangebracht werden.

Jahrtausendelang sind Krieg und Unrecht als göttliche Fügung angesehen worden. Das ist widerlegt. Der Mensch ist es, der sich berufen wissen soll, – kann, – und muß, den Anfang dafür zu setzen, daß in gerechten Friedensordnungen die Freiheit und der humane Fortschritt erdumspannend ihre Grundlage erhalten.

Die Bergpredigt ist dafür die positivste und produktivste Herausforderung – der kühnste Entwurf in die Geschichte des Menschen – der göttliche Entwurf für ihn.

Stimme der Gemeinde, Nr. 4, 15. Februar 1971.

Die Bergpredigt, die der Entwicklung als utopische Forderung vorausging, ist erdumspannend zur realen sozialethischen Dringlichkeit geworden – Rücksichtnahme, Verständigung, Solidarität, Befreiung, Gerechtigkeit, oder die Menschheit hat demnächst keine Fortlebenschance mehr. Umgekehrt: Die Produktivkräfte des Friedens, wenn wir den vollen Gebrauch von ihnen machen, können nun unermeßlich sein, können zustandebringen, was nie war. Die Hauptschwierigkeit, die im Wege steht, ist das Denken nur in den Erfahrungen von vormals bis gestern; nicht den Mut zu haben, sich aus altgewohnten Vorstellungen zu befreien und neue Definitionen vorzunehmen, sich den grandiosen Möglichkeiten zu erschließen, die wir jetzt haben – ... die durch die modernen Technologien positiv gewordenen neuen Qualitäten des Lebens zur neuen Normalität der Welt werden zu lassen.

Aus: „Über die Notwendigkeit radikalen Denkens heute" – Vorwort zu John Somerville: Durchbruch zum Frieden, Verlag der Darmstädter Blätter, 1973.

Brüderlichkeit ist eine christliche, seit 1789 die säkulare, in beiden Fällen die nichterfüllte Forderung.

Aus: "Das Abenteuer der Humanität", Deutsches Allgemeines Sonntagsblatt, Nr. 4, 1972, S.13.

Werkzeuge der Gnade

Wir sind Mystiker. Wir, – damit meine ich uns: die von den „Frankfurter Heften", welche doch, wie viele feststellen, einen so aktivistischen Zug haben. Er sollte niemanden täuschen. Diese actio hat ihre Wurzeln hoffentlich in der contemplatio. Wir glauben mehr an die Kraft des Gebetes als an die des Wortes, des Opfers mehr als des Handelns, an Gott, nicht an uns. Was der Mensch zustandebringt, stammt aus den Tiefen; der Rest zergeht. Wir sind nur echt, und wahr, und wirksam, insoweit als wir getreulich ausführen, was uns von innen – und das ist nicht von uns – befohlen wird. Die Wirkung des Christen kommt von Christus, dem in der Kirche Fortlebenden; von uns kommt das Brüchige daran, das höchst Fragwürdige. Nur weil wir als Werkzeuge der Gnade versagen und insoweit, als dies zutrifft, liegt die Welt im Argen, ob bei uns, in Rußland oder anderswo. Und wenn sie noch nicht vollends aus den Fugen gegangen ist, dann wegen der verborgenen Kräfte, die überall – Gott sei gedankt – am Werke sind. Die Konferenzen in London, in Moskau und in Paris, wo immer, es ist ja ziemlich gleichgültig geworden, würden wahrlich anders verlaufen, wenn von den Nichtteilnehmern mehr gebetet und stellvertretend mehr geopfert würde (statt geschimpft), damit Friede werde; Gott ist doch um weniger Gerechter willen immer bereit, Erbarmen für alle bereitzuhalten, allen zur Rettung, in jedem Sinne.

„Nun flüchtet er vor den scheinbar unlösbaren Schwierigkeiten unserer Lage ins Transzendente", wird mein agnostischer Bekannter sagen. Der Arme (ich sage es lachend), er weiß nichts von der Erfahrung des Glaubens, die den Verstand an seinen Grenzen – von innen her noch bereichert, wenn beide einander echt begegnen, einander nicht wild, sondern wach, ja liebend durchdringen – erhellt und erleuchtet. Nichts weiß er davon und redet doch darüber, sogar abfällig (lachend wie ich, aber ein klein wenig anders, mit so etwas wie einem Widerhäkchen darin, sozusagen, es bekundet sich so schon der Unterschied). *Der* Glaube..., einer von mehreren, meint er. Als Agnostiker muß er natürlich Relativist sein. Aber das stört uns nicht, denn sein sonst so kluger Verstand, der ihm nur hier im Wege steht, weil er den Kopf zu hoch trägt – ... ist bei uns mitaufgenommen; wir strengen die Erkenntniskräfte gemeinsam an, und wir handeln gemeinsam, – er überzeugt, wenn auch immer wieder verärgert bis zu gelegentlicher Verzweiflung am Unverstand, am Mangel an Einsicht und Weisheit der Beratenden und der Handelnden, überzeugt doch, daß die Vernunft sich durchsetzen werde (warum eigentlich?), wir unter Einbezug der vollen Wirklichkeit, der ganzen, unseren stumpfen Augen bloß nicht unmittelbar sichtbaren, vertrauend auf die Gnade, obgleich nicht selten verzagend, da wir feststellen, wie menschlich unaufmerksam, wie taub unsere Ohren für die Anrufe sind, die nicht bloß von Zeit zu Zeit an uns ergehen, sondern fortwährend, zu kleinen und zu großen Dingen.

Aus: „Die Rußlandbotschaft von Fátima" (für die „Frankfurter Hefte" vorgesehener, dort aber nicht veröffentlichter Artikel), vermutlich 1949.

Die sichtbaren Früchte pflegen im Reiche Gottes langsamer zu wachsen als die vielen Scheinblüten am weltlichen Baum, die uns nur allzu oft betören. Aber die Gnade Gottes verläßt uns nicht.

Aus: „Klerus, Seelsorge und Politik in Böhmen und im Rheinland", Frankfurter Hefte, Juni 1947.

... daß ein objektiver Gnadenvorgang, ein opus operatum wie die Taufe, selbst wenn der Mensch gar nichts mehr von ihr weiß, eine völlig widerstreitende Wirklichkeit zu bezwingen vermag. Es ist die Kraft einer in ungünstiges Erdreich gesenkten zähen Wurzel; sie treibt irgendwo, umwegig, ans Licht. Die normalen Gartengesetze treffen auf sie nicht zu, das Hegende und Pflegende der Moral. Sie gelten zwar, aber ihre Kraft hat ihr Ende an der Bodenhärte, ja an der Bodenqualität vieler gesellschaftlicher und geistiger Verhältnisse der heutigen Welt, wie sie – nicht zuletzt durch die Schuld der Christen – geworden ist. Trotzdem ist Gott gegenwärtig.

Aus einer Anmerkung zu „Das Ende der Moral" (Heinrich Bölls Rezension eines Buches von Graham Greene) in: Frankfurter Hefte, Mai 1952.

Ein neues Verständnis des Erlösungsgeschehens

Ostersonntag (1 Kor 15,1-11): Ich erinnere euch aber, liebe Brüder, des Evangeliums, das ich euch verkündigt habe, welches ihr auch angenommen habt, in welchem ihr auch stehet, durch welches ihr auch selig werdet: welchergestalt ich es euch verkündigt habe, so ihr's behalten habt; es wäre denn, daß ihr's umsonst geglaubt hättet. Denn ich habe euch zuvörderst gegeben, was ich auch empfangen habe; daß Christus gestorben sei für unsre Sünden nach der Schrift, und daß er begraben sei, und daß er auferstanden sei am dritten Tage nach der Schrift, und daß er gesehen worden ist von Kephas, darnach von den Zwölfen. Darnach ist er gesehen worden von mehr denn fünfhundert Brüdern auf einmal, deren noch viele leben, etliche aber sind entschlafen. Darnach ist er gesehen worden von Jakobus, darnach von allen Aposteln. Am letzten nach allen ist er auch von mir, als einer unzeitigen Geburt, gesehen worden. Denn ich bin der geringste unter den Aposteln, der ich nicht wert bin, daß ich ein Apostel heiße,

> *darum daß ich die Gemeinde Gottes verfolgt habe. Aber von Gottes Gnade bin ich, was ich bin. Und seine Gnade an mir ist nicht vergeblich gewesen, sondern ich habe viel mehr gearbeitet denn sie alle; nicht aber ich, sondern Gottes Gnade, die mit mir ist. Es sei nun ich oder jene: also predigen wir, und also habt ihr geglaubt.*

Sechsfach ist das Zeugnis, das Paulus dafür anführt, daß Jesus nach seinem Tod und seinem Begräbnis „am dritten Tage auferweckt ward". (Hier und im folgenden wird nach der Rießler-Bibel zitiert.) In nicht weniger als 44 nachfolgenden Versen seines Briefes entwickelt er den Kern der Glaubensbotschaft, die er den Korinthern seinerzeit gebracht hat: daß durch die Auferstehung Jesu der Tod überwunden wurde; daß wir in der Nachfolge Jesu Christi und in der Teilhabe an ihm in einer überirdischen Form, für die die Erscheinung lediglich das Zeugnis ist, leben werden.

Paulus verbindet diese Botschaft mit der Feststellung, die auch er empfangen, das heißt überliefert bekommen habe, „daß nämlich Christus, der Schrift entsprechend, für unsere Sünden gestorben" sei. Es ist der altjüdische Mythos, auf den sich der Apostel bezieht: Durch die Sünde Adams (auf Veranlassung Evas) sei, als Strafe, „der Tod in die Welt gekommen". Ferner aber auch auf den atavistischen menschheitlichen Glauben, daß die Götter – im jüdischen Fall Gott – durch Opferung des Besten „gnädig gestimmt", durch wiedergutmachende Darbietungen „versöhnt werden" müßten. Beides habe Jesus in vollkommenster Weise für uns geleistet, Sünde und Tod dadurch überwunden und uns, als Erlöser, so aus der Schuld und ihren Folgen befreit.

Es erschien indes schon in der Antike die besondere Grauenhaftigkeit des Erlösungsgeschehens, obschon in die Verherrlichung einmündend, als schwer verständlich. „Wir künden Christus als Gekreuzigten: den Juden zwar ein Ärgernis, den Heiden eine Torheit", schreibt Paulus selbst (1,23). Und was Adams vorausgesetztes Schicksal betrifft, so hat es schon in frühen Zeiten des Christentums geheißen – von der Kirche dann verurteilt –, er sei in jedem Fall gestorben, „ob er gesündigt oder nicht gesündigt habe".

Für uns Heutige, die wir im Evolutionsdenken aufgewachsen sind und aufwachsen, haben „Adam" und „Eva" überhaupt nicht als das hochentwickelte, unmittelbar „aus der Hand Gottes" hervorgegangene Menschenpaar existiert, wie der biblische Bericht sie darstellt. Die mythische Erzählung ist der respektable metaphysische Versuch, sich die Welt, das menschliche Dasein, das Gute, das Üble und das Leiden erklärlich zu machen, wobei Gott zwar als der Urheber, der Mensch aber als das Geschichtswesen der Entscheidung gedacht ist. In diesen Zusammenhang, ihn qualitativ von Grund auf verändernd, auf Heil hin, auf Rettung, auf Leben, ist Jesus der Christus gestellt. Was sollte daran „falsch" sein, – die Bezeichnung paßt nicht. Ist denn nicht eine wahre Botschaft, Erlösung in Wirklichkeit gemeint? Die Tatsächlichkeit der Vorgänge um den Tod und die Auferstehung Jesu bezeugt Paulus den Korinthern und für immer uns. Die Frage ist, ob wir die erklärenden Zusammenhänge nicht anders als innerhalb des altjüdischen und antiken Weltbildes verstehen können, dürfen, vielleicht sollen. Die reale Heilsbedeutung bliebe die gleiche.

So etwa (in einigen Hinweisen): Der Mensch ist als Wesen fortschreitender, immer deutlicherer Entscheidung des Verhaltens zwischen den Möglichkeiten geschaffen, der Welt als Kampf ums Dasein mit allen seinen Schrecklichkeiten verhaftet zu bleiben oder in dem Versuch nicht nachzulassen, einer Universalherrschaft der Liebe zuzustreben. Das eine hat mit grandiosesten Erfolgen auch alle Sünde hervorgebracht. Den anderen Weg, den der Mensch allein aus eigenem Antrieb nicht zu finden vermocht hätte, hat in voller Gleichsetzung mit uns bis in die tiefsten Versuchungen des Leides, die Sünde ausgenommen, Jesus von Nazareth gezeigt, in dem Gott sichtbar geworden ist, und er ist den Weg kompromißlos, die Folgen auf sich nehmend, zu Ende gegangen, „gehorsam geworden bis zum Tod am Kreuze". Die Auferstehung nach seiner Niederlage hat sein Beispiel beglaubigt; der Prozeß der „Reich"-werdung zum uns vorbestimmten diesseitigen und jenseitigen wahren Menschsein ist seither in Gang gesetzt. (Der Tod war immer eine Naturtatsache, Glaube das Fortleben danach, Gewißheit dessen nun seit Christus.)

Hätten wir „den Glauben vergeblich angenommen", wenn wir, mit dem heutigen Weltbild in Einklang, die Bedeutungserklärung des Evangeliums so fortzusetzen bemüht wären? Meines Erachtens rührte die Preisgabe des Atavismus und des Mythos nicht an den Kern der Botschaft, auf den es ankommt. Voraussetzung wäre nur, daß wir auch sie vom Gesetz der Evolution nicht ausnehmen – im Sinne Teilhard de Chardins etwa.

Walter Jens (Hrsg.): Assoziationen – Gedanken zu biblischen Texten, Band 2, Radius Verlag, Stuttgart 1979, S. 93, 95 f.

Gott als Versucher?
Gedanken zum Vaterunser

Nie habe ich früher, wie andere auch, verstanden, daß wir Gott bitten sollen, er möge uns nicht in Versuchung führen. Eines Tages, im Gespräch darüber, machte Marianne Dirks, die Frau meines Freundes Walter Dirks, mich darauf aufmerksam, daß der Exeget Günter Schwarz, Aramäisch-Kenner, herausgefunden habe, wie es im dritten zweistufigen Vers des Gebetes ursprünglich wohl geheißen haben müsse: „...und rette uns aus unserer Versuchung" (in unserer Versuchung). Wenn dem so ist, wäre es plausibel: Tagtäglich können wir ja der verkehrten Deutung und Nutzung der Welt verfallen, statt der Botschaft zu folgen, die der Mann von Nazareth, „in dem Gott sichtbar geworden ist", gebracht und gelebt hat – daß Sein Wille wie im Himmel so auf Erden geschehe, damit Sein Reich komme.

Aus: „Jesus als Mutation" (Rezension des Buches von Walter Dirks: Unser Vater und das Vaterunser), Deutsches Allgemeines Sonntagsblatt, Nr. 50, 1973.

Da saß ich und konnte nicht mehr weiterlesen vor Nachdenklichkeit. „...wie auch *wir* vergeben *unsern* Schuldigern..." Was dieses eine Wort Christi, in die Tat umgesetzt, an Kräften zum Guten freimachen würde ...! Setzt es doch *Einsicht* beim Schuldner sowohl wie beim Gläubiger voraus. Es ist Montag, während ich dies schreibe, nicht mehr Sonntag. Aber der Sonntag wird wiederkommen, immer nach sechs Tagen einer harten Arbeit. Und Streit, Not, Elend, Gefahr, Angst, Leid aller Art werden es an den Tag bringen, daß die Lehren des Sonntags für den Werktag gelten.

Aus: „Das erlösende Wort", Frankfurter Hefte, August 1946.

Der naive Vorsehungsglaube ist unter die Räder der rationalen Kritik geraten. Die Wetterwissenschaftler sehen in der Atmosphäre keine Gnade wirken, welche um Regen oder Sonnenschein betenden Bauern hülfe, wo es sie noch gibt, und anderen, denen nichts davon zu Sinn steht, den himmlischen Segen versagte. Die Monsunregen ertränken in Bangladesch, die Hurrikanfluten in Honduras Zehntausende, – ist es angebracht, so muß auch der Christ von heute fragen, daß die Überlebenden Gott dafür danken, nicht ihrerseits Opfer der Naturgewalten geworden zu sein?

Das gilt von sehr viel mehr noch. Eine junge Frau in unseren Breitengraden, der es ökonomisch gut geht, hat mir einmal gesagt: Wenn ich für das, wofür ich nichts kann, danken soll, dann haben die, denen es ohne ihre Schuld schlecht geht, das Recht zu fluchen. Ein bitterer und schwieriger Satz für einen Christen, als den auch ich mich bekenne. Es hat in der Tat etwas Pharisäisches – und gehört wohl in den Bereich der gräßlichen Prädestinationslehre: daß man zum Heil oder zum Unheil unabänderlich vorherbestimmt sei –, für eigene Wohlversorgtheit zu danken, während andere darben müssen oder sogar zugrundegehen. (Man kann fortfahren: vernachlässigt, benachteiligt, ausgebeutet, geschunden, gefoltert, vernichtet werden...)

Mir ist in solchem Zusammenhang aufgefallen, daß im Gebet, das Jesus uns allen empfohlen hat, im Vaterunser, kein Wort des Dankes vorkommt; nur Anerkennung des höheren Willens, also Einfügung in ihn, und Bitte. So eigenartig steht es um die Voraussetzungen der Berufung des Menschen; sie sind sowohl in der Natur wie in der Geschichte absurd, mit Tertullian aus der Antike und dem großen Cusanus aus der beginnenden Neuzeit zu sprechen, die eben deshalb, dem Beispiel Jesu folgend, der Absurdität entgegen, Glaube als Vertrauen in eine Verheißung gefordert haben, die mehr bezeugt, als unsere Vernunft aus sich zu erschließen vermag. Es vollzieht sich wohl alles, was geschieht und wie es geschieht, als Herausforderung zur Bewährung.

Ob das nicht der Sinn ist, auf den wir stoßen müßten, weltlich und religiös im selben Atemzug, im gleichen Verhalten und Handeln der Humanität rings um den Erdball, und das heißt, der Gerechtigkeit, dem Verstehen, der mitmenschlichen Solidarität, den Boden zu bereiten? Jeder Schritt, der uns da gelingt, jeder Abschnitt der Bewährung, den wir zustandebringen, ist dann des Dankes an die Wegbereiter, wer immer sie seien, aber auch – für Christen vor allem – des Dankes an Den, nun verstehbarer Weise, wert, der die produktive Phantasie und die Ausdauer in uns erhält, dem Leben aller, soweit uns das möglich ist, seine absurden natürlichen und geschichtlichen Widersprüchlichkeiten zu nehmen.

Aus: „Zum Erntedankfest" – Kommentar vom 6. Oktober 1974 in der Sendereihe „Blick in die Zeit" des Südwestfunks.

Sonntag ohne Gott?
Gedanken zu den Zehn Geboten

Während der nationalsozialistischen Zeit: Sogar im Konzentrationslager Buchenwald – und in Dachau, in Sachsenhausen-Oranienburg... – gab es für uns Häftlinge die Sonntagsruhe. Die SS hielt an der Gewohnheit fest, – ein Rest jüdisch-christlicher „Entartung" ihrerseits. Die Freiheit vom KZ-Dienst für die Herren, bei überwachter Arbeit für uns Sklaven, hätte sich organisieren lassen, die Unerbittlichkeit gegenüber der Strafkompanie bewies es.

Wir halten alle an der Sonntagsgewohnheit fest. Auch die Sowjets; der rotierende Wochenruhetag hat sich nicht durchgesetzt. Am Sonntagmorgen läßt sich so gut schlafen – lange, und noch einmal nach dem Aufwachen. Fahre ich um Viertel vor acht, um in der Kollegkirche, die ein wenig außerhalb liegt, zurecht zu kommen, durch mein Taunusdorf, das unlängst als Stadtteil wie drei andere in den Hauptkurort eingegliedert worden ist, so begegnet mir kaum jemand auf der Straße. Niemanden mehr, wie früher von fünf Uhr an, weil alle Welt für christlich galt, weckt ein damals obligates Geläute. (Aus den Reihen der Jungen epigrammierte ein Satiriker seinerzeit den Zweizeiler: „Die Kirchenglocken läuten auf Teufel komm heraus.") Die Pfarrer und die Pastoren haben sich angeglichen, sie sind tolerant geworden, verständnisvoll fürs ungezwungen-unfromme Heidentum der Taufscheinchristen. Ohnehin fänden sich, käme die Aufforderung noch von den Türmen, nicht sehr viele mehr in der Frühmesse ein. Die Samstagabend-Messe ist gleichfalls eine Konzession. Wer sie besucht, erfüllt die katholische Sonntagspflicht – vierzig Minuten Voraus-Heiligung, sofern man auf den Anfang des Wochenend-Fernsehprogrammes verzichtet. Später, nach der Bekanntgabe der Lottozahlen, kommt das „Wort zum Sonntag", da schalten die meisten ab oder eine Pause ein. Wie viele nächstentags vor dem 12-Uhr-„Frühschoppen" am Fernsehschirm zuschauenderweise einem übertragenen Gottesdienst beiwohnen, weiß ich nicht.

Der „Siebente Tag" ist zum Kernstück eines möglichst langen, möglichst am Beginn schon verlängerten Wochenendes geworden – bezahlte Freizeit. Da faulenzt man, vergnügt sich, wäscht das Auto, geht auf den Fußballplatz oder, je nach Klassenzugehörigkeit, zum Tennis. Oder man langweilt sich. Und Schwarzarbeit wird geleistet, damit man sich selber etwas leisten kann – neue Anschaffungen, vor allem die Urlaubsreise in den Süden, ans Meer, nach Skandinavien, Mamaia.

„Der siebente Tag ist ein Ruhetag zur Ehre des Herrn, Deines Gottes..." Umfragen haben gezeigt, daß nur etwa jeder zehnte evangelisch Getaufte und kaum mehr jeder vierte der katholisch Getauften in der Bundesrepublik Deutschland regelmäßig am Sonntag zum Gottesdienst kommt. Warum ist das so? Drei Gründe scheinen es mir zu sein, die es verursacht haben.

In seinem „Sermon von den guten Werken" (1520), worin die Zehn Gebote behandelt sind, hat Martin Luther hervorgehoben, daß die Erfüllung aller Gebote abhängt von der des ersten: Wer nicht glaubt, hat für die Verbindlichkeit des übrigen keinen letzten Grund. Was der sowjetische Astronaut gesagt hat: Gott sei ihm nirgends im leeren Raum begegnet, ist zwar, den Satz so für sich genommen, töricht, – er drückt aber doch die wahre Schwierigkeit, die wir alle kennen, aus: daß die Begriffe und Bilder von einst, auch für sich genommen, den wissenschaftlichen, vor allem den naturwissenschaftlichen Erkenntnissen unserer Zeit nicht standhalten; sie haben ihre Aussagekraft vom „oben" und „unten" und „sitzend zur rechten Hand..." verloren. Zu Beginn unserer rationalistischen Aufklärung, im 17. und 18. Jahrhundert, waren viele der Forscher und Schriftsteller nur davon überzeugt – also noch gläubig –, daß „der große Baumeister" um den Verlauf seiner Schöpfung sich lediglich nicht weiter mehr kümmere, weil er ihr ja die alles determinierenden Gesetzlichkeiten eingebaut habe. Dieser Programmierung sind wir bis heute in einer Weise auf die Spur und die Zusammenhänge gekommen, dazu auf die Anwendungs-, die Ausnützungsmöglichkeiten, daß unser Kausalitätsdenken förmlich in sie gebannt ist: Die entdeckten Formeln erklären doch, was sich, vorerst, überhaupt erklären läßt. Wie sollte man angesichts astronomischer Unvorstellbarkeiten – die gleichwohl immer weiter in den Berechnungsbegriff gebracht werden, der indes das „Raumschiff Erde" zum statistischen Zufall herabstuft – über alles hinaus, in allem sich „Gott" vorstellen? Ich habe bei Hoimar von Ditfurth „Kinder des Weltalls. Der Roman unserer Existenz" gelesen: Die Erde einhundertmillionenmal verkleinert hätte die Größe einer Apfelsine von 12 cm Durchmesser; der Mond, mit einem Durchmesser von 3,8 cm, umkreiste sie dann im Abstand von 3,5 m; 1,5 Kilometer davon entfernt stünde 14 Meter hoch die Sonne; „Pluto", der neunte, der kleinste Planet der Sonne, wäre im Modell bei nur 6 cm Höhe nicht weniger als 60 Kilometer entfernt. Sie alle, das ganze System, sind in der Wirklichkeit der circa einmilliardste Teil unserer Galaxie, die nur eine unter wiederum Milliarden weiterer ist. (Wäre jemand imstande, von seiner Geburt an Sekunde um Sekunde „eins und" zu zählen, und könnte die Summierung im gleichen Tempo aufgezeichnet werden, so dauerte es 31 1/2 Jahre, bis eine einzige Milliarde zustandekäme.) Die alten Juden haben Jahwe *„den Seienden"* genannt, jede andere Benennung erschien ihnen unangebracht. Aber da waren „Himmel" und „Erde" und „Unterwelt" eine überschaubare, erfaßbare Schöpfung, an sie konnte, sollte man sich am Sabbat zum Ruhm und Lobpreis ihres – unseres – Herrn erinnern; er hatte „sechs Tage" daran „gearbeitet", sie entstehen zu lassen. Wir heute sind in „das Seiende" selbst als ein faßbar-Unfaßbares eingedrungen, doch finden wir „Gott" in ihm nicht, weder im Raum, dessen Unermeßlichkeit der Wahrscheinlichkeit nach Leben millionenfach enthält, noch im Molekül Desoxyribonukleinsäure (DNS), in dem das Entwicklungsprogramm des Lebens beschlossen zu sein scheint. Wäre „Gott", dies eine der Schlußfolgerungen, die gezogen werden, nur ein „Prinzip", so erübrigt sich Religion – mit ihr „Gottesdienst" –, das „Prinzip" wäre ja, da nicht Person, weniger als wir; wie aber sollte „Gott" angesichts eines Groß- (und Klein!-)Kosmos, wie er sich uns zu erschließen begonnen hat, Person sein? Die Unfaßbarkeit zermalmt die metaphysische Logik.

Die zweite Schwierigkeit – eine spezifisch „antijüdisch-antichristliche" – schließt sich sofort an: die phantastische Ungüte der Natur und der menschlichen Geschichte. Die Griechen der Antike sahen in allem, was immer geschieht und worin wir tragisch-schuldhaft verflochten sind, eherne, ungreifbare Notwendigkeit – „moira", das blindwaltende Schicksal. Die Juden, zum wahren Glauben auserwählt, konnten es nicht wagen, Jahwe seine eigene Schöpfung vorzuwerfen, – so mußte der Schuldige der Mensch gewesen sein. Als gleichwohl Hiob seine Stimme erhob, hieß Gott ihn schweigen: was verstehe denn Menschenhirn und Menschenherz von den Geheimnissen der Großtaten des Herrn! Uns freilich hat die bewiesene Lehre von der Evolution die Möglichkeit genommen, trotzdem naiv-gläubig für unverbrüchlich wahr zu halten, daß es „Adam" und seine Eva gewesen seien oder irgendein Vorfahre, irgendein Nachfahre von ihnen, die eine ursprünglich perfekte Welt der Güte und der stabilen Harmonie in Verderbnis gestürzt hätten. Der allgütige, allbarmherzige Gott und das Leiden, die Grausamkeit, die Ungerechtigkeit, aus Sünde und Strafe allein nicht plausibel zu machen, dieser Widerspruch ist es, der in anderer Eindringlichkeit als jemals der Frömmigkeit zusetzt, die lobpreisen soll und die das so gerne möchte. Schon eher Trutzgesang um jeden Preis ist es, wenn in den evangelischen und neuerdings ökumenisch in den katholischen Kirchen zum Sonntagsgottesdienst das „Königslied" von Joachim Neander (Bremen 1680) gesungen wird: „Lobe den Herrn…" (die zweite Strophe), „der alles so herrlich regieret, der dich auf Adlers Fittichen sicher geführet, der dich erhält, wie es dir immer gefällt! Hast du nicht dieses verspüret?" Fünf Millionen vergaste Juden – die Frauen, die Kinder… –, Biafra, Burundi, Bangladesch, Vietnam, Lateinamerika, der Hunger, die Ausbeutung, die Folter…, heute, gestern; wenn wir nicht selber dagegen angehen, auch morgen. „Ich verstehe nicht, wie Sie, der Sie jahrelang im nationalsozialistischen Konzentrationslager waren und das Buch ‚Der SS-Staat' geschrieben haben, in einem ‚Gleichnis' neulich im Fernsehen gut von Gott sprechen konnten." So an mich eine Siebzigjährige…

Der dritte Grund, warum es mit der Sonntagsheiligung so abwärtsging und abwärtsgeht, ist der Verfall der kirchlichen Sanktionsgewalt als eine der Folgen der neuzeitlichen Emanzipation und der allgemeinen zivilisatorischen Verweltlichung. Die Spaltung des Bewußtseins und des Verhaltens, im einen Bereich, dem der gesellschaftlich-politischen Verselbständigung und der vielseitigen Mitbestimmung, ganz und gar kritisch-kontrollierend sein zu sollen (und auf „Gewinnmaximierung" bedacht!) – „am Werktag" –, im anderen Bereich aber, dem des kirchlichen Lebens, prinzipiell gläubig-vertrauensvoll, unterwürfig und ergeben (sowie die Güter der Welt geringschätzend) – „am Sonntag" –, diese Schizophrenie konnte nicht durchgehalten werden; sie wird in unseren Tagen zu Lasten der kirchlichen Autorität und ihrer Verkündigungen beseitigt.

Der Prozeß ist weit fortgeschritten. Die Zahl derer ist nicht mehr groß, die in ihrem Gewissen noch eine numinos-sakrale Bindegewalt fürchten. Über Gottes Strafdenken, wenn seinen Geboten – und mehr als den zehn? – nicht genauestens gehorcht wird, ist allzulange selbstsicher und in vielem folgenschwer verfügt worden; nun wird die von Menschen gehandhabte Last, mit ihr die Norm, ja mit der Norm die Furcht des Herrn selbst abgeschüttelt, – so die vordem traditionell katholische Angst, durch verschuldeten Nichtbesuch des sonntäglichen Gottesdienstes eine „Todsünde" zu begehen, die, wenn nicht aufrichtig bereut, gebeichtet, nachgelassen und gesühnt, Gottes Majestät und seine gar gestrenge Gerechtigkeit zwinge, ewige (nie endende!) Höllenpein zu verhängen (Lichtmilliardenjahre, immer neue Lichtmilliardenjahre in undurchdringlichem Dunkel währende Pein...).

Moses hat seinerzeit gegen die Möglichkeit des Sabbatfrevels keine solche Drohung in das Bundesgesetz geschrieben; noch bot dafür der Glaube an das individuelle Fortleben nach dem Tode – ein Schattendasein – nicht die Voraussetzung. Die harten Strafen im Stammesverband sicherten „weltlich" die Gesetzestreue ab. Nichts dergleichen mehr steht den kirchlichen Autoritäten in unserer Zeit zur Verfügung. Die Polizei sorgt für das alkoholfreie Autofahren, nicht aber für die Einhaltung von Gewissensverpflichtungen, – das ist eine der moderneren Errungenschaften.

„Die Sache mit Gott" und die Heiligung des siebenten Tages der Menschenwoche, sind sie demnächst also unwiederbringlich zu Ende? Dieser Meinung bin ich nicht. Doch sollten billige Antworten auf die drei Schwierigkeiten nicht gegeben werden. Ich versuche zu skizzieren, was ich dazu mir selber zu sagen habe.

Zur Generalvoraussetzung: Ich finde, „Notwendigkeit" und „Zufall" sind nichts anderes als Überschriften auf die Unmöglichkeit, der Welt naturwissenschaftlich Sinn zu geben. „Die Weisheit der Natur", die es so und so „eingerichtet" oder die „die zweckmäßigste Lösung gefunden" habe, was sind das für unangebrachte

Redensarten! Als hätten wir es mit einer Göttin zu tun. „In der Natur“ ist dies und jenes, anders sollte die Aussage nicht lauten. Mit ihren Methoden können die Disziplinen der Wissenschaft von der Natur der Dinge und der Menschen nur die Funktionen und deren Zusammenhänge feststellen, analysieren, zum System beschreiben. Hingegen ist Sinngebung Sache der Philosophie.

Das Mißverhältnis zwischen der quantitativen Ungeheuerlichkeit der Weltmaterie und dem in ihr bestehenden Geist wird nicht dadurch beseitigt, daß man dekretiert – oder, bescheidener, „annimmt“ –, er sei aus ihr. Und die Verlagerung der Erklärung in unermeßliche Längen der Entwicklung, so daß die statistische Wahrscheinlichkeit Raum gewinnt, ersetzt nicht den fehlenden überzeugenden Nachweis. Plausibel macht mir die Existenz der Welt, und zwar als Schöpfung, allein der Glaube, die ganz andere Art zu wissen: Akt des Vertrauens, der den Verstand hinter sich herzieht – nach dem Augustinuswort „credo ut intelligam“, „ich glaube, auf daß ich einsehe“. Beweis, wie die Wissenschaft ihn gibt, ist das natürlich nicht. Da sie hier indes ihrerseits nichts hergibt, ist es mehr.

So wende ich mich denn zu den alten Juden zurück: Gott ist wirklich und wahrhaftig der Unnennbare – der Seiende. Das allerwirklichste Sein – „ens realissimum“ –, schrieb Thomas von Aquin. Eine einzige Formel der Anbetung gebrauchend, werfen sich die Mohammedaner fünfmal am Tag, dem Ruf ihrer Muezzin folgend, nieder; warum sollten nicht auch wir, nun freiwillig, uns immer und überall, ganz besonders aber am „siebenten Tag“, unserer Geschöpflichkeit erinnern – der Intellektuelle und die Naiv-Gläubigen gleichermaßen, denn welcher Unterschied bestünde schon, in der Dimension unseres Abstandes und unserer Zugehörigkeit zu ihm, zwischen mir und dem Weiblein, das am Wallfahrtsort vertrauensvoll eine Fürbittkerze ansteckt?

Doch bleibt die zweite Schwierigkeit: angesichts der Grausamkeit in der herrlichst geschaffenen Natur, der Barbareien in der Menschengeschichte, die Absurdität, daß wir mit dem Genesisbericht vom „Abend des sechsten Tages“ schlicht bekennen sollen: „Gott sah alles, was er gemacht hatte. Und sehr gut war es.“ Wie könnte je das Erleben, die Anschauung aus sich zu der Auffassung kommen, dieses Geschaffene sei von einem liebenden Gott auf Liebe hin angelegt? Deren Möglichkeit, das allerdings ist nicht abzustreiten, deutet sich immerhin an: die Qualität im Konditionenbereich des Menschen, zwischen Alternativen sich zu entscheiden, in jeder Sache allenfalls verschieden, ja entgegengesetzt, überhöht die sonst universelle Determiniertheit. Doch wird die Liebe dadurch nicht zum verbindlichen Gebot, – jeder SS-Mann kann sie eine schwächliche Narretei nennen und entsprechend mit ihr verfahren. Obgleich es sein kann, daß im Extremfall ihr Heroismus selbst ihn beeindruckt; es ließen sich von seinerzeit einige – wenige – Beispiele anführen. In den Mosesbüchern Levitikus und Deuteronomium ist sie, verständlich und praktikabel, auf den Zusammenhalt der Volksgenossen beschränkt.

Da kam, in der Fülle der Zeit – als der Glanz unerbittlicher Macht den römisch-imperialen Höhepunkt erreicht hatte –, Jesus von Nazareth und mit ihm die Sehnsucht nach Erlösung aus ihren und so vielen anderen Greueln, mit dieser Sehnsucht das Verlangen nach Frieden auf Erden für alle, die guten Willens sind. Seither weiß man, wenn man ihm glaubt – ihm, „in dem Gott ganz sichtbar geworden ist" –, daß es sich tatsächlich so verhält: „Sein Reich" ist verbindlich die Aufgabe. Dazu sind wir mit dem überdenkenden Bewußtsein ausgestattet. Dazu mit Freiheit. In der Botschaft, die er gebracht und kompromißlos vorgelebt hat, einer Botschaft der Aufforderung zu vertrauen, ist das Ziel der Evolution sichtbar geworden. Wir blicken über das Unbegreifliche, das in seinen Voraussetzungen bestehen bleibt, seither hinaus.

Daß der Weg, der zu gehen ist – in jeder Zeit und weiterhin flankiert von intellektuellen und moralischen Sackgassen –, recht eigentlich erst vor uns liegt, ist im Versagen, das nicht aufgewiesen zu werden braucht, ersichtlich. Aber es sensibilisiert sich auf das Humanitätsbewußtsein – langwierig, umwegig, aus der Lehre von ausnahmslos jedermanns Gottebenbildlichkeit und Gotteskindschaft, im Verein mit philosophischen Einsichten, durch individuelle und kollektive Großtaten von anderer Art bewahrheitet, als es die Leistungen der Gewalttätigen in der Geschichte waren und sind. Säkularisiert drang dieses Humanitätsbewußtsein schließlich in die gesellschaftlichen Verhältnisse vor: es wurde erkannt, was Christoph Lichtenberg, zurück- und vorwärtsblickend, in die Feststellung gefaßt hat: „Es kommt nicht darauf an, ob die Sonne in eines Monarchen Staat nicht untergeht, sondern was sie während ihres Laufes in diesem Staat zu sehen bekommt."

Gewaltlos ist die Welt so zu verwandeln, daß es der Zweifelhaftigkeit der Revolutionen nicht bedarf, die Bedingungen wahren Menschseins zustandezubringen und sicherzustellen.

Utopie? Gewiß, aber eine produktive und erforderliche Utopie angesichts der Gefahr, daß uns die eigenen Leistungen vordergründig die Sicht auf das Ziel, für das sie selber gemeint sind, verstellen. Wir könnten, wenn manches so weitergeht, wie es zutrifft, babylonisch-rational verrückt werden; uns industriell, maschinell in dieser Verrücktheit ruinieren. Der „siebente Tag", richtig begangen, ist ein Korrektiv – „Sabbat um des Menschen willen". Man darf natürlich nicht hoffen, es könnte beispielhaft auch nur innerhalb der Kirchen jemals zu so etwas wie einem Sabbat-Jahr kommen: zur Tilgung der Schuldverhältnisse. „In jedem siebenten Jahr sollst du Erlaß üben! Mit dem Erlaß ist es so: ...", die Einzelheiten, und wäre es der Kuriosität halber, lassen sich im 15. Kapitel des Buches Deuteronomium nachlesen. Im 9. Vers etwa heißt es dort: „Hüte dich, daß in deinem Herzen nicht der nichtsnutzige Gedanke entstehe: ‚Das siebente Jahr, das Erlaßjahr, naht', und daß dein Auge mißgünstig sei auf deinen armen Bruder und du ihm nichts gebest! Denn sonst schreit er über dich zum Herrn, und dann ruht Sünde auf dir." Nein, so radikal-biblisch ist die Utopie nicht gemeint. Oder doch nur als eine Stellvertretung durch Freiwillige – Christen jetzt –, damit die Richtung, in der die Evolution verlaufen soll, der Menschheit nicht aus dem Auge kommt. Der Gemeindegottesdienst im übrigen, unpharisäisch, kann eine rechte Erquickung sein. In Irkutsk einmal, als ich mit Martin Niemöller zu Besuch und sibirischen Besichtigungen dort war, fanden wir Baptisten betend am Sonntag zahlreich versammelt. Da war es, inmitten der Sowjetwelt, wie Dr. Martin Luther an einer Stelle des „Sermons von den guten Werken" geschrieben hat: „Wenn es mit diesem Glauben recht steht, so muß das Herz durch das Testament fröhlich werden und in Gottes Liebe erwärmen und zerschmelzen; daraus folgt dann Lob und Dank aus süßem Herzen. Davon heißt die Messe auf griechisch Eucharistia: Danksagung."

Originaltitel: „Für den Menschen", in: Die 10 Gebote heute, Band 1, Institut für Kulturforschung, 1973, S. 194-196.

Man mache einmal den Versuch, ein jedes der Zehn Gebote auf die heutige Situation anzuwenden, und man wird feststellen, welche furchtbar schweren Überlegungen das voraussetzt.

Aus: „Was erwartet die Welt von der Kirche?", Deutsche Volkschaft, August/September 1950 (Zusammenfassung der Hauptgedanken eines Mitte August 1950 anläßlich der Bilsteiner Werkwochen gehaltenen Referats).

Können wir alle Zehn Gebote heutzutage noch halten, oder wird da schon ein heroischer Tugendgrad von uns verlangt? Ist es hingegen vielleicht so, daß die gesellschaftlichen Verhältnisse sich bald grundlegend wandeln würden, wenn wir die Kraft aufbrächten, diese göttlichen und menschheitlichen Gesetze, die sehr viele nicht einmal mehr auswendig wissen, auch nur an einigen noch offenen Spaltstellen einzusenken? Seit Jahr und Tag sinniere ich beobachtend darüber nach; die Möglichkeiten, die der Christ hätte, sind geradezu abenteuerlich, obgleich der Ansatzpunkte immer weniger werden und das „weltimmanente" System sich schließt, dem die christlichen Zeichen höchstens aufgeklebt werden. Was hat zum Beispiel die Kreditpolitik noch mit der Moral des Siebten Gebotes zu tun?

Aus: Peter Gundwin (eines der Pseudonyme, die Eugen Kogon benutzte), „Briefe an meinen Pfarrer", Frankfurter Hefte, April 1954.

Jüdisches Vermächtnis

... Das Schriftchen „Jüdisches Vermächtnis" enthält unter anderem „Ein jüdisches Gebet aus einem Konzentrationslager". Es hat folgenden Wortlaut:

„Friede sei den Menschen, die bösen Willens sind, und ein Ende sei gesetzt aller Rache und allem Reden von Strafe und Züchtigung... Aller Maßstäbe spotten die Greueltaten; sie stehen jenseits aller Grenzen menschlicher Fassungskraft, und der Blutzeugen sind gar zu viele... Darum, o Gott, wäge nicht mit der Waage der Gerechtigkeit ihre Leiden, daß du sie ihren Henkern zurechnest und von ihnen grauenvolle Rechenschaft forderst, sondern laß es anders gelten. Schreibe vielmehr den Henkern und Angebern und Verrätern und allen schlechten Menschen zugut und rechne ihnen an: all den Mut und die Seelenkraft der anderen, ihr Sichbescheiden, ihre hochgesinnte Würde, ihr stilles Mühen bei alledem, die Hoffnung, die sich nicht besiegt gab, und das tapfere Lächeln, das die Tränen versiegen ließ, und alle Liebe und alle Opfer, all die heiße Liebe..., alle die durchpflügten, gequälten Herzen, die dennoch stark und immer vertrauensvoll blieben, angesichts des Todes und im Tode, ja auch die Stunden der tiefsten Schwäche... Alles das, o mein Gott, soll zählen vor Dir für eine Vergebung der Schuld, als Lösegeld, zählen für eine Auferstehung der Gerechtigkeit, – all das Gute soll zählen und nicht das Böse. Und für die Erinnerung unserer Feinde sollen wir nicht mehr ihre Opfer sein, nicht mehr ihr Alpdruck und Gespensterschreck, vielmehr ihre Hilfe, daß sie von der Raserei ablassen... Nur das heischt man von ihnen, und daß wir, wenn nun alles vorbei ist, als Menschen unter Menschen leben dürfen und wieder Friede werde auf dieser armen Erde über den Menschen guten Willens, und daß Friede auch über die anderen komme."

Dieser Friede wird nur aus einer Politik der Gerechtigkeit kommen, die im Innersten nicht von Haß, sondern von Liebe bewegt wird. Es gehört Heroismus dazu, aber nur Heroismus kann völliges Unheil überwinden.

Originaltitel: „Jüdisches Gebet aus einem KZ", Frankfurter Hefte, Oktober 1947.

Szczesny: Die Grundelemente der christlichen Glaubensvorstellung gehen auf ein Volk zurück, das sich zu der Zeit, zu der es diese Elemente entwickelte, in einer extrem ungünstigen Lage befand (und die es gerade deshalb zu diesem Zeitpunkt entwickelte, weil seine Lage so hoffnungslos und bedrohlich war).

Kogon: Vertauschung von Ursache und Anlaß!

Szczesny: Diese zweite, den jüdischen Glaubenskern überlagernde Schicht enthält Glaubensvorstellungen, die benachbarten Völkern ... entlehnt sind.

Kogon: Was beweist der Boden gegen den Baum?!

Szczesny: Der theozentrische und rationalistische Grundzug des jüdischen Glaubens verdirbt alle naturreligiösen Elemente, die ihm bei seiner Metamorphose zum Christentum hinzugefügt werden, zu dürren, sach- und sinnleeren Abstraktionen, die jede Beziehung zu dem, was sie ursprünglich gemeint haben, verlieren.

Kogon: Eine Omelette ist nicht die sinnleere Abstraktion von Eiern.

Marginalien von Eugen Kogon in dem Buch von Gerhard Szczesny: Die Zukunft des Unglaubens - Zeitgemäße Betrachtungen eines Nichtchristen, Paul List Verlag, München 1958, S. 28, 40 und 46.

Ich habe sehr großes Verständnis dafür, daß nach dem, was in der Geschichte geschehen ist, ein anderes Grundverhältnis zwischen Juden und Christen hergestellt werden mußte und hergestellt werden muß. Die Juden haben die Treue Gott gegenüber bis zum Äußersten und gegen alle Erlebnisse gehalten. Selbst wenn sie nicht mehr religiös gläubig sind, wie heute etwa viele in Israel, halten sie alle an der Humanität fest. Der Mensch ist für sie zu etwas Hohem berufen, und wenn es geht, zur Liebe. Das ist ein großartiges Vorbild. Es gibt in der ganzen Weltgeschichte kein Volk, das bei aller Kritik, die es geübt hat, so treu durch die Zeit hindurch zu Gott gehalten hat.

Aus: „Zeitgenossen - Eugen Kogon im Gespräch mit Paul Assall und Ursula Nusser" - Sendung des Südwestfunks Baden-Baden vom 6. Juli 1980.

„... und ein ewiges Leben"?
Nachdenken über die eigene Vergänglichkeit

Man hat mich um eine halbstündige Osterbetrachtung gebeten..., weil man von mir, einem Schriftsteller, Politologen und gleichwohl religiös-gläubigen Zeitgenossen, im 82. Lebensjahr nun, erfahren will, wie ich es mit der Heutzutage-Bedeutung einer so ungeheuerlichen Verkündigung halte, wie es die Botschaft von der Auferstehung ist – der Auferstehung nicht nur Jesu von Nazareth, sondern durch ihn, wie die Bibel es sagt, auch unserer eigenen...

Wir Heutigen sind, wenn ich recht sehe, innerhalb der industriewirtschaftlichen Zivilisation, die die unsrige ist, in drei weltanschauliche Lager geteilt: Die Mehrheit... glaubt, eingestandener- oder uneingestandenermaßen, nicht an ein Jenseits, daher auch nicht an ein Fortleben nach dem Tode. Infolgedessen ist Auferstehung für sie eine Absurdität, Überbleibsel aus vergangener Zeit religiöser Legenden. Ostern wie die anderen christlichen Hochfeste, das sind sozialpolitisch arbeitsfrei beibehaltene Tage zur Erholung, zu Überlandfahrten, für den Sport. Die nächste Großgruppe lebt in einem nicht ausgetragenen Zwiespalt zwischen einerseits der Rationalität, die tendenziell in allem und tatsächlich in weitesten Bereichen unser Denken und Handeln bestimmt, andererseits der alten, aber kaum mehr ausgeübten Kirchlichkeit. Ihr Verhältnis zum überlieferten Glauben ist mehr oder minder emotional und Gewohnheit. Irgendeine die Gesellschaft verwandelnde Kraft geht davon nicht aus. Bleibt die dritte Gruppe, bereits deutlich die Minderheit, und zwar – wie mir scheint – keine sehr große mehr: Christen, die im orthodoxen Sinn je nach ihrer konfessionellen Zugehörigkeit glauben, womöglich kirchlich sogar praktizieren. Sie halten das irdische Dasein für ein Durchgangsstadium der Bewährung mit dem Ziel eines jenseitigen ewigen Lebens. Leiden, Tod und Auferstehung Jesu haben den Heilsweg gezeigt und bereitet. Die weltlichen Verhältnisse müßten in Übereinstimmung damit gebracht werden.

Mich weiß ich der dritten Gruppe zugehörig. Aber mit Verständnis für die anderen. Ist unser christliches Verhalten denn begreifbar und überzeugend? Unaufhaltsam verlieren die „Jenseits“-Normen ihre auf das Diesseits einwirkende formierende Kraft. Woran liegt das?

Nicht zuletzt doch wohl an dem Auseinanderklaffen unserer – wie wir sie bezeichnen – „unveränderlichen Glaubenswahrheiten“ und der Rationalität, in der unsere Zivilisation sich seit Jahrhunderten mehr und mehr entwickelt, ohne jedoch der Sinngebung der Welt gerecht werden zu können.

Nur die dritte der Gruppen, von denen ich spreche, vermag der Wiederbegegnung von Kirche und Kultur, von Glaube und wissenschaftlicher Rationalität Wege zu bahnen; die erste, die der Ungläubigen, hat kein Interesse daran. Und die zweite, die Gewohnheitlichen, ist sich der Problematik nicht bewußt. Für die dritte sprach, um sie ihrer universalen und globalen Aufgabe zu öffnen, Papst Johannes XXIII., als er das „aggiornamento" anregte, die Anpassung der Heilsnotwendigkeiten an die Verstehensfähigkeit von heute – analog der Christianisierung vormals, die ihr Werk, in der Geschichte nun weit zurück, im Einklang mit den Weltvorstellungen ihrer Zeit unternahm. Zwar ist die Geltung der „Drei-Stockwerk-Weltanschauung" – wie ein protestantischer Pastor das ptolemäische Weltbild unlängst genannt hat – wenigstens prinzipiell seit Jahrhunderten schon überwunden. Aber die Bilder der Daseinsdeutungen von einst leben in Glaubensformulierungen und -formeln, heilsbedeutsame Einsichten verstellend, fort. Zwar beten wir im deutschen Text des Apostolicums nicht mehr „abgestiegen in die Hölle", aber immerhin abgestiegen vor der Auferstehung „in das Reich des Todes", also in die vermeintliche „Unterwelt".

Da ist, am heutigen Ostertag, das zentral-aktuelle Beispiel für die Schwierigkeit, mit der wir es zu tun haben, der Gegensatz zwischen der Daseinserklärung, wie die moderne Wissenschaft sie gibt, und der kirchlichen Aufrechterhaltung des altjüdischen Mythos vom Sündenfall und seinen Folgen. Er ist festgehalten im paulinischen Satz, daß der Tod auf den Ungehorsam Adams zurückzuführen, der Tod daher „der Sünde Sold" sei, der erste Mensch Schuld daran habe, daß wir alle, seine Nachkommen, in die Erbsünde verstrickt, sterben müssen. Und wir würden ausgelöscht bleiben, wenn uns nicht Jesus – so die Heilswendung – durch seinen Opfertod, den Gott als Sühne verlangt habe, erlöst hätte.

Nun ist der alttestamentliche Text keineswegs so eindeutig, wie die Schlußfolgerungen, die aus ihm gezogen wurden und noch immer gezogen werden, es erscheinen lassen können. Ich zitiere ihn aus den Kapiteln 2 und 3 der Genesis zur Erinnerung: „Allerlei Bäume, lieblich zur Schau und köstlich als Speise, hatte der Herr, Gott, aus dem Erdboden sprießen lassen, in des Gartens Mitte aber den Baum des Lebens und den Baum der Erkenntnis von Gut und Böse ... Und der Herr, Gott, gebot dem Menschen und sprach: ‚Von allen Bäumen im Garten darfst du nach Belieben essen. Nur von dem Baume, der Gutes und Böses kennen lehrt, darfst du nicht essen. Denn sobald du von ihm issest, bist du des Todes...'" „‚Weil du auf deines Weibes Stimme hast gehört'“, fährt der Bericht in Vers 17 des 3. Kapitels fort, „,und von dem Baum gegessen hast, wovon ich dir geboten: Du darfst davon nicht essen, so ruht der Fluch um deinetwillen auf dem Acker. In Mühsal sollst du dich dein Leben lang von ihm ernähren ... Im Schweiße deines Angesichts wirst du dein Brot verzehren, bis du zur Erde wiederkehrst, wie du von ihr gekommen bist. Denn Staub bist du und kehrst zum Staube wieder.' ... Dann sprach der Herr, Gott: ,Ja, der Mensch ist jetzt wie unsereiner im Erkennen von Gutem und Bösem. Daß er nicht seine Hand ausstrecke und gar vom Lebensbaume esse und ewig lebe!' So trieb ihn der Herr, Gott, aus Edens Garten, damit er den Erdboden bebaue, daraus er genommen war.“

Als dies geschrieben wurde, war es nicht Mythos, sondern Geschehnisbericht. Ich glaube nicht, daß es der kritischen Bibelwissenschaft je gelingen wird, eindeutig klarzulegen, wie es in ihm um den Zusammenhang zwischen Schuld und Tod wirklich bestellt ist. Das „Handbuch für Theologie und Religionswissenschaft“ sagt dazu in seinem Artikel über den „Tod“: „An die bei vielen Völkern vorhandene Vorstellung, der Tod sei durch die Schuld der Menschen in die von Gott erschaffene Welt hineingekommen, finden sich im Alten Testament Anklänge, ohne daß jedoch diese Vorstellung betont wäre. Selbst in der Verfluchung des ersten Menschenpaares wird der Mensch nicht als ein unsterblich erschaffenes Wesen angesehen. Vielmehr wird in Vers 22 des 3. Kapitels der Genesis die Besorgnis ausgesprochen, der Mensch möchte, wenn er seine Hand nach dem Lebensbaum ausrecke, unsterblich werden; und in Vers 19 ist ausdrücklich gesagt, der Mensch müsse deshalb sterben, weil er vom Staub gekommen ist.“

Vielleicht wollten die Juden, die noch Jahrhunderte nach der Entstehung ihres Schöpfungsberichtes nicht an ein „jenseitiges“ Fortleben des Menschen glaubten – und es gibt diese Lehrmeinung bei ihnen heute noch –, nicht so sehr etwas über den Tod aussagen als mit der Erörterung der „Schuld des Menschen“ – „ha adám“ ist im Hebräischen eine Gattungsbezeichnung, nicht ein persönlicher Eigenname – die naheliegende Gefahr ausschalten, in Gott selbst oder in einer Gegengottheit den Quellgrund des Bösen sehen zu müssen.

Wie immer dem sein mag, die heilsgeschichtlichen Ableitungen, die aus dem Mythos gezogen worden sind, waren sehr früh

Gegenstand kritischer Bedenken. Wegen der enormen Folgen der kirchlichen Erbsündenlehre für die Herausbildung der kirchlichen Herrschaftsideologie und Herrschaftspraxis haben wir uns an meinem Lehrstuhl für Politische Wissenschaft an der Technischen Hochschule Darmstadt einmal während eines Semesters im Kreis der Assistenten und einiger interessierter Freunde, alle kritisch kirchengetreu, gesprächsweise mit der Frage befaßt, ob es nicht möglich sei, ohne Widerspruch zu den sozusagen pädagogischen Bildaussagen der Bibel zu einer Erklärung zu gelangen, die keine unzumutbare Herausforderung an gesicherte wissenschaftliche Erkenntnisse unserer Zeit wäre. Im Verlauf der Erörterungen holten wir aus der Bibliothek Denzingers „Enchiridion symbolorum et definitionum", die im vorigen Jahrhundert erfolgte, seither in immer neuen Auflagen veröffentlichte Sammlung der kirchlichen dogmatischen Entscheidungen von den Anfängen bis zur Gegenwart.

Was fanden wir unter dem Stichwort „peccatum originale" – „die Erbsünde"? Unter anderem die Erklärung einer Synode, die im Jahre 404 nach Christus im nordafrikanischen Tegesta stattfand, bestätigt von Papst Zosimus I.: „Wer behauptet, daß Adam gestorben sei, ob er gesündigt oder nicht gesündigt habe, der sei im Bann." Eineinhalbtausend Jahre, ehe die Wissenschaft zur Evolutionstheorie fand, die in ihre Feststellungen die Menschwerdung selbstverständlich miteinbezog, ist sie hier gegen einige der schon zu jener Zeit in dieser Thematik kritischen Geister verurteilt worden.

Nicht freilich, als würde das Anathema von damals heute noch angewendet. Aber widerrufen wird es auch nicht, weil dies der kirchlichen Wahrheitsauffassung zuwiderliefe, die statisch ist, an die Voraussetzung von Begrifflichkeit ein für allemal gebunden. Korrekturen, die sich als absolut unvermeidlich erweisen, werden stillschweigend vorgenommen, will sagen, möglichst durch Verschweigen früherer Definitionen: Die Verbalinspiration der Heiligen Schriften beispielsweise – die Wort-für-Wort-Urheberschaft des Heiligen Geistes also – wird nicht mehr verkündet und der Satz nicht mehr aufrechterhalten, daß es außerhalb der Kirche kein Heil gebe. Die Preisgabe der für die Erklärung der Heilsgeschichte so folgenschweren Ableitung des Todes von der Sünde könnte vielleicht dadurch erfolgen, daß der Menschheit in der Situation, in der sie sich befindet, eine gott- und menschenfreundlichere Deutung geboten würde, die die herrschende Lehre, ohne sie aufzugeben, sozusagen überlagerte. Der Wissenschaft bleibt es heutzutage selbstverständlich unbenommen, ihre Feststellungen unbeeinflußt von der Autorität der Kirchen vorzunehmen. Sie erkundet Tatsachen, erforscht Ursachen und erklärt die sich daraus ergebenden Zusammenhänge. Den erdgeschichtlichen, biologischen, soziologischen und sonst in Betracht kommenden Erkenntnissen zufolge hebt sich der Mensch vom übrigen Leben durch die spezifische Qualität ab, daß er im Laufe seiner Entwicklung mehr und mehr mit einer gewissen Souveränität zwischen Verhaltensmöglichkeiten, die er als unterschiedlich oder sogar gegensätzlich erkennt, sich entscheiden kann. Er ist seiner Anlage nach ein sittliches Wesen, jedoch nicht unabhängig von den naturgesetzlich sich vollziehenden Zusammenhängen der Existenz. Es liegt nahe, anzunehmen, daß „ha adám“, obgleich auf die bedrängteste Weise im „Kampf ums Dasein“ stehend, von allem Anfang an einige zwischenmenschliche Beziehungen, etwa in der Familie und der näheren Verwandtschaft, als höhere Werte erkannt und anerkannt hat. Es bedurfte aber langer Zeiträume, bis er sich zur Höhe systematischer Abgrenzung dessen zu entwickeln vermochte, was er sich angewöhnte, dann als „Gut“ oder als „Bös“ zu kennzeichnen, womöglich in gesetzlichen Festlegungen, die mit Sanktionen versehen wurden. Abgeschlossen ist dieser Prozeß selbst heute noch nicht.

Über diese anthropologische Feststellung hinaus, nämlich bis zur allgemein verbindlichen Werte-Festsetzung, reicht die Qualität der Wissenschaft nicht. Sie kann den Sinn, den die Existenz des Kosmos und das Dasein des Menschen allenfalls haben, von sich aus nicht ausfindig machen. Es läßt sich mehr oder minder einleuchtend darüber philosophieren, aber nichts dabei mit Autorität entscheiden. Was in ihrer Zuständigkeit zureichend überprüft deklariert wird, muß allerdings an- und hingenommen werden.

Für die Überlegung hier steht folglich zweierlei prinzipiell fest: erstens – als Erkenntnis der Erdgeschichtswissenschaft und der Wissenschaft vom Leben –, daß es eine Welt harmonischen Friedens, die der Mensch, als er auftauchte, in ihrem Wesen hätte verändern können, in der uns heutzutage überschaubaren Entwicklung von mehreren Milliarden Jahren nicht gegeben hat und daß der Tod, was ihn betrifft, stets eine elementare Notwendigkeit des Lebens selber war; zweitens aber, daß es eine unzulässige Überschreitung der Zuständigkeit ist, wenn die Evolutionisten der Darwinschen und der neo-darwinistischen Schulrichtung den Zufall als die universale Triebkraft der Weltentwicklung ausgeben. Im S. Fischer-Verlag ist voriges Jahr ein 372 Seiten starkes Buch, eine Übersetzung aus dem Englischen, erschienen: „Das Geheimnis der Evolution“ – Verfasser Gordon R. Taylor –, das in ungezählten Beispielen die wunderliche Weisheit dieses angeblichen Allerweltszufalls aufzeigt. In Wirklichkeit kennen wir die „Mechanik der Evolution“ nicht. Der Statistiker und Genetiker Sir Ronald Fisher sagt: „Sie ist eine Einrichtung zur Hervorbringung von Unwahrscheinlichkeiten.“

Da der Mensch aber, mit Schopenhauer zu sprechen, ein „animal metaphysicum“ ist, ein Lebewesen, das stets über die Erkenntnis der physikalischen Erscheinungen hinaus fragt, nämlich nach ihrem Sinn, ist der Versuch begreiflich, diesem Verlangen mit plausiblen Annahmen nahezukommen. Das ist, wie gesagt, nicht eine Sache der wissenschaftlichen Rationalität, sondern des in sich möglichst widerspruchsfreien Glaubens. Auch er ist eine Form der Erkenntnis, wie die Formel „credo ut intelligam“ es feststellt: „Ich glaube, damit ich erkenne“ – in Bereichen nämlich, in denen die Wissenschaften einschließlich der Theologie – sie an erster Stelle – lediglich Hilfsdienste zu leisten vermögen. Wenn beispielsweise Thomas von Aquin sagt, der Mensch sei ein „aliquid a deo“ – ein „Etwas von Gott“ –, so ist das keine wissenschaftliche Aussage, sondern eine vom Glauben bestimmte Feststellung, aus der sich aufschlußreiche Schlußfolgerungen vornehmen lassen.

Damit ich die Bedeutung der Auferstehensverkündigung in der heutigen Denkweise glaubend verstehen kann, gehe ich mit anderen, die darüber nachgedacht haben, von der Annahme aus, daß Gott innerhalb des Kosmos, den er erschuf, den Menschen mit einer Zielsetzung hat entstehen lassen. (Einige der menschlichen Eigenheiten legen dies nahe.) Theodor W. Adorno hat mir einmal, als wir darüber debattierten, eingewandt, es sei höchst unwahrscheinlich, daß sich ein solches Geschehen just auf unserem nebensächlichen Stern Erde zugetragen haben solle. Man könnte mit dem zitierten Satz Sir Ronald Fishers von den Unwahrscheinlichkeiten der Evolution antworten. Aber reicht nicht bei Milliarden Galaxien mit je Milliarden Gestirnen, die das Universum, wie wir heute wissen, aufweist, die Wahrscheinlichkeit, daß es in diesem Reichtum von Existenz Leben nach unserer Art und Leben einer ganz anderen Art gibt, statistisch ins Unvorstellbare? Warum sollte man da nicht annehmen dürfen, daß wir mit der Qualifikation, uns aus dem Zwang der Naturgesetzlichkeiten zu erheben, um im Bereich der Konditionen zu Fähigkeiten zu gelangen, die eine höhere Daseinsform ausmachen, eine der von Gott gewollten Varianten der Schöpfung seien – Akteure des Dramas beständiger Entscheidung zwischen „Gut“ und „Bös“? Wenn dem so war und so ist, dann ist die unserem Dasein zugrundegelegte Bestimmung allerdings mit dem undurchschaubaren Geheimnis konfrontiert, wo die negative Alternative mit ihren grausigen, ja oft entsetzlichen Folgen ihren Ursprung hat. Ich habe schon darauf hingewiesen, daß die alten Juden das unlösbare Problem wahrscheinlich gekannt haben; im Buch Hiob haben sie es als Problem der Gerechtigkeit angesprochen. Ihre Antwort war die Forderung, sich Gott zu unterwerfen. Weist dies alles nicht bereits auf die Notwendigkeit einer Erlösung als Lohn des Gehorsams hin? Umso mehr, als es doch, der Glaubenslehre gemäß, die Liebe ist, der Gerechtigkeit überlegen, die der Entwicklung – mag der Vorgang noch so schwierig, ja oftmals unwahrscheinlich sein – bis zur Vollendung „am Ende der Zeit“ das Gepräge geben soll. Daß es die Liebe als „Himmelskraft“ – wie die Dichtkunst sie genannt hat – wenigstens in Ansätzen selbst in der Natur gibt, kann nicht bestritten werden; aber als bestimmende Macht nirgends, in der Geschichte so wenig wie in der Natur. Aus sich konnte der Mensch inmitten der ihn umgebenden Tatsachen, innerhalb deren er sich zu behaupten hatte, nicht erkennen, daß Gott ihm die Liebe als alles bestimmendes Gebot gesetzt habe.

Die geistige Autorität einiger weniger edler Geister, die sich im Entwicklungsverlauf der einen oder der anderen Zivilisation zur vollen Idealität der sittlichen Forderung erhoben, hatte zwar Markierungsbedeutung, aber die Grauenhaftigkeit der Massensklaverei in der Antike unserer eigenen Zivilisation wurde durch den Satz des Sophokles: „Nicht mitzuhassen, mitzulieben sind wir da“, nicht überwunden; die wildesten Barbareien blieben die Praxis der Völker in ihren Gewalt- und Tückeauseinandersetzungen. Und die Götter galten als launenhaft, so daß versucht werden mußte, durch die Hingabe des Besten, was man besaß – allenfalls der eigenen Kinder –, sie gnädig zu stimmen. Das altjüdische Gebot, eine erhabene Ausnahme, den Nächsten wie sich selbst zu lieben, reichte nicht über die Nation hinaus.

Gott selbst mußte erscheinen, um uns den Sinn des Weltgeschehens zu offenbaren und zu beglaubigen: in Jesus von Nazareth. Durch sein Leben, seinen Tod und seine Auferstehung ist er dem Glaubenden zum Mittelpunkt des Menschheitsgeschehens geworden – „der Weg, die Wahrheit und das Leben“, wie er sich selbst bezeichnet hat.

Das zentrale Faktum ist dies: Er hat uns gelehrt, Gott als unseren Vater anzusprechen, was sich bis dahin wahrlich nirgendwo in der Welt etwa von selbst verstand. Der Verzweiflung, die ihn am Kreuz überkam: „Mein Gott, mein Gott, warum hast du mich verlassen!?“ setzte er am Ende doch das Vertrauen entgegen: „In deine Hände befehle ich meinen Geist.“ Er blieb der Aufgabe, den Menschen im Auftrag des „himmlischen Vaters“ den Weg zu weisen, die Wahrheit zu verkünden und ihnen ein Leben über die natürlichen Grenzen hinaus zu gewährleisten, gehorsam bis zum Tod am persisch-römischen Marterholz; ein einziges Wort des Widerrufs vor dem Hohen Rat hätte genügt, und er wäre frei gewesen.

Ich kann mich mit der Mystik des Leidens, die im Christentum entwickelt worden ist, nicht zurechtfinden. Als ob Gott an Schmerzen und Bitternissen der vielfältigsten Art besonderes Wohlgefallen hätte, so daß er sie sogar als „stellvertretende Sühne“ annähme. Jesus hat darum gebetet, daß der Kelch des Leidens an ihm womöglich vorübergehe. Genügte dem göttlichen Erlösungswillen nicht die vorbehaltlose Identifizierung mit der Berufenheit des Menschen, der wir aus uns allein nur auf die fragwürdigste Weise oder auch gar nicht gerecht werden? Von Jesus berichten aber doch überdies die Evangelien, daß er „Wohltaten spendend durch das Land zog“. Er ließ Johannes dem Täufer auf dessen Frage „Bist du es, auf den wir warten sollen, oder sollen wir auf einen anderen warten?“ antworten: „Geht hin und meldet dem Johannes, was ihr gesehen und gehört habt: Blinde sehen, Lahme gehen, Aussätzige werden rein, Taube hören, Tote stehen auf, und Armen wird die Heilsbotschaft verkündet.“ Das Gottesreich, das sich mit Jesu Auftreten zu verwirklichen begann, offenbarte sich in den Werken der Liebe als Erlösung, die im Gebet des Herrn, das er empfahl, erfleht wurde.

Am Abend vor seinem Leiden gründete Jesus bei dem Passahmahl, das er mit einer Auswahl seiner Jünger beging, den „Neuen Bund“, indem er die Heil bewirkenden Zeichen des Alten Testaments, die Zeichen der Befreiung aus der Sklaverei in Ägypten, mit seiner Person verband. Von nun an sollte das Liebesgebot aller Welt gelten, Feinde eingeschlossen, also ausnahmslos und so radikal, wie er es in der Bergpredigt als Generalmotivation erklärt hatte. Wer ihm folgte, dem war für immer, über das irdische Leben hinaus, Rechtfertigung verheißen, er zählte zu den Gerechten, die in Gottes Wohlgefallen stehen. Sie verpflichteten sich durch das Taufgelöbnis, wo immer sie waren und worin immer tätig, beispielhaft voranzugehen. Jesus nahm aber gleichermaßen die in die Rechtfertigung mit auf, die – obgleich dem Bunde nicht angehörend – die Werke der Liebe vollbringen würden: „Kommt, ihr Gesegneten meines Vaters"; so bewahrte er sie bekanntlich vor dem Gericht und begründete es, als sie antworteten: „Wir haben dich nicht gekannt", mit dem Gnadenspruch: „Was immer ihr dem Geringsten meiner Brüder getan habt, das habt ihr mir getan!"

Die Erweckung Jesu vom Tode, seine Auferstehung, wie von ihm vorausgesagt, beglaubigte die Göttlichkeit der Botschaft, die er gebracht hatte. Dies ist die Großartigkeit der Erinnerung, die dem Glaubenden jährlich am Ostertag zu Bewußtsein gebracht wird.

Die ersten, die sich zu Jesu Botschaft bekannt haben, meinten nun allerdings, mit der Verkündigung des Gottesreiches sei die Endzeit der Welt gekommen. Sie erwarteten über kurz den Untergang der verderbten Geschlechter in Katastrophen und das Gericht über die Nichtzubekehrenden. „Marana tha" beteten die aramäisch sprechenden Urgemeinden: „Der Herr kommt – diese Welt vergehe!" Erst nach Jahrzehnten hat sich ihnen erwiesen, daß die apokalyptische Betrachtung nicht zutraf. Das Kommen des Gottesreiches war somit ein Werdeprozeß.

Nach nunmehr fast zwei Jahrtausenden müssen wir uns eingestehen, daß dieser Prozeß bisher keine sonderlich überzeugenden positiven Resultate hervorgebracht hat. Sieht die Welt etwa in unseren Jahrzehnten, was die Bereitschaft zur Brüderlichkeit als Maßstab unseres Denkens und Handelns betrifft, besser aus als in den Jahren der ersten Ausbreitung des Christentums?

Bei Herder in Freiburg ist 1979 ein Buch „Gott nach Auschwitz" erschienen. Einer der Autoren, der amerikanische Theologe Robert McAfee Brown, geht in seinem Beitrag von der jüdischen Fragestellung aus: „Warum kommt der Messias nicht, wenn die Welt doch so böse ist? Was muß noch geschehen, um ihn hervorzulocken? Sind sechs Millionen Tote noch nicht genug?" (Ich unterbreche das Zitat: Weit über Auschwitz hinaus müßten alle entsetzlichen Greuel der Welt von heute miteinbezogen werden.) „Es gibt auch", so fährt die zitierte Stelle fort, „eine christliche Form der Fragestellung. Sie lautet: ‚Der Messias ist gekommen, – wie kann die Welt so böse sein?' In einer vermeintlich erlösten Welt ist die Erlösung wahrhaft nicht sonderlich offenbar geworden..."

Viele Christen haben die Auflösung der Unbegreiflichkeit ganz und gar ins Jenseits verlagert: Die Befreiung von der Sündhaftigkeit ist für sie zu einem ausschließlich individuellen Heilsvorgang geworden, die Welt bleibt – so meinen sie – bis zum Ende dem Bösen verfallen. Dagegen ist meines Erachtens schlicht zu sagen, daß wir selbst es sind, die die Welt ausmachen. Wir verwandeln sie, indem wir uns verwandeln. Das aber können wir nicht egozentrisch erreichen.

Am Ende einer solchen Betrachtung über die Auferstehung und ihre Bedeutung in der Geschichte bleibt die Frage manches Zuhörers und Mitdenkers, wie denn das jenseitige Dasein, das uns verheißen ist, wohl möglich sein soll – in welcher Form und Art und Weise. Darauf kann es – wie mir scheint – eine zufriedenstellende Auskunftsantwort nicht geben. Ich begnüge mich für meinen eigenen Bedarf mit einem Vergleich: Samenkorn und Baum, Blume, Pflanze behalten in der totalen Veränderung trotzdem ihre Identität, die Raupe und der ihr wundersamerweise entstammende prachtvolle Schmetterling ebenfalls. Der Tod der Zellen wird bei diesen Vorgängen zu einer Funktion des Lebens...

Kommentar vom 22. April 1984 im Westdeutschen Rundfunk.

Die erste Voraussetzung, von der ich ausgehe..., ist der Glaube an unser nächstes und personales Dasein. Wir müssen den Ausgang des Schöpfungsabenteuers erfahren dürfen, wenn wir in ihm doch eine Rolle spielen – und was für eine, so Gott uns tatsächlich liebt. Vielleicht hätte auch ohne unser Fortleben nach dem Tod die Sache Sinn, nur dann eben nicht für uns. Warum und wozu sollte mich in diesem Fall Gott interessieren – außer als Droge zu Herrschaftszwecken, gleichermaßen gegen sie? Die Sozialdarwinisten jeder Ausartung, bis zu den Planern des SS-Staates und zu seinen Schergen, hätten prinizipiell genauso recht wie die Vorkämpfer für amnesty international, – beide entschieden sich rein subjektiv je nach Auffassung der Zweckmäßigkeit, diese eingebettet in die „eherne Notwendigkeit", mit den Griechen von einst zu sprechen, oder ganz unpathetisch und unreligiös. Die metaphysischen Heilslehren, allen voran die christliche, predigen aber einen anderen, den dritten Weg: vom Jenseits zum Diesseits und zurück, mit allen Konsequenzen, die sich daraus ergeben. Eine ungeheure geschichtliche Evolution in der ungeheuerlichen Evolution der Natur.

Aus einem Typoskript ohne Datums- und Bestimmungsangabe.

Der Engel, der freundlich das Kerzenlicht meines Lebens löscht, weil es nun auch für mich Tag geworden ist

… Ich bin sehr kirchlich-katholisch aufgewachsen, einem missionarischen Ziel verpflichtet; gar nicht fröhlich. Jedoch auch nicht bedrückend: was sogar den Tod betrifft – nicht nur Mißhelligkeit und allenfalls Leiden als Prüfungen –, so war er vertraute, immer vorgestellte Wirklichkeit: der Durchgang eines späten oder früheren Tages in die Bestimmung. Alles war geprägt vom Glauben. Im Zurückdenken erscheint es mir nicht wie Leben, sondern als die exerzierte Erfüllung einer Funktion. (Mit mancherlei positivem Verhaltensergebnis.) Für Angst vor dem Tod war da kein Platz – hatte denn einst nicht auch Sterben fürs Vaterland als „süß und ehrenvoll" gegolten? Ist man jung und noch reich an Möglichkeiten, so geht man unbedenklicher mit dem Leben um; bedachtsamer erst, wenn es ärmer daran wird.

Das Massensterben und die Tötungsmethoden in den nationalsozialistischen Konzentrationslagern haben mich gegen den Tod aufgebracht: nun war er, anders als vormals nur in der Vorstellung, zum Begleiter geworden und gänzlich ohne eine sinnvolle Wegweisung; schamloser Würger und Vernichter. Dieser Gewalttod mußte überall und für immer abgeschafft werden.

Als das mörderische System überstanden war, hatte sich mein Verhältnis zum Leben geändert. Es ist mir zwar, da ich Christ geblieben bin, nach wie vor Durchgang und nicht Erfüllung in sich allein, aber jetzt unter Verhältnissen, die es beständig verbessern. Ich habe mich, wohl, wie ich meine, wissend um die Grenzen der menschlichen Emanzipation, von der „Jammertal“-Ideologie gelöst und mich der Beteiligung an dem ebenso mühsamen wie edlen Geschäft des gesellschaftlichen Fortschritts voll zugewandt – eines Fortschritts, der jedem Individuum im Einklang damit die Chance optimaler eigener Erfüllung schafft. Die Normalität des Abschlusses, wiederum für jedermann, ist darin ein gewaltloser, ruhiger Tod nach einer Anzahl von Jahren, die es erlauben würde, wie von den biblischen Patriarchen zu sagen: sie waren „alt und lebenssatt und wünschten zu den Vätern versammelt zu werden“.

Ein Programm von solcher Tragweite schließt vieles ein; es läßt sich produktiv darüber nachdenken. Ich zähle beispielsweise zum abzuschaffenden gewaltsamen Tod – hier nicht von Menschenhand – anhaltende schlimmste Krankheit: wenn sie nicht zu heilen und nicht wenigstens bis zur Erträglichkeit zu lindern ist, scheint es mir zweifelhaft zu sein, ob man das Recht hat, die Verabreichung beendender Mittel, sofern der Kranke selber sie wünscht, zu verweigern. (Das Wort „Selbstmord“ und „Beihilfe zum Selbstmord“ sollten die Gesunden in solchen Fällen nicht leichtfertig in den Mund nehmen; es gibt schlimmste Situationen, in denen die normativen Ableitungen der Theologen – und allenfalls der Juristen – vielleicht ad hoc nicht gelten. Es handelt sich nicht um „Lebensunwertheit“, sondern um Grenzen der Fähigkeit, Schmerz zu ertragen.)

Das führt zurück zum Beginn dieser Bemerkungen: zur „Metaphysik des Sterbens“.

Freiheit von Schmerz, zumindest relative Schmerzfreiheit also vorausgesetzt – wann erleichtert uns der Sinn, die Bedeutung des Vorgangs, den Tod? Läßt sich „Freund Hein“ unbeschwerter erwarten, wenn wir überzeugt davon sind, daß er unser Dasein ein für allemal abschließt, daß diesem unserem natürlichen Ende nichts nachfolgt, oder stirbt es sich als Christ besser? Ich äußere mich dazu wieder nur persönlich.

Fast meine ich, in das Unvermeidliche, wenn es soweit ist, mich zu fügen, fiele mir leichter, wenn ich nicht damit rechnen müßte, fortleben zu müssen. Man sagt, der Mensch verlange nach Ewigkeit; ich bin mir nicht sicher, ob da nicht Denken und Verlangen miteinander verwechselt werden. Es dürfte jedenfalls individuell verschieden sein. Das Schöne erlebt zu haben, nichts Schweres, Bitteres, Enttäuschendes mehr befürchten zu müssen, wo sollte das Bedrückende in dem Gedanken liegen?

Nur, was mich betrifft, so kann ich nicht an den „Zufall“ der Entstehung des DNS-Moleküls glauben, in dem sich das Leben in all seiner Phantastik bis hin zum Geist und zur Entscheidungsfähigkeit des Menschen selbst programmiert haben soll. Die Annahme, daß es sich mit der Evolution im Gegenteil verhalte, wie Teilhard de Chardin es in seinen Büchern dargetan hat, erzwingt allerdings den Schluß nicht, daß wir individuell fortleben werden. Aber der Vernunft ist der Weg zur Möglichkeit nicht mehr prinzipiell versperrt. Es bedarf dann freilich, um den Glauben zu fundieren, des biblischen Auferstehungsereignisses. Mit *dieser* Annahme stehe ich dann, den Tod vor Augen, in einem anderen Bewußtseinsfeld als der Nichtchrist.

Leider haben die Kirchen der vertrauensvollen Hoffnung, die uns gegen die Absurditäten der Natur und der Geschichte (gegen das Leiden und gegen die Bösartigkeit) der vollkommenste Bote des Heils eröffnet hat ..., die übermächtige Furcht vor einem „Tag des Zornes“ beigesellt. Es ist statt der verkündeten Liebe, die „das Reich“ „kommen“, das heißt entstehen läßt, die Projektion der Idee der Gerechtigkeit, ohne die das Zusammenleben in der Welt nicht möglich wäre, ins Ewige. Das Gesetz fixiert uns, gegen alle Verheißung, gegen die Frohbotschaft, über unser irdisches Ende hinaus.

Ich habe mich, in Nachwirkung der mächtigen Tradition nicht ganz ohne Bangen, davon freigemacht, annehmen zu müssen, Gott könnte weniger barmherzig sein, als ich selbst es sein möchte – als irgendein Mensch es sein könnte. So etwas nur zu denken wäre blasphemisch. Er ist die Liebe ohne Grenzen. Der wegen seiner Wegweisung Gekreuzigte konnte daher beten: „Vater, verzeih ihnen, denn sie wissen nicht, was sie tun!“ Wie sollte es möglich sein, daß die Bitte nicht erfüllt worden wäre, nicht fortwährend erfüllt würde? Wer von uns kennt schon die Voraussetzungen, die Zusammenhänge und die Folgen seines Tuns. (Niemand kann das Rätsel von Determination und Freiheit lösen.) Ich leugne nicht die Schuld; aber die blitzartige Verwandlung durch die Erkenntnis, was wir aus uns – und den gesellschaftlichen Verhältnissen – hätten machen können, wenn die verkündete, uns vorgelebte Liebe uns erfüllt hätte – die erfüllt, die die Botschaft kennenlernen durften, und die, in ihrer Weise, denen sie nie bekannt geworden ist –, eine solche Verwandlung – aller, noch der irdisch Verkommensten –, müßte sie nicht „den ganzen Himmel“ aufjauchzen lassen?

Der mittelalterlich-germanische Christenglaube hat, als Mahnung, den unerquicklichen „Totentanz" geschaffen. Wenn schon Bilder gebraucht werden sollen, dann wünsche ich mir den Tod nicht als Würger vorzustellen, sondern als den begleitenden Engel, der freundlich das Kerzenlicht meines Lebens auslöscht, weil es, nun auch für mich, Tag geworden ist.

Originaltitel: „Der Tod soll nicht Würger sein", in Horst Nitschke (Hrsg.): Wir wissen, daß wir sterben müssen, Gütersloher Verlagshaus Gerd Mohn, 1975, S. 80-82.

Glaube und Vernunft

Die „Gläubigen“

Wo der Glaube aufhört, fängt der Aberglaube an. Das ist, im Sprichwort festgehalten, eine alte Erfahrungstatsache. Nicht nur bei Automobilisten und Fliegern bestätigt es sich, die ihr Heil fetischistisch an Maskottchen hängen, sondern auch in der Politik ... An tausend Beispielen des säkularisierten Lebens ließe sich die grausame Lächerlichkeit einer Vernunft nachweisen, die zur Göttin gemacht wurde. Auch in der Wissenschaft, ach, auch in ihr! Ein Büchlein „Vom Pithecanthropus zum Universitätsprofessor“ würde zum Grand Guignol der Götzendienerei.

Kleiner Hinweis, nur so zum Nachdenken: Man achte einmal darauf, wieviele hochwohllöbliche und gemeine Leute, die „nichts glauben“ (und genug solche, die richtig glauben, aber dann am falschen Ort zuviel des Guten darin tun, so daß sie jenen ähnlich werden – glauben, wo sie denken sollten), Politiker, Wissenschaftler und Gevatter Handschuhmacher, wieviele von ihnen die Darlegung ihrer Meinungen, in Diskussionen, in Vorträgen, in Reden, am Radio, mit dem verräterischen Wörtchen beginnen: „Ich glaube...“

Frankfurter Hefte, September 1948.

Offenbarung oder autonome Vernunft

Auszüge aus einer im Jahr 1957 im Auditorium Maximum der Universität Münster unter der Leitung von Walter Dirks geführten und vom Westdeutschen Rundfunk am 20. November 1957 gesendeten öffentlichen Diskussion Eugen Kogons mit Prof. Theodor W. Adorno.

Kogon (einleitende Thesen): Die Philosophie der Neuzeit hat die Grenzen der autonomen Vernunft gefunden und bezeichnet. Nur was innerhalb dieser Grenzen methodisch richtig erfaßt wird, gilt als verbindliche Erkenntnis. Das Transzendente kann zwar unter Umständen festgestellt, aber von der Vernunft aus sich nicht begriffen werden. Alle Art von Metaphysik gilt daher nicht mehr als Wissenschaft im strengen Sinne. Ja unter dem Einfluß des sogenannten Positivismus und der naturwissenschaftlichen Triumphe sind wir auf weitesten Strecken des heutigen Wissenschaftsbetriebes ... zur bewußten oder, schlimmer noch, unbewußten Gleichsetzung von Wissenschaft und Naturwissenschaft gelangt.

Diese Einengung des Wissenschaftsbegriffes hat dazu geführt, daß man Gott zuerst „einklammerte", dann aus der Wissenschaft überhaupt „eliminierte". Schließlich hat man sich daran, da Wahrheit und Wissenschaftlichkeit allmählich für eins gehalten wurden, so sehr gewöhnt, daß die Nichtexistenz Gottes und folglich seine Unwirksamkeit vielen als erwiesen erscheinen. Mit den absoluten Werten ist man folgerichtig genauso irrtümlich verfahren. Ganz allgemein gilt daher für die gegenwärtige Zivilisation zumindest der Zustand als vorherrschend, daß Gott und Gottes Gebote keine Wirklichkeit mehr sind, die durch das menschliche Bewußtsein kulturbestimmend wären. Der Offenbarungsglaube existiert zwar noch, aber als eine im großen und ganzen zivilisationsirrelevante Größe...

Die autonome Vernunft steht vor dem ungeheuerlichen und selbstverständlich paradoxen Abenteuer, ohne allgemeine Anerkennung verbindlicher und verpflichtender letzter Werte die Welt auf Freiheit hin organisieren zu sollen. Aus dem Bereich der Transzendenz stammende Normen gelten als unfundiert und willkürlich; die philosophische Selbstgewißheit des achtzehnten und beginnenden neunzehnten Jahrhunderts, daß sich inhaltliche Wahrheiten finden ließen, die für alle Zonen und Zeiten Gültigkeit besäßen, ist einem prinzipiellen Relativismus der Agnostiker und Skeptiker gewichen, der sich entweder in ohnmächtiger Kritik oder in kulturschwachen Ratschlägen oder in unfruchtbarem Hochmut erschöpft...

Auf keine der bezeichneten Weisen zeigt sich die autonome Vernunft imstande – die sogenannten „Wertneutralisten" lehnen es ja auch als eine außerwissenschaftliche Zielsetzung ab –, jene Fundamente zu legen, die hingegen eine wissenschaftsgläubig gewordene Menschheit von ihr erwartet, nachdem die Aufklärungsphilosophie diese Hoffnung ursprünglich geweckt und die universelle Fortschrittsglorifizierung sie fortwährend genährt hat. Der ordnende Verstand bleibt somit den unmittelbaren Zweckmäßigkeiten und der Willkür ihrerseits autonom gewordener Willensrichtungen überantwortet.

Das mußte nicht so sein, und es braucht in keinem Augenblick so zu bleiben. Es ist so gekommen, weil vor der Zeit der Aufklärung die praktische Vernunft vernachlässigt wurde, hierarchische Ordnungsvorstellungen einer Fülle von Kurzschlüssigkeiten Vorschub leisteten, der modernen Wissenschaft von ihrer Geburtsstunde an daher die begreifliche Furcht innewohnt, dogmenabhängig zu sein.

Damit die Verhältnisse, soweit die menschliche Erkenntnis in Betracht steht, wieder ins Lot kommen können, müssen die Kompetenz-Überschreitungen als solche gesehen und beendet werden. Offenbarungsglaube und mündige Vernunft sind vor allem methodisch, aber auch in Hinsicht auf die Schwerpunkte ihrer Erkenntnisgegenstände von unterschiedlicher Art; insofern also Gegensätze. Sie wirken auch nicht fortwährend ineinander; es gibt weite Strecken, auf denen sie nur von den letzten Begründungen des Seins und Sollens her miteinander in Berührung stehen. Aber eben diese sind für die menschliche Existenz, für den Bestand und die Fortentwicklung der Kultur und für das Heil des Menschen entscheidend. Hierin aber sind Offenbarungsglaube und Vernunft gerade in ihrer Verschiedenartigkeit aufeinander zugeordnet, indem die Kraft des Glaubens genau da beginnt, wo die Kraft der autonomen Vernunft endet: bei Gott und seinen Geboten. Durch beide wird Wissen und Gewißheit geschaffen: über die Erscheinungen der Welt mit Hilfe des kritischen Zweifels der Vernunft, über Gott mit Hilfe der gläubigen Zustimmung zur Offenbarung, über die Existenz des Transzendenten mit Hilfe beider, über das Sein selbst und die absoluten Normen primär durch die Offenbarung, sekundär – und zwar in ihrem Gefolge, das heißt im Gehorsam ihr gegenüber – durch den Intellekt, so daß hier das augustinische Wort gilt „credo ut intelligam", „ich glaube, damit ich verstehe".

Von seiten der autonomen Wissenschaft sind in diesem Zusammenhang zwei Grunderfordernisse zu erfüllen, deren jedes sich aus der Prämisse der Objektivität ergibt: sie muß die Existenz und die Nichtexistenz Gottes als zwei gleichwertige „Arbeitshypothesen" zulassen, und sie muß die Tatsächlichkeit der durch Wort und Ereignis erfolgten Offenbarungsbehauptung anerkennen.

Was das erste Erfordernis betrifft, so werden Wissenschaftler, die die Präsentation des Problems nicht wenigstens in der Form der Forderung nach zwei methodisch im Prinzip gleichwertigen Ausgangshypothesen zulassen wollen, zur Wiederversöhnung von moderner Philosophie und von Offenbarungsglauben selbstverständlich nichts beizutragen haben. Welche Einzelwissenschaft hätte im letzten Grunde aber nicht philosophische Voraussetzungen? Die Tragweite der Entscheidung, sich schon der Möglichkeit zu verschließen, daß andere als die Transzendenz ausklammernde oder sie sogar in Abrede stellende Erkenntnisse verbindlich sein könnten, ist, wie jedermann weiß oder wissen sollte, ungeheuerlich. Nicht freilich, weil absolute Wahrheiten und Werte für die Kultur unerläßlich sind, muß die Vernunft sie in adäquater Weise in Erwägung ziehen, sondern weil das Gegenteil, wie der auch auf den Offenbarungsglauben gestützte Forscher weiß, ein Irrtum ist oder, wie der die Offenbarung gänzlich ausschließende Wissenschaftler zwingend meinen müßte, ein Irrtum sein könnte.

Die Anerkennung der geschichtlichen Tatsächlichkeit der in Wort und Ereignis erfolgten Offenbarungsbehauptung ist, statt sie leichtfertig ins Reich der Bedeutungslosigkeiten zu verweisen oder, was dem praktisch gleichkommt, prinzipiell keinerlei Interesse dafür zu haben, notwendig, wenn jene Wiederannäherung unter beiderseits geläuterten Voraussetzungen überhaupt möglich werden soll.

Es ist als eine universell gegebene Tatsache erwiesen, daß das Streben nach dem Absoluten im Menschen angelegt ist. Die Vernunft allein kann ihm nicht Genüge tun; auch dies ist erwiesen, wieder durch sie selbst. Und so sagt Paulus im 1. Brief an die Korinther, 20: „Wo bleibt der Weise, wo der Schriftgelehrte und wo der Forscher nach der Art dieser Welt? Hat Gott denn nicht die Weltweisheit zur Torheit werden lassen?" – in ihrer Ohnmacht nämlich vor dem Mysterium der Offenbarung durch die Menschwerdung und den Tod Gottes in der Person Jesu Christi. „Nachdem die Welt ja Gott, in der Weisheit Gottes, mit ihrer Weisheit nicht erkannte," so fährt der Apostel fort, „hat es Gott gefallen, gerade durch die Torheit der Predigt die Glaubenden zu retten."

Was kann angesichts des Faktums der in Wort und Ereignis vollzogenen Offenbarung die Vernunft tun? Da sie nach ihren Prinzipien das Geheimnis weder hervorbringen noch zu begreifen vermag, kann sie entweder vor dieser ihr unerklärlichen Wirklichkeit sich verschließen oder sie, wenn der Wille des Menschen es zuläßt, als Wahrheit dessen annehmen, was eben vernunfttranszendent ist...

Nach der jüdischen Glaubenstradition ist die Offenbarung die Selbstenthüllung Gottes und seines Weltplanes. In der Schöpfung wurde das Tohuwabohu überwunden und der Welt Bestand gegeben, auf dem Sinai die zweite Schöpfung vollzogen: der Logos, das Prinzip, nach dem Gott die Welt erschaffen hat und durch das er sie regiert, geoffenbart. Die christliche Glaubensüberlieferung setzt dieses Heilsgeschehen bis zur Menschwerdung und zum Sühnetod Jesu Christi fort. Die Erlösung eröffnet die Möglichkeit der individuellen Bewährung, und die Heimkehr zu Gott vollendet die Offenbarung der Realität, die dem Menschen im irdischen Leibe prinzipiell verborgen bleibt gemäß dem Bibelwort: „Kein Auge hat es gesehen, kein Ohr hat es gehört, keines Menschen Herz hat es erfahren, was Gott denen bereitet hat, die ihn lieben."

Der Heilsplan als Wille Gottes konnte also mit der Vernunft nicht erkannt werden; um Martin Luther zu zitieren: es war und ist „nicht mit eigener Vernunft noch Kraft heranzukommen". Das Heilsgeschehen betrifft im übrigen den ganzen Menschen, nicht nur seine Vernunft. Alles Natürliche in ihm soll durch die Offenbarung erschüttert werden, damit es sich dem Übernatürlichen öffne und die vollständige Umwendung, das existentielle Metanoeite zum Unbedingten hin erfolge. In vollständiger Weise wird in der Nachfolge Jesu Christi, des aus Liebe Mensch gewordenen Logos, der sich den Weg, die Wahrheit und das Leben nennt, das Verlangen des Menschen nach dem Absoluten erfüllt.

Die Offenbarungsfakten, die gesetzt sind und die die Vernunft aus sich nicht zu erkennen vermag, so insbesondere die Auferstehung und Himmelfahrt Jesu Christi – zwei der formellen christlichen Hauptdogmen –, werden durch den Zeitabstand, der uns von ihnen trennt, nicht verändert. Weder gewinnen noch verlieren sie dadurch an Wahrheit.

Vor der also unveränderten Tatsächlichkeit der Offenbarungsbehauptung unterscheidet man in Hinsicht auf unser Problem wohl richtig mit der Dialektischen Theologie eine erschütterte und eine unerschütterte Vernunft sowie den Erkenntnisgegenständen adäquate und inadäquate Vernunftkategorien. Der Offenbarungsglaube hebt die Vernunft nicht auf, wohl aber erleuchtet er den Verstand, der ja keineswegs von Vernunftprinzipien allein bestimmt wird, sondern immer in Gefahr ist, vielen Leidenschaften und Interessen zu erliegen. Er weiß sich dann in Wirklichkeiten, die er nicht zu erschließen vermag, die aber ihrerseits in sämtliche weltliche Erkenntnisbereiche hineinwirken, vom Glauben gestützt und in dem Abenteuer der Freiheit gestärkt, das besonders heutzutage dem Nichts zustrebt, aus dem die Welt gerufen wurde, gegen das wir Geschaffenen uns daher immer von neuem behaupten müssen.

Ich kann nicht sehen, daß zwischen dem christlichen Offenbarungsglauben und einer wohlverstandenen autonomen Vernunft Feindschaft bestehen müßte, so vielfach, ja gewaltig die Spannungen zwischen ihnen auch sein mögen. Sollten sie noch einmal zu einem fruchtbaren Verhältnis zueinander finden, so würde unsere Zivilisation in allen ihren Antriebskräften und Erscheinungen nicht mehr negativ, sondern zu unserem Heil auf veränderte und verändernde Ziele hin positiv in Frage gestellt.

Frankfurter Hefte, Juni 1958.

(Diskussion:) *Kogon*: Ich würde gerne am Ende beginnen, mit dem Leichteren. Ich kann in gar keiner Weise finden, Herr Adorno, daß die christliche Offenbarungsreligion an irgendwelche zivilisatorischen Voraussetzungen der Menschheitsgeschichte wesentlich gebunden wäre, daß der Inhalt dieser Offenbarung von solchen Verhältnissen getroffen würde und daß man ihn auf völlig veränderte Zivilisationsverhältnisse nicht anzuwenden vermöchte.

Im übrigen: so agrarisch war die Kultur zur Zeit der Entstehung und Ausbreitung der christlichen Offenbarungsreligion durchaus nicht. In Jerusalem zu wohnen und von einem Zimmermannssohne zu hören, den man für einen Essener halten konnte, – das war die Position eines städtischen Ratsherrn. In Alexandria, in Rom herrschten großstädtische Verhältnisse, denen sich das Christentum von allem Anfang an gegenübersah. Aber das ist nur ein einfacher Gegenhinweis.

Die meisten Gleichnisse, die Christus dem Volke sagt, haben freilich, um mich Ihres Wortes zu bedienen, dörflichen Charakter; können sie deshalb nicht in jeder Zivilisation ohne Anpassung verstanden werden?

Sie brauchen gar nicht angepaßt zu werden, sie passen immer. Warum soll ich nicht imstande sein, das Gleichnis vom verlorenen Sohn, ohne den Wert, der hinter dem Gleichnis steht, zu entstellen, ohne ihn herabzumindern, auch heute anzuwenden? Warum sollten wir nicht volle Freude darüber empfinden, wenn etwa ein Bolschewik zur Erkenntnis des wahren Heilsweges käme, – eine Erkenntnis, die revolutionierend wirken würde? Die Lilie auf dem Felde, sie ist in ihrer Gleichniskraft nicht verwelkt. Um aber vom eigentlichen Offenbarungsgehalt zu sprechen: Inwiefern sollte die Transsubstantiationslehre, die in Jesu Christi Worten begründet wurde, in einer Zeit des Brotbackens eine geringere Zumutung gewesen sein als in einer Zeit der Brotfabriken? Die Jünger, die hörten, daß „dies mein Leib" sei und daß sie „von seinem Fleische essen sollten", sind doch weggegangen. Die Härte der Konfrontation war damals nicht geringer, als sie es heute ist, vielleicht war sie sogar dem leibhaftigen Christus gegenüber noch größer.

Das Problem der Anthropozentrik und Geozentrik scheint mir ganz zu diesem Fragenzusammenhang zu gehören. In nichts hat, wenn ich recht sehe, die moderne Naturwissenschaft die Anthropozentrik und Geozentrik des Evangeliums, der christlichen Offenbarungsreligion aufgehoben. Inwiefern denn? Sie ist so erstaunlich nach den Erkenntnissen der modernen Naturwissenschaft, wie sie damals erstaunlich war. In der Fastenliturgie ist der Hinweis Christi auf die Erzählung von dem Propheten Elisäus zu lesen, der zur Witwe von Sarepta geschickt wurde; und Christus sagt: Viele Witwen gab es in jener Zeit in Israel, aber nur zu einer wurde Elisäus geschickt, zu der im Gebiete von Sidon. Und er spricht von Naaman dem Syrer, den Elisäus vom Aussatz heilte, und sagt wiederum: Viele hatten den Aussatz, aber nur einer, von völlig außerhalb Israels, wurde erwählt, befreit zu werden. Jedes dieser Fakten, auf die Christus hinweist, ist so erstaunlich, wie daß sich auf unserem Planeten das Heilsgeschehen „Menschheit" abspielt. Da die Naturwissenschaft nicht einmal Leben außerhalb der Erde, geschweige denn personale Subjekte festgestellt hat, kann ich nicht sehen, daß die Anthropozentrik durch die Wissenschaft aufgehoben wäre; sie ist genauso Wirklichkeit und wirksam wie damals. Die Geozentrik ist lediglich eine Folge dieser Anthropozentrik. Warum das Heilsgeschehen in Palästina erfolgte, weiß ich nicht, ich kann mich nur darüber wundern; meine Vernunft kann es mir nicht erklären.[1] Genauso wenig kann sie mir sagen, warum es sich auf diesem Stern abspielt. Ich bemerke keinerlei Durchschlagskraft des Einwandes.

Adorno: ... Indem ich nun auf den vielleicht zunächst wirklich etwas simplen Tatbestand des Bruches zwischen den konkreten stofflichen Gehalten des Evangeliums und der gegenwärtigen Welt hingewiesen habe, war ich nicht ganz so naiv, wie das wohl geklungen hat, sondern wollte damit etwas sehr viel Ernsteres anzeigen, nämlich eine Art innerer Inkonsistenz. Wenn ich den Begriff der Offenbarung so ernst nehme, wie er genommen werden muß, wenn es überhaupt einen Sinn hat, daß man über ihn spricht, dann liegt darin eine ungeheuere Verpflichtung gegenüber dem geoffenbarten Wort. Der Begriff der Offenbarung ist unabtrennbar vom Begriff der Heiligkeit des geoffenbarten Wortes und der Heiligkeit der Schrift. Nun würde ich sagen, gerade wenn man – und das ist immanente Kritik – diesen Begriff der Heiligkeit der Schrift oder der Heiligkeit des Textes so ernst nimmt, wie man es muß, dann gerät man in größte innere Schwierigkeiten dadurch, daß auf der einen Seite – wenn man das Wort in seiner integralen Gestalt auf die Welt, wie sie heute ist, anwenden wollte – nicht nur dieses Wort nicht auf diese Welt paßt, sondern ein großer Teil der Substrate, auf die sich dieses Wort bezieht, in der Tat gar nicht mehr gegeben ist.

Nehmen Sie den Begriff des Nächsten, von dem ich gesprochen habe. Er hat einen Sinn nur gegenüber seiner differentia specifica, also gegenüber dem, was mir nicht der Nächste, sondern was mir ferner ist. Wenn – wie es mir im Sinn Ihrer Interpretation zu liegen schien – jeder Mensch der Nächste ist, wenn die Nächstenliebe also wirklich – wie es in dem berühmten Wort von Nietzsche heißt – „Fernstenliebe“ sein müßte, dann wäre dadurch allerdings die Integrität dieses Wortes selber angetastet. Und mit einer solchen Antastung, so glaube ich, wäre der Offenbarung selbst ihr entscheidend Substantielles, die unbedingte Authentizität der Sprache und des Wortes entzogen.

---

1 Vgl. dazu aber Eugen Kogons spätere Erklärung auf S. 64.

Kogon: Ich würde sagen, daß unter dem Nächsten der verstanden wird, der mir außerhalb der mir anvertrauten Wohlordnung begegnet in einem Notzustand, wer immer dies sei und wann immer es ist. Gegen die Ausschließlichkeit der Wohlordnung sagt Christus, daß wir alle solidarisch sind. Der am Wege lag, war außerhalb der Wohlordnung des Leviten, außerhalb der Wohlordnung auch des Samariters, doch dieser durchbrach seine konventionellen Vorstellungen und half. So heute wie damals. Das kann ganze Lebenssysteme betreffen; es heißt, daß ich als Christ verpflichtet bin, äußerstes Verständnis beispielsweise für die Notsituation eines Kommunisten zu haben.

Adorno: Dann würde aber tatsächlich der Begriff des Nächsten in einer Weise erweitert werden, die mir – ich habe kein Recht, als Theologe zu reden –, die mir doch mit dem Anspruch des geoffenbarten Wortes unvereinbar schiene. Dann wäre der Fernste genauso der Nächste wie der Nächste, und ein entscheidendes Moment, nämlich daß ich diesem Menschen leibhaft begegne – das doch von dem Begriff des Nächsten wohl nicht weggedacht werden kann, wenn man nicht unbeschreiblich gewaltsam denken will –, wäre eskamotiert... Wenn ich ... mich einfach an den Begriff des Nächsten so hielte, wie er an Ort und Stelle vorkommt, dann würde ich mich gegenüber der Welt in der Tat in eine furchtbare Antinomie begeben, weil ich dann glaubte, mit der Hilfe oder mit dem Tun im Unwesentlichen wäre genug getan, während es gerade auf das Wesentliche ankommt. Und ich wollte genau auf diese Antinomie zwischen dem Wortlaut eines heiligen Textes auf der einen Seite, an den nicht gerührt werden darf, und auf der andern Seite der völligen Insuffizienz dieses Wortlautes gegenüber solchen Dingen wie der Verzweiflung der Menschen heute hinaus, und nicht auf eine sogenannte mangelnde Angepaßtheit der Religion an die heutige Welt, um damit zu bezeichnen, wie wenig es eben in der Tat möglich ist, in diesen Begriffen zu denken, wenn man sie nicht zu bloßen Metaphern oder zu bloßen Symbolen herabwürdigen will. Ich würde allerdings sagen, der Kern jeder theologischen Lehre sei der, daß das geoffenbarte Wort kein Symbol ist, sondern daß es wörtlich zu nehmen ist... Wir reden ja hier wirklich von der Verbindlichkeit des geoffenbarten Wortes, die sich so nur bewähren kann, daß es unmittelbar und ohne Deutung zentral die Not der beschränkten Kreatur heute ausdrückt. Und das allerdings würde ich nicht annehmen können. Ich überspanne vielleicht den Wahrheitsanspruch gegenüber dem Christentum als einem Absoluten – eben um dadurch unserer Thematik der Offenbarungsreligion gerecht zu werden –, auf Kosten also der geschichtsphilosophischen Relevanz dieser Kategorien. Daß im Christentum etwas steckt, was die ganze Weisheit der Griechen noch nicht gehabt hat: nämlich die Erweckung der Person, des Subjekts, man könnte wirklich sagen, den Begriff des Menschen, der eigentlich durch den Begriff der Rettung überhaupt erst da ist, – das wäre ich der erste zuzugestehen. Aber wir wollen hier von Offenbarung reden, und ich nehme die Theologie an dieser Stelle viel zu ernst, als daß ich sie unter der Hand durch eine Geschichtsphilosophie substituiere.

Kogon: Das geschieht von meiner Seite natürlich gar nicht, Herr Adorno. Ich kann nur nicht sehen, inwiefern das geoffenbarte Wort, um authentisch zu bleiben, zum Ausdruck brächte – etwa im Evangelium –, daß ganz bestimmte Mittel angewandt werden müßten, damit das gemeinte Ziel erreicht werde. Es ist nicht gesagt, daß man sich so in den Mitteln zu verhalten hätte wie der Samariter, indem man nämlich Öl mitträgt, sondern es ist nur gesagt, und dies ist das Entscheidende, daß man dem Nächsten, wenn man ihm begegnet, in der Tat so zu begegnen hat wie sich selbst. Daran knüpft sich die Seligpreisung; nach diesem Verhalten werden wir beurteilt.

Adorno: Und wenn man ihm nicht begegnet?

Kogon: Man begegnet ihm immer; es ist nicht möglich, in der menschlichen Gesellschaft nicht dem Nächsten zu begegnen. Nur die Umstände ändern sich, denen die Wahrheit gilt. Und dementsprechend die Mittel. Die Offenbarungswahrheit des Evangeliums hat gewiß nichts ausgesagt über die Art, wie man das Römische Reich zu verändern hätte, eben gerade nach dem Satz „Gebt dem Kaiser, was des Kaisers ist"; später wurde das sehr konkretisiert. Von Fall zu Fall ist das richtige Verhältnis zu finden. Aber unveränderlich ist die Forderung, daß der Nächste ein Nächster sei; auch der Fernste, wenn er uns begegnet.

Adorno: Ich darf vielleicht an eine Kleinigkeit, die mir sehr symptomatisch erscheint, erinnern, um das auszudrücken, was ich meine: Luther untersucht in einer Schrift – übrigens in einer wüsten antisemitischen Hetzschrift „Von den Jüden und ihren Lügen" – in allem Ernst die Frage, ob die zu seiner Zeit lebenden Juden in Wahrheit die Nachkommen der Erzväter Abraham, Isaak und Jakob seien, und er kommt zu der Verneinung dieser Frage mit einer äußerst künstlichen und sophistischen Konstruktion... Daß er auf der Wörtlichkeit aller erdenklichen Dinge und selbst scheinbar so läppischer Fragen wie der blutmäßigen Herkunft der Juden seiner Zeit von den Erzvätern besteht, darin prägt sich eben doch der in der gesamten großen Theologie gegenwärtige Impuls aus, daß im Augenblick, wo man das Wort nicht wörtlich nimmt, sondern spirituell ausweitet, es damit eigentlich in seinem Innersten bereits entherzt ist. Und insofern sind also selbst diese Momente – ja wie soll man sagen – von schlechter Bäurischkeit, gar nicht nur inferior, sondern es lebt in ihnen auch das Wissen, daß, wenn ich wirklich ganz ernst nehme, daß der Gott in einer bestimmten Zeit Mensch geworden ist, das dann auch bedeuten muß, daß alles, was damit zusammenhängt – zum Beispiel auch die kanonisierten Schriften des Alten Testaments –, wörtlich genommen werden muß; und wenn das nicht der Fall ist, daß dann eigentlich in ihnen selbst bereits jener Prozeß entbunden ist, der als Aufklärungsprozeß sich dagegen wendet.

Kogon: Ich nehme sie wörtlich. Natürlich nicht im Glauben an naturwissenschaftlich erfaßbare Tatbestände; für sie ist unsere Vernunft sowohl zuständig wie ausreichend. Sondern nur im Glauben an das zu Offenbarende, das unserer natürlichen Erkenntnis ganz oder nahezu unzugänglich war.

Adorno: Dann haben Sie zweierlei Wahrheiten. Es gibt nicht eine naturwissenschaftliche Wahrheit und eine Offenbarungswahrheit, sondern soweit von innerweltlichen Dingen im Sinne der Offenbarung etwas ausgesagt worden ist, muß diese Wahrheit eine schlechterdings gültige sein, die nicht in einen bloß naturwissenschaftlichen und einen Offenbarungsteil aufgespalten werden kann. Ich glaube, daß darin wirklich die – ich möchte sagen – sture Orthodoxie von dem an dieser Stelle liegenden entscheidenden Problem mehr gesehen hat als alle Religionsphilosophie; nur ziehe ich die Konsequenz daraus, daß ich sage: non credo.

Kogon: Naturwissenschaftliches in der Offenbarung? Ihr Inhalt ist nicht Naturwissenschaft, – so wenig, daß sie es sich sozusagen leisten konnte, historische Befangenheiten der Vernunft, von denen sich diese eines Tages selbst befreien mochte, deren Korrektur durch Offenbarung indes vom Wesentlichen abgelenkt hätte, auf sich beruhen zu lassen. Das Heilsgeschehen ist Inhalt der Offenbarung.

Adorno: Dann müssen Sie aber auch die gesamte Genealogie Christi und die Ableitung vom König David und alle diese Dinge im Grunde genauso schwernehmen wie die Bergpredigt...

Kogon: Ich muß Ihnen freilich gestehen, daß ich Unterschiede in der Akzentuierung, also in der Bedeutung der Offenbarungsinhalte mache. Die Transsubstantiationslehre, die Lehre von der Auferstehung und von der Wiederkunft des Herrn sind von zentraler Bedeutung. Es wird wohl, denke ich, richtig sein, solche Unterschiede etwa gegenüber der Genealogie Christi zu machen.

Adorno: Ich habe nicht das mindeste Recht, mich in diesen Streit hereinzumischen, aber es will mir allerdings scheinen, daß zum Beispiel eine These wie die des verschiedenen Gewichts von geoffenbarten Wahrheiten in sich selbst bereits jenes Moment der Negation enthält, von dem ich nichts andres versuche, als ihm zum Selbstbewußtsein zu verhelfen...

Kogon: Verstehe ich Sie recht, wenn ich kurz formulieren würde: Sie sagen, der Offenbarungsglaube ist seit der Aufklärungszeit widerlegt, und zweitens, die Vernunft ist für die Verbindlichkeit von Erkenntnissen allein zuständig? Formuliere ich das, dem Kern nach, richtig als Ihre Position? Dazu würde ich gerne Stellung nehmen.

Adorno: Ja, Herr Kogon, das ist nun wirklich eine Gretchenfrage im allerstrengsten Sinne ... Ich würde nur so viel sagen, daß die Kritik der bis dahin und zu jener Zeit als verbindlich geltenden Offenbarung mit Hilfe der Bibelkritik, mit Hilfe unzähliger anderer Dinge, die wir hier nicht zu entfalten brauchen, jedenfalls im 18. Jahrhundert durchgekämpft wurde, womit ich allerdings über die Möglichkeit einer Offenbarung schlechterdings nicht etwas Abschließendes, Dinghaftes sagen würde. Wenn einmal wirklich geoffenbart würde, dann wäre die Offenbarung so, daß ihr gegenüber die

Frage, ob sie mit der Vernunft vereinbar oder nicht vereinbar sei, völlig zu Irrelevanz herabsinkt. Eine solche Offenbarung, wenn sie einmal geschähe, hätte wohl eine solche Gewalt, daß die Vernunft selber sich ihr zu beugen hätte. Und daß die Vernunft ihr gegenüber bis dahin sich behauptet hat, scheint mir mehr zu beweisen, daß dies nicht die Offenbarung war, als ein Urteil darüber zuzulassen, ob so etwas wie Offenbarung überhaupt und schlechterdings möglich ist...

Kogon: Meinen Sie die endzeitliche Manifestation Gottes, als eine Möglichkeit, – ist darauf angespielt, daß die so überzeugend wäre, diese Art von Offenbarung, daß es keinen Bestand einer zweifelnden Vernunft mehr gäbe? ... Wenn sich Gott uns einmal nicht mehr auf menschliche Weise offenbart, dann ist uns auch die Zeit, in der wir uns entscheiden können, abgelaufen. Ich sprach in meinen Ausgangsthesen davon, daß die Offenbarung selbst in einer geschichtlichen Weise erfolgte und daß sie ein Bestandteil der Menschheitsgeschichte sei. Sie hebt die Vernunft nicht auf. Was aber geschieht, wenn sich diese gegen die Offenbarung „behauptet"? In der späthellenischen wie in der europäischen Aufklärung hat die autonome Vernunft den Offenbarungsglauben als Torheit bezeichnet, aber doch nicht widerlegt! Mir wäre nicht bewußt, daß die Aufklärung etwa die Tatsache zuerst einmal der Existenz Jesu Christi, zweitens die Tatsache seines Offenbarungsanspruches, daß er nämlich der Sohn Gottes sei, der fleischgewordene Logos, aus den Angeln gehoben hätte. Nichts dergleichen ist mir bekannt. Behauptet, ach ja, hat sie – außer sich selbst – gar viel ... Ich würde schon weiter gehen und sagen, daß die europäische Aufklärung – wie schon die späthellenische – den Versuch unternommen hat, in der Tat die Offenbarungsinhalte vor das Forum der autonomen Vernunft zu ziehen. Und daß sie notwendigerweise von dieser Prämisse aus den Inhalt als ganz oder teilweise absurd ablehnen mußte. Was ich durchaus bestätige: Von solcher Begrenzung aus ist der Offenbarungsinhalt absurd.

Dirks: Können wir nicht Herrn Adorno in dieser Frage eine Autonomie der Vernunft konzedieren, insofern als wir erwarten müssen, daß die Offenbarung die Vernunft überwältigt, das heißt, daß die Vernunft selbst in einem autonomen Akt, also in einem obsequium rationale, sich der Offenbarung beugt und darin dann im einzelnen ihre Grenzen sieht?

Kogon: Herr Adorno hat in seinen Thesen eine ganze Passage darüber: in seinem relativen Lob auf die Scholastik. Wenn ich das recht verstanden habe, sagten Sie, damals sei es durchaus gelungen, das, was wir heute als eine Versöhnung, eine Kooperation von Vernunft und Glaube bezeichnen, zu vollziehen. Ja, das ist der Scholastik gelungen, – aber warum? Doch gerade aufgrund der Tatsache, daß sie den Glaubensakt vollzogen hat und daher die in der Aufklärung gemeinte absolute Autonomie der Vernunft ablehnte, so daß sie sich der Glaubensinhalte auch rational bemächtigen konnte. Nur eben deshalb gelang es. Aber das ist das augustinische „credo ut intelligam": das heißt, er glaubt zuerst und sieht dann besser ein.

Adorno: ... Jene Versöhnung ..., die dem Heiligen Thomas und dem Duns Scotus so großartig gelungen ist ..., kommt doch daher, daß zunächst einmal die Wissenschaft selber damals wesentlich – wenn ich es einmal ganz grob sagen darf – in ontologischen Kategorien organisiert war, daß also die Wissenschaft selber von der Substantialität der Begriffe ausgegangen ist und daß dadurch die Erkenntnis dessen, was ist, von vornherein orientiert war an Kategorien, die mit denen der Glaubenslehre und einer Philosophie, wie es die thomistische war, übereinstimmte. Nun ist genau an diesem Punkt die Wissenschaft weitergegangen...

Kogon: ... Wie weit reicht die Verbindlichkeit der Erkenntnisse der heutigen Vernunft, die – geschichtsphilosophisch und geistesgeschichtlich gesehen – eine Entwicklung durchlaufen hat, die nicht umkehrbar ist? Gibt es Seinsbereiche, die ihr nicht zugänglich sind, für die andere Vernunftkategorien, wie ich sagte, zuständig wären, – für die also der Glaube zuständig wird? Ich spreche davon, ob diese nun so geartete und mit Recht an sich und ihren Zuständigkeitsgrenzen zweifelnde autonome Vernunft das Recht hätte, aufgrund ihrer eigenen Prämissen vom Offenbarungsinhalt zu sagen, er sei widerlegt? Das ist meine Frage. Ich ging ja so weit, von „Arbeitshypothesen" zu sprechen, was wahrlich eine kühne Sache von meiner Seite ist: nach den Voraussetzungen dieser sogenannten modernen Wissenschaft so viel zu konzedieren; Gottes Existenz sozusagen nur als eine Arbeitshypothese zulassen zu wollen, ist an sich für mich schon grotesk, aber bitte.

Adorno: Für mich auch, soweit sind wir einig.

Kogon: Schön. Und zwar deshalb, weil Sie den Offenbarungsinhalt viel ernster nehmen, als es in einer solchen Darstellung geschieht.

Adorno: Eben. Ich würde sagen, der Gottesleugner tut Gott sehr viel mehr Ehre an als der, der sagt, Gott sei eine Arbeitshypothese.

Kogon: Wir sind also eins in dieser von zwei verschiedenen Seiten kommenden Kritik an den modernen Positivisten, von denen ich aber nach *ihren* Prämissen verlangen könnte, daß sie in wissenschaftlicher Sauberkeit die Existenz oder Nichtexistenz Gottes wenigstens als Arbeitshypothese zulassen, was sie nicht tun. Da sie es nicht tun, müßten sie sich, immer von ihren erkenntniskritischen Voraussetzungen aus, für unzuständig erklären oder die Frage auf sich beruhen lassen. Aber sich für befugt und fähig halten, Offenbarung wissenschaftlich zu widerlegen, das ist, um das Mindeste zu sagen, auf jeden Fall ein Denkfehler. Ist das eine richtige Konsequenz von meiner Seite? Mir scheint, ja.

Adorno: Also, mir scheint, ehrlich gestanden: nein, und zwar aus folgendem Grund: Wenn Sie hier den Begriff der Widerlegung oder Nichtwiderlegung einführen, dann erkennen Sie ja damit selber eben jene Ratio als Instanz an, als Gegensatz zu der Ihr Begriff von Offenbarung eigentlich seine Substanz hat. Nun möchte ich hier wirklich gar nicht so sehr mich darauf kaprizieren, zu rekapitulieren, ob und in welchem Maß die christliche Offenbarung im 18. Jahrhundert widerlegt worden ist. Ich sagte von Anbeginn, wenn man diese Dinge heute so rekapituliert, dann setzt man – weil die ganze Auseinandersetzung in einer etwas hausbackenen Weise sich abgespielt hat – sich selber dem Verdacht des Altmodischen aus, der dann im Grunde gerade dem Gegenteil dessen zugutekommt, worum man sich eigentlich bemüht. In den Begriffen, durch die Sie im Augenblick Kategorien der Offenbarung zu stützen versuchen, wie dem des Faktums oder der Arbeitshypothese oder all dieser Kategorien –, wird eigentlich bereits positiv von Ihnen selbst jene Rationalität angesetzt, der gegenüber Sie die Offenbarung als die höhere Instanz setzen.

Kogon: Ich habe ja die Vernunft nicht ausgeschaltet. Das Faktum der Existenz Jesu Christi und dessen, was er von sich selbst gesagt hat, das kann ich mit dem natürlichen Lichte der menschlichen Vernunft feststellen; dieses Faktum ist ein historisches Geschehnis, ein Ereignis, und das Wort ist als historisches Wort von der Vernunft zu erkennen. Die Frage ist, ob ich die Tragweite erfasse und den Inhalt, – was primär Sache des Glaubens ist.

Adorno: Ist die Göttlichkeit Jesu Christi in diesem Sinne ein Faktum?

Kogon: Die Behauptung von der Göttlichkeit, die Selbstzeugnisse Jesu Christi sind ein Faktum, der Rest ist Entscheidung. Ich spreche ja nicht davon, daß ich es einsehe, ich spreche nur davon, daß ich es zu akzeptieren oder abzulehnen habe oder erklären kann, ich interessiere mich dafür nicht, was eine Zwischenposition zur negativen Entscheidung hin ist. Ich kann aber sinnvollerweise nicht von der Vernunft aus, wie immer sie ihre Grenzen heute philosophisch beurteilen möge, a) die Existenz Christi und jene Selbstaussage als Fakten leugnen und b) die Entscheidung aufgrund autonomer Vernunfteinsicht vollziehen. Die Vernunft spielt eine Rolle darin, aber die Entscheidung wird vom Glauben vollzogen. Vor der Tatsache, die heute genauso präsent ist wie zu Zeiten des Auftretens Jesu Christi: daß er einen Anspruch erhebt, habe ich mich zu entscheiden.

Adorno: Ja, aber diese Entscheidung wäre dann in der Tat etwas Irrationales.

Kogon: Vielleicht nicht in dem absoluten Sinne, wie es erscheinen könnte. Ich sage nur, wie ich es in der Ausgangsthese auch versucht habe zu formulieren, daß sich hier das Verhältnis umgedreht hat: daß das Primäre in der Tat der durch die Gnade bewegte Wille ist und die Vernunft hier die sekundäre Rolle spielt, – nicht aber, als ob sie ausgeschaltet würde; sie kann sich ja sogar in der spekulativen Theologie versuchen – ich halte das heilspädagogisch für allenfalls sehr bedeutsam, aber im Sinne der Erkenntnis für gering im Rang –, selbst das kann sie also tun, nur primär zuständig ist sie nicht. Jener Inhalt, dieser Seinsbereich, die Realität, die sich erst im Letzten enthüllen wird – auch durch die endzeitliche Manifestation Gottes, die alle überzeugen wird, alle –, sie sind ihr aus sich nicht zugänglich; nur dem Glauben. Er aber ist eine andere Kategorie, die Rolle der Vernunft in ihm ist anders, das Verfahren des Begreifens ist ein anderes.

Und nun sage ich, von Ihren Voraussetzungen aus – in der Tat den Voraussetzungen der modernen Wissenschaft, die ich ja selbst in meinem Wissenschaftsbereich mitvertrete – ist es nicht zulässig, etwas über den Glaubensinhalt mit der Vernunft anders auszusagen, als es ohnehin in der Theologie geschieht. Nur für die Faktizität ist die kritische, autonome Vernunft zuständig.

Ich hoffe, meine Position wenigstens klargelegt zu haben.

Adorno: Ihre Position haben Sie völlig klargelegt. An dieser Stelle sind wir, zum mindesten in diesem Gespräch, jedoch kaum in der Lage weiterzukommen, als wir versucht haben, es zu tun, und wir können nicht mehr, als es in jener berühmten englischen Diskussion heißt: „We agree to disagree", – das ist ja auch schon etwas...

Kogon: ... Ich würde gerne noch den dritten Fragenkreis erörtern, in dem ich doch sehr, sehr mit Ihnen übereinstimme. Sie haben stark herausgearbeitet, daß Offenbarungsglaube und die Inhalte dieses Glaubens – ich drücke es jetzt brutal aus – Ideologie sein können, – aus Verzweiflung oder aus Übermut. Es geschah das, wenn ich recht sehe, in unserer Geschichte auf eine recht verschiedene Weise: naiv *vor* der europäischen Aufklärung, im Mittelalter – das ganze Mittelalter hindurch –, und ich halte es deshalb nicht für ungefährlicher; höchst qualifiziert heute, und dies sehe ich als viel bösartiger an. Ich stimme da in weiten Passagen dem zu, was Sie gesagt haben. Nichts, finde ich, ist vom Standpunkt des gläubigen, des christgläubigen Menschen aus entsetzlicher, als was sich an allen Ecken bei uns abspielt: daß Wahrheit – jetzt spreche ich vom Inhalt der Offenbarung –, daß Wahrheit sozusagen zur Keule wird, mit der man andere totschlägt. Wenn es naiv geschah, habe ich wenigstens beinahe noch eine Erklärung, wenn schon keine Entschuldigung. Heutzutage jedoch gibt es fast keine Erklärung mehr außer der, die zu böserer Schuld führt.

Sie haben in Ihren Ausführungen allerdings dargetan – das ist das einzige, was ich meine aussetzen zu dürfen –, als ob Ideologie das sei, was von Religion heute übriggeblieben wäre. Nun habe ich selbst in meinen einleitenden Thesen davon gesprochen, daß der christliche Offenbarungsglaube keine Transformationskraft in weiten Bereichen der Welt mehr besitze. Aber es ginge mir doch zu weit, nun Religion überhaupt als ein solches Ideologie-Element zur Verhärtung gesellschaftlicher Zustände und zu ihrer Stützung zu bezeichnen.

Adorno: Das würde ich auch nicht tun. Hier ist eben doch die Geschichte eine entscheidende Kategorie. Ich bin allerdings der Überzeugung, daß gegenüber der Verhärtung der Welt in der Spätantike das Christentum eine unendlich befreiende und humane Wirkung gehabt hat; und zu sagen, es sei zu aller Zeit immer bloß Ideologie gewesen, das wäre also wirklich der törichteste dogmatische Soziologismus. Ich glaube durch das, was ich philosophisch so versuche, vor diesem Verdacht gesichert zu sein. Daß allerdings heute in einer Welt, in der einem an allen Ecken entgegengehalten wird: Ja, ich als Christ muß aber auf – was weiß ich – überästhetische Werte rekurrieren, oder derartige Formulierungen, die im Grunde immer das Mal ihrer Unwahrheit in sich selbst tragen, daß heute in der Welt, in der wir leben, das Christentum in einer unendlichen Gefahr ist, als Ersatz für den autoritären Staat zu fungieren, und daß das Christentum wahrscheinlich überhaupt keine ernstere Aufgabe hätte, als sich dagegen zuerst einmal zu wehren: das ist allerdings meine sehr entschiedene Meinung, davon kann ich schwer abgehen.

Kogon: Aber da stimme ich ja nun ganz zu ... Kein Christ sollte die Hand dazu bieten, daß es erlaubt sei, auf die Vernunft einzuschlagen...

Adorno: Ich wollte nur sagen, daß ich nicht etwa – und dieses Mißverständnis hätte sich ergeben können – mit dem Hochmut der Philosophen glaube, die Religion kritisieren zu können, während ich allerdings der Ansicht bin, daß die Philosophie in diese Schuldzusammenhänge längst noch tiefer verstrickt ist als die positive Religion, die wenigstens durch ihre Distanz zur Welt und durch die Unbedingtheit, mit der sie den Standpunkt der Transzendenz gegenüber der Bedingtheit des Irdischen festhält, ein sehr viel kräftigeres Korrektiv darstellt, als es im allgemeinen die Philosophie gibt. Es hat unter Herrn Hitler und auch während des Reiches des Herrn Ulbricht eine Bekennende Kirche gegeben, aber ich fürchte, es hat keine bekennende Philosophie gegeben.

Kogon: Sie sprechen, Herr Adorno, in Ihren Thesen von einem Zuwenig an Rationalität und verstehen darunter eben jene geläuterte Vernunft, nicht wahr, die sich ihrer Voraussetzungen, auch der geschichtlichen, also auch der Schuld bewußt ist?

Adorno: Ja.

Kogon: Das gleiche müßten wir vom christlichen Offenbarungsglauben und der Religion dieses Offenbarungsglaubens sagen. Sind Sie der Meinung, daß es gar keine Wiederbegegnung geben könne – ich sage nicht, in welcher Zeit –? Ich möchte gewiß nicht ins „Instrumentalistische“ fallen, als ob die Kultur es eben brauchte, und daher müsse, ja werde es geschehen.

Adorno: Darüber sind wir uns einig.

Kogon: Sondern weil es – würde ich sagen – so richtig wäre und daraus für unsere Existenz notwendig.

Adorno: Ich möchte es einmal so ausdrücken: Wenn ich die Matthäus-Passion, wenn ich große Musik höre, dann glaube ich zu wissen, daß das, was diese Musik sagt, nicht die Unwahrheit sein kann. Aber daß diese Wahrheit noch einmal in den Formen der tradierten Religion soll erscheinen können, das will mir nicht einleuchten. Vielleicht ist das aber meine eigene Begrenztheit und Schwäche.

Kogon: ... Wie kann es eigentlich dann sein, Herr Adorno, wenn diese Divergenzen oder diese Gegensätze bleiben, daß wir zusammenarbeiten können, – Sie und ich, was doch immer wieder geschieht? Versagt da einer von seinen Prämissen aus?

Adorno: ... Das Gemeinsame, das ist wahrscheinlich im Allerschlichtesten, also in dem Gefühl, das wir beide haben: daß im Ernst eigentlich kein Mensch auf der Welt mehr hungern sollte, und daß es im Ernst keine Kriege mehr geben sollte, und daß im Ernst keine Menschen mehr irgendwo in Lager geschickt oder verschoben werden sollen. In diesen allereinfachsten Dingen steckt das Gemeinsame viel stärker als in allen sogenannten theoretischen Positionen. Darin bin ich nun ein Kritiker der Vernunft, daß ich nicht die Vernunft sozusagen für das Substrat, für das Wesen der Welt halte, sondern für ein verhältnismäßig schwaches Licht, wodurch wir versuchen, uns zu erheben, aber doch für etwas, worin wir uns nicht erschöpfen.

Kogon: Womit Sie das Gespräch, Herr Adorno, praktisch beenden. Denn nur in dem Kreise dieses kleinen Lichtes haben wir uns bewegt.

Frankfurter Hefte, Juli 1958.

... eine Zukunft, die humaner sein kann, als es jede Vergangenheit bisher war. Nicht unmöglich, daß dann auch die Wissenschaft und die religiöse Heilsverkündung, beide geläutert und um wesentliche Erfahrungen reicher, einander wiederbegegnen werden.

Aus: „Auschwitz und eine menschliche Zukunft", Frankfurter Hefte, Dezember 1964.

Die Astronomie beispielsweise: mit Hilfe der Technik hat sie die Vorstellung vom majestätischen Gang der Gestirne in die Erkenntnis eines unabsehbar gigantischen Prozesses explodierender Materie verändert. Wir photographieren heute kosmische Vorgänge, die Millionen Lichtjahre entfernt sich zutragen... O Stern von Bethlehem, über einer Höhle und einer Krippe stehengeblieben!

Die katholische Zeitschrift „Publik-Forum" hat in ihrer Weihnachtsausgabe 1975 Kardinal Julius Döpfner zitiert...: „Die Wahrheit des Glaubens, des wirklichen Glaubens, wird nicht durch jeden Windhauch wissenschaftlicher Hypothesen umgeworfen..." Ach, hoher geistlicher Herr, wenn es für unseren christlichen Glauben lediglich um den „Windhauch von Hypothesen" ginge; – inmitten von Wirbeln der Erkenntnis muß er sich jetzt bewähren!

Aus: „Wendung in die Zukunft", Kommentar vom 3. Januar 1976 im Süddeutschen Rundfunk.

Marginalien

Szczesny: Warum vermag uns kein noch so guter Wille zum Sprung über jenen Abgrund zu bewegen, der das, was wir wissen, unüberbrückbar von dem trennt, was wir glauben sollen? *Kogon:* Wieso?

Szczesny: Auf diesen Standpunkt, Glauben zu fordern auch und gerade für vernunftwidrige Behauptungen (*Kogon:* Keineswegs!), zog sich die christliche Apologetik vor der erwachenden Skepsis zurück.

Szczesny: Die Botschaft Mohammeds enthält keine Dogmatik, die zum Wunderglauben zwingt, sondern einen jederzeit neu belebbaren starken Antrieb zum Gebrauch der Verstandeskräfte, die Gott dem Menschen verliehen hat, damit er sie zum Lobe der Schöpfung gebrauche. *Kogon:* Genauso die christliche Position!

Marginalien in dem Buch von Gerhard Szczesny: Die Zukunft des Unglaubens - Zeitgemäße Betrachtungen eines Nichtchristen, Paul List Verlag, München 1958, S. 23, 71, 79.

Zahrnt: … darum treibt sie (die theologische Eristik) die menschliche Vernunft mit ihren Fragen vor sich her, bis sie sie in dem Engpaß hat, wo sie, an die Wand gedrückt, entweder doch noch trotzig Nein sagt oder durch die enge Pforte des Glaubens schreitet.

Kogon: Nur, daß auch die Vernunft den Glauben vor sich hertreibt!

Marginalie in dem Buch von Heinz Zahrnt: Die Sache mit Gott – die protestantische Theologie im 20. Jahrhundert, R. Piper & Co. Verlag, München 1966, S. 87.

Christentum und Freiheit

Das Abenteuer der menschlichen Autonomie

Das große Wort steht auf vielen Münzen, die geläufig von Hand zu Hand gegeben werden – Münzen aus Kupfer, aus Silber, sogar aus Gold. Wer in unserer Welt fordert nicht Freiheit – als Marktwirtschaft, als Demokratie, als Gewissensentscheidung. als Voraussetzung der Kunst und der Wissenschaft, als Form der nationalen Existenz, als Recht auf kirchliches, auf weltanschauliches Bekenntnis? Aber alle Autoritäten, erfahren, vorsichtig, mißtrauisch – mißtrauisch gegen die menschliche Natur –, ziehen die Münzen ein, wo sie ihrer habhaft werden können, behalten sie zurück gegen entsprechende Anspruchsscheine, die sie ausgeben; das Papier enthält dann eine Reihe von Einlösebedingungen für den Inhaber: Reife, Einsicht, Ordnungsliebe, Verantwortung, Pflichterfüllung. Der Wert der Freiheit müsse gegen die Willkür ihres Mißbrauches gesichert werden, sagen sie, und es wird Vorsorge getroffen, daß die Erfüllung der Bedingungen nicht auf unzuverlässige Neigung angewiesen bleibt, – das Reglement tritt an die Stelle freiwilliger Bereitschaft, das elterliche, das bürokratische, das klerikale Reglement, wohlgemeint oder mürrisch oder herrschsüchtig, wie immer.

Wer beruflich Autorität ausübt, schätzt gemäß der Natur dieser Funktion Ordnung höher als Freiheit: der Vater, der Lehrer, der Meister, der Direktor, der Pfarrer, der Richter, der Minister, der Polizist. Die professionelle Gegenseite besteht aus Künstlern, Forschern, Schriftstellern, Journalisten, Politikern, die sich in Opposition befinden, und aus zahllosen jungen Leuten, – für sie alle sind die vorgegebenen, die bestehenden Ordnungen nichts Absolutes, sondern das Feld immer neuer Bemühungen und Möglichkeiten.

Der politische Prozeß solcher Art ist ganz und gar neuzeitlich. Früher, vor kaum dreihundert Jahren, gab es nirgendwo auf der Welt jemals für jedermann das, was wir Heutigen die Freiheit nennen, weder als Anspruch noch als Wirklichkeit. Die Griechen und – mit Abstand – die Römer kannten sie in mehr oder minder weitreichendem Ansatz als Vorzug von Minderheiten. In unserem europäischen Mittelalter gab es dann, über Jahrhunderte hin hart erkämpft, korporative Ausnahmen von den Herrschaftsordnungen und von den Pflichten, die sie unerbittlich auferlegten. Das waren die „libertates", die Freiheiten der Stände und Städte und Kirchen von damals. In der Einzahl existierte jedoch politisch das Wort nicht, der Einzelne partizipierte lediglich an den Privilegien des gesellschaftlichen Kollektivs, dem er angehörte; beeinträchtigt oder gar verfolgt konnte er sich in ihren Schutz begeben.

Die Selbstverwaltung, die sich innerhalb der Ausnahmerechte – sozusagen in Freiheitsräumen – entwickeln mußte, hat im Zusammenhang mit der Vorstellung, die die Renaissance von der Personalität des Menschen als dem schöpferischen Quellgrund der Kultur entfaltete, allmählich die spezifisch moderne Auffassung von Freiheit hervorgebracht. Ihr zufolge ist der Mensch nicht allein als zoon physei politikon, als ein seiner Natur nach gesellschaftliches Wesen zu definieren, als ein Wesen politischer Zusammenhänge, politischer Ordnungen und notwendig in sie eingefügt, sondern ebensosehr als ein Subjekt der Einsicht und Unterscheidung, das aufgrund dieser Fähigkeit stets zwischen mehreren Möglichkeiten entscheidet. Der Mensch ist in die ihn umgebende Welt nicht zwangseingepaßt, durch gesellschaftliche Instinkte determiniert, sondern unter den Konditionen, die ihn mitbestimmen, selbstgesetzlich. Er ist eine dialektische Erscheinung der Schöpfung: autonom entfaltet er sich in Solidarexistenz, die Autonomie beeinflußt unablässig die Entwicklungsmöglichkeiten, unter denen sie besteht. Mit anderen Worten: Der Mensch ist frei in einer Welt von Voraussetzungen, die er zu beherrschen sucht, ob es sich um die außerpersonale Natur oder um die Welt der prinzipiell gleichen personalen Subjekte handelt. In der Tat beherrscht er diese Voraussetzungen bis zu einem gewissen, oft erstaunlichen Grad, wenn auch nie völlig. Abermals mit anderen Worten: Die gesellschaftlichen Einrichtungen, im besonderen die politischen Ordnungen sind Erzeugnis und Zeugnis der menschlichen Freiheit, das Feld ihrer Möglichkeiten, nicht primär, etwa gar himmlisch vorgegeben, so daß wir uns zuallererst durch irdischen Gehorsam zu bewähren hätten, sondern die Einrichtungen und Ordnungen sind Resultat und immer neue Aufgabe je nach den Erfordernissen, die die Entwicklung der Personalität aller zutagebringt.

Leider war es nicht die religiöse, die christliche Botschaft von der Bestimmung des Menschen, die die Erkenntnis dieses elementaren Tatbestandes hervorgebracht hat. Zwar lehrte Jesus Christus unmißverstehbar die Gottebenbildlichkeit des Menschen und die universelle Gotteskindschaft, also die Fraternität alles dessen, was Menschenantlitz trägt – die Gleichheit in gegenseitiger Zugehörigkeit als Auflösungsziel der paternalen und der maternalen, das heißt jeder herrscherlichen und fürsorgerischen Autorität. Als die Großkirche entstand, ging aber die Praxis aus der radikalen Distanz, die die Gemeinden der ersten Zeit zur heidnisch geformten Welt bezogen hatten, sowohl im Osten wie im Westen zur Symbiose mit der getauften Herrschaft über. Ordnung und Autorität wurden daher, wie hätte es anders sein können, der personalen Freiheit vorgesetzt; die Verkünder der religiösen Heilsbotschaft begriffen trotz mannigfacher, zuweilen verheißungsvoller Ansätze in großen Reformbewegungen niemals, so kulturell fruchtbar sich die Botschaft sonst erwies, die Entstehung der weltlichen Autonomie des Menschen als sinnvolle Entwicklungsmöglichkeit der christlichen Lehre selber. Der Prozeß der Selbst- und Mitbestimmung des Menschen, der schließlich zur freiheitlichen Demokratie im modernen Sinne geführt hat, vollzog sich fast ausschließlich rein säkular; ja die Kirchen, in der sakralisierten Gesinnung von „Thron und Altar" verharrend, widersetzten sich ihm die längste Zeit mit konservativster Hartnäckigkeit.

Aus dieser teils prinzipiellen, teils lediglich geschichtlichen Gegensätzlichkeit ist viel von der Entfremdung zu erklären, die das Verhältnis von Kirche und heutiger Welt kennzeichnet. Die dritte Forderung in der weltgeschichtlichen Parole der Französischen Revolution, die Brüderlichkeit, war unerläßlich, wenn die beiden ersten, Freiheit und Gleichheit, sich segensreich entfalten sollten. Unmöglich war die Fraternitätsforderung jedoch zu erfüllen inmitten des entfesselten individuellen und kollektiven Eigennutzes, an dessen harmonisierende Kraft man damals und noch lange – ja zuweilen bis heute – ebenso ernstlich wie illusionistisch geglaubt hat. Die Erfüllung wäre die spezifisch christliche Pflicht und Aufgabe gewesen. Aber es war längst zu spät dazu, – schon vom 15. Jahrhundert an, tief in den Zeiten vorher begründet, hatte sich die

Trennung der Anschauungen vom Heil und seinen Erfordernissen, geistlichen wie weltlichen, vollzogen.

Diese Trennung ist es, die Verketzerung der weltlichen Autonomie des Menschen, das Mißtrauen, das der Freiheit als dem eigentlichen menschlichen Lebenselement auf der einen Seite entgegengebracht wird, auf der anderen Seite der hartnäckige Widerwille gegen geoffenbarte Heilsnormen sowie die Verachtung einer Botschaft der Liebe, die freilich große Wegstrecken der Geschichte in arg sündenbeflecktem Gewande pathetisch predigend einherging, diese Trennung, die mitbewirkt, daß das kirchliche Leben gegenüber den Verhältnissen in der Welt keine Verwandlungskraft mehr besitzt und daß der Fortgang der gesellschaftlichen Entwicklung sich in vielem so abenteuerlich, ja existenzgefährdend anläßt. Wir bewegen uns in einem verhängnisvollen Aufstiegszirkel: Um die Möglichkeiten der personalen Entfaltung geistig und materiell für jedermann ständig zu verbessern, schaffen wir technische und organisatorische Bedingungen, die die Individualität unablässig durch immer neue kollektive Zusammenhänge einschränken, – wir verbessern die Konditionen der Humanität und verringern sie in einem und demselben Fortschrittsbemühen. Nahezu jede zivilisatorische Errungenschaft der Gegenwart wird nur mit ihrem Gegenteil behaftet zustandegebracht: die industrielle Produktion mit der Aufspaltung des Menschen in der durchspezialisierten Arbeitsteilung, die vermehrte Freizeit mit Langeweile oder Taumelsucht, die Bewegungsfreiheit mit ungezählten Verkehrsopfern, die Informationsfülle der Massenmedien mit vielfacher Verflachung, die Steigerung der Lebenszwecke mit zunehmender Abhängigkeit von den Mitteln, eben dieses Lebens Herr zu werden.

Wir werden das Dilemma nicht aufheben, sondern uns, mit allen Vorteilen und Nachteilen, immer tiefer in ihm verstricken, wenn es nicht gelingt, die Freiheit, die die Gleichheit der Chance für alle zur Voraussetzung hat, mit der Brüderlichkeit ins Bündnis zu bringen. Nicht der Ordnung, die ja keine seelische Kraft ist, bedarf die Freiheit, sondern der Solidarität, die mit ihr zusammen die rechte Ordnung in der jeweils passenden Form hervorbringen kann. Keine kleine Aufgabe nach Jahrhunderten glanzvoll einseitiger Hochentwicklungen in verschuldeter Abwesenheit der Botschaft, die in den Kirchen traditionell verkündet wird. Doch kann das Abenteuer der Autonomie, in das die Menschheit eingetreten ist, auf Dauer bestimmt nicht ohne das lebendige, vorurteilsfreie, mutige und phantasiekräftige Mitwirken der Botschaft aus dem Jenseits ins Diesseits bestanden werden.

Originaltitel: „Freiheit", Kommentar vom 13. August 1966 in der Sendereihe „Theologie im Alltag" des Saarländischen Rundfunks.

Gott hat in uns auf ein Stück seiner Allmacht verzichtet, hat die Determination der außerpersonalen Natur für uns in Konditionen verwandelt, Konditionen zu Ja und Nein, und so, im „Geheimnis der Freiheit", das „Geheimnis der Freiheit", das „Geheimnis des Bösen" zugelassen, um zu sehen, ob die Liebe obsiegt - sie wird es am Ende, durch Ihn selbst.

Aus: „Vom Geheimnis der Freiheit - ein Brief an Heinz Zahrnt zum 65. Geburtstag", Deutsches Allgemeines Sonntagsblatt, Nr. 22, 1980.

Der Werdegang der westlichen Freiheitsauffassung

Der Werdegang der westlichen Freiheitsauffassung reicht tief in die Jahrhunderte zurück, ja über mehr als zweitausend Jahre hinweg. Es ist ein Vorgang, wie er sich nirgendwo sonst in der Menschheit abgespielt hat. Die Realdialektik der heterogensten Kräfte hat in unaufhörlicher Bewegung, zuweilen beharrlich, zuweilen stürmisch, das Ergebnis sozusagen als Destillat aus Ideal und Erfahrung hervorgebracht. Zum Ideal wurde die voll entfaltete menschliche Person, die Erfahrung ergab sich aus den geistigsten Auseinandersetzungen und den blutigsten Kämpfen. Ethik und Politik standen daher gleicherweise in jedem Entwicklungsabschnitt der westlichen Auffassung von Freiheit eingriffsbereit Pate. Sie ist ein bestimmtes, ein einzigartiges Konzept vom Menschen und seinen Möglichkeiten…

Es waren unter den geistigen Ahnen Europas die *Griechen* und die *Juden,* die die Entwicklung zur Freiheit, wie wir sie verstehen, eingeleitet haben …, und zwar unter ursprünglich völlig verschiedenen gesellschaftlichen Bedingungen. Beide Völker sind politisch über den Ansatz: die Freiheit eines bevorrechteten Kollektivs und das Widerstandsrecht im Namen dieser Gemeinschaft, nicht hinausgekommen; sie haben erst in der Zeit ihres äußeren Herrschaftsverfalls ideell zum weiteren Fortschritt beigetragen. Bis dahin kannte ihre politische Ethik keine Autonomie der individuellen Person oder der gesellschaftlichen Gruppen. Für die jüdische Theokratie liegt dies zutage. Hingegen wird unter dem Einfluß unserer Philologenschaft, die das von der Renaissance geschaffene Bild der Antike so überaus hochschätzt, der politische Charakter der griechischen Stadtstaaten meist gründlich verkannt: In jenen Demokratien hatte auch für die Herrschenden, zu schweigen von der ungeheuren Mehrheit der in Sklaverei oder Hörigkeit gehaltenen Nichtbürger, das Polis-Kollektiv den absoluten Vorrang; die Gemeinschaft war alles, außerhalb ihres Lebens gab es nur Barbarei – den wirren Zustand der Ungesittetheit, der Willkür, des fehlenden Nomos. Aber eben deshalb war der Tyrann, der seinen Eigennutz statt das Gemeinwohl im Auge hatte, den Griechen – und den Römern der vorkaiserlichen Zeit – so vollständig abscheulich: der hostis publicus kat' exochén, ein öffentlicher Feind von vornherein. Aus Gemeinschaftsethos haben die Alten die Tradition des Rechtes und der Pflicht zum Tyrannenmord begründet. Die Juden indes, die den Tyrannenmord ebenfalls kannten, kamen auf den Gedanken, daß Willkürherrschaft eine von Gott verhängte Strafe sein könne und so lange ertragen werden müsse, bis Gott selbst den Befreier erweckt habe. Vollbrachte *er* dann die Tat, so war sie umso gründlicher sanktioniert. Eine einschränkende und vorwärtstreibende Kraft zugleich liegt in dieser Idee; das Menschliche ist unter einen jenseitigen Antrieb und ein jenseitiges Gericht gestellt. Bis in die neueste Zeit herein ist dieser produktive Zweifel dem abendländisch-europäischen Bewußtsein verblieben.

Die differenzierende Philosophie der Griechen, die sie schließlich die Lehre von der individuellen Seele und von der Personalität des Menschen entdecken ließ, und die theologische Anthropologie der Juden, die zu einer so ausgeprägten Individual- und Sozialmoral wie der mosaischen geführt hatte, mündeten am Ende, jene über die *Stoa,* diese über das *Christentum,* in den hellenisch-römischen *Kosmopolitismus.* Ohne daß sich das Gefüge der antiken Gesellschaft und die politischen Herrschaftsformen vorerst geändert hätten, entstand unter der Vereinigung der Ideenströme innerhalb weniger Jahrhunderte ein völlig verändertes Bewußtsein. Es wurde durch folgende Vorstellungen gekennzeichnet: 1. Jeder Mensch ist ein Geschöpf Gottes nach Seinem Ebenbild, durch sittliche Entscheidung zum Heil berufen. 2. Jedes menschliche Wesen ist infolgedessen mit den gleichen Grundqualitäten ausgestattet. 3. Kein Mensch kann das Heil aus sich allein verwirklichen; die menschliche Natur ist korrumpiert. 4. Jeder Mensch ist auf die Gemeinschaft angewiesen, aber er geht nicht in der Gemeinschaft auf; Individuum und Gemeinschaft, obgleich aufeinander bezogen, sind unterschieden. 5. Geschichte ist nicht ein Kreislaufgeschehen mit ewig gleicher Wiederkehr, sondern eine Entwicklung zum Heil.

Die Wirkelemente der Entwicklung als eines dynamischen und dialektischen Prozesses nach vorne waren damit geschaffen. Aber sie sollten sich nicht in der Revolutionierung der aus ganz anderen geistigen Voraussetzungen überkommenen Formen erschöpfen. Es ist, im nachhinein gesehen, als hätte die Vernunft die Verhältnisse, in denen sie zu sich selbst kam, jedesmal durchlaufen und hinter sich gelassen, um sich neue Strukturen selbst zu schaffen. So wurden also die Entdeckung und die Proklamation der individuellen Personalität jedermanns, in welcher gesellschaftlichen Stellung und Lage er sich auch befinden mochte, verständlicher- und wohl auch notwendigerweise, wenn dieser Fortschritt sich behaupten sollte, anfangs völlig vergeistigt, verinnerlicht. Die Distanz, die später die Hinwendung erlaubte, wurde im radikalen Rückzug aus unveränderlich erscheinenden Zuständen gewonnen: in der Ataraxie, in der heitersten Gemütsruhe, die die Stoiker lehrten, in der Weisheit der Bergpredigt Jesu Christi „Ne resistatis malo", „Leistet dem Bösen keinen (aktiven) Widerstand; vielmehr, schlägt dich einer auf deine rechte Wange, so halte ihm auch die andere hin! Und wer dir vor Gericht den Rock abstreiten will, dem laß auch noch den Mantel! Wer dich zu einer Meile zwingt, mit dem geh zwei!" (Matthäus 5, 39-41)

Die Stellungnahme zur weltlichen Obrigkeit, wie sie bei den Aposteln zum Ausdruck kommt – und wer dürfte aus dem Umstand, daß die christliche Lehre heute auf die Entwicklung der Gesellschaft kaum mehr irgendeinen bestimmenden Einfluß hat, den irrtümlichen Schluß ziehen, sie hätte nicht den nachhaltigsten einmal und lange hindurch gehabt! –: (Römer 13, 1–7:) „So gebt denn jedem, was ihr schuldig seid: Steuer, wem Steuer, Zoll, wem Zoll, und Ehrfurcht, wem Ehrfurcht, Ehre, wem Ehre gebührt!" ... diese Stellungnahme war eschatologisch, um des unmittelbar nahe geglaubten Heiles willen begründet, geschichtsphilosophisch aber gesehen war die Konsequenz, das nun offenbar gewordene Heil der Person und der Seele nicht im Risiko von Spartakus-Aufständen allenfalls untergehen zu lassen. Die adäquate Form des Widerstandes gegen Forderungen, die dem neuen Gewissen widersprachen, war daher die Nichtbilligung, das Nichttun, das betonte Beiseitestehen; alle Nachteile, die aus dem gewaltlosen Erdulden erwuchsen, wurden ertragen. Erneut erstarkte dadurch das Bewußtsein der Personalität. Für das menschliche Geschehen aber bildete sich ein Urteilsmaßstab gegen Macht und Erfolg.

So entstand, nun unterschieden von der bereits kosmopolitisch gewordenen civitas terrestris – vom Staat, wie wir heute sagen würden –, die Gesellschaft freier Personen, – vorerst innerlich, in ihrem individuellen und gemeinschaftlichen Gewissen: Anfang der nachfolgenden Entwicklung aus den drei Wurzelbereichen Jerusalem, Athen und Rom.

Alsbald bildete sich, vom 4. Jahrhundert an, durch alle Untergangsstimmungen hindurch, im *orbis christianus* sowohl der konstantinopolitanischen wie der römischen Reichshälfte die Vorstellung von einer notwendigen Ordnung in Einheit der geistlichen und weltlichen Autorität, so daß die Kirche die Seele der weltlichen Herrschaft wäre, der Kaiser, falls erforderlich, von ihr an seine Pflichten gemahnt, wegen begangener Verfehlungen getadelt, ja mit Buße belegt werden konnte. Die Voraussetzung für die Transformation der Verhältnisse und für das Korrektiv des christlichen Fürsten-Spiegels war geschaffen.

In den dunklen Jahrhunderten, die für die wandernden, plündernden, reichegründenden Barbaren des Nordostens und Ostens allerdings erfüllt waren von gewaltigem Glanz, Jahrhunderten, während deren die Römische Kirche die mannigfachsten und notwendigsten weltlichen Ersatzdienste zu leisten sich angewöhnen mußte und angewöhnt hat, so daß sie, ganz anders als die arianische und später die byzantinische, noch in den äußersten Abhängigkeiten ein herrscherliches Bewußtsein beibehielt, brachten die *germanischen Stämme* immerhin ihr spezifisches Treue-Denken in die neuentstehende Gemeinsamkeit ein. Die Pflicht zu einseitigem Gehorsam war ihnen fremd, das Lebensverhältnis der Freien untereinander war paktartig an die Voraussetzung der Gegenseitigkeit der Treue-Leistung gebunden. Trotz dem numinosen Charakter der

Königswürde, durch Salbung noch sanktioniert, war Widerstand gegen den Fürsten, wenn er sein Amt und die Treue verletzte, daher gang und gäbe: im 6. Jahrhundert allein haben die christlichen Westgoten 17 von ihren 35 Königen abgesetzt und getötet! Man kann nicht leugnen, daß diese Germanen die Lehre von der Liebe und dem stellvertretenden Opfer, von der Gnade und von der Erlösung zu einer Kriegerreligion der kämpferischen Bewährung reduziert haben, die dann in späteren Jahrhunderten zu dem fürchterlichen Satz geführt hat: Haut nur drein, Gott wird die Seinigen schon erkennen!

Als das *Ottonische Sacrum Imperium,* auf den Trümmern des kurzlebigen, gleichartigen Karls des Großen sich wiedererhebend, dem byzantinischen Beispiel folgend, den totalen Herrschaftsanspruch stellte, war es allerdings das *Römische Papsttum,* das unter Gregor VII. die Konzeption von der societas perfecta sui generis, von der Kirche als einer vollkommenen Gesellschaft eigener Art entwickelte, sie durch den Ausbau des kanonischen Rechts untermauerte und im Investitur-Streit gegen die weltlichen Mächte durchsetzte. Im Kampf um die Suprematie zwischen Päpsten und Kaisern trennten sich schließlich dem durch immer gründlichere Rückgriffe auf antikes Gedankengut und durch die Entfaltung der individuellen Mystik ausgebildeten abendländischen Bewußtsein veritas und auctoritas, Wahrheit und Autorität: an den Hohen Schulen gewann die scholastische Dialektik, der alten Orthodoxie widerstehend, die Oberhand, im feudalistischen Herrschaftsgefüge zerfiel allerorten die alte Loyalität, – Europa als Schauplatz einer dynamischen Kulturentwicklung in Gegensätzen und aus Gegensätzen trat zutage. Man lernte selbständige Entscheidung im allgemeinen Pflichtenkonflikt und mußte darauf bedacht sein, sich Freiheitsräume zu sichern.

Die *politische Organisation der Stände* im Widerstreit von Königen, Hochadel, Klerus, Städten und Fürsten, als die Macht der Kaiser und Päpste erschüttert war, ist begleitet von der Herausbildung der reichhaltigen Widerstands-Theorie des Hoch- und Spätmittelalters. In der Praxis dieser Auseinandersetzungen hat sich das Freiheitsbewußtsein der Europäer, das bereits die Idee von der Volkssouveränität konzipiert hatte, zum juristischen *Kontrakt-Denken* differenziert. In ihm verwandelte sich die vorausgegangene Vorstellung eines universalen ordo, an dem, in der Formulierung des Thomas von Aquin, alles Sein analog partizipiert – der menschliche Bereich durch die aequitas, die Billigkeit, die jedermann zukommt –, zur Notwendigkeit eines jeweils herzustellenden Kompromisses. Dieses neue Denken mit seinen Konsequenzen in der Praxis des „Staats"rechts wirkte weitgehend anarchischen Zuständen entgegen, die das Ende der Feudalzeit kennzeichneten. Es schuf, vom 13. bis zum 15. Jahrhundert, die Grundlage des europäischen Konstitutionalismus, der fast zur gleichen Zeit im Nord- und im Südwesten Europas mit der Magna Charta der englischen Barone und den noch einschneidenderen Privilegien der aragonischen Cortes seinen Anfang genommen hatte.

In der Konziliar-Theorie begründeten die *Vorreformatoren* sodann das innerkirchliche Widerstandsrecht einer universitas fidelium, – bei Wyclif und Hus der prädestinierten Gerechten, die allein legitimen Anspruch auf Herrschaft und Eigentum haben sollten: In die Lehre vom Widerstand schlug der Funke eines revolutionär ausgelegten, eifernden Evangeliums. Im Verein mit der radikalen Armutsforderung nahm sie messianischen Charakter an. Europa erzitterte unter seinen ersten umfassenden Bauernrevolten, unter dem Marschtritt der Taboriten sowie der gegenrevolutionären Söldner-„Compagnien".

Der *Absolutismus,* der die Geltung seines positiven Rechtes erzwang, unterbrach jäh die Synthesen-Linie der bisherigen heftigen Realdialektik Europas und spaltete die Wirkung der Reformation. Es entstand „lo stato del principe", der Hof des Souveräns, die mächtige curia regis. Während der Jesuitenorden für die Zwecke der Gegenreformation Glaubenseliten des Gehorsams ausbildete, unterwarf sich das Luthertum den Fürsten, die sich zu ihm bekannten; tatsächliche Auflehnung gegen die Obrigkeit erschien fortan als widerchristlich – besonders nach den Sektiererexzessen unter Thomas Münzer –; vielmehr galt wieder, als stünde man in der Anfangszeit, leidender Gehorsam gegenüber Unrecht von seiten der Obrigkeit als christlich angebracht. Zwingli und Calvin in den patrizisch-republikanischen Bezirken der Schweiz wußten zwar für den Einzelnen keinen anderen Rat, aber sie statuierten unmißverständlich ein Widerstandsrecht, ja aus Glaubens- und Gerechtigkeitsgründen die Widerstandspflicht der nachgeordneten „Magistrate", schließlich des Volkes selbst, wenn die vorgeordneten Autoritäten ihr officium schwer und nachhaltig verletzten. Doch erwies sich auch der Primat der individuellen Gewissensentscheidung vor jeder Bindung an Gemeinschaftsnormen, wie Luther und Melanchthon ihn stärkstens für den Konfliktfall betonten, als ein wesentlicher Beitrag zur europäischen Freiheitskonzeption.

In Frankreich haben die *Hugenotten* nach der Bartholomäus-Nacht, in Schottland die *Puritaner* schon vorher den Teil der Widerstandslehre Calvins aufgegriffen, der sich auf die Gemeinschaften bezog (nicht auf das Individuum, dem, ganz in der Nachfolge der Bergpredigt, empfohlen wurde, auf Unrecht hin nicht zurückzuschlagen und es vor allem von seiten der Obrigkeit zu ertragen). Der Verweis auf das Widerstandsrecht der Gemeinschaften wurde zu einem wichtigen Beitrag in der Fortentwicklung des parlamentarischen Denkens als eines Elements der europäischen Freiheitskonzeption. Im 14. Kapitel des Schottischen Bekenntnisses von 1560 ist unter den „guten Werken vor Gott" die Pflicht festgehalten, „to represse tyrannie", Willkürherrschaft zu unterdrücken. Die protestantischen *Monarchomachen* sowohl Frankreichs wie Englands haben schließlich, durch die Religionskriege in den Kampf gegen die absolutistische Königsherrschaft getrieben, die alten Lehren von der Berechtigung, nicht nur gegen Willkür anzugehen, sondern auch den Tyrannen selber zu töten, wiederbelebt. Katholische Autoren, von der Gegenseite der gleichen Lage ausgehend, sind ihnen in weitverbreiteten Pamphleten der Zeit gefolgt. Seine revolutionäre Stoßkraft hat das vor allem aus Calvins Anschauungen – im Gegensatz zu ihm selbst – radikal entwickelte kollektive Widerstandsrecht freilich durch Cromwell, den „bewaffneten Propheten", und die Soldaten-Ausschüsse seiner Armee erhalten.

Die europäischen Konfessionskriege haben indes, im Unterschied zur Weiterentwicklung in Nordamerika, am Ende jede religiös-christliche Motivierung des Widerstandes erstickt. Die großen neuzeitlichen Umwandlungen im Gefolge des *Humanismus* und der politischen *Aufklärung*, die der Idee des Widerstandes das Prinzip der Toleranz beifügten, taten ein übriges, die Kirchen zumindest in Kontinentaleuropa ausschließlich den konservativen Bestrebungen zu verbünden. Bis zu den Verfolgungssituationen der Mitte unseres eigenen Jahrhunderts war hier von einer christlichen Komponente des aktiven Widerstandes gegen tyrannische Verhältnisse und kämpferischer Bestrebungen um politische Freiheit nur noch dann die Rede, wenn kirchlich-religiöse Rechte oder Ansprüche in Betracht kamen.

Die drei umfassenden *revolutionären Prozesse:* von 1649 bis 1688 in England, von 1776 bis 1787 in Nordamerika, von 1789 bis 1792 in Frankreich, wären nicht möglich gewesen, wenn ihnen nicht die hier nur angedeuteten abendländisch-europäischen Geistesentwicklungen vorausgegangen wären. Gegen den Absolutismus und die ihn stützenden Mächte gerichtet, waren die Umwälzungen Ausdruck einer nun sich vollendenden Auffassung vom Menschen, seinen Zielen, seinen Möglichkeiten und seiner Stellung in der Welt, wie sie in anderen Zivilisationen so sich niemals herausgebildet hat. Alle in den vergangenen Jahrhunderten unter günstigen und vor allem unter widrigen Umständen entwickelten Ideen von der Selbst- und der Mitbestimmung vereinigten sich im 17. und im 18. Jahrhundert während weniger Generationen zu der durchgreifenden Freiheitsdoktrin, die wir heute die westliche nennen. Adelige, Geistliche, Schriftsteller, Advokaten und Erwerbsbürger haben sie, zusammenfassend, was andere schon vor ihnen oder zur gleichen Zeit gedacht und geschrieben hatten, in der „Bill of Rights" der glorreichen Revolution der Engländer, in den Präambeln zu den – im übrigen recht konservativen – Verfassungen von Virginia, Pennsylvania, Maryland und allmählich der übrigen Kolonien, die sich befreiten und konföderierten, in der „Déclaration des droits de l'homme" der Großen Französischen Revolution formuliert. So ungestüm war der Drang nach ungehemmter geistiger Entfaltung, der die Aufklärungszeit erfüllte, der Wille zur politischen Unabhängigkeit, individuell und national, in Amerika außerdem das Verlangen nach religiöser Bekenntnisfreiheit, daß sich ein vollständiger Wandel der Herrschaftsverhältnisse vollzog. Hatte die Freiheit bisher die Form verbriefter Sonderrechte und vereinbarter Ausnahmen angenommen, eine Form, die zuletzt in dem umfassenden „Kompagniegeschäft" zwischen der absolutistischen Monarchie und dem Frühkapitalismus politisch reaktionär wirkte, so bekam die Freiheitsordnung jetzt den Charakter der Universalität, – die Privilegien brachen überall im Augenblick des konkreten Interessenkonflikts zusammen. Über ihnen erhoben sich die allgemeinen Menschen- und Bürgerrechte.

Aus: „Die Freiheit, wie sie der Westen versteht", Vortrag, veröffentlicht in: Freiheit wozu?, Stimme-Verlag, Darmstadt 1960, S. 22-40.

Die „gefährliche Freiheitserinnerung" der Kirche
Stellungnahme zu Thesen von Johann Baptist Metz

I

Johann Baptist Metz hat die These, daß die Kirche „eine gefährliche Freiheitserinnerung" habe, die sie bezeugen müsse, um sie „in den ‚Systemen' unserer emanzipatorischen Gesellschaft" wirksam werden zu lassen, als eine Feststellung und eine Forderung zur Gegenwart formuliert. Aus der geschichtlichen Praxis der Kirche, aus der von ihr anerkannten Überlieferung läßt sie sich, außer im Gegensatz zu ihr, nicht ableiten.

Ob der Autor das so radikal gesehen haben möchte, ergibt sich aus seinen Darlegungen nicht eindeutig... Sozusagen unterirdische geschichtliche Verdienste um die Freiheit, vielleicht nicht einmal unerhebliche zu den Verkündigungsformeln hinzu, scheint Metz der Kirche nicht abzusprechen... „Tatsächlich hat sich die katholische Kirche in ihrer institutionellen Erscheinungsform dieser Epoche neuzeitlicher Freiheitsgeschichte (der Aufklärungszeit; der Hrsg.) – aufs Ganze gesehen – eigentlich immer nur negativ angeschlossen, ohne jene schöpferisch-kritische Assimilationskraft, die frühere Epochen der Kirche auszeichneten." Nicht immer wäre somit das praktische Verhältnis von Kirche und Freiheit fragwürdig gewesen, erst während der jüngsten Jahrhunderte hätte die (katholische) Kirche es verlernt, den christlichen Glauben als „subversive memoria" anzusehen.

Ist dem so? Es verhält sich mit dem Thema „Kirche und Freiheit – Freiheit und Kirche" zugleich einfacher und komplizierter. Einfacher insofern, als die Freiheit des Menschen, wie sie heute verstanden wird, nämlich als Selbst- und Mitbestimmung, und zwar jedermanns individuell und assoziiert, in keinem der Entwicklungsabschnitte unserer Zivilisation bis unlängst – durchaus nicht erst vom Zeitalter der europäischen Aufklärung an – positiv das Ziel kirchlicher Intention in Lehre und Praxis war. (Kontinuierlich häufig hingegen negativ.) Komplizierter, weil die Kirche, nicht zuletzt durch ihre Lehre von der Personalität, der Berufenheit und der Verantwortung des Menschen sowie durch ihr gesellschaftliches

Selbstverständnis – oft genug gegen die historisch-konkreten Absichten ihrer Autoritäten – zur Entstehung des modernen Freiheitsbewußtseins auf die mannigfachste Weise indirekt beigetragen hat. Das ist, soweit überhaupt, weniger bekannt als das andere…

Wir können indes die Vergangenheit nicht abschütteln; man muß sie eingestehen und in einem Konzept sinnvollen, verstehbaren Zusammenhangs aufarbeiten. Tiefstes Mißtrauen steht dem Christen ja entgegen, wenn er beteuert, den Erfordernissen von jetzt nun aufgeschlossen zu sein, Toleranz und Gleichberechtigung nicht nur für sich selber, solange er in der Minderheit ist, zu verlangen, sondern sie, auch wenn er die Mehrheit bildet, als Prinzipien der Autonomie unter allen Umständen jedermann in der Tat zuzuerkennen. Verbale Verkündigungen helfen da nichts mehr, es muß „durch schmerzliche Wandlung" sichtbar werden, daß die „Präsenz der Kirche in der Gesellschaft" nicht mehr Reaktion bedeutet, sondern Freiheit, – welche Freiheit, warum und inwiefern…

Ob die produktive Auseinandersetzung, die der Kirche nun unsere Gegenwart abverlangt, gelingen wird und wohin das führen mag, weiß niemand. Fest steht nur, daß das Abenteuer bestanden werden muß, oder die Kluft zwischen Evangelium und zeitgenössischem sowie vorauserkennbar künftigem Bewußtsein wird nach menschlichem Ermessen zum kaum mehr überbrückbaren Abgrund – Metz spricht sogar für die Verhältnisse intra muros von der Gefahr „immer größerer Todesstreifen zwischen kirchlicher Institution und den Gläubigen". Extra muros wäre es „die Gefahr, daß die Kirche selbst in einem theologischen Sinn zur Sekte wird – die Gefahr einer traditionalistischen Sektenorthodoxie und einer sektiererischen Mentalität der Selbstabschließung in der Kirche".

II

Wie also sind wir, als Christen, nun im *Rückblick* auf die Geschichte für die Freiheit von heute und morgen durch die Erfahrung von Lehre und Praxis der Kirche ausgerüstet?

Die überprüfende Erinnerung mag manchem in der Tat gefährlich erscheinen. Ob sie im richtigen Sinn befreiend wirken wird, läßt sich nicht voraussagen; noch ist die Mobilisierung der Kräfte nicht weit genug fortgeschritten, die Bedeutung des Zu- und Gegeneinanders aus den Konstellationen lediglich der beiden ersten Jahrzehnte der neuen Bewegung innerhalb der Christenheit nicht abzuschätzen.

Metz sagt, im christlichen Glauben habe die Freiheit gleich von Anfang an „zentrale und besondere Bedeutung“ gehabt – im Auftreten und in der Botschaft Jesu nämlich. „Die Herrschaft zwischen den Menschen“, die als die Aufhebung der Herrschaft über sie gesehen wird: als „die Herrschaft Gottes unter den Menschen“, habe sich als „befreiende Macht einer vorbehaltlosen Liebe“ kundgetan. Der konkrete Aussagewert der beiden Bestimmungen „befreiend“ und „vorbehaltlos“, für damals vorerst, erweist sich in der Anwendung auf die gesellschaftliche Wirklichkeit.

Jesus hat das „Testament seiner Liebe“ nicht nur als ein Bekenntnis „zu den Unscheinbaren, den Ausgestoßenen und Unterdrückten“, als Vermächtnis der Identifikation ausschließlich mit ihnen zurückgelassen. Ganz gewiß hat er die „Armen im Geiste“: die Nichtschriftgelehrten, die Gesetzesunkundigen, „die Sünder“ ihrem Status nach, also das gewöhnliche Volk, von den Repräsentanten der israelischen Theokratie eingehürdet und entsprechend verachtet, bevorzugt, zu ihnen vor allem wußte er sich gesandt; und er weilte unter ihnen Wohltaten erteilend: Brot, Wein und Gesundheit: das Notwendige – pertransiit benefaciendo. Aber die Botschaft, die er verkündete, war an alle gerichtet, auch an die Ratsherren, von denen in den Aufzeichnungen ein Nikodemus und ein Joseph von Arimathäa namentlich hervorgehoben sind, sowie an die Reichen, deren Einladungen, wenn sie erfolgten, er annahm – mit der Gutsbesitzersfamilie in Bethanien, die der herrschenden Klasse angehörte, wie der Bericht sowohl von Maria, der vormaligen Fürstenmätresse, als auch von Lazarus, dem Verstorbenen und Auferweckten, zeigt, war er sogar eng befreundet; der römische Hauptmann und Zachäus der Zolleinnehmer gehörten gleichfalls nicht zum „Proletariat“. Es braucht aber nicht zum hundertsten und tausendsten Male dargetan zu werden, daß das Ziel, auf das er verwies, wahrlich nicht „die Konsumgesellschaft“ war, von welcher Herrschaftsstruktur auch immer. Und ebensowenig allgemeine Armut. Das „Testament seiner Liebe“ schloß „das tägliche Brot“ für jedermann nicht aus, sondern ein, reichlich wahrscheinlich (den Wein ja dazu, nicht nur Wasser); bis zu einem gewissen Grad ebenso die Kleidung (die freilich die „der Lilien auf dem Felde“ nicht erreicht); sowie alles sonstige, was dazugehören mag – das er als Zugabe, als Hinzukommendes mitverheißen hat: das Irdische als eine erbetene und dann gewährte, durch unsere erarbeitende Vorsorge konkret zustandegebrachte Folge des Himmlischen.

Während der ersten zwei Jahrhunderte christlicher Verkündigung und Verwandlung hat folglich niemand daran gedacht, Christsein anders aufzufassen denn als Umkehr der moralischen Existenz: Nichts mehr in und an der Welt durfte Grund eines Vorbehalts dagegen sein, sich ganz Gott und seinem Ebenbild auf Erden, dem Mitmenschen, zuzuwenden.

Für das Zusammenleben konnte das nicht ohne Folge bleiben: Wenn sich die Gesinnung und das Verhalten so radikal veränderten, dann verloren die bestehenden Verhältnisse einerseits viel von ihren Vorzügen, die sich als Trug und Weg ins Verderben erweisen mochten, andererseits viel von ihren Herrschaftshärten, die zu äußeren Bedingungen der Sühne, der Prüfung, der Bewährung wurden. Die psychische Selbstfreisetzung von den Verlockungen und den Unerbittlichkeiten der antiken Welt – der Welt überhaupt – bewirkte nicht nur die Distanz souveräner Gelassenheit, überlegener Gleichgültigkeit, der heiteren oder der mißtrauisch flüchtenden Askese, welche allesamt politisch die Zustände beließen, wie sie waren ..., sie entband andererseits eine Phantasie der Liebe, die neue Formen der Gemeinschaft hervorbrachte: in ihnen ließ sich befreit aufatmen, in der gemeindlich-diakonischen Versorgtheit beispielsweise, die „anfänglich" – aber nicht lange aufrechterhalten – freiwilliges Gemeineigentum zur gesellschaftlichen Grundlage hatte, so daß „keiner leibliche Not zu leiden brauchte". (Von den Sanktionen bis zur Todesstrafe – gegen Ananias und Saphira, siehe Apg 5,1-11 – sehen wir ab! Sie zeigen aber bereits die autoritären Begleiterscheinungen an, die das „Testament der Liebe" von Anfang an in der Freiwilligkeitssubstanz der geforderten Übernahme beeinträchtigten.)

Vorbehaltlos, das war also die *moralische* Qualität der von Jesus vorgelebten, zur Nachfolge verkündeten neuen Liebe. Sie wirkte psychisch und kommunikativ machtvoll befreiend. Von *politischer* Absicht war hierbei weder die Rede noch der Gedanke. Die staatlichen und gesellschaftlichen Einrichtungen (in der Antike nicht unterschieden, in ihrer Gesamtheit als „polis", als „res publica" oder „civitas", im einzelnen als „universitates", „corpora", „loci" etcetera logisch, ontologisch, ethisch und politisch eins) sollten weder abgeschafft noch verändert werden. Nicht einmal die Sklaverei. „Seid euren Herren untertan, ihr Sklaven, in aller Furcht, nicht bloß den gütigen und milden, nein, auch den launenhaften. Denn das ist wohlgefällig, wenn man an Gott denkt und dabei das Leid erträgt, das man ungerecht leiden muß" (1 Petr 2, 18-19). „Ihr Sklaven, seid eueren irdischen Herren in allem untertan, nicht als Augendiener, die den Menschen nur gefallen wollen, nein, mit aufrichtigem Herzen, in der Furcht des Herrn" (Kol 3, 22). Jeder sollte „in dem Stande bleiben, in den er berufen ward. Du wurdest vielleicht als Sklave berufen? Das soll dir keine Sorge machen! ... Ein Sklave, der im Herrn berufen ist, ist ja ein Freigelassener des Herrn, so wie auch, wer als Freier berufen ist, ein Sklave Christi ist" (1 Kor 7, 20-22). Die gesellschaftlichen Verhältnisse sind völlig verinnerlicht, in der geistlichen Betrachtung nebensächlich geworden. Der entlaufene Sklave Onesimus wurde seinem Herrn als dessen zu restituierendes Eigentum zurückgeschickt – mit der Bitte freilich, ihn „als vollwertigen Bruder" aufzunehmen (Philm), das heißt, ihn liebevoll zu pardonieren, statt ihn, wie es römisches Recht und üblich war, zu verstümmeln oder gar zu töten. Was an Unterwerfung und Ergebenheit den Frauen alles zugemutet wurde – als Gottes ewiges Geheiß und unveränderlicher Wille! (1 Kor 7, 2; Eph 5, 22-24; 1 Tim 2,11-15; Ti 2, 5; 1 Petr 3,1 u. 6)

Ängstlich waren die episcopi der ersten Zeit darauf bedacht, die Heilsbotschaft Jesu nicht gesellschaftreformerisch oder gar revolutionär mißverstehen zu lassen. Vom Einfluß des irdischen Messianismus der jüdischen Tradition, die zu Lebzeiten Jesu bei den Jüngern so oft und so hartnäckig zutagegetreten war, hatte sich seit seinem Tod, der Auferstehung und der Himmelfahrt ohnehin nichts erhalten. Nun taten sie fortgesetzt und eifrigst ein übriges: „Gibt es doch keine Obrigkeit, sie wäre denn von Gott! Wo immer eine ist, da ist sie von Gott eingesetzt. Wer sich der Obrigkeit widersetzt, der widersetzt sich Gottes Anordnung... (Man muß sich) der Obrigkeit unterwerfen nicht allein der Strafe wegen, vielmehr auch des Gewissens halber" (Röm 13, 1-7). „Erinnere sie daran, daß sie sich der Gewalt der Obrigkeit unterwerfen..." (Ti 3, 1). „Seid um des Herrn willen jeder menschlichen Ordnung untertan ... Seid untertan als Freie, nicht als solche, die ihre Freiheit nur als Deckmantel der Schlechtigkeit mißbrauchen, vielmehr als Knechte

Gottes!“ (1 Petr 2,13-17) Untertan somit in allem, „was des Kaisers ist“, rückhaltlos, vollständig.

Was aber war des Kaisers? Darüber hatte sich Jesus, nur die Steuermünze in der Hand und sie zurückgebend, mit seiner Antwort auf die listige politische Fallenfrage der Pharisäer nicht geäußert. Jetzt hingegen war die Antwort der beiden Führungsapostel die Reaktion auf die gegen die Christen erhobene Beschuldigung der Reichsuntreue: sie verweigerten es ja, dem Caesar Pontifex Maximus göttliche Ehre zu erweisen, wodurch sie im römischen Urteil der Zeit aufrührerisch gegen die himmlisch-irdische Ordnungsstabilität verstießen. Der zum Tode kriminalisierenden Beschuldigung begegneten sie mit der Totalität der Beteuerung und Praxis politisch-gesellschaftlichen Gehorsams.

Bestärkt wurden sie darin noch durch die apokalyptische Auffassung der Endzeitlichkeit: die weltlichen Verhältnisse waren ohnehin nicht mehr von längerem Bestand – das Gericht stand bevor, mit ihm der Triumph der Gerechtigkeit und des Friedens.

Die einzige Freiheit, als exemptio, die die Christen der ersten beiden Jahrhunderte aus dem innersten Zwang ihres neuen Glaubens für sich forderten, wäre das Privileg gewesen, die staatlichen Weihrauchkörner nicht streuen zu müssen. (Statthaft aber war nach Paulus – 1 Kor 8 u. 10 – sogar der Genuß von Götzenopferfleisch, wenn es vom Verkauf auf dem Markt stammte und wenn sich kein Ärgernis damit verband.)

Was bedeutete somit, im Zusammenstoß mit der antiken Herrschaftswelt und in seiner Folge, Freiheit auf nun christliche Weise? Die durch Gottes Gnade möglich gewordene völlige Unabhängigkeit der religiösen Entscheidung von allen irdischen Gegebenheiten. Die Kategorie des Gewissens in individuell-personaler Verantwortung wuchs aus den gegebenen griechischen, römischen und jüdischen Ansätzen zur Einwirkung auf spätere geschichtliche Entwicklungen heran. Und es erschloß sich der Weg der Loslösung von den Verführungen der Welt sowie der inneren Erhebung über ihre Beschwernisse – anders als die Stoa sie vollzog: Nun konnte sich der Mensch ganz der Liebe öffnen, sich ihrer moralischen Verwandlungskraft anheimgeben – auch nicht mehr dem mosaischen Gesetz unter- und eingeordnet, das die historisch-pädagogische Aufgabe nicht der Heiligung, sondern der Bewahrung am Vorläufer-Heilsvolk erfüllt hatte: das „Gesetz vor Christus“ war der „Freiheit in Christus" gewichen (Gal, für hier besonders 5,1 u. 13-14: „Für die Freiheit" – vom Gesetz – „hat Christus uns befreit. So steht denn fest und laßt euch nicht wieder das Joch der Sklaverei" – des Gesetzes – „aufbürden! ... Zur Freiheit seid ihr berufen worden, liebe Brüder! Mißbraucht aber die Freiheit nicht als einen Freibrief für ein Leben nach dem Fleische; nein, dient in Liebe einander! Das ganze Gesetz ist mit dem einen Worte erfüllt: ‚Du sollst den Nächsten lieben wie dich selbst!' [3 Mose 19,18]").

Dies also war die neue, die christliche Freiheit – verbunden mit totalem politischem Gehorsam, ausgenommen davon allein die den Kaisern entgegenzubringende göttliche Verehrung. In der geforderten und vollzogenen Unterwerfung dann unter die gleich „anfänglich" statuierte, bald sich ausbreitende und sich verfestigende hierarchische Kirchengewalt gewann dieser „getaufte Gehorsam", der Gehorsam der Getauften, Geschichtsmächtigkeit, wurde diese Freiheitsauffassung, in solcher Verbindung, zu der den Glanz und das Elend des Abendlandes mitbegründenden Kraft.

III

„Befreiende Erinnerung", angewandt auf das geschichtliche Anfangsverhältnis zwischen der Botschaft vom Heil des Menschen durch vorbehaltlose „Umkehr" und der beinahe ebenso vorbehaltlosen Hinnahme dessen, was gesellschaftlich war, das kann als Vergegenwärtigung zu Verständnis, Mahnung und Mut heute nur heißen: in dieser Verbindung das Unbedingte, das Bedingte, die Konsequenzen aus dem einen und dem anderen sowie den „dritten Weg", der gleichzeitig unternommen wurde, zu unterscheiden: die innere Freiheit, die aus der Botschaft gegenüber allem in der Welt entstand; die freiwillige Einstimmung in die gegebenen Herschaftsverhältnisse, veranlaßt von der Verfolgung, motiviert jedoch aus der radikalen religiösen Distanz und einer unmittelbaren Erwartung des Zeitenendes; den Versuch, durch ein vorbildliches, von der Liebe und der sakralen Autorität bestimmtes Gemeindeleben inselhaft eine andere Wirklichkeit – „Sein Reich" – darzustellen; die Erkenntnis schließlich, in der Auseinandersetzung zwischen Judenchristen und Heidenchristen gewonnen, daß „das Gesetz" – Form des Glaubens und des Lebens aus dem Glauben – an einen Entwicklungsabschnitt gebunden war, dem nun der nächste folgte.

Nichts außer einer traditionalistischen Observanz steht der Einsicht im Wege, daß es sich in jenen Jahrhunderten abermals um eine nicht nur begreifliche, sondern auch nahezu notwendig so verlaufene Entwicklungsphase gehandelt hat, von der mitnichten das deutlich Sonderbedingte jederzeit zu übernehmen war und auch in unserem erreichten Stadium der Emanzipation zu übernehmen wäre – mutatis mutandis, wie es immerhin heißt –: an erster Stelle, in den Heiligen Schriften herausgehoben, der angeblich gottbefohlene und Gott so überaus wohlgefällige Gehorsam – der Bürger, der Unterworfenen, der Frauen – gegenüber *jeder* bestehenden staatlichen und gesellschaftlichen „Obrigkeit". („Die Beamten sind kein Grund zur Furcht für die, die das Gute tun, nur für die, die Übles tun. Du möchtest keinen Anlaß haben, die Obrigkeit zu fürchten? Tu, was recht ist, dann wirst du von ihr Lob erhalten! Sie ist für dich eine Gehilfin Gottes für das Gute. Doch wenn du Böses tust, dann fürchte dich! Sie trägt das Schwert ja nicht zwecklos; ist sie doch die Gehilfin Gottes, um rächend an denen Strafe zu vollziehen, die Böses tun ... Deshalb bezahlt ihr ja auch Steuern; sie sind ja Gottes Diener, die gerade dazu angestellt sind" [Röm 13, 3-4 u. 6].)

Die Tradition solchen Auslegungsumgangs mit der Freiheit, vor allem den kirchlichen Autoritäten überaus vertraut geworden, hat sich erst in dem so beziehungs- und wechselfällereichen Tausendjahrabschnitt herausgebildet, der vom 3. und 4. Jahrhundert an dem Anfangszusammentreffen von Botschaft, Unterwerfung und Beispiel folgte. In ihm ist die verinnerlichte Freiheit zum Antrieb für das Leben in einer universalen Ordnung geworden, die eben dieser Freiheit – keiner anders zu verstehenden – die Bahnen ins jenseitige Ziel des Menschen zu weisen und sogar zu garantieren hatte.

Es wäre müßig, sich aussinnen zu wollen, ob und wie es anders hätte kommen können. Aber es ist nicht müßig, in Erinnerung zu behalten, daß und warum die Entwicklung gerade so verlief – es macht das kirchliche Verhalten zur neuzeitlichen Freiheitsauffassung, als diese sich durchsetzte und durchgesetzt hatte, verständlich. Solche Erinnerung – wiederum auch als Mahnung – ist zugleich die Beihilfe zur christlichen Selbstbefreiung aus der Verhaftetheit in Angriffs- und Verteidigungsattitüden, die Positives nicht mehr bewirken, die aber eine neue notwendige „schöpferisch-kritische Assimilationskraft" der Christenheit daran hindern, sich gegenüber der Welt von heute in vielem und Wesentlichem zu entfalten.

Vergleichbar ist jener Vorgang aus keiner Zivilisation bekannt: Eine religiös radikale Heilsbotschaft und -praxis paßte sich, als man aufhörte, sie zu verfolgen, und als die apokalyptische Gerichts- und Erlösungserwartung sich nicht erfüllt hatte: der Himmel war nicht eingestürzt, die Erde nicht verglüht, den weiterbestehenden Weltverhältnissen an, indem sie deren Bedeutung von Grund auf veränderte. Da „Sein Reich" sich nicht „ereignete", mußte es sich offensichtlich um einen Prozeß der Transformation handeln: die „civitas Dei", vergegenwärtigt in der Kirche, hatte die „magna latrocinia" der „civitas terrena" in Zucht zu nehmen und aus ihnen christliche Reiche, christliche Ordnungen als Vorstufen einmal doch endzeitlicher Vollendung zustandezubringen. Das rechtfertigte, was ohnehin geschah: die Übernahme der politischen, gesellschaftlichen, ökonomischen und kulturellen Herrschaftspositionen, nun zum Zwecke des Heils im Sinne der Formel „gratia supponit naturam et perficit".

Die Symbiose, die sich entwickelte, ist durch sehr viel mehr als lediglich und in der Hauptsache den Konstantinismus gekennzeichnet – die christliche Theologie unternahm es erfolg- und folgenreich, der hellenistischen Begrifflichkeit sich bedienend, das vorgegebene ptolemäische Weltbild, das unverändert blieb und den praktikablen festen Bezugsrahmen „oben", „unten" und „in der Mitte" bot, mit einem alle Existenz umfassenden Normengefüge auszustatten. In ihm bewegte sich der Mensch, nun die zentrale Schicksalsfigur, auf moralisch unentrinnbaren Pflichtbahnen. Die *lex aeterna* durchwaltete den Kosmos, die geoffenbarte *lex divina* begründete die Wege des Heils, die *lex naturalis* sprach durch das Gewissen, in der *lex positiva* fanden die erforderlichen irdischen Regelungen ihren verbindlichen Ausdruck – sie zu messen an der originären Idealität des „primären Naturrechts" aus der Zeit vor dem Sündenfall, in den historischen Fragwürdigkeiten aber gleichzeitig gerechtfertigt durch das „sekundäre Naturrecht", das die Grundgepflogenheiten der durch den Sündenfall in ihrer Idealität gebrochenen Menschlichkeit berücksichtigt. Mit Hilfe des einen oder des anderen „Naturrechts" ließen sich so, je nach Bedarf und Umständen, die Verhältnisse entweder reformieren oder beibehalten.

Um das „Testament der Liebe", es dogmatisch bewahrend und sichernd, legte sich der Schrein der Definitionen. Das Rechte als das

Richtige und allseits Gebührende, das die Ordnung der Bewährungen ergab, zwang die Liebe in die Rolle der Caritas. Der grandiose Augustinus-Satz „Ama et fac quod vis" konnte bereits, als er niedergeschrieben wurde, an der in Gang gesetzten Verrechtlichung und Vergesetzlichung neuen Stils nichts mehr ändern; zu handeln war nicht in Spontaneität, sondern zu wollen war, was angeordnet war. Die Caritas hat Immenses und Bewundernswertes vollbracht; ohne sie wäre die Erinnerung an die Liebe Jesu zu den Menschen vielleicht überhaupt verblaßt – vor das Bild des Guten Hirten der ersten Jahrhunderte trat bezeichnenderweise mehr und mehr die Statue des triumphierenden Christus als des Pantokrators. Auf Liebe jedenfalls wurde der ordo christianorum, von den Glaubensentscheidungen der Konzile bis zu den „Gesta Dei per Francos", den durch die Franken bewirkten Taten Gottes, nicht gegründet.

In all dem, dies ja, bildete sich eine Auffassung von der Souveränität des Menschen heran: aus der Botschaft von seiner Gottebenbildlichkeit und Gotteskindschaft, aus den personalistischen Ansätzen der griechischen Philosophie, aus dem römischen Privatrecht. Die Lehre von der Erbsünde, im theologischen System als felix culpa Veranlassung zum Erlösungsgeschehen, zugleich aber auch der Versuch, Welt und Geschichte moralisch plausibel zu machen (mehr als plausibel!), relativierte alsbald die Bedeutung dieser Souveränität radikal. Aber in der Berufungs- und Gnadenlehre wurde sie, für den sittlichen Bereich, bedingt retabliert. Die Urkunde davon, um es bildlich auszudrücken, wurde im mächtig ausgebauten Tempel der Orthodoxie unterhalb des Altares der Pflichten deponiert; dort blieb sie erhalten – und lange vergessen.

Die Signatur der feudalen, christlichen, ständegesellschaftlichen Epoche konnte nicht Freiheit sein – wie wäre das möglich gewesen? Freiheiten, im Plural: libertates, gab es, als gewährte Privilegien, nur für Körperschaften und für Standespersonen als Repräsentanten legitimer Herrschaft. Es waren erklärte Ausnahmen, nie konstitutiv für den Typus der gesellschaftlichen Entwicklung – obschon selbstverständlich nicht ohne reale, oft die nachhaltigste ökonomische und politische Bedeutung für sie.

Zu den Voraussetzungen, daß aus dem Abendland doch Europa wurde, haben zwei Vorgänge, die sich beide innerhalb der Kirche und dann von ihr aus vollzogen haben, wesentlich beigetragen, ein politischer und ein geistiger.

Der politische bestand in der Selbsteinschätzung, die die Päpste und ihre Kanonisten vornahmen: sie erklärten die Kirche zur *perfecta societas sui generis.* Damit war der byzantinische Caesaropapismus, der die vollendet totalitäre Herrschaftsform darstellte – der basileus das Haupt, die ekklesia Seele des corpus christianorum –, als das Vorbild des karolingisch-ottonischen Sacrum Imperium abgelehnt und ein Dual statuiert, der in der Symbiose wie Zellteilung wirkte: es setzte das Ringen zwischen Kaisern und Päpsten um die universale Suprematie, dann zwischen Päpsten und Königen um die Inhalte und Grenzen der territorialen Souveränität ein, das in den Zusammenhängen einer auch sonst überaus vielfältigen Interessenentwicklung die „Einheit des Abendlandes" auflöste.

Der geistige Vorgang war die Entfaltung der Mystik. Das dogmatische und pastorale Ordnungsgefüge der Rechtskirche hatte die innere Freiheit des Christenmenschen: sich der Freude hingeben zu dürfen, erlöst zu sein, Souveränität gegen Sünde und Tod gewonnen zu haben, in die Angst reglementiert, den Fallstricken des Teufels zu verfallen und so den Weg zum ewigen Heil zu verfehlen – auf Schritt und Tritt waren Sanktionen bis zur letzten und schrecklichsten zu befürchten. (Ist nicht auch in der zweiten – germanisch dominierten – Hälfte dieser Zeit der Tod zum Würger jedermanns geworden?) Die Mystik setzte sich darüber hinweg. Sie entband Qualitäten, die vielerlei Reformbewegungen den Boden bereiteten.

IV

In der Vorgeschichte der Neuzeit, zwischen dem Beginn des 13. und dem Ende des 15. Jahrhunderts, waren religiöse Kräfte so vielfältig, so intensiv und so lebhaft an den „Übergängen", wie sie im geschichtlichen Rückblick festzustellen sind, beteiligt, daß sich, für damals und weiter zur Entwicklung der modernen, der heutigen Freiheitsauffassung, die beachtliche Wirkung des Evangeliums als einer in der Tat „subversiven memoria" unmöglich in Abrede stellen läßt. Die Subversion richtete sich freilich gegen die traditionell gewordene Kirche selbst, in der sie keineswegs, auch nicht „gewissermaßen", „die Form ihrer Öffentlichkeit" fand... Im Gegenteil: Alle päpstlichen Bullen, die sich von Bonifaz VIII. bis Gregor XI., also während des ganzen 14. Jahrhunderts und vor allem von Avignon aus, mit den subversiven Bewegungen – im Volk, an den Fürstenhöfen und in den Universitäten – befaßten, haben sie, wie schon vorher die Katharer-Bewegung, auf das schärfste verurteilt, ihre Anhänger mit Interdiktionen und Exkommunikationen belegt: die franziskanischen Poverelli, deren Einfluß sich im ganzen Abendland ausbreitete; die Jacquerie in Frankreich als Nachwirkung der italienischen Pataría und häretischen Herd vielerorts um sich greifender Aufstände des gewerblichen und ländlichen Proletariats gegen die frühkapitalistischen Zustände; des John Wyclif evangelischen Spiritualismus, der in England die Lollarden – „die Unkrautsäer" –, in Böhmen dann die Hussiten beseelte.

In den lehramtlichen Stellungnahmen vollzog, auf dieser Höhe der Entscheidungen, die kirchliche Autorität ihre Auseinandersetzung mit den politischen, ökonomischen und intellektuellen Kräften, soweit diese ihrerseits sich, der noch allgemeinen Gepflogenheit gemäß, theologisch, besser gesagt: zumeist biblisch einkleideten, die entstandene und bisherige Konsistenz des orbis christianus nunmehr aber auflösten. Es geschah in einer Dynamik sondergleichen. Das Denken und Verhalten innerhalb der abendländischen Kirche selbst geriet in ein alles umfassendes dialektisches Verhältnis mit eben diesen Kräften, so daß schwer zu sagen ist, wo jeweils, im weltlichen oder im geistlichen Bereich, die Entwicklungsanstöße erfolgten, die zu den bestimmenden Einflüssen geführt haben.

In der gegenseitigen „schöpferisch-kritischen Assimilation" der produktiven Faktoren veränderte sich das Weltbild – mehrere tiefgreifende Wandlungen markierten die Unterschiede. An den „artes liberales"-Fakultäten der zahlreich neugegründeten Universitäten begann der Prozeß der Verselbständigung der Wissenschaft. Es entstand die gesellschaftliche Klasse der Intellektuellen – „les clercs"; sie griffen besonders als Verwaltungsjuristen und politische Theoretiker, die, nicht selten wechselnd, den Herrschenden zu Diensten waren, in die Entwicklungen mit ein. Die „Camera Apostolica", die von Avignon und Rom aus durch ihre Agenturen und Kollekteure im ganzen Abendland fiskalisch präsent war, und die „Curia regis", die in den Territorialreichen gegen die alten Feudalmächte mehr und mehr die politischen, ökonomischen, justiziellen und militärischen Herrschaftsbefugnisse an sich zog, beförderten beide mit großer Effizienz die staatliche, insbesondere die finanzkapitalistische Zentralisierung und Rationalität. In den heftigen Interessenkonflikten, die ausgetragen wurden, ergab sich die Notwendigkeit der Kodifizierung der Gewohnheitsrechte; in der Bündnispolitik die der präzisen Kompetenzabgrenzungen; zusätzlich aus der bürgerlichen Handelspraxis in den Städten die Vorherrschaft des Kontraktdenkens; aus den Rechtfertigungen, die die Franziskaner William Occam und Marsilius von Padua für Kaiser Ludwig den Bayern in dessen Vorherrschafts- und Selbstbehauptungskampf gegen Johannes XXII. unternahmen, mit das Wichtigste: die Lehre von der Volkssouveränität. Die „Zivilisten" an den Fürstenhöfen, die sich auf das in Rezeption begriffene Römische Recht bezogen, erklärten sie zwar als nichts Neues, vielmehr als etwas Uraltes: beim populus habe ursprünglich die summa potestas gelegen, doch sei sie, gemäß den Erläuterungen, die der Justinianische Codex gegeben hatte, in einem gültigen Vertrag (Urbild des späteren „contrat social"!) auf den Caesar in seiner Qualität als princeps und imperator – nicht als pontifex maximus! – übertragen worden. Gleichermaßen für Demokratie und Absolutismus wurde so das rechtstheoretische Fundament gelegt.

Mit dem „Testament der Liebe" hatte das alles nichts, ganz und gar nichts zu tun. Doch forderten die Extremen, unter Berufung auf die allgemeine Gottebenbildlichkeit und Gotteskindschaft, bereits die Gleichheit als Element kollektiver und individueller Freiheit. „Als Adam grub und Eva spann, wo gab es da den Edelmann?" – die Idee von der Geschichtlichkeit der „naturrechtlichen" Kategorien tauchte am Horizont auf!

Das Recht auf Widerstand, schon zwei Jahrhunderte vorher behauptet und bis zur Rechtfertigung des Tyrannenmordes begründet, wurde systematisiert. Unter drei Bedingungen konnte es legitim in Anspruch genommen werden: wenn schweres Unrecht, mit den zur Verfügung stehenden legalen Mitteln nicht behebbar, anhaltend verübt wird.

Daß sich das Konzept von der Volkssouveränität auf die Überlegungen von der richtigen Konstitution der Kirche übertrug, konnte nicht ausbleiben – das Konzept natürlich, wie es die franziskanischen Lehrer vortrugen, angesichts der einander konträren Verfügungen, die in den Schismen die Päpste und ihre Gegenpäpste trafen, begreiflicherweise nicht das Konzept der obrigkeitskonformen Theorie. Das Konziliardenken breitete sich aus.

Für beide Bereiche, den weltlichen und den kirchlichen, auf Dauer als gleich bedeutsam, wenn dann auch, bis in unsere Tage, recht unterschiedlich realisiert, erwies sich die philosophische und juristische Umkehrung des Verhältnisses von Körperschaft und Person, eine Umkehrung, zu der sowohl die Kanonisten als auch die „Zivilisten" mehrere Jahrhunderte hindurch wirksam beigetragen haben, am Ende zusammenfassend in der Schrift „De concordantia catholica" Nikolaus' von Kues. Nicht mehr wurden nun die „universitates", die „corpora", die „Ganzheiten" den Einzelpersonen als in jeder Hinsicht vorgeordnet gesehen, diese lediglich als „Ausgliederungen" jener; die abschließende cusanische Theorie erklärte vielmehr das Ganze und das Singuläre, das Allgemeine und das Besondere, die Gemeinschaften und das Individuelle als Verbindung von einer Art, daß es möglich wurde, gegenüber der Antike und dem Mittelalter Freiheit nun von der Person her zu konzipieren. Der Kardinal, der die Erde bereits als „einen edlen Stern unter vielen" ansah, dynamisierte die ordo-Welt des Thomas von Aquin, indem er sie als eine geistige und politische Aufgabe proklamierte. Was bei Thomas, in der Summe der Theorie bis dahin, participatio an einem Zustand war, der als fester debitus ordo erfüllt werden mußte – die „Seinsgerechtigkeit" –, war bei Nikolaus von Kues nicht mehr vorgegebener Weg, sondern ein zu suchendes und zu erringendes Ziel. Seine Ausdrucksweise blieb noch traditionell, für die Zeitgenossen gleicher Gelehrsamkeit verstehbar, aber die gemeinten inhaltlichen Tatbestände waren bereits die Überleitung zur Renaissance.

Die politische Theorie des Cusanus, aus seiner philosophischen Grunddoktrin von der Harmonie in den Gegensätzen, der concordantia als coincidentia oppositorum, abgeleitet, war das Resultat tatsächlich „schöpferisch-kritischer Assimilation"; nur ist dieses Resultat nicht zur Grundlage einer modernen Doktrin in der Kirche geworden.

Eine kurze, thesenartige Wiedergabe (dem Verständnis von heute angeglichen) kann den Eindruck der Möglichkeiten vermitteln, die sich mit der versuchten theoretischen Neugrundlegung verbanden.

– Alles steht in Korrelation zueinander, im gesamten Sein, und ist auf Vervollkommnung hin angelegt.

– Im gesamten menschlichen Bereich sind die gleichen Wirkprinzipien am Werk. Kirche und Reich sind nur zwei verschiedene Ausprägungen eines und desselben Heilsvorgangs.

– Der Heilsvorgang besteht in der Entfaltung der menschlichen Qualitäten zur Vervollkommnung. Sie setzt, entsprechend der Humannatur ontologisch, nicht nur ethisch, Freiheit als Selbst- und Mitbestimmung voraus. Sie darf daher durch nichts abgeschafft werden, durch kein konkret-historisches Gesetz.

– Die Herstellung der Harmonie, das heißt Konkordanz als Integration, erfolgt durch den consensus = Übereinstimmung im Wege der Zustimmung als eines freien Aktes. Er begründet die Gültigkeit der richtigen Gesetze, ihre Legitimität im Einklang mit der zu erwirkenden Allgemeinwohlordnung. (... De concordantia catholica II, 14: „Da alle der [menschlichen] Natur nach frei sind, gibt es Herrschaft in jeder Art, bestehe sie im geschriebenen Gesetz oder in unmittelbarer Wirklichkeit beim Fürsten, allein aus Übereinstimmung und aus Zustimmung zur Unterwerfung. Denn wenn die Menschen ihrer Natur nach gleich mächtig und gleich frei sind" – „aeque potentes et aeque liberi" –, „dann kann die Macht eines Einzigen ausschließlich durch Wahl und durch Zustimmung begründet werden, genau wie auch das Gesetz aus dem Consensus zustandekommt.")

– Der Konsens als zwingende Notwendigkeit und seine Realisierung als Wahlvorgang, wenn es sich um die Herrschaft von Personen handelt, gilt, infolge der gegebenen Realanalogie, gleicherweise im weltlichen und im kirchlichen Bereich. Von altersher seien denn auch die canones des Kirchenrechts formale Beschlußverkündigungen der anwesenden Zustimmenden gewesen und nicht Verfügungen einer privilegierten Autorität. Päpstliche Decretalien, so die Schlußfolgerung, beziehen ihre Gesetzeskraft lediglich aus dem Gewohnheitskonsens oder aus einer Zustimmung expressis verbis.

– Der Fürst und der Bischof, der Kaiser und der Papst besitzen ihre cura praesidentialis, die Exekutivbefugnis, im bestätigten Auftragsverhältnis; sie figurieren als Repräsentanten aufgrund des Konsenses.

– Die concordantia durch consensus und cura praesidentialis ergibt das *corpus rationale,* die Körperschaft vernünftig geordneter Freiheit, das heißt: Die *societas* wird realisiert durch die auf eine jeweilige Einheit hin sich organisierenden *singuli,* die Einzelpersonen.

– Für den kirchlichen Bereich kam der Kardinal daher folgerichtig zum Episkopalismus: Der episcopus, ausgestattet mit der cura praesidentialis für die Konkordierenden, stellt symbolisch die Kirche dar. Im weltlichen Bereich ist der Herrscher Ausführungsorgan des Gesetzes, das seine Legitimitätsgrundlage im Allgemeinwillen als dem Mehrheitswillen hat. Für den einen wie für den anderen Bereich ist ihm das oberste Zuständigkeitsorgan daher, was die letzten Entscheidungen betrifft, eine Versammlung der Vertreter der Freien: Konzil und (in Deutschland) der Reichstag.

Nur zeitweise, während der ersten Hälfte des 15. Jahrhunderts, schien es, als könnte, trotz allem, die Entwicklung am Ende solcherart verlaufen: in Welt und Kirche Schritt für Schritt – mit Rückschritten selbstverständlich – allmähliche Emanzipation.

V

Vielleicht hätten sich die Wege noch nicht einmal zwingend durch die Renaissance getrennt, – die 900 conclusiones des Pico della Mirandola, der, in humanistischem Optimismus an die Würde, die Großartigkeit und die Weltbeherrschungsfähigkeit des Menschen glaubend, auf einem allgemeinen Gelehrtenkongreß Europas zu bleibenden – dynamischen – Konkordanzen gelangen wollte, sind von keiner kirchlichen Autorität verurteilt worden, und es war nicht der Huttensche Ruf „O Jahrhundert! O Wissenschaften!“, der sie in Alarm versetzte. Nicht einmal der Fundamentalsatz „homo ipsi sibi lex est“ des Giovanni Pontano von Neapel, des Gründers der Akademie dort, die Proklamation der Autonomie durch Philosophen, nahmen Päpste, die im Denken, Handeln und Leben selber Renaissancemenschen waren, als Kampfansage, sondern als Zeichen einer jetzt „docta christianitas“ – weit entfernt vom Evangelium. Dessen Auslegung und Anwendung wurde in dieser Zeit erst dann zum Ernstfall, wenn sich konkrete Folgen für die konkrete Herrschaft daraus ergaben. Dann instrumentalisierte sich auch die Hartnäckigkeit – und Rechthaberei – der Theologen: die Religionsdispute gingen zwar um Rechtgläubigkeit, aber hinter ihr um die Legitimität der Führungsbefugnis, um die Loyalität, die ihr entgegenzubringen war, um das Ansehen, das der Autorität zustand. (Wir sagen heute, daß die Auseinandersetzungen, die der Wahrheit galten, ideologischen Charakter hatten. Wenn *Jesus* fragte: „Glaubst du?“, war das Vertrauen in die Liebe Gottes gemeint, doch nicht die Bereitschaft, einen Lehrsatz für wahr zu halten, und gar im Zusammenhang mit Interessen.)

Alles, was an Verletzung der tradierten Glaubenssätze – zutreffend – herausgefunden wurde, hatte damals nicht von vornherein, sondern erst wegen der Konsequenzen seine wahre Bedeutung. Auch die 95 Thesen Martin Luthers. Man hätte sich einigen können – wäre es, vorübergehend, denn nicht fast gelungen? –, aber das weltlich-kirchliche Machtgeflecht schloß das Kompromiß schließlich aus. Keine individuelle – vielleicht nur innerliche – Unmittelbarkeit zu Gott, denn es konnten sich, mußten sich, just jetzt, Folgen für die weltliche und die geistliche Herrschaft daraus ergeben. (Die Gewissensfreiheit als Prinzip stand in der „Summa" des Thomas von Aquin, des großen kirchlichen Lehrers, statuiert.)

Die barbarischen Konfessionskriege, die sich entwickelten, haben, neben vielem anderen, die faktische Säkularisierung der Politik unter dem fürstlichen Absolutismus – der gleichwohl ein christlich oder katholisch genanntes Regiment führte – zur Folge gehabt. Die philosophische Aufklärung, die daneben einherging und, bewußt oder rein faktisch, nach und nach die Bewußtseinsfundamentierung des nun modernisierten, merkantil unterbauten Feudalismus unterminierte, von den jetzt rationalistischen Naturrechtslehrern angefangen bis zu den Enzyklopädisten, hatte mit Dogma nichts mehr zu tun.

Die getrennten, einander befehdenden Kirchen haben sich zu den aufgeklärten Obrigkeitsregimen und zur philosophischen Entwicklung der modernen Freiheitsauffassung im großen und ganzen, mit einer Ausnahme, gleich verhalten: sie schlossen das Bündnis Thron, Kapital und Altar; sie hielten für die breiten Volksschichten Bildung nur dosiert, streng unter Kontrolle und auf Steigerung der Arbeitsleistung gerichtet für angebracht; sie standen der Entwicklung der Geisteswissenschaften, besonders soweit sie sich aus der Geschichtsphilosophie ergab, die Giambattista Vico zur akademischen Disziplin gemacht hatte, voll Mißtrauen gegenüber.

Die Ausnahme, auf die Politik begrenzt, hier aber folgenreich, waren in den Niederlanden und in England, von dort in die amerikanischen Kolonien ausgewandert, die nonkonformistischen Puritaner, die „Independents". Sie haben aus der katholischen „perfecta societas sui generis"-Praxis von ehemals eine enorme neuzeitliche Kampftugend gemacht, indem sie, unter heroischen Opfern, ausnahmslos jedes staatliche Hineinregieren in den individuellen Gewissensbereich rigoros ablehnten. Sie entwickelten eine religiös motivierte Gemeindedemokratie. Die politische Freiheitsauffassung der Angelsachsen hat daraus mannigfachen, bis heute nachwirkenden Nutzen gezogen. Die ursprüngliche totalitäre Begleitpraxis dieser Gemeinden, die für ihre inneren Verhältnisse individuelle Entfaltung nicht duldeten, ist im Laufe der Zeit, bis auf missionarische Reste, ebenso abgestreift worden wie selbstverständlich, nach dem Sieg, der totalitäre Terror, mit dem in England Cromwell und seine Rotjacken, in Frankreich Robespierre und die Jakobiner revolutionär-diktatorial der politischen Demokratie die Bahn brachen – die einen in der Überzeugung, mit untrüglichem Heilswissen Gottes Auftrag zu vollziehen, die anderen mit dem Anspruch, im Vollbesitz der philosophisch-politischen Vernunft zu sein.

Den schlimmsten – sehr unterschiedlichen – Schaden für lange Zeit nahmen die kontinentalen Protestanten durch die Obrigkeitshörigkeit, in die sich die Reformatoren, aus der ersten, der apokalyptischen Entwicklungsphase des Christentums sie übernehmend, begeben hatten, und die katholische Kirche: sie bewahrte sich zwar, ihrer hierin virulenten Tradition gemäß, die Unabhängigkeit vom Staat, verlor aber, ebenfalls für lange Zeit, völlig ein souveränes Kooperations- oder auch nur Koexistenzverhältnis zur modernen wissenschaftlichen und politischen Ideenwelt, während sie gleichzeitig den ökonomisch-gesellschaftlichen Praktiken des Bürgertums – sowie des verbürgerlichten Adels – anheimfiel, – sie verbreitete darüber, freilich auf Dauer vergeblich, die Ideologie politischer Romantik: den Traditionalismus eines Chateaubriand, de Maistre, de Bonald, Adam Müller, Donoso Cortés, die allgemeine Ideologie schließlich des mittelalterlichen ordo- und Ständestaates, zuletzt als illusionäre Idyllik landwirtschaftlichen und gewerblichen Mittelstandes (aus denen sich, damals und bis jüngst, der Klerus rekrutierte).

Der Kirchenstaat wurde im 19. Jahrhundert, beherrscht von den „zelanti"-Kardinälen, zum abschreckendsten Beispiel der Reaktion, Hort gewollten Rückstandes und fürsorgender Unterdrückung. Päpstliche Enzykliken, abwehrende Lehrverkündigungen urbi et orbi, spiegelten die geübte Praxis wider. Gegen „jene törichte und irrige Meinung oder, noch besser, jenen Wahnsinn, es solle für jeden die Freiheit des Gewissens verkündet und erkämpft werden", wandte sich Gregor XVI. in „Mirari vos" vom 15. August 1832. „Diesem seuchenartigen Irrtum bereitet den Weg jene übervolle und maßlose Freiheit der Meinungen, welche zum Schaden der kirchlichen und bürgerlichen Sache sich weitherum verbreitet ... Wenn der Zügel zerbrochen ist, mit dem die Menschen auf den Pfaden der Wahrheit gehalten werden, dann stürzt ihre ohnehin zum Bösen geneigte Natur rasend schnell in den Abgrund, und wir sehen wahrhaftig den Höllenpfuhl offen ... Hierher gehört auch jene nie genug zu verurteilende und zu verabscheuende Freiheit des Buchhandels, die viele mit äußerst verbrecherischem Eifer fordern und fördern. Mit Schaudern stellen wir fest, Ehrwürdige Brüder, mit welchen Ungeheuern von Lehren oder besser Ungetümen von Irrtümern wir erdrückt werden, die überall verbreitet werden durch eine gewaltige Menge von Büchern, Broschüren und Schriften, an Gewicht zwar klein, aber übergroß an Bosheit, aus denen wir mit tränenden Augen den Fluch über die Erde gehen sehen." In „Quanta cura" vom 8. Dezember 1864 hat auch Pius IX. die Freiheit des Gewissens als „Freiheit des Verderbens" gebrandmarkt; außerdem das Prinzip der Volkssouveränität verdammt. Im „Syllabus", der „Zusammenfassung der hauptsächlichsten Irrtümer unserer Zeit", wurde unter anderm der Satz verworfen, die Kirche könne und solle sich mit dem Liberalismus und der neuen Menschheitsbildung versöhnen. Selbst Leo XIII. verkündete noch am 20. Juli 1888 in der Enzyklika „Libertas praestantissimum", „daß es niemals erlaubt ist, die Gedankenfreiheit, die Pressefreiheit, die Lehrfreiheit sowie unterschiedliche Religionsfreiheit zu fordern, zu verteidigen oder zu gewähren, als seien dies ebenso viele Rechte, welche die Natur dem Menschen verliehen habe..."

VI

Genau dies sagen die Prinzipien, die zum System der pluralistisch-parlamentarischen Demokratie geführt haben. Sie sind in der „glorreichen" Englischen, der Amerikanischen und der Französischen Revolution rein säkular durchgesetzt worden. Sie stehen in jeder modernen Verfassung als deklarative Normen den konkreten imperativen Grundanordnungen voran.

Generalprämisse ist, wiederum rein säkular konzipiert, die emanzipatorische Freiheit – individuell und kollektiv. Sie wird als die Möglichkeit und die Befugnis verstanden, unter Zweckmäßigkeiten als Alternativen auf den Humanfortschritt hin zu entscheiden. Sie kommt jedem normalen Menschen aufgrund zureichender und entwickelbarer natürlicher Ausstattung mit den dafür erforderlichen personalen Qualitäten, insbesondere mit Vernunft, von einem bestimmten Alter an als Zuständigkeit im spezifisch Privaten und als direkte oder indirekte Mitwirkung in allen gemeinsam zu regelnden, also öffentlichen Angelegenheiten zu. Das Richtige als das Zweckmäßige ist nicht ein für allemal vorgegeben, es muß vielmehr in einem kontinuierlichen kritischen Prozeß von Sache zu Sache, von Fall zu Fall, von Entwicklungsabschnitt zu Entwicklungsabschnitt ausfindig gemacht werden. Das geschieht im Wege der Argumentation (Freiheit der Rede!). Sie setzt Unterrichtetheit voraus (Freiheit der Wissenschaft, der Lehre, der Kunst!), somit Bildung (das Recht auf ...!) und Information (Zugänglichkeit der Quellen, Unbehindertheit der Darstellung!). Da jede menschliche Einsicht notwendigerweise partikulär ist, hat niemand die sichere Gewähr zutreffender Erkenntnis und Entscheidung. Die Wahrscheinlichkeit spricht für die Mehrheit; ihre Verfügungen sind daher, abermals aus dem Grunde der Zweckmäßigkeit, zu befolgen. Die Erfahrung lehrt jedoch, daß Minderheiten, ja Einzelne gegen Majoritäten „recht haben“ können. Es muß infolgedessen Konkurrenz der Meinungen und Bestrebungen geben, damit Minderheiten im Wege der Argumentation und im Wege der Neubesetzung der Kompetenzinstanzen im politischen Entscheidungsgefüge Mehrheiten werden können (Freiheit der Assoziation sowie Ablöseturnus!). Als logische und praktische Konsequenz ergibt sich Toleranz, und zwar als Hinnahme von Gegensätzlichkeiten des Denkens und Verhaltens innerhalb der Verfassung, darüber hinaus als Zulässigkeit, ja als Notwendigkeit von Opposition. Der Andersüberzeugte und Anderswollende darf nicht wegen seiner Nichtübereinstimmung, in was immer, behindert, benachteiligt oder gar unterdrückt werden; im Gegenteil: Vielfalt ist eine Voraussetzung der Entwicklung, Nonkonformität konstitutiv für den Fortschritt. Opposition, die in jedem totalitären System um der Einheit von Bewußtsein und Aktion willen entweder überhaupt nicht aufkommen darf oder, wenn gleichwohl zutagegetreten, sich, bei Strafe der Liquidation, nach entsprechendem „Belehrungs“verfahren selbst zu unterwerfen hat, wird in der pluralistischen Demokratie – dem System der eben vielfältigen, prinzipiell gleichberechtigten Autonomien – sogar institutionalisiert (in der Form vor allem des Mehrparteienstaates).

Demokratie solcher Art, und zwar nicht nur als im engeren Sinn politisches, sondern auch als im weitesten Sinn gesellschaftliches System, funktioniert, wie ersichtlich, nur durch zwangfreien Konsens, sei es der Bürger selbst, sei es ihrer im Turnus gewählten, kontrollierbar gedachten, mehr oder minder tatsächlich kontrollierbaren Repräsentanten, Konsens zu jeder Entscheidung, ob von grundsätzlicher oder nur von ad hoc-Bedeutung. Selbst der Zwang, beschlossene Gesetze einzuhalten, ist, da sie nicht unabänderlich sind, nur relativ. Es ist das Herrschaftssystem der emanzipatorischen Selbst- und Mitverfügung, der durchweg anerkannten und akzeptierten Geschichtlichkeit sowie einer umfassend unternommenen Rationalität. Wahrheiten als Resultat von Wissenschaft, das heißt als ausgeprüfte und ausdiskutierte, als intersubjektiv gültig erwiesene Feststellungen, sind in dieser Welt der Zweckmäßigkeiten nicht Fremdkörper, sondern gehören als Kategorie gleicher Art, lediglich eines besonderen Grades dazu: sie sind in ihr, wie die Wissenschaft selbst neuerdings zu sagen pflegt, operationabel: verwendbar.

Anders die dogmatisch definierten Wahrheiten. Erstens sind sie heteronom – außerhalb der pluralistisch-demokratischen Freiheit konzipiert und von dorther verfügt –; zweitens ist ihr Inhalt unveränderlich, keinerlei Überprüfung, auch keiner Mehrheitsentscheidung aller unterworfen; drittens verlangt ihre Annahme, da sie der Kritik entzogen sind, Glauben, nicht Zustimmung aus rationaler Einsicht. Alle drei Gründe schließen es aus, daß für sie, wenn nicht der Weg in den Totalitarismus geöffnet werden soll, allgemeine Gültigkeit und Geltung gefordert wird. Sie können und dürfen nach den Prinzipien der freiheitlichen Demokratie nicht staatliche, also mit weltlicher Sanktionsandrohung versehene Gesetzeskraft erhalten. Nur darum geht es, nicht um ihre Ausschaltung oder inhaltliche Relativierung. Wahrheiten als Glaubenssätze und Normen, die nach kirchlicher Lehre und Praxis Absolutheitscharakter haben, sind, wenn sie nicht gegen die Verfassung verstoßen, im System der Pluralität der Autonomien ebenso zulässig und unbehindert verkündbar wie jede andere religiöse, areligiöse, antireligiöse oder sonstige Überzeugung. Aber jede, die in die Mehrheit und über sie allenfalls zur politischen Entscheidungsbefugnis gelangt, bleibt an das Toleranzprinzip gebunden – der voll ausgebildete freiheitlich-demokratische Staat ist religiös und weltanschaulich neutral: in der säkularen Sicht, die zu einem der wesentlichen Kennzeichen der neuzeitlichen Zivilisation geworden ist, auch er nur eine – freilich existentielle – Zweckmäßigkeitseinrichtung.

Daß sich die Kirchen, vor allem ihre amtlichen Autoritäten sowie die Theologen in großer Zahl, schwertaten, sich mit dem Modernismus solcher Tragweite abzufinden, mit ihm fertigzuwerden, ihn womöglich sogar anzunehmen, ist nach dem faktischen „christlichen" Entwicklungsgang der Ideen, der Macht und der Interessen in der Geschichte der Spätantike, des Mittelalters und schließlich Europas begreiflich. Die mehr oder minder kirchenfeindlichen Maßnahmen, die mit dem Sturz oder, andernorts, mit der Auflösung des Ancien Régime einhergingen, taten ein übriges.

Die antimodernistische Abwehr der Kirchen konnte sich jedoch auch einer gehörigen Reihe von Unzulänglichkeiten „der Welt" bedienen. Sie wurden früher, in der Zeit der Symbiose, wenn die immanenten Gegensätze nicht jeweils heraustraten, hingenommen, ja nachgesehen; jetzt, im Zuge der Entfremdung und Feindschaft, erschienen sie als die Folgen schuldhaften Irrtums „der Welt" und ihrer Unbotmäßigkeit. Mit dem Verfall der alten „geheiligten" Ordnungen zersetzten sich, in dieser Sicht, die menschlichen Verhältnisse überhaupt. Aktuelle Anlässe zur Wehklage und Verurteilung gab es genug. Wahrlich war es ja nicht so, als ob das Prinzip der emanzipatorischen Freiheit zu nichts als den besten denkbaren Zuständen geführt hätte. Im Lichte des ursprünglichen liberalen Optimismus hatte sich das bürgerlich-demokratische System wie das kommende bleibende Hochplateau des Fortschritts ausgenommen; je länger, je deutlicher stellte sich aber die Wirklichkeit als ein Konglomerat von Widersprüchlichkeiten, von Schwächen, ja von Tücken heraus – die Ratio hatte es gegen die zahlreichen Irrationalitäten, die sie in den kritischen Theorien selber feststellte, nicht leicht: am Ende bescheinigte ihr die eigene Philosophie, daß es nicht möglich sei, dem Gang der Geschichte einen verbindlichen Sinn abzugewinnen. Die Klassenform der zivilisatorischen Entwicklung trieb sie in eine Abfolge von inhaltlichen Auseinandersetzungen, schließlich globalen Ausmaßes; Überzeugungen wurden als Ideologien erkannt und entlarvt; die industriewirtschaftliche Arbeitsorganisation – in Arbeitsteilung und Arbeitskollektivität –, die die materielle Produktion nach und nach ins beinahe Ungemessene steigerte, zwang anstelle der alten feudalen Abhängigkeiten in neue und neuartige, die unentrinnbar erscheinen; die Aufklärung durch allgemeine Schulbildung und kontinuierliche Information vollzog sich in einem Umkreis gleichzeitiger Anonymisierungen durch Urbanisation (mit allen ihren Vorteilen) und technokratische Verwaltungen (als sachliche Notwendigkeit solcher Massenkultur); in einem immer dichteren Netz von Manipulationen der sozialkapitalistischen Konsumgesellschaft erfolgt die „Außensteuerung“ des gleichwohl zum Souverän der Neuzeit deklarierten Individuums; kurzum: die Emanzipation ist in Gefahr, in die Zerstückelung der doch als Selbst- und Mitbestimmung aufzufassenden Freiheit umzuschlagen, sich in ein schizophrenes Bewußtsein zwischen Leistungszwang und „gestalteter“ Freizeit zu verwandeln und in der angenehm betäubenden Genehmigung zu enden, sich apolitisch mit dem Überfluß an materiellen Möglichkeiten zufriedenzugeben, der jedermann, sei es kapitalistisch, sei es sozialistisch, geboten wird – solange keine Katastrophe eintritt.

Da das Leben jedoch notorisch, mögen die Positivisten gegen alle Erfahrung sagen, was sie wollen, sinnvoll aus mehr besteht als aus einer Existenz wie der skizzierten, ist die gefährlichste Begleitfolge der pluralistischen Autonomisierung der immer bedrohlichere Verlust an normativer moralischer Übereinstimmung, für die es im System der emanzipatorischen Freiheit keine übergeordnete, verfügende Autorität gibt. Menschliches Zusammenleben – die Humanität als Sinn der Geschichte – ist auf solche Übereinstimmung hinsichtlich der Grundbeziehungen aber angewiesen – sie ist die letzte, die fundamentale Zweckmäßigkeit...Die Verhältnisse selbst eröffnen den Kirchen daher die Chance, nach allem, was war, trotz allem, was war, just jetzt zu erfüllen, was Johann Baptist Metz in seinem Brüsseler Vortrag ihre „befreiende Erinnerung“ genannt hat.

Können sich denn aber die Kirchen aus ihren Verteidigungspositionen noch lösen, aus den Schützengräben der *acies defensiva,* die sie in mehreren Jahrhunderten ausgebaut haben: ein wie automatisch reagierendes Abwehrbewußtsein und Abwehrverhalten schon gegen das Prinzip der Emanzipation, das auch im religiös-kirchlichen Bereich die Geltung des tradierten Typs von Autorität zu unterminieren drohte und faktisch unterminiert hat, nachdem die Transformation der staatlichen und gesellschaftlichen Verhältnisse weit genug gediehen war; die Abwehr einer ganz und gar nicht mehr dienenden, sondern autonom kritischen Wissenschaft, die durch zahlreiche ihrer Disziplinen das gesamte Weltbild von Grund auf verändert hat; die Abwehr der Kritik als des demokratisch-politischen Fundamentalprinzips; das Nein zur Säkularisierung als einem der strikten Gesetze der Weltimmanenz? Ist es nicht nach wie vor unentwegt geübte Praxis der Amtskirchen in aller Welt – von ersten Ausnahmen, die noch immer die Regel bestätigen, abgesehen –, im Widerstreit der Legitimitäten, vor allem wenn er unter Anwendung von Gewalt ausgetragen wird, sich auf der Seite des politischen und ökonomischen Establishments zu halten, dessen Macht, eben weil sie etabliert ist, als die gerechtfertigte gilt?

Entscheidend für das künftige Verhältnis von Kirche und Welt werden die aktiven Minderheiten der religiös Gläubigen sein: die Konservativen („Kein anderes Evangelium!“) und die Progressisten („Politik der Humanität auch aus dem Glauben!“). Die Situation ist da innerhalb des Protestantismus und innerhalb des Katholizismus heute vergleichbar. (Nicht anders in der Brüchigkeit des allgemeinen Überzeugungsbodens, auf dem die Kirchen stehen: Der Glaube zerfällt; immer weniger Gläubige kennen die Botschaft Jesu Christi besser als aus blasser, rasch weiter verblassender Überlieferung; die kirchlichen Gemeinschaftsgebote besitzen, mit Ausnahme einiger Standard-Usancen, mit denen sich gesellschaftliches Ansehen verbindet – die Taufe, die Konfirmation/Erstkommunion, die Trauung, das Begräbnis –, keine Bindekraft mehr; Religion generell gilt nur noch moralisch als „etwas Nützliches“, ihre Verkündigungen hingegen halten, wirklich und vermeintlich, der Wissenschaft nicht stand.)

Im Gegensatz jedoch zumindest zur Theologie der Evangelischen, die sich den Methoden des Modernismus, mit positiven und negativen Ergebnissen der „Entmythologisierung“, seit längerem ausgesetzt hat – religiös positiv, wenn der Glaube, daß „Gott in diesem Jesus von Nazareth ganz sichtbar geworden ist“, und die Verkündigung seiner Botschaft „der Liebe auf jeden Fall“ dadurch belebt wurden, „negativ“, wenn Religion, und sei es für Humanität, radikal preisgegeben wird –, im Gegensatz zu den Kühnheiten im evangelischen Bereich versuchte die offizielle katholische Kirche bis über das 19. Jahrhundert hinaus, „Bollwerk der Rechtgläubigkeit“ in jeder Hinsicht zu bleiben. Das Bild der „belagerten Festung“ beherrschte sie: Um das im Innern wohlverwahrte, verwaltete, den Getreuen vorbehaltene *depositum gratiae* die ausgebauten, mit Überwachungszinnen versehenen Mauern einer fast zweitausendjährigen Tradition, ringsum unter den Zugbrücken der für Verfügungen allein zuständigen Autorität die Wassergräben der Philosophia perennis, neuscholastisch aufgefüllt,... – „draußen", unabsehbar, die feindliche Welt. Man mußte sie schließlich dulden, sie hinnehmen, war in hunderterlei Beziehung von ihr abhängig, auf sie angewiesen (... aß die Früchte von den verruchten Bäumen der Erkenntnis dort ...) – kein Papst nach Leo XIII. ist jemals wieder auch nur verbal so ausfällig gegen sie geworden, wie es vor ihm vom Stuhl Petri herab noch gang und gäbe gewesen war. Das verhinderten schon die „Außenmannschaften": die katholischen Parteien und Vereine, die allerorten ins Leben gerufen wurden, um „die Interessen der Kirche", auf Konkordate hin, wahrzunehmen. Am Ende proklamierte, 1923, Pius XI. (der später die Verträge mit dem faschistischen Regime schloß, die die „vatikanische Gefangenschaft der Päpste" beendeten und das Milliarden-Liquiditätsvermögen der Kurie schufen) die Katholische Aktion. Es war, sehr autoritär noch, in den Absichten ambivalent, die Vorstufe zu allmählichem Übergang in ein anderes Verständnis der Welt und ein anderes Verhältnis zu ihr.

Man darf sich indes über die Tiefe der Entfremdung keiner Täuschung hingeben! Die Bestimmenden in der Kirche wie in der Welt leben in je anderen Vorstellungen, und es sind die unterschiedlichen Traditionen, in denen *sie* erzogen werden, nicht die vagen der erinnerungslosen Massen, die für eine Neubegegnung über die puren Zweckmäßigkeitskontakte hinaus den Ausschlag geben werden. Da aber herrscht, bei den aufgeschlossenen Minderheiten, die von bestem Willen beseelt sind, reichlich Hilflosigkeit. Vorerst bestätigt sich noch immer zunehmend die prognostische Analyse, die schon vor der Mitte des vorigen Jahrhunderts Auguste Comte in der Lehre vom „Drei-Stadien-Gesetz" unserer geschichtlichen Entwicklung gegeben hat: Die Vorherrschaft des Mythos wurde abgelöst von der Herrschaft der Philosophie, der Vorherrschaft der Philosophie folgte die Herrschaft der Naturwissenschaften und der Soziologie – was wird aus der Religion?...

Die Kirche muß aus dem Abwehr- und Nurbewahrungsdenken heraus. Sie muß sich die Wege frei machen, die Möglichkeiten, die die spezifisch ihrigen auch in unserer Zeit sind, zu erfassen und eben dadurch in dem verstanden werden zu können, was sie zum

Sinn der menschlichen Existenz, zu deren letzter Zielsetzung, die über alle – politisch zu entscheidenden – Zweckmäßigkeiten hinausreicht, zu sagen hat. Vormals waren es mythische Berichte, Metaphern aus dem statischen Weltbild, die dogmatisierten Formeln teils des hellenistischen Intellektualismus, teils der mittelalterlichen Scholastik, mit denen die zu ergreifende Wahrheit je den Generationen zum Nachleben vorgestellt wurde, die sie nur so, mehr oder minder, auf die Weise ihrer Weltsicht, begriffen. Die Vorstellungswelt von heute ist völlig anders. Vor allem die Erkenntnis des Evolutionsprinzips als universaler Gesetzmäßigkeit, in der Natur Determination, in der Geschichte die unter Konditionen zu leistende Aufgabe des Menschen, hat die Funktion einer erklecklichen Anzahl von früher „operationablen“ Berichten, Bildern und Begriffsgehäusen beendet. Sie waren nicht „falsch“, sie sind nicht als „unwahr“ erwiesen, erst recht nicht das, wovon sie, in ihrer an die Zeit gebundenen Weise, Kunde gaben. Nicht selber waren sie die Botschaft, sondern Boten von ihr und für sie – in der Sprache, die verstanden werden konnte. Nun sprechen wir eine andere. (Der Holländische Katechismus „Glaubensverkündigung für Erwachsene“ versucht es, Wahrheiten neu auszudrücken und so der Wahrheit neu Zeugnis zu geben; man lese beispielsweise das Kapitel „Die Macht der Sünde“ – mit dem Abschnitt „Hat die Erbsünde die Welt verändert?“)

Worauf es Metz unübersehbar ankommt, das ist, daß „die Stunde“ erfaßt wird: daß die Kirche die enorme Chance nicht verfehlt, die sich für die christliche Verkündigung darin aufgetan hat, daß die Menschheit in das Entwicklungsstadium erdumspannender, existentieller Solidarität eingetreten ist: Entweder wir kommen miteinander weiter oder wir werden aneinander zugrundegehen. Verbundenheit auf Gedeih und Verderb ist entstanden. Folglich wird Fraternität zur Generaltugend – die unerfüllte dritte Parole der Französischen Revolution. Religiös gesehen, ist es die Bergpredigt, die erstmals, aus einer Anforderung an das Individuum, die utopisch erschien und erscheinen mußte, nun sichtbar zur sozialethischen Herausforderung an uns alle geworden ist. Anders als in den vergangenen Wachstumsabschnitten der Kirche verlangt „Politik aus dem Glauben“ jetzt, statt Symbiose, Distanz zum Zwecke der Hinwendung. Die maternelle und paternale Autorität aller bisherigen Zeit muß abgelöst werden durch fraternelle Kooperation.

Also auch – und gerade – in den überlieferten Formen die Autorität der „Herren Bischöfe“ – der „Väter“ –, des „Vaters“ an ihrer Spitze und der „Mutter Kirche“, die sie für ihre „Kinder“ darstellten...

Nicht, daß die Prinzipien und die Formen der politischen Demokratie grundsätzlich auch in den Kirchenbereich übertragen werden sollten oder sich in ihn beliebig übertragen ließen. (Soweit es auch in der Kirche pur um Zweckmäßigkeiten geht, allerdings.) Der Quellgrund der Freiheit des Christen sind nicht die aus der beobachteten Natur des Menschen abgeleiteten Forderungen auf Gleichheit der Chancen für vergleichbare Begabungen sowie auf Gerechtigkeit durch Gesetze; ihr Quellgrund ist die Liebe, und sie, die Gegenwirklichkeit zur Verfügungsmacht – zur „Welt“, der wir nicht verfallen sollen –, ist es, die Souveränität in allem herbeiführen kann (das „Reich“, das mit dem Erscheinen Jesu begonnen hat).

Metz – manch anderer Theologe mit ihm – möchte, daß man sich in unserer exzeptionellen Situation an das „Testament der Liebe“ erinnert, daß man den historischen Panzer-„Schrein“, in dem es kirchlich verwahrt liegt, öffnet und es als Verheißung des Lebens wirken läßt, eine in und von der Kirche vorgelebte Verheißung, die Menschlichkeit bewirkt und gleichzeitig – „eschatologisch“, „im Lichte der letzten Dinge“ also, die „die Welt“ aus sich nicht kennt – die Absurdität des Daseins aufhellt, das sich in Kämpfen, in Grausamkeiten, unter Leiden, ja noch im Tode als unerklärlicher Konditionenbereich der Entscheidungen für das Bessere und schließlich Vollkommene erweist.

Die Erneuerungsforderung ist nicht spiritualistisch gemeint, sondern innerhalb der notwendig bleibenden Einrichtungen als unter allen Umständen von der Liebe bestimmtes flexibles Denken und Verhalten: als Offensein stets für das, worauf es im Zeitlichen wirklich ankommt: das wahre Menschsein, aber eben dadurch zugleich für das Endzeitliche: die Vollendung, in der auch die „Heimkehr des Menschen“ beschlossen ist und geschieht...

Blickt man zurück, so gleicht die Situation in etwa einer vor neunzehnhundert Jahren: Zwei jüdische Männer mittelmeerisch kleiner Statur, die im Namen Jesu von Nazareth des Gekreuzigten, Auferstandenen und Aufgefahrenen ausgezogen waren, der Welt zu sagen, woran sie nun war und was sie von jetzt an zu tun habe, mögen in Rom, aus Trastevere kommend, dem Viertel der Zugewanderten, der Freigelassenen, der Sklaven, an der Ecke gestanden sein, wo sich heute der Palazzo Venezia erhebt, Petrus und Paulus, die Prunkstraße der Caesaren vor sich: Welch eine Kühnheit, welch ein Mut – ihr Unterfangen! (Nun ist die ungebrochene Naivität von damals ersetzt durch traditionsbelastete Erfahrung – heute steht auf einem Teil des römischen Bodens der Vatikan –, die Weltverhältnisse sind noch viel weitgespannter und sehr viel komplizierter geworden. Doch soll der Glaube ja Berge versetzen.)

Originaltitel: „Die Freiheit im einen und im andern Fall" (Stellungnahme zu Thesen von Johann Baptist Metz), in: Freiheit in Gesellschaft, Herder-Verlag, Freiburg/Basel/Wien 1971, S. 39-80.

Formen christlicher Unduldsamkeit

Frage: Publizistische Inferiorität...

Ich bin dafür, daß möglichst viele Katholiken mit dem gesamten publizistischen Instrumentarium von heute auf das beste umzugehen verstehen. Ich bin nicht dagegen, daß es auch spezifisch und exklusiv katholische Publikationsorgane gibt, damit die authentischen Stellungnahmen bekannt werden. Doch ist solche Ausschließlichkeit nicht ohne ernste Gefahren, wie mir scheint. Allzu leicht entsteht die Neigung, in weltlichen Dingen, die vorwiegend Zweckmäßigkeitslösungen verlangen, wegen des weltanschaulichen Kerns, der ihnen möglicherweise oder nicht selten innewohnt, eine Verbindlichkeit zu fordern, die zur Unduldsamkeit führen kann. Unsere Glaubensverkündigung soll, wenn ich recht sehe, wie Sauerteig wirken, nicht aber in allem und jedem Rezeptbrötchen liefern wollen. Man kann, ja man muß in sehr vielen praktischen Fragen der Welt sehr verschiedener Ansicht sein und doch gemeinsam in die Kirche gehen und gemeinsam Tee trinken. Ich bin ein erklärter Feind gegenseitiger Diffamierung oder gar Verketzerung.

Frage: Linkskatholik...

Ich bekenne mich mit Vergnügen dazu! Ein Linkskatholik ist ein Katholik, der den Fortschritt der Menschen, also die Veränderung der Gesellschaft auf bessere Menschlichkeit, auf die Entfaltung der Humanität hin anstrebt, und zwar aus christlicher Fraternitätsgesinnung. Wir sind alle gottebenbildlich und mit dem Auftrag zur Solidarität der Nächstenliebe geschaffen... Der Linkskatholik ergänzt daher das traditionell paternale Element im christlichen Weltverhalten bewußt und betont durch das fraternelle freiheitlichen Fortschritts, mit anderen Worten durch das Streben nach Entfaltung personaler, verantwortlicher Selbstbestimmung. Der Rechtskatholik hingegen beläßt lieber die Zustände, wie sie sind, er handelt nach dem Grundsatz, daß ohne exzeptionelle Gründe nichts Bestehendes verändert werden soll... Von den Möglichkeiten des Menschen hält der Rechtskatholik nicht allzu viel. Das Dogma von der Erbsünde ist sein Lieblingsglaubenssatz. Er ist für autoritäre Führung und Betreuung. Ihm zufolge muß man durch „Ordnungen", die er für im wesentlichen ewig hält, das „richtige" Leben der Menschen bestimmen. Der konservative Katholik preist daher – romantisch – das Mittelalter unserer europäischen Zivilisation und hält, im Grunde, die moderne Entwicklung für einen Abfall vom bleibend Angebrachten. Nicht so der Linkskatholik: er schreibt niemandem zwingend vor, was er zu tun und zu lassen habe, sondern er versucht es plausibel zu machen, er argumentiert – auf eine Weise, die verstanden werden kann –, und er arbeitet an der Verbesserung der „Bedingungen des Möglichen" (so hat Immanuel Kant die Freiheit definiert), das heißt an den gesellschaftlich-geistigen Voraussetzungen, die es dem Menschen erleichtern sollen, sich richtig zu entscheiden. Das ist natürlich ein Abenteuer – wie das ganze Leben in Freiheit und Verantwortung, wie auch unser jederzeit elementar gefährdeter Wanderweg heim zum Vater –, es gibt da keine vorgegebenen weltlichen Ordnungen, in denen man vertrauensvoll-geborgen verharren könnte. Das weltliche Allgemeinwohl ist heutzutage, im Stadium unserer beginnenden Erwachsenheit, eine Größe, die immer von neuem gesucht und gefunden werden muß. Bleibende Prinzipen, die mit Nutzen angewandt werden, gibt es sehr wohl, und da sind wir Linkskatholiken mit allen anderen Katholiken in einem und demselben Boot der Verkündigung. Wir aber betonen die Freiheit der Entscheidung des Menschen. (Gerade im Höchsten, im religiösen Glauben und Leben, die über unser ganzes künftiges Schicksal entscheiden, hat unser Herr niemals den freien Willen des Menschen gezwungen, sondern immer nur gefragt: „Glaubst du?“ und damit die Folgen anheimgestellt.)

Kein Bereich ist so sehr der der Freiheit wie die Politik. Die Autoritäten in ihr, vor allem die Behörden, haben nicht die Aufgabe und folglich auch nicht das Recht, uns inhaltlich unser Glück und unsere Vollkommenheit vorzuschreiben. Die Politik schafft die für richtig angesehenen Bedingungen der Möglichkeit. Wer sie ernstlich dem Nächsten beeinträchtigt, der allerdings kann und muß gezwungen werden, sich an die Spielregeln der Freiheit zu halten, das ist die einzige Grenze, die ihr politisch gesetzt ist. Moralisch natürlich gibt es zahlreiche Prämissen der freien Entscheidung, und hier bringen wir verstärkt die christliche Verkündigung als Argumentation ein...

Ich bin der Meinung – und habe dafür natürlich Gründe –, daß wir nicht am Ende der Kulturentwicklung stehen, sondern möglicherweise erst am Beginn ihrer Vollentfaltung, sozusagen am Beginn des Mannesalters der Menschheit. Da reichen die Methoden, die der Kindheit angepaßt waren, nicht mehr zu. Wer sie gleichwohl unentwegt vertritt, verficht und anzuwenden versucht, muß ja versagen.

Dieser Gegensatz schon in der Grundauffassung würde aber mich, wie gesagt, nicht hindern, ihn bei gutem Tee oder Kaffee immer wieder mit den Herren von der anderen Verhaltenscouleur, die mir gründlich verkehrt zu sein scheint, zu erörtern. Nur, die tun's nicht, ihre Neigung ist eben, aus früheren Gewohnheiten und Erfahrungen her, die Notwendigkeiten von seinerzeit entsprochen haben mögen, „christlich-totalitär“: sie wissen es garantiert besser, ja genau. Wir hingegen sind tolerant. Das bedeutet nun freilich nicht, daß wir etwa vage, verwaschen oder relativistisch-unverbindlich wären. Wir wünschen nur auf keine Weise jemanden durch Zwang oder zwangähnliche Mittel dazu zu bringen, mit uns übereinzustimmen. Wir ertragen die Andersartigkeit des andern in der Hoffnung – und freundlich erneuerten Bemühung –, in einer veränderten Konstellation der Voraussetzungen vielleicht doch wieder ein Stück Übereinstimmeng zustandebringen zu können. Der totalitär Geneigte, im bösen Fall, „liquidiert“ (wenn er kann): er schaltet aus, schafft ab, ächtet, sperrt ein – und Schlimmeres. Er ist voll von Mißtrauen, er errichtet allerorts Ghettos der Vorurteile. Wie wollen wir damit in einer Welt erdumspannender wechselseitiger

Abhängigkeiten und Angewiesenheiten, in einer Welt offenkundiger existentieller Solidarität zurandekommen?

Ich finde, unsere gegenwärtige Entwicklungsphase ist wesenhaft christlich angelegt: Sie fordert die verwandelnde, die heilende Mitwirkung des Christen, seine gute, wissende Präsenz geradezu heraus...

Interview-Typoskript ohne Titel, Datums- und Bestimmungsangabe.

Christentum und Gesellschaft

Christentum und Gesellschaft

Wie unterscheidet sich die christliche Religion von allen anderen Religionen der Menschheit, die uns bekannt sind? Sämtliche außerhalb des Christentums sind – ich möchte sagen – Anerkennungs- und Opferreligionen des Menschen gegenüber der Gottheit, gegenüber Gottheiten. Einige dieser Anerkennungs- und Opferreligionen stellten – und stellen heute noch – das zwischenmenschliche Verhalten unter ein jenseitiges Gericht. Das ist aber, im großen und ganzen gesehen, eine Ausnahme; im allgemeinen genügt es diesen Religionen, daß der Mensch sich unterwirft, die Gottheit anerkennt und dies durch äußere Zeichen zum Ausdruck bringt. Die jüdisch-christliche Offenbarungsreligion hingegen ist, ausgehend von einer universalen Seinsordnung des Schöpfergottes, die der Mensch, in sie einbegriffen, durch Vernunft und Offenbarung erkennt, durch und durch eine Heilsreligion...

Nach jüdisch-christlicher Auffassung ist der Schöpfer-Gott dem Menschen ein Vater-Gott. Jeder Mensch ist ferner Gott ebenbildlich, also mit besonderen Qualitäten ausgestattet, die göttlicher Natur sind. Folglich ist alles, was Menschenantlitz trägt, dieser Religion zufolge in existentieller Solidarität einander verbunden. Und – jede dieser Erkenntnisse ergibt sich aus der anderen – alle Menschen sind als potentielle und als reale Heilsgemeinschaft für die Heimkehr zum Vater-Gott und zur Glückseligkeit in ihm berufen – in ihm, von dem sie ausgegangen sind.

Die Welt hat durch das Christentum, begründet im Judentum, auf solche Weise ein neues Geschichtsbewußtsein erhalten. Alle Theorien, die von der Geschichte vor dem Christentum entwickelt worden sind, waren Kreislauftheorien: die Menschheit fängt in ihrer Entwicklung gut an, sie verschlechtert sich, es wird immer schlimmer, und sie geht entweder daran zugrunde oder sie erneuert sich in der Gegenbemühung und der Gegenbewegung zu dieser

Schlechtigkeit, worauf das Ganze von vorne anfängt. Es waren die Theorien vom ewig gleichen Wandel, in dem keine entscheidende Veränderung sich vollziehen kann. Nach der christlichen Auffassung nun aber gab es ein Paradies als Ausgang, den Zustand naiven Gehorsams innerhalb der Seinsordnung. Dann den Fall und die Erbsündigkeit aus Freiheit, das heißt den Akt des Ungehorsams gegen diese Seinsordnung und dadurch, daraus entstehend, die Zwiespältigkeit des Glaubens- und des Verstandeswissens, so daß das Wissen, das der Verstand erarbeitet, dem Wissen des Glaubens, der der Offenbarung folgt, vielfach entgegenzustehen scheint... Dem Fall und der Erbsündigkeit folgte die Möglichkeit der Erlösung aus diesem Zwiespalt und seinen Existenzfolgen durch die Menschwerdung Jesu Christi. Die Berufenen nun zum Heil haben in der Nachfolge des Herrn, in der Nachfolgetat des Christen, durch Erfüllung der Erlösung aus freiem Entschluß sich zu bewähren, freilich mit Hilfe der Gnade. Und so kehren wir individuell und als Menschheit in das neue Paradies zurück, nach Johannes sogar zuerst auf einer verwandelten Erde des Friedens. Viele politisch-gesellschaftliche Utopien des Abendlandes und Europas haben von dieser johanneischen Eschatologie, von dieser Erwartung der Endzeitlichkeit auf Erden ihre Kraft bezogen...

Wir stehen somit, wie deutlich sichtbar, vor einem Eingriff der christlichen Heilslehre von allem Anfang an und in aller Grundsätzlichkeit in die Existenz des Menschen, in den Bereich, den wir, im Gegensatz zur außersubjektiven Natur, im Gegensatz zu allem übrigen in der geschaffenen Welt, die Humannatur nennen, das besondere Menschliche. Und eben dadurch hat das Christentum wesentlich mit Politik zu tun.

Der Mensch unterscheidet sich von allem, was ist, – nicht in allem, aber in einigem, und genau darin ist sein Wesen beschlossen, das, was ihn zum personalen Subjekt macht. Er ist eine Person, die sich fortwährend durch Entscheidungen aufgrund von Einsichten und Empfindungen besonderer Art in der Welt behaupten muß. ... Alle gesellschaftlichen Formen der Menschheitsgeschichte, die diesem Grundtatbestand der humanen Natur nicht entsprechen, sind Entstellungen, sind sozialdarwinistische Übertragungen der Gesetzlichkeiten der außerpersonalen Natur in den charakteristischen Humanbereich, der andersartig ist. Die Politik aber, als die Hilfe zur Verwirklichung unserer menschlichen Daseinsweise –

und noch hat das nichts mit Christentum zu tun, noch bewegen wir uns im Bereich rein anthropologisch-philosophischer Einsichten –, hat die Aufgabe, für alle, die Menschenantlitz tragen, die also Personen sind, die zureichenden und, soweit möglich, die optimalen Bedingungen der personalen Entfaltung zu schaffen und diese Bedingungen, damit sie gesichert werden, der Willkür der Gewalt zu entziehen... Das ist der ganze Inhalt der Kulturbemühungen in der Menschheitsgeschichte; Sie können Zivilisation für Zivilisation durchgehen, immer handelt es sich um dieses doppelte Ziel, oder um einen Abfall von ihm, und wir bewerten die Zivilisationen nach der Erfüllung dieser beiden Grundvoraussetzungen.

Die Politik geht also von der Grunddialektik des wahren Menschseins aus: von der Notwendigkeit der Selbstbehauptung in Solidarität, damit Individualität, nämlich Differenzierung aus Grundgleichheit, sein kann. Die Fähigkeit des Menschen, die Tatsächlichkeit seines Vermögens, in der Welt zu verfügen, sich also zu behaupten, die wir Macht nennen, sein Herrschaftsauftrag, schafft in der Geschichte ein Regelungsgefüge der gesellschaftlichen Beziehungen, das, wenn es human und nicht sozialdarwinistisch sein soll, der Grundanlage des Menschen entsprechen, das heißt auf seine Entfaltungsmöglichkeiten bezogen sein muß...

Das human allein vertretbare Ziel von Macht und Recht ist somit das gleiche: die Entfaltung des wahren Menschseins für alle. Beide stehen infolge der Grunddialektik von Selbstbehauptung und Solidarität in einem dynamischen Wechselverhältnis. Zivilisation ist also niemals ein Zustand, sondern immer notwendigerweise ein Prozeß, der vollzogen werden muß, folglich eine Aufgabe. Es gibt, wie wir wissen, in der Geschichte glückliche Perioden relativen Gleichgewichtes zwischen Macht und Recht – ihrer Gleichrichtung auf das hier eben bezeichnete Humanziel hin –, und es gibt zu allen Zeiten Rückfälle in mannigfache Perversionen des richtigen Menschseins – in die Barbarei –, und solche Rückfälle vollziehen sich zuweilen inmitten sonst optimaler Entfaltungsbedingungen für alle. In Zeiten, wie wir eine erlebt haben, treten dann Kultur und Zivilisation auseinander, die Barbarei entfaltet sich in hochzivilisatorischen Formen: Wenn Millionen Menschen vergast werden, so vollzieht sich ein antikultureller – um es bescheiden auszudrükken –, völlig inhumaner, antihumaner Vorgang mit hochzivilisatorischen Mitteln. Die Aufgabe der Politik aber ist es, die beiden, Macht und Recht, so aufgefaßt, kontinuierlich einander anzupassen, sie in Einklang miteinander zu bringen, damit Zivilisation im kulturellen Sinne sei; richtige Politik schafft, um es zu wiederholen, allgemeine Freiheitsordnungen als das Optimum der Entfaltungsbedingungen.

Hier, meine Damen und Herren, ist der Punkt, wo die christliche Heilsbotschaft in die natürlichen Humanbereiche einwirkt, – in einer spezifischen Weise einwirkt. Nicht wie die weltliche Politik hat sie es mit Macht und Recht zu tun, sondern zweifach andersartig begegnet sie den Problemen der Gesellschaft. Erstens, fortwährend verbindet sie den Menschen lebendig-tätig zurück zum Schöpfer- und Vater-Gott und stellt damit die geschichtlichen Lebensformen stets von neuem radikal kritisch in Frage, das heißt, sie unterscheidet die geschichtlichen Verwirklichungen der Politik auf das Heil hin, sie verlangt, das Unheilvolle auszuschalten, auszuscheiden, damit das Heilvolle in der Geschichte umso kräftiger bewahrt werden könne. Und die andere spezifische Weise ist die, durch unentwegte Nachfolge des zu unserer Erlösung menschgewordenen Gottessohnes der Solidarität jenen Antrieb zu geben, der sie am besten sichert: die Liebe...

Die Gerechtigkeit, die sich philosophisch-anthropologisch und politikwissenschaftlich als Notwendigkeit erweisen läßt, ist in der Liebe, wie die christliche Heilsbotschaft sie verkündet, einbeschlossen. Eine Liebe ohne Gerechtigkeit wäre nicht Liebe. Das Evangelium meint das wahrste Menschsein; es steht daher nicht im Widerspruch zur Politik, sondern, ich wiederhole es, gibt ihr die eigentlichen Antriebe auf die richtigen Ziele hin, auf die Grunderfordernisse unserer Existenz. Die Heilsbotschaft begründet ihrerseits das doppelte, in sich ebenfalls – gemäß unserer Natur und also der Geschichte – dialektische Verhältnis des Christentums zur Gesellschaft: Wegwendung von der Welt, notfalls bis zur Trennung, um Abstand für das richtige Urteil zu gewinnen, die historisch-konkrete Gesellschaft mit ihren Interessenverflechtungen, ihren spezifischen Gesetzesregelungen unter das Gericht des Heils stellen zu können; gleichzeitig die liebende Hinwendung zur Welt, um Heil in ihr durch Kräfte zu bewirken, die weit über alle politischen Mittel der Macht und des Rechtes hinausgehen, obgleich beide, wohlverstanden, in der Liebe miteingeschlossen sind.

Die gewaltige Schwierigkeit des Bekenntniskults und der helfenden Führungsgemeinschaft, die wir „Christliche Kirche“ nennen, solcherart Heilsgeschichte in der Profangeschichte zu wirken, ist jedermann bekannt. Der Dialektik von Weg- und Hinwendung entspricht die kirchengeschichtliche Dialektik von weltferner, sogar rein individueller, ja individualistischer Frömmigkeit, die, wenn man die Heilsbotschaft des Christentums richtig auffaßt, wohl kaum im Gericht bestehen kann, auf der andern Seite das Verfallensein an Macht und Recht der Welt, vermeintlich um die Welt zu retten. In den Abschnitten unserer bisherigen Geschichte ist diese Dialektik des falschen Rückzugs und der falschen Hinwendung verschieden sichtbar geworden...

Im Urchristentum stellen wir eine souveräne „Gleichgültigkeit", besonders bei Christus selbst, gegenüber der Welt fest, um deren Heil es doch geht. „Mein Reich ist nicht von dieser Welt", sagt er. Das Urchristentum wollte also die Heilsbotschaft am Anfang weder als eine politische Revolution noch als eine Sozialrevolution aufgefaßt wissen, und eine solche Gefahr bestand gewiß, sowohl innerhalb des Judentums wie bekanntlich innerhalb des Römischen Reiches. Die Heilsbotschaft zielte vielmehr auf eine Umwälzung der innersten Bewegkräfte des Menschen; von daher erfolgte die nachhaltigste Einwirkung, sofort von allen Anfängen an, im Sinne der Ursolidarität auf wahres Menschsein hin...

Vom vierten Jahrhundert an – zweite Entwicklungsstufe –, in der konstantinischen Epoche, stellen wir bereits umgekehrt die Symbiose, ein engstes Zusammenleben des nun entfalteten Christentums und seiner Kirche mit dem Römischen Reiche fest. Aus diesem Zusammenleben erwuchs die Möglichkeit des Christentums, in den sogenannten „dunklen Jahrhunderten", also vom fünften bis hinein in das achte, anstelle der weltlichen Macht für die Menschen auch irdisches Heil mitzubewirken, weil die weltlichen Autoritäten nicht genügend gegeben waren.

Dann adaptiert sich die christliche Heilsbotschaft an die Germanen in einer wiederum spezifischen geschichtlichen Weise, indem aus der Urbotschaft bestimmte Teile zurückgestellt, andere nach vorne gerückt werden. Das Christentum wird bei den Germanen zu einer Ordnungs- und Triumphreligion. Statt des Gekreuzigten begegnet uns vielmehr der „Christus Triumphator" – der Pantokrator der Byzantiner –, der über die Welt triumphierende Herr. Das „Sacrum Imperium", das Heilige Reich der Karolinger und Ottonen mit seiner aus der so adaptierten christlichen Botschaft erwachsenen geschlossenen Denk- und Lebensordnung, war, vom konstantinischen Ansatz her, entschlossenste Fortsetzung der Symbiose von Kirche und Welt, nun in der Lebensordnung des Feudalismus.

Zu Ausgang des elften Jahrhunderts setzte die scharfe Gegenbewegung im Investitur- und Suprematiestreit ein, die mehrere Jahrhunderte anhielt. Durch die Kirche selbst, die sich nun als einen eigenen selbständigen Freiheitsbereich erfaßte, gegen das universale und sakrale Reich, entwickelte sich der europäische Freiheitsbegriff. Er erfaßte allmählich, im 14. und 15. Jahrhundert, alle Lebensbereiche.

Leider ist es der Kirche nicht gelungen, auch nur innerhalb ihrer selbst der großen Reformbestrebungen, die sich daraus ergaben, Herr zu werden, geschweige denn der tiefgreifenden Vorgänge in den Weltverhältnissen. Zeitlich oder sachlich verfehlte Eingriffe – damals oft genug Übergriffe – führten zu radikalen Oppositionen, falsche Distanz vielfach zu erst recht fragwürdigen Abhängigkeiten von der Welt, so zum nationalen Staatskirchentum des Absolutismus. Schließlich waren es die Konfessionskriege, die der christlichen Botschaft vollends die Transformationskraft gegenüber den eigentlich wirksamen Antrieben der neueren europäischen Gesellschaft raubten; hatte schon die Renaissance nicht „getauft" werden können, so wagte man sich an die Aufklärung gar nicht mehr heran, die infolgedessen verfemt wurde... Beinahe muß man es daher als eine Selbstverständlichkeit ansehen, daß den bürgerlichen Revolutionen am Ende eine – obschon vielfältig verschleierte – Säkularisierung unseres gesamten gesellschaftlichen Lebens folgte.

Das neuzeitliche Ergebnis seither, das Ergebnis also seit dem Beginn des neunzehnten Jahrhunderts bis jetzt, bis zur Mitte des zwanzigsten, ist bei allmählich fortschreitender Trennung von Staat und christlichen Kirchen, von gesellschaftlichen Vorgängen und christlichen Grundsätzen – den Elementen der christlichen Heilsbotschaft, ja der christlichen Religion – ein wirrnisreicher Zustand des christlichen Rückzuges bei gleichzeitigen Ansprüchen – zum Teil sehr heftigen und umfassenden Ansprüchen an die Welt –, ein Zustand, der auf beiden Seiten, sowohl in der Gesellschaft wie in den Kirchen, eine gewisse Ohnmacht einander gegenüber und eine gewisse Scheinmacht auf seiten der Christen geschaffen hat. Eine Fülle von Fehlverhältnissen kennzeichnen ihn.

In ihrem Wesen, in ihren typischen Abläufen ist die moderne Gesellschaft achristlich, wenn nicht sogar antichristlich... Teilweise haben die Eigengesetzlichkeiten dieser nicht mehr christlichen Zivilisation großartige Ergebnisse hervorgebracht, das wahre Menschsein vielfältig gefördert, Voraussetzungen geschaffen, die niemand mehr entbehren möchte, der humanitär und christlich empfindet. Aber teilweise auch mörderische Ergebnisse – Voraussetzungen, die imstande sind, die Menschheit zugrundezurichten und alle richtigen Beziehungen der Menschen untereinander zu pervertieren, die Gesellschaft in Haufen einander bekämpfender Individuen und Gruppen zu verwandeln.

Die allerjüngste Entwicklung in ihrer äußersten Zuspitzung eröffnet nun dem Christentum wieder, wie es den Anschein haben kann, völlig neue Aussichten, – freilich unter einer Voraussetzung, die zwingend ist: daß die spezifischen Merkmale der heute gegebenen Situation von den Christen, unter dem Gesichtspunkt der hier entwickelten Heilsdialektik von richtiger Wegwendung und richtiger Hinwendung, erkannt werden.

Abschnitt „Christentum und Gesellschaft" aus „Atom, Christentum und Gesellschaft", Vortrag, veröffentlicht in: Hessische Hochschulwochen für staatswissenschaftliche Fortbildung, 1.-7. März 1959, Verlag Dr. Max Gehlen, Bad Homburg/Berlin/Zürich.

Szczesny: Das eigentliche Ordnungs- und Fortschrittselement der abendländischen Geschichte ist die antik-humanistische Tradition. Sie hat die geschichtsblinde, auf Weltende und Weltgericht konzentrierte Spiritualität des Christentums in der Bewahrung des römischen Rechtsdenkens und der Wiedererweckung griechischer Lebensideale schließlich unterlaufen und im Zusammenwirken mit den vorchristlichen Gesellschafts-Traditionen der kontinentalen Völker das Zeitalter der Demokratie heraufgeführt. *Kogon:* Und die Personalität? Die Solidarität?!

Szczesny: Weil er („der ausgeprägte Individualismus des Christentums") einen persönlichen Gott und eine persönliche unsterbliche Seele setzte, erhielt der einzelne Mensch einen Wert, den ihm die

Naturkulte und Naturphilosophien der Antike niemals verleihen konnten. *Kogon:* Na also!

Marginalien von Eugen Kogon in dem Buch von Gerhard Szczesny: Die Zukunft des Unglaubens – Zeitgemäße Betrachtungen eines Nichtchristen, Paul List Verlag, München 1958, S. 63 und 65.

Das Engagement der Christen im demokratischen Staat

Die Prinzipien der modernen Demokratie entstammen nicht dem Christentum. Auch geschichtlich obsiegt haben sie nur bei den Angelsachsen teilweise aus christlichen Kräften und mit christlicher Hilfe.

Die puritanischen Nonkonformisten lehnten geistliche Hierarchie ab; ihre Gemeindepraxis trug in der Tat positiv zur Entstehung der neuzeitlichen Demokratie bei, im 17. und 18. Jahrhundert, – nicht direkt, aber gewissermaßen parallel: durch Einübung in Selbst- und Mitbestimmung. Doch erfolgten beide, das weltliche und das geistliche Unternehmen, damals noch kollektiv, nicht individuell: das kirchliche Leben, das sie dem fürstlichen Absolutismus durch Auswanderung und jeder anderen staatlichen Einwirkung durch von vornherein erkämpfte Autonomie entzogen, war so totalitär wie die Politik, die vor den großen Verfassungsänderungen von 1688/89 in England, in den siebziger und achtziger Jahren des darauffolgenden Jahrhunderts in den nordamerikanischen Kolonien und von 1789/92 an in Frankreich praktiziert wurde; Freiheit, wie man sie heutzutage auffaßt, war nicht bekannt. Verfochten wurden die vorabsolutistischen mittelalterlich-abendländischen „libertates“: korporative Ausnahmerechte als Privilegien. Zu deren Entstehung in den politisch-wirtschaftlichen Machtauseinandersetzungen hatte schon im 11., 12. und 13. Jahrhundert zuerst der Streit um die Besetzung der Bischofssitze im Feudalsystem beigetragen, anschließend das beiderseits mit allen Konsequenzen unternommene Ringen um die Entscheidungssouveränität sei es des Kaisers, sei es des Papstes. Die Kirche wurde damals bekanntlich zur „vollkommenen Gesellschaft eigener Art“ erklärt, neben dem Reich, ja vor und über ihm. Wäre das nicht geschehen, so hätte es sein können, daß sich im Abendland die byzantinische Auffassung durchgesetzt hätte, die im ottonischen Sacrum Imperium bereits kräftig Wurzel gefaßt hatte: daß die christliche Herrschaft ein zwar in sich hierarchisch gegliedertes, sonst aber sowohl umfassendes als auch alles durchdringendes, alles bestimmendes System sei, total und totalitär zugleich, vom Herrscher – dem Basileus – gelenkt, dem das kirchlich behütete Heil als göttlich gesteuerte Seele innewohne. Ohne die westkirchliche Zwei-Schwerter-Lehre des Hochmittelalters und ohne die spätere protestantische Proklamation der religiösen Gewissensfreiheit, obschon beide zutiefst zeitgebunden zutagetraten und sich lange in der Unerbittlichkeitsform dessen behaupteten, was sie bekämpften, hätte es die Freiheit, wie die Europäer sie schließlich von der Renaissance bis in die Aufklärung hinein immer deutlicher konzipierten, gewiß nicht gegeben. Aber das traditionell spezifisch christliche Denken und, von den Gemeinden der nonkonformistischen Puritaner im angelsächsischen Bereich abgesehen, die gesamte kirchliche Praxis, die protestantische sowohl als auch die katholische, je in ihrer Sonderausprägung, widerstanden dem humanistischen Streben nach Autonomie, das heißt nach individuell-personaler Selbst- und Mitbestimmung. Wiederum von den Angelsachsen abgesehen, säkularisierte sich infolgedessen der politische Humanismus mehr und mehr, – am Ende, in der Französischen Revolution, wurde er so kirchen-, ja religionsfeindlich, daß der Fortschritt zur modernen Demokratie den Konservativen allerorts, und das waren mit Vorzug Christen, Verfechter der *„Christlich-Abendländischen Überlieferungen"*, von Etappe zu Etappe der Verwirklichung wie die endzeitliche Manifestation des Teufels selber erschien.

Es ist eine komplizierte, bürdenreiche Erbschaft, mit der es das „aggiornamento" der Kirchen, vom Zweiten Vatikanischen Konzil, über den katholischen Bereich hinaus, universell gewünscht, verkündet und miteingeleitet, zu tun hat: die Anpassung an die entstandenen Zeitverhältnisse, um im Sinne der christlichen Heilsbotschaft besser Einfluß auf sie nehmen zu können. Was sich im Laufe von mehr als eineinhalb Jahrtausenden bis an die Schwelle unserer nun andersdenkenden, andersgebildeten, andersgeordneten Zeit als die besondere Weltanschauung der Christen und aus ihr als Herrschaftslegitimation formiert hat, entsprach ganz und gar nicht dem Prinzip der Individualautonomie: der freien Entfaltung der Person im Ganzen einer Gesellschaft, die sich als die Gesamtheit frei konkurrierender Gruppen, als die Welt der selbst- und mitbestimmenden Natur-, Zweck- und Bekenntnisverbände versteht.

Die Sicht, in der dem Christen von allem Anfang an, in der Begegnung von Evangelienverkündigung und Mittelmeer-Antike, die Welt erschienen war, hatte mißtrauische *Distanz* verlangt, in ihr, um sich rein zu bewahren, die Sicherheit unerschütterlicher Überzeugung. Der hellenistische Intellektualismus lieferte, in anhaltend heftigen Auseinandersetzungen, die *irrtumsfreien Wahrheitsformulierungen,* die die Überzeugung forderte und die es erlaubten, Abweichungen als ketzerisch zu erkennen und zu verurteilen. So gerüstet und sich immer besser rüstend, wagte die Kirche in den nachfolgenden Jahrhunderten die *germanische Symbiose*: die Praxis der Heilsverkündigung verwandelte sich in die missionarisch eingekleidete Expansion einer Kriegerreligion, der des Islam vorausgehend und ihr gleichzeitig. Die Liebesbotschaft Jesu Christi wurde zum Auftrag, mit Schwert, Taufwasser und feudalistischem Treueid die unbezweifelbar *richtige Ordnung der Welt* zu verwirklichen, sie auszuweiten und zu bewahren. Fides, das war Glaube und Treue zugleich. Des Christenmenschen Bewährung geschah von da an im mutigen *Anwendungs- und Ausführungsgehorsam* innerhalb einer prästabilierten, von Gott anbefohlenen Universalordnung, in der sich das Heil sakralisiert-ständisch vollzog. Die „Summa" des Aquinaten, das scholastische Wissen des Hochmittelalters zusammenfassend, und Dante Alighieris „Divina Commedia" symbolisierten den entstandenen *„ordo christianus"*.

Im gleichen geschichtlichen Augenblick, als er in den beiden Leistungen seinen für damals vollendeten theoretischen und künstlerischen Ausdruck gefunden hatte, begann sich seine Realität indes bereits aufzulösen: die Ordnungsellipse mit den zwei Brennpunkten: der päpstlichen und der kaiserlichen Macht, zerfiel in politische, ökonomische und, sie verbindend, dynastische Interessen; die Mystik hatte die intellektuelle Individualisierung eingeleitet; die artes liberales an den neugegründeten Hohen Schulen förderten die Einzelwissenschaften, nicht zuletzt die systematische Erkenntnis der Natur, aber auch die Philosophie als Dialektik und Nominalismus, bis die Vorherrschaft der Theologen gebrochen war; der europäische Humanismus, noch im christlichen Gewande, entfaltete sich. Einwirkungen von außen kamen hinzu, der türkische Vormarsch versperrte den Abendländern die gewohnten Wege nach Osten, sie mußten sich dem Atlantik zuwenden, um vielleicht wieder nach Indien gelangen zu können, und entdeckten auf solche Weise die Neue Welt, deren Reichtümer, in die Alte, sich so sehr erneuernde Welt eindringend, ihre wirtschaftlichen Verhältnisse zu revolutionieren begannen. Die Renaissance tat ein übriges, Wissen und Technik und Bildung und Macht nun zum eigentlichen Lebensinhalt zu machen: der *weltimmanente Optimismus Europas* war voll erwacht.

Doch war der Traum von der anzustrebenden Einheit, der christliche Traum von der universellen und stabilen Ordnung wohlbegründeter Werte, die es lediglich getreu anzuwenden galt, um gottwohlgefällig zu sein und durch solche Leistung das eigene Heil zu finden, dem Bewußtsein nicht entschwunden, im Gegenteil: die kirchlich-konfessionelle Spaltung ließ die vergangenen Verhältnisse zumindest im Lager der gegenreformatorischen Verteidigungsfront, die den ganzen Süden Europas und weite Teile seiner Mitte umfaßte, geradezu verklärt erscheinen. Die Romantik hat später die *konservative Ideologie* in den Reihen der Katholiken noch verstärkt.

Lassen wir dahingestellt, ob aus dem ständischen und städtischen Korporativismus des Mittelalters, aus seinem Genossenschaftswesen und seiner Kontraktpraxis, in Verbindung mit der konziliaren Bewegung des 15. und 16. Jahrhunderts, ob aus Humanismus und Reformation, die die Einzelperson, ihr Wissen und ihr Gewissen in den Mittelpunkt sowohl der Aufmerksamkeit als auch der pädagogischen Bemühung stellten, allmählich eine andere Art von Demokratie, als es die heutige und unsrige ist, hätte werden können: eine nicht säkularisierte, eine christliche Demokratie. Die Konfessionskriege haben jede derartige Entwicklungsmöglichkeit erstickt, „lo stato“, die fürstliche Zentralmacht an der curia regis mit Finanzverwaltung, Gerichtsbarkeit und stehendem Heer wurde zur souveränen, ja zur absolutistischen Entscheidungsinstanz: – das „christliche Regiment“ in der festen *Verbindung von „Thron und Altar“* überzog die Nationen, schuf dynastisch deren Territorialmachtbereiche, zog die ökonomischen, die wissenschaftlichen und die technischen Potenzen an sich und legte den Grund, ja die Bahnen zur europäischen Ausbreitung über die Erde in nationalstaatlicher, privilegiert kapitalistischer Form. Die kirchliche Mission folgte ihr.

Die Christen des spätfeudalen „establishment" machten das alles, ohne kritischen Sinn für die in Gang befindliche gesellschaftlich-ökonomisch-geistige Revolution, die über kurz oder lang ihren politischen Ausdruck finden mußte, mit – durch Bibelzitate die absolutistische Herrschaft in den europäischen Monarchien rechtfertigend, von der kirchenamtlichen Autoritätsspitze her sie sanktionierend. Als es zur Demokratie kam – und gar revolutionär –, hatte die religiöse Heilsbotschaft den Anschluß verloren. Die bürgerliche Klasse behielt einigermaßen die christlichen Usancen bei, da sie ihr geeignet erschienen, zur Festigung von Ruhe und Ordnung nun in ihren eigenen gesellschaftlich-politischen Verhältnissen beizutragen; das Proletariat verfiel in seiner Mehrheit dem Unglauben.

Die herangereifte, entwickelte Demokratie ist überall pluralistisch. Sie beruht auf den folgenden *spezifisch modernen Prinzipien:*

1. Es gibt keine gleichbleibende, vorgegebene, unter allen Umständen richtige Ordnung. Die Weltverhältnisse bilden sich aus wechselnden Zweckmäßigkeiten, die als dem Allgemeinwohl förderlich ausfindig gemacht werden müssen.

2. Niemand besitzt die Garantie, das geschichtlich Zweckmäßige unfehlbar zu erkennen und es verwirklichen zu können, so daß er berechtigt wäre, seine Erkenntnisse und Entscheidungen anderen autoritär oder gar diktatorial aufzuzwingen. Aber jeder normale und zureichend gebildete Mensch ist imstande, zum Allgemeinwohl beizutragen.

3. Daher muß jedermann die Chance erhalten, seine Qualitäten für sich und die Gesellschaft nützlich zu entwickeln und an der Realisation der res publica, der allgemeinen Bedingungen des Besonderen, somit an der Politik teilzunehmen.

4. Argumentation und Debatte statt lediglich autoritärer Anordnung sind die unerläßliche demokratische Vorbereitungsmethode der politischen Entscheidung. Infolge der erzielbaren zureichenden Vernünftigkeit jedermanns spricht die Wahrscheinlichkeit dafür, daß die Mehrheit, die sich aus Abstimmung ergibt, recht hat.

5. Ersichtlich ist es jedoch möglich, daß die Minderheit das Zweckmäßige besser erkannt hat und es zutreffender vertritt; daher muß sie durch freie Meinungsäußerung und Turnuswahl Mehrheit werden können. Toleranz schützt sie, und Opposition gibt die Gewähr, daß alternative Lösungen entworfen und vorgetragen werden.

Die Gesamtheit dieser fünf Prinzipien der modernen Demokratie ist das genaue Gegenteil dessen, was sich im Laufe der mehr als eineinhalb Jahrtausende vorher als christliche Weltanschauung, als christliche Ordnungspolitik und als christliche Gesamthaltung herausgebildet hatte. Das gewaltige Abenteuer der Moderne vollzog sich zwar partiell und lange Zeit, bis in unsere Tage herein, in den äußerlich verbliebenen Formen traditionellen Christentums, aber von innerer Übereinstimmung konnte keine Rede sein. Die Verhandlungsstrategie der Kirchenführungen und die Praxis der christlich firmierenden Parteien war daher auf *Wahrung des Besitzstandes* gerichtet; die christliche Botschaft hat gegenüber der entstandenen Kultur die Einwirkungs- und schon gar die Transformationskraft verloren, – die Kirchen sind, wo immer sich die neuzeitliche Demokratie durchsetzte, zu Verteidigungsbastionen ohne weitere Rückzugsmöglichkeiten geworden. Dies beweisen alle wesentlichen Merkmale der Hochzivilisation: die arbeitsteilige, arbeitskollektive, maschinisierte, von zwingenden Ertragsgesetzlichkeiten, aber doch nicht christlich bestimmte Industriewirtschaft; die rapide Vermehrung der Weltbevölkerungen mit allen schrecklichen Verantwortungslosigkeiten, die sich bis jetzt damit verbinden, von den Verelendungen bis zur millionenfachen Abtreibungspraxis; die zunehmende Verwissenschaftlichung der gesellschaftlichen Grundlagenentwicklung sowie der sie begleitende, die Religion mehr und mehr verdrängende oder ersetzende Wissenschaftsglaube; die generelle Tendenz zur Innerweltlichkeit in der sich ausbreitenden Konsumkultur; die unaufhaltsame Urbanisierung in ihren sämtlichen positiven und negativen Erscheinungsformen; die Globalisierung, das heißt die wechselseitige internationale Abhängigkeit bei gleichzeitig existenzgefährdenden militärischen, thermonuklear bestückten Gegensätzen; die kosmonautische Expansion in Machtkonkurrenz ohne metaphysische Sicht, daher auch ohne Perspektive, wohin die Menschheit und ihr Bewußtsein gebracht werden mögen.

Wo in diesem Abenteuer sondergleichen bleibt die christliche Heilsbotschaft? Kann sie in ihren traditionellen Formen überhaupt noch verstanden werden? Für wieviele ist sie mehr als ein bewußter oder unbewußter Ablenkungstrost? Die Notwendigkeit einer radikalen, bis an die Voraussetzungen und Grundtatbestände reichenden Veränderung des Verhältnisses zwischen den Kirchen und dieser Welt, und zwar nicht dergestalt, daß man ihr Buße nahelegt und sie durch Predigt animieren möchte, sie solle doch zur Einsicht kommen, sondern im Wege der eigenen Erneuerung der Kirchen und einer ausfindig zu machenden, vielfältig als vertretbar und wirksam zu erprobenden Anpassung, diese Notwendigkeit hat ein großer einfacher Mann unserer Tage erkannt: *Johannes XXIII.* Er hat die Tore der „Festung Kirche" ohne Bedenken und ohne viel Umstände geöffnet, hat alle noch innerhalb Befindlichen, die von lebendigem Glauben erfüllt sind, aufgefordert, in mutiger, vertrauensvoller Ungezwungenheit sich hinauszubegeben, um allseitig Kontakt zu nehmen; er hat die anderskonfessionellen Bastionen angesprochen, desgleichen zu tun.

Und in der Tat ist ein Anfang gemacht worden; zumindest haben sich die Tore nicht wieder geschlossen, das „aggiornamento" wird versucht.

Hat es politisch Aussichten? Das elementare Faktum, von dem man bei Abschätzung der Möglichkeiten auszugehen hat, die in den objektiven Gegebenheiten begründet sind, ist die Weltsituation *existentieller gegenseitiger Angewiesenheit,* in der wir uns befinden. Die politisch-moralische Qualität, die der Menschheit zur Zeit im besonderen abverlangt wird, wenn sie die gemeinte Zukunft erreichen will, ist die *Solidarität.* Das ist eine fraternelle Tugend. Sie entspricht sowohl der pluralistisch-demokratischen als auch der kommunistischen säkularen Heilsverkündigung und Heilserwartung. Was liegt näher, als daß sich der Christ dabei zu Wort meldet, – mehr: daß er diese Tugend als die allererste, die wichtigstgewordene übt und weltweit anwendet – im gleichen Wettbewerb, wie alle anderen es müssen, damit wir bestehen; doch der Christ überall anwesend, wo sie erfordert wird. Es ist geradezu *die* christliche Tugend in der Politik, aus dem Liebesgebot Jesu Christi unmittelbar sich herleitend, dem tiefsten gegenwärtigen Menschheitserfordernis entsprechend, den gewohnten, so gern auf die weltlichen Verhältnisse analog angewandten kirchlichen Autoritarismus ablösend. Die Übersetzung des lebendigen Glaubens in die Welt ist jetzt die Bergpredigt; Entwicklungshilfe und Abrüstung sind in ihr beschlossen; noch viel mehr, was die globale Demokratie in ihrem Überleben, das ihr Sieg sein wird, braucht.

Wir befinden uns, wer sähe es nicht, an der Schwelle eines Weltzeitalters, – wenn wir sie, ohne uns zugrundezurichten, ohne kollektiven Selbstmord zu begehen, überschreiten, steht eine unabsehbare Zukunft bevor: *neue Dimensionen der Humanität,* in denen der Mensch seine entfaltete Autonomie nur fraternell, in welcher konkreten Systemausprägung immer, nicht gegenüber Gott, seinem Schöpfer, sondern gegenüber seinen Mitmenschen, von denen er weder mehr privilegierte Herrschaft noch Ausbeutung duldet, wahrzunehmen vermag. Die Demokratie in solcher Hochzivilisation ist in Gefahr, im Laufe der weiteren Entwicklung die Gleichheit der Versorgung auf hohem Konsumniveau bei außerordentlich verringerter Arbeitszeit mit dem partiellen oder totalen Verlust der politischen Freiheit zu bezahlen, wenn die dritte Forderung der Französischen Revolution, die Brüderlichkeit, die proklamiert werden mußte, weil sie christlich nicht realisiert war, die aber rein säkular eine Wunschprojektion geblieben ist, von nun an nicht in beiderseitiger Erkenntnis und Zusammenarbeit verwirklicht wird. Der weltimmanent gesinnte Humanist begreift die Unerläßlichkeit der Fraternität als der jetzt entscheidenden politischen Kategorie aus den Prämissen und aus den Konsequenzen der zivilisatorischen Entwicklung; der Christ, der sich aus traditionell geschichtlichen Befangenheiten zu lösen vermag und der vor allem nicht falsch eschatologisch denkt (die Menschheit kann durchaus hunderttausend Jahre alt werden, wenn sie doch zweitausend Jahre nach der unmittelbaren Untergangserwartung der urchristlichen Gemeinden weiterbestanden hat), der Christ versteht die Brüderlichkeit zusätzlich aus der Verkündigung der Gottesebenbildlichkeit und der Gotteskindschaft jedes Einzelnen. Und jeder Einzelne ist ja, indem er sich zu entscheiden hat, als das ureigentliche Wesen der Alternativen zur Selbst- und Mitbestimmung, die die Freiheit ausmachen, berufen. Daß so viel Zeit vergehen mußte, bis dies klarzuwerden beginnt – die *tiefe Verwandtschaft von christlicher Botschaft und moderner Demokratie!*

Es sind genug geschichtliche Voraussetzungen zustandegebracht, die es der Christenheit nahelegen, nunmehr vom maternalen und paternalen Autoritarismus, der die Herrschaftssysteme der Jahrtausende bestimmt hat, abzusehen und sich entschlossen dem Wagnis der Demokratie zuzuwenden, dem *Wagnis Mündiggewordener,* damit es gelingt. Es ist die jüngste, die schwierigste, aber sicherlich auch die großartigste politische Unternehmung der Menschheit: auf Vernunft, Bildung und Charakter aller zu vertrauen. Der Christ gesellt, sichernd und korrigierend, die spezifischen Qualitäten bei, die ihm verliehen sind. Indem er sich den neuen Horizonten zuwendet und die traditionellen Grenzen entschlossen überschreitet, vieles Gewohnte zurücklassend und dem Wesentlichen vertrauend, teilnehmend am gemeinsamen Wagnis, aus dem es kein Zurück gibt, tut er das Selbstverständlichste, was es für ihn aus seiner Berufung geben kann: sich in aller weltlichen Ungewißheit auf Heil hin zu solidarisieren, ohne irgendeinen Sonderanspruch für sich selber zu stellen.

Beitrag vom 24. Juni 1966 zur Sendung „Neue Grenzen – ökumenisches Christentum morgen" des Westdeutschen Rundfunks.

Kirchliches Lehramt und Demokratie

Die Kirche ist in der Welt. Sie ist in die Welt gesandt, und muß sich – will sie ihre Botschaft richtig verkünden – immer wieder neu der Welt anpassen. In ihrem Gang durch die Geschichte muß sie sich auch in vielfältige – positive und negative – Beziehungen mit den weltlichen Autoritäten einlassen... Seit einem Jahrhundert findet sich die Kirche in immer größeren Teilen der Welt einem Herrschaftssystem gegenüber, auf das kaum eine ihrer historischen Erfahrungen paßt: die Demokratie. Es hat den Anschein, als gewöhne sich die kirchliche Autorität und das breite Kirchenvolk nur sehr beschwerlich an dieses neuartige, weltliche Gegenüber...

Gleichwohl hängt für die Kirche und für die Zeitgerechtheit ihrer Verkündigung Entscheidendes davon ab, wie sie sich zum Herrschaftstypus der Demokratie stellt. Gewinnt man dazu in sachlicher Betrachtung und auch als Christ die Überzeugung, daß die Demokratie eben die vollkommenste und der menschlichen Bestimmung angemessenste irdische Herrschaftsform ist, dann erhält die Frage nach dem Verhältnis von Kirche und Christenheit zu ihr ein noch einmal gesteigertes Gewicht...

Ich bin, rundheraus gesagt, der Auffassung, daß das kirchliche Lehr- und Hirtenamt mit jeder der drei geistigen Voraussetzungen der freiheitlichen Demokratie übereinstimmen kann – sofern es die ihm anvertrauten Menschen nicht gängeln, sondern nur leiten will... Die erste Voraussetzung, daß jede Person, die die menschlichen Grundqualitäten besitzt, zureichend imstande sei zu erkennen, zu unterscheiden und sich zu entscheiden, kann vom Lehr- und Hirtenamt der Kirche gar nicht geleugnet, im Gegenteil muß sie ebenfalls ausdrücklich bejaht und festgestellt werden. Denn sie ist ja auch eine der Voraussetzungen des Lebens in der Kirche. Wie nämlich könnte ich ein Glaubensbekenntnis ablegen, wenn ich nicht zureichend erfassen könnte, worum es sich dabei handelt, um mich dann durch einen Willensakt entscheiden zu können?

Die zweite Voraussetzung der Demokratie, daß keine Gewähr für irgend jemandes richtige Erkenntnis der Zweckmäßigkeiten in der Welt besteht, ist meines Erachtens für das kirchliche Amt gleichfalls völlig akzeptabel. Zwar sagt das Lehramt, daß es Grunderkenntnisse der menschlichen Natur gibt, die richtig seien und die vom kirchlichen Amt dargeboten werden, und in ihnen sei die Gewähr richtiger Erkenntnis gegeben. Aber diese Gewähr kann schlechterdings nicht ausgedehnt werden auf das, was jeweils in der menschlichen Gesellschaft zweckmäßig ist...

Der härteste Punkt für das kirchliche Lehramt scheint die dritte Voraussetzung der Demokratie zu sein, nämlich daß es keine absolute Verbindlichkeit noch so richtiger Erkenntnisse im System der politischen Freiheit geben darf. Bedenken wir aber: Beruht nicht auch die Glaubens- und Sittenentscheidung darauf, daß jede Person tatsächlich Freiheit besitzt, sich also entscheiden kann und darf? Hat denn die kirchliche Autorität in richtiger christlicher Auffassung jemals das Recht besessen, irgend jemandem den Glaubens-, den Bekenntnis-, den Kultakt aufzuzwingen, obwohl es in der Geschichte passiert ist? Wird nicht der religiös-kirchliche Akt, wenn er erzwungen wird, seines eigentlichen Ranges und Wertes entkleidet? Bedenkt man das richtig, so wird man zu der Schlußfolgerung kommen, daß niemandem eine noch so gültige Wahrheit aufgezwungen werden darf.

Ich finde sogar, daß diese Voraussetzung der Demokratie, die ihr als absolute Notwendigkeit zugrundeliegt, auch eine Voraussetzung alles kirchlichen Lebens ist, also mitten in den innersten kirchlichen Bezirk gehört. Denn noch der Akt einer Unterwerfung unter eine Norm ist ein Akt der Freiwilligkeit. Dessen brauchen wir uns nicht immer bewußt zu sein, solche Akte geschehen vielfach habituell. Dadurch aber, daß sie zum Habitus wurden, hören sie nicht auf, frei zu sein. Für das kirchliche Lehr- und Hirtenamt, dessen Träger sich in langer Praxis daran gewöhnt haben, daß Menschen ihnen sozusagen blind gehorchen, ist dies freilich ein etwas hartes Problem. Wenn – um es bildlich zu sagen – das Gleichnis unseres Herrn von der Herde, die der gute Hirte um sich versammelt, zum theoretischen Prinzip gemacht und dauernd angewandt wird, als seien die personalen Subjekte, um die es sich in der Kirche ja ebenso wie in der weltlichen Demokratie handelt, Schafe, die man in einen Pferch zusammentreiben muß, und wo es Wachhunde gibt, die die Herde immer schön auf der Strecke halten, dann erscheint dieser Grundsatz zweifellos auf die Kirche unanwendbar. Aber dieses Bild, das Christus in Palästina gewählt hat, weil es den Menschen dort vertraut war, ist für uns keineswegs ein sehr vertrautes oder in der Situation anwendbares Bild. Hier und jetzt ist das Leben eher einem Urwald vergleichbar, in dem es zwar Orientierungen geben soll, Wegweiser, die die Richtung anzeigen und die man nicht verdrehen darf. Aber darin gehen muß man allein oder in kleinen Gruppen, und es ist gut, wenn man dann zuweilen irgendwo ein depositum gratiae findet, das von Berufenen verwaltet wird und aus dem der Müde, der dort vorbeikommt, sich stärken, für den Weiterweg orientieren und, soweit das geht, neu ausrüsten kann. Aber es führen keine riesigen Straßen durch diesen Urwald, auf denen wohlgeordnete Herden ziehen könnten. Es ist also Aufgabe der Kirche, ihren Gnadenschatz so in diesem Urwald zu deponieren, daß er von den Wanderern auch angetroffen werden kann.

Ich halte es also für positiv, daß das kirchliche Lehr- und Hirtenamt an solcher der dritten Voraussetzung der Demokratie zugrundeliegenden Freiheit elementar interessiert sein muß. Es ist nämlich auch die Freiheit der Kirche selbst zum Bekennen und zur Ausübung des Kultes damit garantiert. Wenn nämlich die modernen Demokratien für jedermann und jede freiheitliche Gruppe diese Grundfreiheiten statuieren und sichern, tun sie es gleichzeitig für die Kirche. Diese Freiheit ist darüber hinaus die Grundvoraussetzung dafür, daß der Mensch sich als Person entfalten kann. Die Demokratie schafft dafür die entsprechenden gesellschaftlichen Verhältnisse und sichernden Einrichtungen.

Es besteht also ein gemeinsames Interesse der kirchlichen Autorität und der weltlichen Demokratie, daß die Person sich freiheitlich entfalten kann, und in der Folge dieses Grundsatzes, daß auch die Organschaften, in denen die Entfaltung der Person sich vollzieht – die Familie etwa, aber auch eine ganze Reihe anderer –, entwickelt und geschützt werden, daß die Gleichheit der Entfaltungschance gewahrt ist und jeder Person und jeder Familie die zureichenden Mittel zu ihrer Entfaltung offenstehen.

Gegenüber dem früheren Verhältnis der kirchlichen Autorität zu den Herrschaftssystemen ergibt sich freilich eine bemerkenswerte neue Konsequenz... Früher war der Partner der kirchlichen Autorität die weltliche Autorität der Kaiser, der Könige, der Fürsten. Heute sind die Partner alle Kräfte im gesellschaftlichen Feld, die Gesamtheit der gesellschaftlichen Gruppen... Heute muß die kirchliche Autorität also viel mehr auf die Basis des Herrschaftssystems achten und einwirken, wenn sie ihre wichtigen Interessen, die, wie oben angedeutet, im Gleichklang mit denen der Demokratie sind, wahren will. Wenn sie also daran interessiert ist, daß in einer Gesellschaft etwa die richtige Erziehung geschieht, damit die Grundnormen für die Entfaltung des Menschen, und darunter auch religiös begründete Überzeugungen, gewahrt werden, dann muß sie sich in ihrem Bemühen in erster Linie an die unteren menschlichen Gruppen selbst halten, denn diese bestellen die Repräsentanz, die im Konfliktfall die entsprechende autoritäre Verfügung trifft... Das Recht der Kirche als Interessengemeinschaft gilt allerdings auch für jede Minderheit, einschließlich der Atheisten und Freidenker, insofern sie eine genügend große Bedeutung in der Gesellschaft haben...

Die Kirche hält es natürlich für wünschenswert, daß die politischen Vertreter des Souveränitätswillens des Volkes ihre Prinzipien realisieren. Heißt das aber, daß das kirchliche Lehr- und Hirtenamt sogenannte christliche Parteien favorisieren soll?... Das ... kann sie ... schon aus Heilsgründen nicht, weil ihr Auftrag an alle Menschen geht und nicht nur ein Sicherheitsauftrag für die ist, die sich innerhalb des kirchlichen Bereichs befinden... Konstruieren wir ein Beispiel: Man kann sich kirchlicherseits besonders auf die christlichen Politiker stützen, um christliche Interessen in Schul- und Erziehungsfragen durchzusetzen. Man könnte aber dabei außer acht lassen, daß dieselbe Gruppe christlicher Politiker eine Wirtschaftspolitik betreibt, die für das Volk unter Umständen existenzgefährdend sein kann. Sie setzt etwa bestimmte wirtschaftliche Maßnahmen, die zu einer Inflation führen... Angenommen aber, eine nicht christlich bestimmte Partei hätte die richtigere, zweckmäßigere Wirtschaftspolitik betrieben. Wäre es dann nicht wünschenswert gewesen, in diesen Dingen diese Partei zu unterstützen aus rein politischen Zweckmäßigkeitsfragen, die aber an die Wurzel der Existenz reichen und also auch die höheren Prinzipien beeinflussen? Es zeigt sich, wie wesentlich das zweite Prinzip der Demokratie ist, daß es keine absolut gültige Erkenntnis des Zweckmäßigen geben kann, und ein wie vielschichtiges, schwieriges, komplexes Ganzes die politische Wirklichkeit ist.

Die für die Demokratie absolute Gültigkeit des Prinzips der Toleranz muß auch, gegen allen historischen Anschein, im positiven Interesse der kirchlichen Autorität liegen. Daß in der Demokratie alle Überzeugungen geachtet, gegenseitig ertragen und positiv in das Gefüge der Gesellschaft eingebracht werden, ist im eigenen Interesse der Kirche. Sie muß es vertreten für alle, die heute Träger kirchlichen Lebens sind, und für die, die es morgen sein können und sollen. Unter der Voraussetzung der allgemeinen Toleranz ist es natürlich unerlaubt, daß man dieses Freiheitssystem nur ausnutzen will, die Möglichkeiten der Demokratie also nur dazu benutzt, um sich selbst in den Besitz der Mehrheit zu bringen, um dann dieses Freiheitssystem mehr oder minder einzuschränken oder abzuschaffen. Das ist im Prinzip dasselbe, was die Kommunisten auf ihre Weise tun. Solche Tendenzen bestehen leider auch im kirchlichen Autoritätsbereich. Praktisch etwa in Spanien. Oder sie werden theoretisch vertreten: daß die Katholiken sich der Einrichtungen der freiheitlichen Demokratie zu bedienen haben, um dann, wenn sie die Mehrheit erlangt haben, ihre gültigen Wahrheiten den anderen im Interesse des Seelenheils aufzuprägen. Das ist ein gefährlicher und falscher Zirkel. Denn es ist keineswegs im Interesse des Seelenheils, jemanden zu einer Entscheidung in Glaubens- und Bekenntnisdingen zu zwingen. Es wäre illoyal, auf legalem Wege einen christlichen Totalitarismus erschleichen zu wollen. Vielmehr muß die Freiheit im Interesse der Kirche und des Glaubens auch von der kirchlichen Autorität für jedermann tatsächlich anerkannt werden, die Freiheit selbst, sich gegen die Kirche zu wenden. Das freie Recht des Atheisten müßte von uns, den Christen einschließlich der kirchlichen Autorität, gewahrt werden, auch wenn wir traurig darüber sind, wenn von diesem Recht Gebrauch gemacht wird.

Wenn die Dinge so liegen, dann scheint die Trennung der Autoritäten, der weltlichen und der kirchlichen, im Sinne der Freiheit zu liegen. Selbstverständlich ist diese Freiheit ein Abenteuer. Wenn man aber nicht der Auffassung Torquemadas ist, die Dostojewski in der Legende vom Großinquisitor in den „Brüdern Karamasow" so einprägsam dargestellt hat – der dem wiedererschienenen Herrn in einer Nachtunterredung, in der dieser nur schweigt, sein inquisitorisches Konzept auseinanderlegt: „Ich sorge für die Menschen und bringe sie zum Heil, aber sie sollen sich nicht entscheiden müssen", so daß die so regierten Menschen am Ende in geschlossenen Kolonnen im Jenseits eintreffen –, wenn man diese Auffassung nicht teilt, dann muß man sich zu einer säuberlichen Trennung der Autoritäten, zum Abenteuer der Freiheit, wohl früher oder später entscheiden...

Wir wünschen natürlich nicht, daß die Staaten gar nichts mehr mit dem Glauben und dem religiösen Leben zu tun haben. Wir wünschen vielmehr, daß das christliche Element unter Wahrung der Toleranz in ihnen mächtig ist. Dies aber kann nicht erzwungen werden. Und da es verschiedene Bekenntnisse gibt, da es Ungläubige gibt – manchmal sogar Mehrheiten in der heutigen Gesellschaft –, so müssen die staatlichen Autoritäten im Interesse des Ganzen für alle da sein und nicht nur für eine Gruppe. Das wäre ein Widerspruch in sich selbst und würde zum Totalitarismus führen.

Daß dieses System eine Reihe von Gefahren enthält, ist klar und soll nicht bestritten werden. Die aber werden umso relativer und geringer, je mehr die Arbeit der Kirche in die Breite wirkt und sich die kirchliche Autorität primär an die Träger der Souveränität in der Gesellschaft, das breite Volk, richtet. Sie muß also wieder transformierend werden, muß ihr Wort so sagen, daß es verstanden werden kann. Im politischen Raum kann sie, die bleibende Grundsätze zu wahren hat, nur sehr bedingt mitsprechen, denn in ihm geht es um wechselnde Zweckmäßigkeiten. Hier muß sie auf der Basis einer richtigen Unterweisung des Kirchenvolkes diesem die Freiheit zur eigenen politischen Entscheidung geben. Aus solcher Erweckung des Kirchenvolkes zum frei entscheidenden politischen Handeln ergeben sich aber positive Folgen sowohl für den ganzen weltlichen als auch für den innerkirchlichen Bereich.

Die Kirche, nun nicht mehr als ein Autoritätssystem gesehen, sondern als Gemeinschaft der Gläubigen, die einzelnen Christen also werden aus der Kraft dieser Gemeinschaft an der Front des gesellschaftlichen Reformierens stehen müssen. Sie müssen Reformen durchführen, sich an ihnen beteiligen, bestimmte Reformen, die sie besser sehen, weil sie eine zusätzliche bestimmte Auffassung von der menschlichen Natur haben, anregen, damit die Gefahren, die gegen die freiheitliche Demokratie bestehen, in der auch die kirchliche Freiheit beruht, abgewehrt werden – die Gefahr von totalitären Staatsstreichen etwa oder andere. Da stehen die Christen mit ihrer Autorität in einem gemeinsamen Interesse mit sehr vielen nichtkirchlichen Menschen, und eben dieses gemeinsame Interesse und nichts anderes ist die naturrechtliche Grundlage, von der das kirchliche Lehramt spricht: gar keine Spezialität der katholischen Kirche also. Dieses Lehramt betont ja vielmehr selbst immer wieder, daß es hier nur einen Hilfsdienst leiste für die Klarheit der Gewissen. Die Autorität wird den einzelnen Christen bei ihrem Handeln für die Demokratie keine konkreten Anweisungen geben können. Es ergeben sich nur gewisse Grundlinien aus der gelehrten Grundanschauung über den Menschen, die im Kern mit der Grundnorm der Demokratie übereinstimmt.

Für uns Christen ist also gegenüber dem Urchristentum ein wesentlicher Unterschied im Verhalten zur Welt. Sie, die durch zweitausend Jahre Christentum gelaufen ist, ist sehr wichtig geworden... Jetzt sind wir viel mehr identisch mit diesen Weltdingen. Es sind unsere Dinge geworden, durch deren Tun auch das Heil wirkt. Und da haben wir mit dem säkularisierten Humanismus, der nicht mehr wie das frühere Heidentum ist, weil auch er zweitausend Jahre Christentum durchlaufen hat, sehr vieles gemeinsam. Es erfüllt uns eine gemeinsame Solidarität mit diesen Nichtchristen in der positiven Entwicklung der natürlichen Voraussetzungen des Heils und eine Solidarität in der gemeinsamen Abwehr extremer Existenzgefährdung, oder zumindest sollte sie uns erfüllen.

Das heißt also, daß die Laienschaft der Kirche in den Demokratien eine außerordentlich erhöhte, eine unersetzliche Bedeutung gewonnen hat. Die Laien sind, wie man sich ausdrückt, mündig geworden in den Situationen der Welt. Sie sind als solche viel wichtiger als früher. Auch wichtiger als ihre kirchlich errichteten Organisationen, die – wie man erfahren konnte – in allen Ernstfällen der Belastungsprobe nicht standhalten, während mündige Personen, die vom Leben der Kirche und der Welt erfüllt sind, standzuhalten vermögen. Wir müssen also auch im innerkirchlichen Bereich viele Meinungen abbauen. Die von der Nützlichkeit der Organisationen etwa. Auch sehr viele im Bereich der moraltheologischen Kasuistik. In dem Urwald, in dem wir uns bewegen müssen, gibt es keine Geländer, die man immer wieder ein Stückchen vorschieben und an denen man sich entlanghanteln könnte. In dieser vielfältigen Welt können die Christen nicht gegängelt werden, sie müssen in Freiheit gehen lernen... Es geht um die Präsenz des einzelnen, freien Christen in den Weltverhältnissen, um die totale Anwesenheit des Christen in der Welt. Ob es sich dabei um einen Maschinenprozeß handelt oder um eine politische Handlung oder um sonst etwas: die Christen müssen die Weltprozesse mitentscheiden, auch damit Heil leichter wirken kann. Ein christlicher Ingenieur zum Beispiel kann sich natürlich nicht von einer kirchlichen Autorität vorschreiben lassen, ob er besser eine Waschmaschine oder einen Düsenjäger produzieren soll. Aber es ist kein Zweifel, daß dies ein Kasus der Entscheidung für einen Christen ist und daß es nicht neutral ist, woran er mitwirkt. Es ist also zu hoffen, daß sein christlich geformtes, in der Gemeinschaft der Kirche und der Welt gewecktes Gewissen richtiger entscheidet als Leute, die ein solches Gewissen nicht haben. So ergibt sich auch innerhalb der Kirche eine Neubelebung als Konsequenz des Lebens ihrer Glieder in der freiheitlichen Demokratie.

Dazu gehört zweifellos auch, daß die kirchliche Autorität sich in den Dingen der Welt richtig beraten läßt, damit sie innerhalb ihrer Zuständigkeiten, die im Verhältnis zu den Aufgaben der Welt stehen, sachgerecht verfahren kann. Sie muß aus ihrer traditionellen Vorstellung befreit werden, daß Autorität zu Autorität gehört, denn das System des Funktionierens der Herrschaft ist in unserer Zeit und unseren Staaten anders geworden. Infolgedessen muß sie sich von den Laien beraten lassen, die in dieser Herrschaft mitwirken. Nicht damit sie dann besser in die politischen Spezialprozesse eingreifen kann, vielmehr damit sie unter Umständen nicht eingreift, ihre Prinzipien aber in einer Sprache und einer Art und Weise verkündet und zur Geltung bringt, die verstanden werden kann. Denn was da jetzt gesprochen wird, das wirkt kaum innerhalb, geschweige denn außerhalb der Kirche. Die richtige Sprache der kirchlichen Autorität in die Welt hinein ist weithin verlorengegangen.

Insgesamt gehört zu diesem neuen Verhältnis der Kirche zu den irdischen Herrschaftssystemen auch eine große Rückbesinnung auf die eigentliche Rolle der Kirche als bekennender Gemeinschaft in dieser Welt, auf ihre eigentlichen Aufgaben, ihre eigentlichen Mittel. Es geht nicht an, daß die Kirche ihr geschwächtes Glaubensbewußtsein kompensiert mit einem falschen politischen Kampf um Machtpositionen. Es geht noch weniger an, daß sie sich radikal auf ihren „Felsen Petri" zurückzieht, um dort Gott zu danken, daß sie sicher steht, während ringsum die Menschen ertrinken. Notwendig scheint vielmehr, daß die einzelnen Christen, mit dem Schwimmgürtel der Gnade ausgestattet, ins Wasser springen, um einzugreifen, wo es not tut. Das heißt, daß die Christen sich identifizieren mit den andern, die in der gleichen Welt leben, und dabei auf die übernatürlichen Hilfen und Mittel mehr vertrauen, als sie es jemals seit der konstantinischen Wende getan haben, mehr vertrauen als auf die natürlichen Mittel der Macht.

Dieser ganze Vorgang vollzieht sich in einem Europa, dessen Bedeutung in der Welt sehr eingeschränkt ist. Es gehört also eine gewisse Bescheidung dazu, diese Aufgaben jetzt anzugehen, und nicht die Meinung, wir könnten aller Welt etwas Neues bringen. Vielleicht aber geht, wenn wir die Aufgabe einigermaßen bewältigen, wieder etwas Glaubwürdigkeit von uns aus. Die Kirche als Ganzes und ihre Leitung aber hat mehr zu tun. Sie ist nicht nur für die europäischen Christen da, sondern tatsächlich für alle Völker bis an die Grenzen der Erde. So wird sie sich von manchen historischen, abendländischen Kleidern entkleiden und Adaptionen an völlig andere Voraussetzungen vollziehen müssen, als sie bei uns gegeben sind. Das ist ein sehr schwerer, aber ein notwendiger Prozeß. Die Kirche ist wieder auf Wanderschaft, und wir alle müssen hier in Europa wie überall lernen, die alte frohe Botschaft von der Erlösung des Menschen, vom Menschen und seinem Heil verständlich zu verkünden und glaubhaft zu leben.

Nachträglich erstellte Druckfassung eines in freier Rede gehaltenen Vortrags, veröffentlicht in: Werkhefte katholischer Laien, Dezember 1956 und Januar 1957.

Chance des Christentums: Verzicht auf politische Macht

Die Zukunft der christlichen Großkirchen gilt vielen als ungewiß. Sie sind überzeugt davon, daß nur der volkskirchliche Status, der auf staatlichem Privileg beruht, die religiösen Standardbekenntnisse vor dem völligen Schwund ihrer gesellschaftlichen Bedeutung bewahrt. Wäre Religion strikt individuell Privatsache, dann würde man nicht wie bisher in die Kirchen als öffentlich-rechtliche Körperschaften hineingeboren – ganze Völker, ganze Bevölkerungsteile aufgrund standesamtlicher Eintragungsakte. Es entfiele der Anspruch auf besonderen Schutz, auf Religionsunterricht in den Schulen, auf Amtshilfe, die Kirchensteuer vorzuschreiben und einzuziehen, auf andere Vorzugsstellungen und staatliche Förderungen.

Die Meinung, den Ausschlag über die Zukunftschance der christlichen Bekenntnisse gebe das kirchenpolitische System, in dem sie organisiert sind, ist jedoch zu eng im Horizont. Nirgends, wo das Prinzip der Trennung eingeführt ist und mehr oder minder konsequent praktiziert wird, bestätigt die Erfahrung solch hilflose Angewiesenheit der Kirchen, – in den USA selbstverständlich nicht, denn sie, das Land, in dem das Trennungsprinzip erstmals proklamiert worden ist, haben es freundlich angewandt: in den Staatsschulen wird den Kindern der Besuch des Religionsunterrichts erleichtert, die Streitkräfte stellen Militärgeistliche an, der Kongreß eröffnet die Sitzungssaison mit Gebet, Thanksgiving Day ist nicht nur ein weltlicher Feiertag, der Präsident selbst fordert zum Dank an Gott auf. Nein, auch in den Ländern kirchenfeindlicher Anwendung des Prinzips, wie im Frankreich von seinerzeit, in Belgien, in Mexiko, hat der Verlust politischen Einflusses, hier der katholischen Kirche, sie nicht ihrer Lebenskraft beraubt.

Anders verhält es sich natürlich im Fall systematischer Verfolgung: so in der Sowjet-Union. Aber sogar dort, unter der Kontrolle eines von Atheisten geleiteten „Ministeriums für kirchliche Angelegenheiten“, beweist die Orthodoxie, bei nahezu totaler Unterwürfigkeit gegenüber dem Staat, daß es nicht Privilegien sind, auf die religiöse Bekenntnis- und Kultgemeinschaften, um sich als wirksam erweisen zu können, bedingungslos angewiesen wären.

Wirksam erweisen: das heißt nun freilich nicht, in Frömmigkeit, allein oder gemeinsam, nur auf das jenseitige Heil bedacht sein. Mitentscheidend ist das Verhältnis zu den gesellschaftlichen Kräften auf Ziele hin, die mit den besonderen christlichen Auffassungen von der Welt, vom Leben und von den menschlichen Aufgaben zu tun haben. Die Kirchen können, in diesem Sinne, nicht unpolitisch sein. Sie waren es ja auch nie. Was sie, jetzt in Gegensatz zu bestimmten Zeiten der Vergangenheit, ja zurückgerechnet bis zur konstantinischen Wende, im Gegensatz zu sechzehneinhalb Jahrhunderten, weniger und weniger, um Einfluß zu nehmen und Einfluß zu haben, brauchen können, ist, wenn Verfügungsgewalt darunter verstanden wird, Macht in der Politik. Die Weltverhältnisse insgesamt, nicht nur die Verhältnisse in dem und jenem Land, haben eine Entwicklungsform angenommen, die es ausschließt, daß sich zukunftsträchtige kirchliche Wirkung, mit oder ohne staatliche Priviligierung, auf die alte Weise erreichen ließe; sie verlangt tiefgreifende Veränderungen im Denken und Verhalten der Kirchen selbst.

Das hat sich längst angekündigt, als Notwendigkeit lange schon erwiesen, es ist nur zumeist nicht erkannt, wenn erkannt, dann in den Konsequenzen, die zu ziehen gewesen wären, nicht ernst genommen worden. Man hielt, in den Einrichtungen und den Beziehungen, am Gewohnten fest: die Verkündigungen unabänderlich, weil ihre Inhalte ewig, gleichbleibend zu richten an eine veränderliche, von Epoche zu Epoche veränderte, schließlich die von Grund auf verwandelte Welt. Gegen deren Mängel, ihren Übermut, ihre Irrtümer und Verderbtheiten galt die Kirche den gläubig Gebliebenen, gläubig Bleibenden als der sichere Hort und die Rettung. Die Normen, die sich daraus ergaben, zuverlässige Bezeichnungen des Heilsweges, waren unangefochten einzuhalten.

Vollends in unseren Tagen zeigt sich, daß es bei so selbstsicher-konservativer „Politik gegenüber der Welt" nicht bleiben kann und nicht bleiben darf: sie wäre ohne transformatorische Kraft. In dem Abschnitt zivilisatorischer Entwicklung, in dem wir leben, müssen die besonderen Chancen, die ihm neben den elementaren Gefahren innewohnen, von den Kirchen wahrgenommen werden. Das setzt, wie es da und dort glücklicherweise begonnen hat, zu dieser Gegenwart ein anderes Grundverhältnis voraus, als es in den großen geschichtlichen Verläufen seit den christlichen Anfängen bisher praktiziert worden ist – im mittelalterlichen Hauptabschnitt für die Verhältnisse von damals erfolgreich, von da an in größer und größer werdender Entfernung voneinander immer erfolgloser.

Das Losungswort vom „aggiornamento", das Johannes XXIII. für unsere Zeit an die Kirche ausgegeben hat, meint keineswegs die Preisgabe von Glaubensinhalten oder lediglich modische Anpassungen – ein weltliches make up der Kirchen, wie man es genannt hat. Vielmehr, wo es not tut, auch in einem deutlichen Gegenüber zur Welt, ein Weiterdenken, ein neues Überdenken der überlieferten Heilsbotschaft, so daß sie gerade in dem, worin sie herausfordert, unter den weltlich-geschichtlichen Bedingungen, die jetzt gegeben sind, verstanden werden kann. Das ist nicht nur eine Sache der Formulierungen und der Wortwahl, sondern der Weiterentwicklung. Gewiß behält, beispielsweise, „Sein Reich" die endzeitliche Bedeutung, in ihr wohl auch die apokalyptische, die sich sozusagen „tangentiell" immer verwirklichen kann ..., aber jetzt ist es die Vermenschlichung der Weltverhältnisse Schritt für Schritt, die Arbeit an universeller Gültigkeit und Realisation des Friedens und der Gerechtigkeit, die Bemühung um Verwirklichung dieser produktivsten Utopie, was mitgedacht, miterstrebt und von Gläubigen in der Vaterunser-Bitte, daß Sein Reich kommen möge, miterfleht wird.

Warum sollte die Veränderung, um die es geht, unerreichbar sein, da sich doch die viel radikalere von der urchristlichen einerseits zur konstantinisch-römischen, andererseits dann, über diese, zur byzantinischen Ausprägung im Denken, im Verhalten und in den Einrichtungen zugetragen hat? Gibt es einen schärferen Gegensatz als zwischen der kirchlichen Heils- und Weltsicht, wie sie bestand, ehe die Erwartung unmittelbar bevorstehenden Untergangs widerlegt war, und der nachher? Weil es weit genug von uns entfernt und zurück liegt, erscheint uns das „aggiornamento" der Auslegungen und Anwendungen, das in jener Zeit vorgenommen werden mußte, wenn die Botschaft weiter begriffen werden sollte, wie selbstverständlich. Es war indes alles andere als selbstverständlich...

Der Prozeß solcher Weltverwandlung hat sich fortgesetzt, hat, mit den erstaunlichsten Entfaltungen, vor allem vom 11. bis zum 14. Jahrhundert, die Macht der Kirche hervorgebracht... – in den Heiligen Schriften ganz gewiß nicht vorgesehen, dennoch in vielem Mitgrundlegung dessen, was später, säkularisiert, den europäischen Fortschritt ausgemacht hat. Mehr, als man heutzutage zumeist annimmt, wäre es möglich gewesen, den Gegensatz, ja die Verfeindung von Kirche und moderner Kultur, wie sie sich allmählich herausgebildet hat, zu vermeiden; bedeutende Gestalten der Gelehrsamkeit und politischer Einsicht, besonders seit der Renaissance, von Pico della Mirandola über Kardinal Cusanus zu Erasmus von Rotterdam und später, um nur einen einzigen berühmten

Namen dieser Art noch herauszugreifen, zu Leibniz, die alle eine voll aufgeklärte gebildete Christenheit gewollt haben, beweisen es. Sie sind am Konservativismus der Kirchenführungen gescheitert, die sich durch und durch an die mittelalterliche Vorstellung von der idealen geistlich-weltlichen Machtverteilung, so heftig umstritten sie jeweils im Konkreten war, gewöhnt hatten: sie sind das Herrschaftsbündnis „Thron, Altar und Kapital" eingegangen, das zwar Jahrhunderte lang standgehalten hat, dann aber den Revolutionen, Unterminierungen und totalen gesellschaftlichen Verwandlungen erlegen ist.

Man darf sich über die Tiefe der Entfremdung, die eingetreten ist, keiner Täuschung hingeben. Die Frage ist berechtigt, ob es den Kirchen heute überhaupt noch möglich ist, sich aus den Schützengräben der Verteidigung, die sie in mehreren Jahrhunderten eingenommen und ausgebaut haben, zu lösen.

Darüber hinaus hat Auguste Comte in seinem zwischen 1830 und 1842 erschienenen sechsbändigen Werk „Vorlesungen über Positive Philosophie" behauptet, daß es einen gesetzmäßigen Verlauf der Geschichte gebe, eine Entwicklungsabfolge, in der die christliche Religion als solche auf Dauer keine Chance habe...[1] Comte nannte diesen Verlauf der Geistesgeschichte „das Enzyklopädie-Gesetz", weil die Gesellschaftswissenschaft so als positive Erfahrungswissenschaft von Stufe zu Stufe zur gesicherten enzyklopädischen Kenntnis aller geschichtlichen Vorgänge werde, wodurch sich die Menschheit instandsetze, ihren eigenen Fortschritt zu garantieren. Sie bedürfe dazu keiner aus Offenbarung sich herleitenden, auf Offenbarung beruhenden Religion; die Menschheit selbst sei das „être suprème", das Höchste Wesen, dem unser Wille und unsere Liebe zugewandt sind.

Man kann nicht leugnen, daß die Comtesche Auffassung, in mancherlei Abwandlung, zu einem Bestandteil des Bewußtseins unserer Zeit geworden ist. In den verschiedensten Kreisen der Bevölkerungen auch außerhalb der marxistisch-leninistisch beherrschten Bezirke ist die Meinung verbreitet, daß durchgehende Verweltlichung, möglicherweise sogar atheistischer Prägung, ein zu erwartendes Kennzeichen absehbarer Zukunft sein werde. Überprüft man die Comtesche These jedoch am konkret-tatsächlichen

[1] Vgl. hierzu weiter oben S. 156.

Verlauf der Geistesgeschichte, so ist man gezwungen, die Feststellung, solche Gesetzmäßigkeit gelte absolut und linear, wesentlich zu relativieren. Daß es in der antik-griechischen Entwicklung bis zum Hellenismus, anschließend in der Geschichte des abendländisch-europäischen Geistes, dessen Wurzeln nach Jerusalem, Athen und Rom zurückreichen, deutliche Merkmale gibt, die der Comteschen Unterscheidung entsprechen, läßt sich nicht in Abrede stellen. Doch handelt es sich keineswegs um eine einfache Ablöse vom Mythos und der Theologie zur philosophischen Metaphysik, von dieser zu den positivistischen Wissenschaften; vielmehr ist es so, daß unter bestimmten Bedingungen, die gegeben sein müssen, jeweils zur geltenden Betrachtungsweise eine neue, veränderte und verändernde, hinzutritt, die schließlich dominant wird, ohne daß jedoch die vorherigen Betrachtungsweisen und ihre Erklärungen verschwänden. Das sich herausbildende In- und Miteinander verschiedener Erklärungen aufgrund unterschiedlicher Betrachtungsweisen ist der Nährboden weiterer Möglichkeiten von Fortbildung. Das war, in unserer Zivilisation, zu Ausgang der Antike so, das ist heute nicht anders: Die „religion de l'humanité", wie Auguste Comte selber sie am Ende seiner praktischen „Philosophie Positive" ausdrücklich vertreten hat, die „Humanitäts-Religion", sowie der marxistisch-leninistische Geschichtsmessianismus, um nur diese beiden hervorzuheben, sind unbestreitbar metaphysischer Natur, obschon atheistisch. Ihre Symbiose mit Wissenschaften von heute ist, funktionell gesehen, die gleiche wie ehemals die der Theologie mit ihrer Magd von damals, der Philosophie, – die Wissenschaften sind nicht emanzipiert im Sowjetsystem.

Mit dieser generellen Bemerkung, die den geschichtsphilosophischen Erkenntniswert der Comteschen Konstruktion inhaltlich und in Hinsicht auf die künftige Entwicklung lediglich einschränkt, auch zurechtrückt, soll jedoch nicht die zentrale Tatsache aus unserem Blickfeld verschoben werden, daß zuerst die Vorherrschaft der neuzeitlichen Philosophie auf Kosten der theologischen Überlieferungen sich etabliert hat, dann die Vorherrschaft der neuzeitlichen Wissenschaft faktisch auf Kosten sowohl der Theologie als auch der Philosophie. Dieser Prozeß hat, im Zusammenhang mit einer Reihe weiterer Faktoren und Umstände, die Wirkung der christlichen Heilsbotschaft, die vom hellenistischen Intellektualismus her mit der ihm entsprechenden Theologie und Philosophie aufs engste verknüpft worden war, eindringlich in Mitleidenschaft gezogen – nicht ohne Begleitfolgen auch in der Politik.

Bedeutsame kirchliche Versäumnisse und verkehrte Frontstellungen über Jahrhunderte hin haben den Verlust an Transformationsmöglichkeiten und Transformationskraft mitverursacht. Nun ist es schwer, die positive Wiederannäherung sich auch nur vorzustellen. Die neuzeitliche Zivilisation, mit ihrer industriewirtschaftlichen Grundlage als ein dichtes gegenseitiges Einwirkungsgeflecht vieler Faktoren entstanden, ist so sehr zum lebenbeherrschenden System eigener Art geworden, daß sie jeder christlichen Polemik, Apologetik und Moralpredigt standhält. Die exorbitante Bedeutung der wenigen großen Chancen, die im Verhältnis zu ihr die christliche Heilsbotschaft meines Erachtens gleichwohl hat, wird richtig erst sichtbar, wenn das Problem in seiner ganzen Härte gesehen wird.

Es sind vier kategoriale Vorgänge, die zu dem geführt haben, was wir die Moderne nennen. Zu jedem einzelnen der Ergebnisse stehen die Kirchen aus den angedeuteten Gründen mehr oder minder in unflexibler Opposition statt in fruchtbarer Auseinandersetzung.

Den ersten Rang nimmt da die *Autonomie des Menschen* ein. Das Streben nach ihr ist nicht, wie man in weiten kirchlichen Kreisen zäh der Meinung ist, als Abfall von christlichen Prinzipien und Normen entstanden, dem dann satanische Aufstände teils liberaler, teils sozialistisch-kommunistischer Observanz folgten und weiter folgen. Die Verselbständigung des europäischen Geistes bis zur Überzeugung von der möglichen und notwendigen Selbstgesetzlichkeit des Menschen ist vielmehr auf mannigfachen Wegen und Umwegen als Fortbildung antik-griechischen und jüdisch-christlichen Erbes zustandegekommen. Aus der Konzeption von der Personalität des Menschen ergab sich die Idee der Freiheit, die die Fähigkeit zu eigener Entscheidung aufgrund von Einsicht sowie das Recht auf Selbst- und Mitbestimmung einschließt; aus der Lehre von der Gottebenbildlichkeit und der Gotteskindschaft des Menschen die Idee der Gleichheit; aus beiden in ihrer Verbindung die Idee der existential-fraternellen Solidarität. In den Menschen- und Bürgerrechtsdeklarationen der demokratischen Verfassungen, revolutionär durchgesetzt, gesellschaftlich verfestigt, ist das verankert.

Die zweite der entscheidenden Veränderungen vollzog sich markant bereits früher, verlief dann aber parallel zur ersten und in

Wechselwirkung zu ihr: die bewußte und entschlossene *Hinwendung zur Welt.* Auch sie, fast mehr noch als die personale Autonomie, hatte ihre christliche Motivation und Überlieferung, freilich in der dialektischen Form der Maxime von der notwendigen Distanz, die das rechte Einwirken erst ermögliche. Sollte die Weltflucht der Anachoreten durch das extreme Vorbild der radikalen Loslösung in der Diastase die Gefahr bannen helfen, daß die Christen dem Leben der Welt verfielen, so galt die normale Antwort selbst der Mönche der Transformation der Verhältnisse: dem Heil die optimalen Bedingungen zu schaffen, wozu sehr wohl die irdischen Bedingungen gehörten, – wie mein Freund Walter Dirks in einem großartigen Buch gezeigt hat (das seinerzeit gleichwohl bei römischen Autoritäten auf intervenierendes Mißfallen stieß): die Kultivierung – in christlicher Symbolik ausgedrückt, die Taufe – der Macht bei Benedictus, bei Franciscus die Kultivierung des Kapitals, bei Dominicus die Kultivierung des Geistes und bei Ignatius die Disziplinierung des freien Willens. Die gewaltigen Vorbilder haben einiges bewirkt, aber die anderen Praktiken: Willkürgewalt und Mißbrauch des Geldes, Verwendung der Autorität gegen den Geist und Manipulation des Gehorsams, erwiesen sich als stärker, sie paralysierten die Kraft der Taufe. Noch wußte man um den moralischen Gegensatz zur christlichen Botschaft, doch ist, was wir heute Materialismus nennen, in massiven Praktiken der mittelalterlichen Glanzzeiten kraß neben den Gegenbeispielen festzustellen.

Uns geht es hier aber nicht um ein moralisches Urteil, sondern um den Hinweis, daß wir es bei der zweiten Qualität, die für unsere Zivilisation kennzeichnend geworden ist, mit einem Vorgang zu tun haben, der nicht spät erst zutagetrat, wie die politische Verwirklichung der Autonomie, sondern schon ziemlich früh, – er hingegen nicht im Gegensatz zur Praxis der christlichen Autoritäten des Mittelalters, vielmehr von ihnen oft genug geradezu forciert. Die Moderne hat diesen Charakterzug übernommen, gründlich weiterentwickelt und ihn theoretisch vor sich selber legitimiert: – „homines omnium rerum domini" und „homo sibi ipsi lex est" proklamierte zu Beginn des 16. Jahrhunderts der humanistische Akademie-Gründer Giovanni Pontano. Die wirtschaftlichen, finanziellen, technologischen und organisatorischen Methoden, die Welt auf die europäische Weise zu beherrschen, sich systematisch die Erde untertan zu machen, und so, als ginge es dabei um die einzige Sinnerfüllung des menschlichen Daseins, sind in ihren Anfängen während der Machtauseinandersetzungen vom 13. zum 15. Jahrhundert entwickelt worden, insbesondere als sich in der curia regis der Landesfürsten mit rasch wachsender und überallhin ausstrahlender Bedeutung die zentrale politische Apparatur herausbildete, die den Namen „lo stato" erhielt, „Der Staat" der Herrschenden, denen die Soldaten eines stehenden Heeres, die Juristen einer wirkungsvollen Verwaltung und Judikatur sowie die Bankiers mit den internationalen wirtschaftlichen Beziehungen zur Verfügung standen. Mit diesem Instrumentarium intensivierte sich die Macht, Herr über Verhältnisse zu sein. Unsere Aneignungszivilisation, der sich außerdem eine gewaltige Neugier beigesellte, war in Gang gesetzt; alles Wissen, das brauchbar erschien, wurde in ihren Dienst gestellt. Sie brachte den Frühkapitalismus und das unerbittliche Merkantilsystem hervor. Machiavelli schrieb; aber nach dem „Principe" und den „Discorsi" entstand allmählich eine imponierende wohlfahrtsethische Ideologie, die sich im Laufe der Entwicklung zu missionarischer Erhabenheit steigerte. Als die Türken den Abendländern die altgewohnten Wege nach Asien versperrten, sie zwangen, sich den atlantischen Horizonten zuzuwenden, begannen im Zeitalter der Entdeckungen die globalen Siegeszüge des europäischen Imperialismus.

Die volle Hinwendung zur Welt, in der Administration, in der Finanzwirtschaft, im Bergbau, in der Unternehmerindustrie, im Handel, in der Seefahrt, in der Forschung, die von überallher ihre neuen, außerordentlichen Impulse erhielt, in der Technologie, die nun rascher und rascher, den veränderten Interessen folgend, sämtliche erforderlichen Hilfen beibrachte, die fröhlich-grausame, alles andere als damals humane Hinwendung zur Herrschaft über die Welt war von einer paradoxen doppelten Dialektik begleitet, die vollends das moderne Weltbewußtsein hervorgebracht hat.

Im Zuge der kopernikanischen Lehre wurde das Objekt des Herrschaftsstrebens, im Zentrum aller neuen Aufmerksamkeit: die alte Erde und das Leben auf ihr, peripher. Die Relativierung hat indes am Ende nicht das religiöse Denken gefördert, sondern die Bewußtseinsneigung zur Weltimmanenz. Der ausgedehnte Kosmos verschlang den Himmel, die Welt erweiterte sich schließlich zum Eroberungsraum von der Erde aus.

Die andere, parallele Dialektik vollzog sich im gesellschaftlichen Bereich. Der Einzelne, nicht mehr als Ausgliederung vorgegebener

Körperschaften angesehen, wurde vielmehr als deren konstitutives Subjekt erkannt, als solches Urheber und Herr der Produktivität. Das war, im Verlauf mehrerer Jahrhunderte, während deren sich die Struktur der politischen Herrschaftsverhältnisse wenig veränderte, von praktischer Bedeutung immerhin für die Entwicklung der Unternehmerwirtschaft, im Zivil- und Strafrecht, in der Pädagogik und in der Bildungspolitik. Es entstanden mannigfache Vorbedingungen der Demokratie. In dem Maße jedoch, wie die Leistungsdifferenzierung zunahm, wurden neue Organisationsformen notwendig. Auch brachte der freie Wettbewerb gegensätzlicher Interessen, nachdem die ständischen Privilegien und Monopole abgeschafft waren, den Zwang zur Assoziierung gleichgerichteter Kräfte mit sich. Mehr und mehr unterlief gewissermaßen die praktisch-gesellschaftliche Tendenz zur Kollektivität die geistesgeschichtliche und prinzipielle des Individualismus. Die wenigsten dieser Gruppierungen, von vielfältigem und nachhaltigem Einfluß auf die Lebens- und Entfaltungsmöglichkeiten jedermanns, standen in irgendeiner Beziehung zur christlichen Verkündigung. Ins Jenseits weisende Perspektiven nahmen gegenüber der Intensität, mit der, in Auseinandersetzungen um Quantität und Qualität des Anteils, das zivilisatorische Dasein nun betrieben wurde, den Charakter des Abseitigen an. Religion wurde im Rahmen einiger öffentlicher Gebräuche und Duldungsreservate, die erhalten blieben, ziemlich rasch faktisch zur Privatsache.

Das dritte Kennzeichen, das unsere Zivilisation von früheren und anderen Entwicklungen unverwechselbar unterscheidet, ist in engem Zusammenhang mit den beiden anderen entstanden: die Wissenschaftlichkeit. Man hat sie als *Szientismus* bezeichnet. Zum einen, weil wir es nicht nur mit einer sehr zentralen Bedeutung der Wissenschaft zu tun haben, sondern mit einem bei vielen, unbestimmbar vielen Menschen an die Stelle des religiösen Glaubens getretenen, fast grenzenlosen Vertrauen in die Leistungs-, ja geradezu Wunderkraft methodisch-systematischer Welterkenntnis. Schritt für Schritt weitete sie unseren Erfahrungsbereich absolut zuverlässig aus, wobei sie jede Wahrheit, die uns innerhalb des mit wissenschaftlicher Hilfe bereits eroberten, fortwährend weiter zu durchdringenden Kosmos überhaupt zugänglich ist, griffbereit anwendbar darstellte.

Die Zuverlässigkeit als die Voraussetzung solchen Vertrauens, das Merkmal unerschütterlicher intersubjektiver Gültigkeit wird nur mehr der Wissenschaft zuerkannt; jede andere menschliche Erfahrung gilt im Szientismus als mehr oder minder zweifelhaft, jeder Bereich, auf den Wissenschaft nicht anwendbar ist, als unsicher.

Wie ersichtlich, und dies ist der andere Grund, den Terminus Szientismus zu gebrauchen, meint diese Weltanschauung – denn das ist sie – nicht die Wissenschaft als solche und jede Wissenschaft, sondern eine ganz bestimmte: die nämlich, die in der angelsächsischen einschränkenden Bedeutung von „science" als allein voll zuverlässig anerkannt wird, – die Naturwissenschaft der Neuzeit. Der Vorgang ist allzu bekannt, als daß ich ihn hier des nähern zu erläutern hätte. Auch dem Comteschen Begriff der „philosophie positive" und dem der Soziologie als der vermeintlich enzyklopädischen Wissenschaft von heute lag, wie wir gesehen haben, die bereits aus der Aufklärungsphilosophie des 17. und 18. Jahrhunderts stammende Konzeption der experimentellen, mathematisch ausdrückbaren Wissenschaftlichkeit zugrunde. Die Annahme ihrer Allgemeingültigkeit hat selbstverständlich eine metaphysische Voraussetzung: daß es möglich sei, alles Seiende, ob apersonal oder personal, mit einheitlicher Gesetzlichkeit, die es zu finden und zu formulieren gilt, zutreffend zu erklären. Die monistische Prämisse positivistischer Art erlaubt keinerlei Sinnsuche und Sinndeutung; sie schließt, soweit sie es nur kann – ganz kann sie es nicht –, jede philosophische Bemühung mit Ausnahme der erkenntnistheoretischen systematisch aus und beschränkt die Wissenschaft strikt auf den Bereich der Funktionalität. Mit Offenbarung und Religion hat sie nichts gemeinsam; sie kann beide Phänomene nur wie alle anderen in der als einheitlich angesehenen Welt unter dem Aspekt der Funktion zum Gegenstand der Untersuchung und Darstellung machen. Das Ergebnis ist der lebendigen Wirkung der christlichen Botschaft alles andere als zuträglich; sie erscheint nicht nur als irrational, da doch die Rationalität auf die Anwendungsmöglichkeit mathematisch-naturwissenschaftlicher Methoden eingeschränkt wird, sondern, infolge der exklusiven zivilisatorischen Bedeutung, die der Wissenschaftlichkeit beigemessen wird, als irrelevant, sofern sie den modernen Kulturprozeß nicht stört. Die seit langem sich ausbreitende Gleichgültigkeit gegenüber den Verkündigungen und Anforderungen religiösen Glaubens hat hier unverkennbar eine Mitursache.

So außerordentlich und so kulturell fruchtbar, im Humansinne außerdem segensreich die Wirkungen der angewandten Wissenschaften – aufgrund der Ergebnisse ihrer Voraussetzungsdisziplinen – in der Neuzeit waren, vor allem für die Gebiete der Technik, der Hygiene, der Heilkunst, der Psychologie und der Pädagogik, der Szientismus seinerseits hat ungeheueren Schaden angerichtet und richtet ihn fortwährend an – bis tief in die Politik hinein. Eine der übelsten Folgen scheint mir die bei seinen Anhängern, insbesondere bei seiner Populärgefolgschaft häufig anzutreffende Verwechslung der Zuständigkeit von Glaubenserfahrung und autonom zu erwerbendem Wissen zu sein: Man verlangt Beweise, wo als Grundlage Vertrauen erforderlich ist, so im Bezirk der Religion, und gibt sich statt dessen einer oft genug geradezu leichtfertigen Bereitschaft zu Glaube und Nachfolge hin, wo überprüfbare Kenntnisse und Leistungen verlangt werden müssen, in der Politik beispielsweise. Der szientistische Denk- und Verhaltens-Typ schafft Konfundierungen, deren negative Folgen im Atomzeitalter buchstäblich die menschliche Existenz in Frage stellen können.

Auch hier dürfte freilich, in christlicher Sicht, die selbstkritische Bemerkung angebracht sein, daß das Malheur nicht ohne kirchliche Beteiligung so weit gediehen ist. Der mancherlei intensive und anhaltende Widerstand, den konservativ-christlich besorgte Kreise den Naturwissenschaften und der Philosophie an markanten Wendepunkten geleistet haben, steht deutlicher in der allgemeinen Erinnerung als die vielerlei Förderungen, die weniger besorgte oder anders einsichtige Christen der gleichen Entwicklung immer wieder haben angedeihen lassen; ich kann über beides hinweggehen. Daß jedoch das Verhältnis zwischen Christentum und moderner Wissenschaft, um diese beiden umfassenden Bezeichnungen zu gebrauchen, insgesamt ungut ist, hat, wenn ich recht sehe, seinen Grund mit im überlieferten, unentwegt ausgebauten theologischen Dogmenintellektualismus vor allem der katholischen Kirche, der ich selbst angehöre. Früher oder später mußte diese Art von Rationalisierung in die Auseinandersetzung mit einer methodisch anderen Art von wissenschaftlicher Ratio geraten. Was allein, bis in unsere Tage, die Verschiedenheit der Auffassungen von Natur, meist unerkannt, an Mißverständnissen und Konflikten hervorgerufen hat! Falsche Gegensätze und falsche Übereinstimmungen gehören dazu. Beide gingen sie, wie so vieles andere, auf Dauer zu Lasten der christlichen Heilsbotschaft, die keine primär intellektuelle Kategorie ist. Wenn schon in Dingen der Natur Wissenschaftlichkeit, dann verließen sich in Konfliktfällen, die keineswegs von Willkür und Leidenschaften, sondern von veränderten Existenzbedingungen heraufbeschworen waren, selbst die kirchlich Gläubigen am Ende zumeist nicht mehr auf das ihnen vorgesetzte Lehramt – zumindest nicht in der Praxis, die sich aus den Definitionen ableiten mochte.

Das vierte und letzte Kriterium, das ich als prinzipiell zugleich für unsere Zivilisation und für die Schwierigkeit kennzeichnend hervorhebe, die sich im religiösen Glaubensbereich daraus ergab, ist die Idee der *Evolution.* Auch sie ist in ihren Ursprüngen antikgriechisches und jüdisch-christliches Überlieferungsgut; man denke nur im Gegensatz zu den geschichtsphilosophischen Kreislauftheorien der Alten Welt an die biblische Entwicklungsabfolge von Paradieseszustand, Sündenfall als das die Heilsgeschichte auslösende Ereignis, die prophetisch geforderte, durch theokratische Gesetze abgesicherte Umkehr, die Erlösungswirklichkeit durch den Menschensohn Jesus als den Christus, die Bewährung durch gläubige Nachfolge und die endzeitliche Erfüllungserwartung. Aber erst die Vorstellung von Evolution in der gesamten Natur sowie in der menschlichen Gesellschaft, und zwar im Sinn eines gesetzmäßigen Geschehens, das von Stufe zu Stufe höhere Art hervorbringt, so daß die Vollkommenheit nicht der Beginn, sondern ein Ergebnis ist, hat das Weltbild, wie es vorher bestanden hatte, von Grund aus verändert. Nun bedurfte es, um selbst die kompliziertesten Vorgänge zu erklären, keiner mythischen Personen und keiner geheimnisvoll-irrationalen Annahmen mehr. Auch die Menschheitsgeschichte ist zu einem – noch so schwierigen, umwegigen, immer wieder durch Rückläufigkeiten aufgehaltenen und unterbrochenen, jedoch prinzipiell durchschaubaren – Prozeß geworden, in den wir bewußt auf den Fortschritt der Humanität hin einzugreifen in der Lage sind. Die durchgängigen „göttlichen Fügungen" sind daraus entschwunden.

Das Streben nach Autonomie, die Überzeugung von den Qualitäten, die sie möglich machen, die Hinwendung zur Welt und ihre Inbesitznahme aufgrund der Gesetzmäßigkeiten, die die Wissenschaft erkennt und formuliert, die systematische Zivilisierung unserer personalen Existenz durch alle Antinomien und Komplikationen hindurch, der Glaube, daß so der humane Fortschritt bis an seine optimalen Grenzen stattfinden werde, das alles ist zu einer Einheit der Weltanschauung geworden, die in ihrer Eigenart und Dynamik die mittelalterlich-christliche gründlich abgelöst hat.

Insbesondere steht sie im Widerstreit zu jeder statischen Ordnungsvorstellung. Allein schon die Bildersprache, in der die christliche Botschaft 1900 Jahre lang verkündet worden ist, um den Einbruch und Eingriff des Überirdischen in die Menschenwelt, die Heilskonsequenzen, die sich daraus ergeben, im Bewußtsein der Zeiten bisher verständlich zu machen, ist durch die Evolutionslehre in beinahe allen Bezügen erschüttert worden. Wenn demnächst einige naturwissenschaftliche Disziplinen vereinigt etwa erklären sollten, die Hominisation, also unsere eigene Menschwerdung, sei als ein natürlicher Entwicklungsvorgang nicht in einem einzelnen Paar, schon gar nicht selbstverständlich in einer einzelnen Person, sondern aller Wahrscheinlichkeit nach in einer Gruppe erfolgt, so daß, ich drücke es in der Sprache der Enzyklika „Humani generis" aus, „es nach Adam auf unserer Erde wirkliche Menschen gegeben habe, die nicht aus ihm, als dem Stammvater aller, auf dem Wege natürlicher Zeugung ihren Ursprung hätten", oder „‚Adam' bedeute eine Mehrheit von Stammvätern", dann wird der gewöhnliche Christ von heute, sobald ihm die Problematik zu Bewußtsein und ihre Überlieferungszusammenhänge, falls er sich dafür interessiert, zur Kenntnis kommen, im Innersten nicht der dogmatischen Feststellung, daß die monogenetische These die richtige und die allein wahre sei, Glauben schenken, sondern im Gegenteil die kirchliche Erbsündenlehre, deretwegen der tradierte Monogenismus aus der Berichtsprache der Bibel aufrechterhalten wird, in Zweifel zu ziehen anfangen. So verhält es sich, von den nicht mehr kirchlich und christlich gläubigen Bevölkerungen ganz zu schweigen, praktisch seit langem auf jedem Wissens- und Glaubensgebiet, in dem die christlichen Autoritäten die gewohnte, ihnen nach wie vor allein vertraute Einheit von Inhalten, die doch Heil wirken sollen, mit Formen, die der heutigen Verständnismöglichkeit elementar hinderlich geworden sind, festhalten möchten. Die Folge ist, daß sehr vieles aus der Heilsbotschaft mehr und mehr nur noch von Kindern angenommen wird; sie geben dann just die Inhalte preis, sobald sie sich genügend erwachsen vorkommen, indem sie sie vergessen oder im Leben, von einiger Moral abgesehen, beiseite lassen, gerade die Formen aber, die ihrerseits den neuen Überzeugungen aus der veränderten Weltanschauung nicht standhalten, beibehalten.

Mehr noch als die Sprache der Verkündigung ist die traditionelle christliche Wertlehre und damit die gesamte moralische Führungspraxis der Kirchen durch die evolutionistische Geschichtsauffassung arg in Mitleidenschaft gezogen. Wiederum ist es die seit Jahrhunderten übliche Form, in diesem Fall die der sogenannten „Anwendung", die die Schwierigkeit verursacht. Starr wird der – immer vergeblicher werdende – Versuch unternommen, unveränderliche Normen „aufzuerlegen" und in fortwährenden feierlichen Sanktionsandrohungen zu erzwingen, daß sie eingehalten werden. Dem von der Evolutionsidee erfüllten Bewußtsein in unserer Zeit ist aber die Vorstellung grundfragwürdig geworden, daß es für das Leben in der Welt eine gleichbleibende, stets gleichmäßig geltende, vorgegebene Ordnung gebe, die nur je nach Umständen, in Ausführung unveränderlicher Grundsätze, verwirklicht zu werden brauchte. Die solcherart Modernen nehmen es nicht mehr hin, daß es daher einer Autorität bedürfte, die aufgrund unverbrüchlich sicheren, sogar göttlichen Wissens über die richtige Ausführung zu wachen und, womöglich unter Inanspruchnahme der staatlichen Macht, dafür zu sorgen hätte, daß die Gebote und Verbote eingehalten werden. Der Fortschritt jeder Art müsse vielmehr, wenn die Wissenschaft seine Bedingungen festgestellt hat, so die Prämisse, unter den wechselnden geschichtlichen Umständen, die sich aus der Verschiedenheit und der Gegensätzlichkeit der Interessen, der Anschauungen, der Erfahrungen, der Überlieferungen ergeben, als die beste jeweilige Zweckmäßigkeit ausfindig gemacht werden. Es geschieht in Auseinandersetzungen und Kompromissen.

Wie könnte politische Macht es sein, die gegen solche Übermacht den Kirchen Hilfe brächte? Wo das Bündnis, sei es in Resten, sei es in Ansätzen, überhaupt noch besteht, ist es meist reaktionären Typs, – es revitalisiert nicht die Kraft des Glaubens. Die christliche Chance liegt woanders: in der Konzentration auf Antworten, die sich weltlich, mag das System wissenschaftlich, ökonomisch, politisch noch so imponierend ausgebaut sein, unter gar keinen Umständen ausfindig machen und geben lassen, – auf Antworten, die hilfreich sind, durch das praktische Verhalten mit zusätzlicher Glaubwürdigkeit versehene Antworten. Sie betreffen alle den Sinn der Welt und des Lebens, damit mittelbar auch ihr Funktionieren – angesichts sehr vieler und schwerer Tatsachen, die innerweltlich befriedigend nicht wegzuinterpretieren sind. Aber auch nicht billig in Formen heute verständlich zu machen, die vormals begreifbar waren.

Die Heilsbotschaft steht vor einer Bewährung vergleichbar der Eindringlichkeit, der Schwierigkeit und der Größe, wie sie ihr in der Geschichte von nun bald zwei Jahrtausenden mehrmals bereits aufgegeben waren.

Kommentar vom 6. Januar 1974 im Hessischen Rundfunk. Anstelle der in jenem Kommentar enthaltenen Ausführungen über die drei letzten der vier die Moderne bedingenden kategorialen Veränderungen wurden obenstehend die in der Aussage übereinstimmenden, aber ausführlicheren Darlegungen aus einem Vortragsmanuskript ohne Datums- und Bestimmungsangabe mit dem Titel „Ohnmacht – und Möglichkeiten – der Heilsbotschaft innerhalb der industriewirtschaftlichen Zivilisation“ abgedruckt (S. 192-200), dessen letzter Teil – über die Besonderheiten unserer Zivilisation und ihre Beziehung zur Heilsbotschaft – nur stichwortartig ausgeführt ist, so daß dieses Manuskript nicht als Ganzes in die vorliegende Sammlung aufgenommen werden konnte.

Wie steht es um das soziologische Bewußtsein der katholischen Kirche?

...Die sogenannten Sozialenzykliken, bisher drei an der Zahl, haben als solche in der Kirche keine Tradition, auf die sie sich hätten stützen können. Zu sehr vielen Fragen des Glaubens und der Sitten hat das päpstliche und das episkopale Lehramt in achtzehn Jahrhunderten Stellung genommen, aber niemals zur gesellschaftlichen Entwicklung. Die „Civitas Dei“-Lehre des hl. Augustinus hätte an sich frühzeitig einen Ansatz dazu geboten. Die Möglichkeit verwirklichte sich jedoch ganz anders: aus der Vereinigung von Christentum und germanischem Feudalsystem entstanden die stabilen, sakralisierten Ordnungs-Vorstellungen des Mittelalters. Sie sind es, die bis in die Gegenwart herein das kirchliche Denken beeinflußt haben und beeinflussen.

In die Dynamik *innerhalb* jener Ordnungen haben feierliche päpstliche Schreiben (Bullen und Enzykliken) x-mal mit den nachhaltigsten positiven und negativen Folgen für die europäische Entwicklung eingegriffen. Man denke an den Investiturstreit des 11. und 12. Jahrhunderts: von Gregors VII. Kirchenkonzeption hat die Freiheitstheorie in Europa ihren Ausgang genommen. Oder an Bonifaz VIII.: der Loyalitätsstreit, der in Frankreich und England auf „Clericis laicos“ (1296) folgte, die autoritative römische Stellungnahme, die es untersagte, weltlichen Obrigkeiten irgendwelche kirchlichen Abgaben ohne vorherige päpstliche Genehmigung zu leisten, und vor allem auf „Unam sanctum“ (1302), die Enzyklika, die den für die Entstehung der Nationalstaaten so wichtig gewordenen Souveränitätsstreit auf seinen Höhepunkt getrieben hat. Oder an „Cum inter nonnullos“ (1323), die radikale Verurteilung der von den franziskanischen Fraticellen im ganzen Abendland verbreiteten Armutslehre: Johannes XXII. verteidigte in Avignon den von ihm forcierten kurialen Fiskalismus mit vorwärtstreibenden Wirkungen für die frühkapitalistische „politische Ökonomie“ und den konkurrierenden fürstlichen Zentralismus.

So ging es weiter in unserer Geschichte. Nur „vergeistigte“ sich während der folgenden Jahrhunderte bis in die neueste Zeit die Einzelthematik – stets von grundsätzlicher Bedeutung –, die in feierlichen päpstlichen Schreiben behandelt wurde, mehr und mehr, das heißt, sie verlagerte sich immer eindeutiger, im Maße des realgeschichtlichen Bedeutungsschwundes des Papsttums, in die Probleme rein des menschlichen Denkens und der Individualmoral. Nicht einmal die sozialen Gerechtigkeits-Fragen, die bereits die zahlreichen Bauernrevolten deutlich vom 14. Jahrhundert an überall in Europa aufwarfen, hat das kirchliche Lehramt, wenn ich recht sehe, jemals, es wäre denn unter dem Gesichtspunkt von Glaubens- und Sittengefährdungen, anders als allenfalls kasuistisch beachtet. Erst recht nicht die umwälzenden Veränderungen, die sich aus den Ereignissen der zweiten Hälfte des 15. und der ersten Hälfte des 16. Jahrhunderts ergaben. Als Beispiel genüge das massive Wiederaufleben der Sklaverei als gesellschaftlicher Institution (von den Grauenhaftigkeiten zu schweigen, die sich im Gefolge des Kolonialismus zwischen Afrika und Südamerika, dann Nordamerika zutrugen und an denen die seefahrenden Nationen Europas nahezu samt und sonders beteiligt waren); auch die unermüdliche Caritas-Einwirkung eines Bartolemeo de las Casas und die umfassende völkerrechtstheoretische Bemühung seines dominikanischen Ordensbruders Francisco de Vitoria haben damals nicht dazu geführt, daß das kirchliche Lehramt an dieser unter den Aspekten des ursprünglichsten Naturrechts besonders auffallenden Stelle der gesellschaftlichen Entwicklung den Ansatz erkannt hätte, um die christlichen Transformationskräfte konkret zu verpflichten (und sie zum Habitus einzuüben).

Die von den Väterzeiten her in der Theologie und kirchlichen Philosophie gewohnte Unterscheidung des Naturrechts in ein primäres, das dem idealen Wesen des Menschen zugeordnet wird, und ein sekundäres, das seiner Gefallenheit – dem Zustand der corruptio – entspreche, hat fast immer dazu beigetragen, daß im Problemfall nicht eine radikale, also bis an die Wurzel gehende Humanforderung, soweit es sich dann jeweils als geschichtlich-konkret ausführbar erwiesen hätte, zum Zuge kam, sondern gegenüber der jeweils gegebenen Wirklichkeit eine mehr oder minder umfassende Rechtfertigungstendenz, die sich aus den Erwägungen „sekundär-naturrechtlicher" Art ableiten läßt und die immer wieder dazu führt, daß die christliche Liebe jeder Hilfe sich eher zuwendet als einer Abhilfe durch rechtlich begründete Reformen.

Es war aber nicht Rom allein, das bis in die Neuzeit kein „soziologisches Bewußtsein" hatte, – alle Universitäten Europas und seine Schriftsteller hatten es nicht. Als es sich zu bilden begann – erst in der Aufklärung und hauptsächlich aus dem Traditionsbereich des philosophischen Materialismus, wie er sich schon vom 12. Jahrhundert an kräftig an den europäischen Hohen Schulen als Widersacher der kirchlich bestimmten oder mitbestimmten Philosophie entwickelt hatte –, erschien dieser „Positivismus" trotz seinen idealistischen Antrieben dem kirchlichen Denken, das nichts anderes gewohnt war als das Argumentieren in Prinzipien-Systemen und die Anschauung „geheiligter Ordnungen", überaus verdächtig. Das „neue Bewußtsein" war mit „Neuerungen" und mit den „Neuerern" verbunden, – überdies ja, in der Dialektik des Wechselverhältnisses von Fehlern und Unterlassungen beiderseits, mit Abneigung gegen den Glauben, häufig genug mit Abfall von ihm. Noch mehr also versteifte sich die Kirche als „acies defensiva": in geschlossener und entschlossener Abwehr, wie schon seit den Zeiten des Endes der Gegenreformation.

Das wurde vollends tragisch, als das liberale Denken auch das kapitalistische Wirtschaften aus den Privilegien- (und Gottesgnaden-)Ordnungen befreite und das moderne Konkurrenzsystem anhob. Jetzt, von der *Hirten*sorge gegenüber dem Proletariat bewegt, hätten die Autoritäten der kirchlichen Lehre sich des Naturrechts erinnern und seine Prinzipien auf die entstandenen, schon sichtbar weiter entstehenden gesellschaftlichen Probleme, insbesondere auf die schweren Inhumanitäten durch institutionalisierte Ausbeutung, die zutagelag, anwenden müssen. Die ideologische Fixierung an die alten Verhältnisse verhinderte es. (Wo nicht, wie bei einigen katholisch-konservativen Denkern, nahm die Kritik die romantische Wendung.) Nichts trat mit irgendwie vergleichbar möglicher Wirkung *rechtzeitig* an die Stelle der *marxistischen* Analyse und Verheißung.

In seinem „Sozialkatechismus"[1] meint *Welty* zwar, „die Fülle der kirchlichen Verlautbarungen" widerlege „völlig den Einwand, die Kirche habe sich nicht zeitig, umfassend und eindringlich genug zu den sozialen Fragen geäußert. Es gibt wirklich kein bedeutsames Anliegen, zu dem die Kirche nicht in eindeutiger und bewegter Sprache Stellung genommen hat. Wenn das erste große Sozialrundschreiben (Rerum Novarum) auch erst 1891 erschien, so ist ihm doch eine außerordentliche Menge von Erklärungen und Mahnungen der Päpste und Bischöfe vorangegangen..." Das ist, an der geschichtlichen Wirklichkeit und an den Aufgaben der Christen gemessen, eine liebenswürdige ... Fehlansicht... Welche „außerordentliche Menge von Erklärungen und Mahnungen" soll denn zur „Sozialen Frage" während ihrer Entstehungs- und ersten Entwicklungszeit – in der Zeit des Manchester-Kapitalismus – von Rom ausgegangen sein? Von Rom, das damals die Hauptstadt eines der reaktionärsten Regime Europas war, der Kirchenstaats-Theokratie Pius' IX. und der „zelanti"-Kardinäle!

Die Überraschung war schließlich 1891 doppelt groß, als die Enzyklika „Rerum novarum" erschien, – das Rundschreiben mit den berühmtgewordenen Anfangsworten, die zu deutsch jedoch lauten: „Neuerungssüchtige Menschen...": ein Papst *nahm* nun umfassend Stellung, dazu ein Papst adelig-konservativer Denkart. Gesellschaftsverwandelnde Wirkung hatte die Leistung Leos XIII. – die sich in „gesellschaftsbezogenen" Rundschreiben nicht auf „Rerum novarum" beschränkte – zwar nicht, aber immerhin eine nachhaltig geistige.

Sie setzte sich durch „Quadragesimo anno" auf „modern" fort, hatte aber, obschon sie gewisse nicht unwichtige „Richtungen" im katholischen Wirtschafts- und Sozialdenken zu bestätigen und andere abzulehnen schien, im ganzen für dieses Denken bereits

---

[1] Prof. P. Dr. Eberhard Welty: Herders Sozialkatechismus, Band 1: Grundfragen und Grundkräfte des sozialen Lebens, Freiburg im Breisgau 1951, Seite 18.

einen paradox-ideologischen Charakter: sie vermittelte den gewissensberuhigenden Nachweis, daß man der konkreten Wirklichkeit gegenüber, die durch die Erinnerungs- und Fortschrittsenzyklika entscheidend nicht mehr verändert wurde, ein aktuell-gegenwärtiges Reformbewußtsein besaß – wie der Marxismus, besser als der Marxismus!

„Mater et Magistra", nun der dritte Ansatz, ist wiederum anders: weniger systematisch, in vielem versuchsweise unmittelbar-konkret, darin dann zuweilen erfreulich unmagistral; bemüht „offen", Problemen aufgeschlossen; sie setzt Vertrauen in den Menschen und seine Kraft. Trotzdem...: Die angestrebte Wirklichkeitsnähe der Enzyklika, die der Forderung nachkommen soll, nicht im Allgemeinen und Prinzipiellen zu verharren, befriedigt nicht, – warum? Weil weltliche Fachleute die im Rundschreiben anbehandelten gesellschaftlichen Probleme viel besser und überzeugender darstellen, die kirchliche Lehrautorität aber, die sich da ihrer annimmt, in ihnen nicht zutreffend am Platze erscheint...

Das richtige Verhältnis zur Soziologie scheint mir noch nicht gewonnen zu sein. Das kirchliche Lehramt sollte sich von ihr nicht fachliche (ökonomisch-politisch-soziale) Vorschläge vermitteln lassen, die dann mit Naturrechtsgrundsätzen kombiniert werden, sondern sollte die speziellen Disziplinen der Soziologie nur als Helfer benutzen, um die gesellschaftlichen *Ansatz*punkte zu präzisieren, zu denen und von denen aus das Lehramt, seelsorgerlich und biblisch bewegt, mit Aussicht auf Wirkung dann spricht, weil die Welt dort, wie jedermann spürt, im Argen liegt. Anders ausgedrückt: Nicht dem weiteren Ausbau einer Soziallehre oder ihrer Anpassung an die Gegenwart – *hierauf* dem (leider vergeblichen) Versuch, Reformsätzen auch reale Wirkkraft zu verleihen – sollte die lehramtliche Bemühung gelten, sondern es wären mit *Instrumentalhilfe* der Soziologie, unter *Assistenz* der Theologie, *ethische und spezifisch kirchliche Heilmittel* an den Stellen anzubringen, wo sie vordringlich gebraucht würden, damit sich gesellschaftliche Reformkräfte bilden und in Bewegung setzen, die vorhandenen sich verstärken.

Nach der geschichtlichen Entwicklung, wie sie die Jahrhunderte hindurch tatsächlich verlaufen ist, ist diese Aufgabe wahrhaftig nicht leicht zu bewältigen...

Unbetitelte Anmerkung in: Frankfurter Hefte, Oktober 1961.

Kirche unterwegs – wohin?

Die Botschaft Jesu in der Hand der Kirchen

Das ganz und gar Neue an der Botschaft Jesu („Ich aber sage euch") war – und ist – die Mitteilung, daß Gott den Menschen liebt. Uralt bei allen Völkern war die Überzeugung von der Furchtbarkeit der Götter, vom angsterregenden Schicksal des Menschen; man mußte, um den Himmel gütig zu stimmen, Opfer bringen, unablässig Opfer. Weder die Natur noch die gesellschaftlichen Verhältnisse legten – und legen – es nahe, Liebe als die befreiende Kraft im Geschehen anzusehen. Da hat, gegen allen Anschein, Jesus von Nazareth verkündet: Ihr dürft Vertrauen haben! Vertraut! Und denkt entsprechend um: Überwindet „die Welt" durch die Liebe, die in Gott gründet; laßt „das Reich", das als das Ziel der Existenz gemeint ist, durch euer mit Gottes Hilfe verändertes Verhalten Wirklichkeit werden! – Noch nie bis dahin war jemals so gesprochen worden.

Das Leben Jesu hat die Kompromißlosigkeit dieser Verkündigung besiegelt: er war dem Auftrag bis in den Tod gehorsam. Die ihm folgten, erkannten, daß in ihm Gott sichtbar geworden war. Er wurde in ihren Augen als der „verklärt" Fortlebende beglaubigt; seine „Erlösungs"botschaft war nicht abseitig-guter Wille, gescheiterte Verrücktheit. Sich der befreienden „Botschaft der Freude" anzuschließen, ist freilich bis heute eine nicht auf die Geschichtswissenschaft, sondern auf Vertrauen gegründete – obschon von deren zureichendem Tatsachenwissen mitgetragene – Entscheidung.

Da die verkündete Liebe Gottes und die aus ihr wirksame Barmherzigkeit ausnahmslos jedermann einschloß, wurden Gottebenbildlichkeit und Gotteskindschaft aller zum Prinzip existentieller, umfassender Solidarität. Eine politisch revolutionäre, gar spartakistische Befreiungsbewegung konnte sie entsprechend ihrem primär religiösen, nur abgeleitet sozialen Charakter nicht zum Ziel haben. Erst recht wegen der apokalyptischen Weltauflösungserwartung blieben daher die Machtrechtsverhältnisse schon in den Absichten – was sonst wäre während der ersten Jahrhunderte möglich gewesen? – unverändert. Aber es entstanden innerhalb der bestehenden Zivilisation der römischen und orientalischen Härte, der Grausamkeit, ja des Wütens und der vielerlei Verkommenheiten diakonische Lebensinseln der Fraternität – mehr als nur Gesinnung und nur von Einzelnen: ein anderes Verhalten aller zueinander. Beide, Gesinnung wie Verhalten, sind, zusammen mit philosophischen Ideen und Idealen, als bestimmte Ereignis- und Interessenkonstellationen die Voraussetzungen dafür boten, zur Grundlage der Emanzipationsbewegung des abendländisch-europäischen Humanismus geworden, aus dem die neuzeitliche Demokratisierung ihre Transformationskraft bezieht.

Nicht apokalyptisch ereignete sich indes „das Reich". Folglich mußte es als Bewährung in einem Prozeß der Auseinandersetzung und des Zusammenwirkens zwischen der civitas Dei – der Kirche – und der civitas terrena – den Staaten – allmählich zustandekommen. Es begann die für die christliche Entwicklung so überaus fragwürdige mittelalterliche Symbiose von Verkündigung und Macht.

Nach den Jahrhunderten, die sie in einem vielschichtig und vielfältig verschlungenen Ineinander sowie Gegeneinander gedauert hat, sind die Kirchen, abgesehen von mancherlei Dienstleistungen und Indienststellungen – auch von Kapitalverwertungen und Kapitalanhäufungen –, aus den Antriebsbereichen der modernen Zivilisation, sowohl was das Bewußtsein als was die Praxis betrifft, weitreichend entfernt. Dies just, während die existentielle Solidarität der Völker sich internationalisiert, die Notwendigkeit, des Machtgebrauchs auf die Weise des Rechts Herr zu werden, sich universalisiert hat und die „Nächsten"liebe aus privater Caritaspflege erstmals deutlich – so in den Fragen der Entwicklungshilfe, aber weit darüber hinaus – zu einer sozialethischen Kategorie geworden ist.

Die Kirchen stehen vor der Alternative, entweder allmählich zu erstarren und die Möglichkeiten ihrer Wirkung zu verlieren oder, indem sie sich aus souveräner Distanz in ganz neuer Weise der Welt von heute zuwenden, sich und sie auf das eindringlichste zu vitalisieren. Das setzt ein radikal evolutionäres Denken voraus: es müssen ausnahmslos alle Formulierungen, alle Praktiken von der zentralen Botschaft Jesu und vom modernen Verständniserfordernis aus auf die Wirksamkeit beider hin überprüft werden...

Ist es wenigstens möglich, wennschon, leider, nicht gerade wahrscheinlich, daß eine solche Regeneration der Sinngebung, deren die Menschheit nicht entraten kann, erfolgt? Wenn eingesehen wird, daß die Evolution ja nicht zu Ende ist, sondern daß sie lediglich am Ende eines ihrer Abschnitte, am Beginn eines nächsten sich befindet – Abschnitte, die jeweils über Jahrhunderte hin dauern –, dann ist die Möglichkeit, sich aus ehemaligen, unter den damals gegebenen Voraussetzungen begreiflichen Erprobungssackgassen zu befreien und eine neue Potentialität zu erweisen, nicht Illusion.

Aus: „Rudolf Augsteins Herausforderung", Publik-Forum, 23. Februar 1973.

Während Feudalismus und Hochklerikalismus barsten, so daß die Kirche, das Reich und die Staaten in ein Gewirr von Kämpfen verfielen, brachen sich Geist und Kultur in einer nicht minder verwirrenden Fülle neue Bahnen. Die verschiedenartigen Kräfte der Kirche nahmen daran in der mannigfaltigsten Weise teil, und es kann keine Rede davon sein, daß die Kirche dem Fortschritt blind widerstanden hätte. Welche Kühnheit der theologischen und philosophischen Spekulation, welcher Wagemut in der Hereinnahme heidnischer Erkenntnisse, die von der Scholastik im architektonischen Stil der Zeit zur Summe des damaligen Wissens und Glaubens systematisiert wurden! Die Universität von Salerno war die Stätte der Forschung, wo Mediziner mit Kenntnis und Billigung des Vatikans erstmals menschliche Leichen sezierten. Die Astronomie war dazumal ein bevorzugtes Wissenskind der Kirche. Musik, Malerei und bildende Kunst wurden unablässig gefördert. Die religiöse Mystik entband das europäische Individuum. Franz von Assisi predigte dem jungen Bürgertum der italienischen Stadtstaaten den Geist der Armut zur Verwaltung des Reichtums in der Geschichte des Heils nicht vergeblich, obgleich bald darauf, inmitten scharfer Verurteilungen des Zinses als einer Form des Wuchers, der moderne Kapitalismus just im Bereich der Kirche seine ersten Wurzeln schlug: in den lombardischen Monte di pietà und in der römischen Verwaltung des Peterspfennigs. Die Cluniazenser reformierten Leben und Lehre. Als der knabenhafte Drang jener Völker, auf Dauer kaum zu bändigen, Ideen und Strebungen von neuem in heftigsten Widerstreit brachte, verteidigten die Dominikaner, in einem das ganze gesellschaftliche Gefüge bedrohenden Gewoge der Anschauungen, der Lehren und der tollsten Praktiken, radikal konservierend die Reinheit des Glaubens; aber ebenso radikal trugen sie gegen den Prunkbrokat des Adels und den Luxus des Patriziats die Wollkleidung des Volkes.

* * *

Vernunft und Gewissen gingen getrennte Wege, beide bestrebt, sich selbständig zu machen, vollends unabhängig und eigengesetzlich. So zerfiel der europäische Kulturkreis wie der Glaube. Für die Welt sah es wie eitel Fortschritt aus. Die Kirche und sehr bald die Kirchen gerieten mehr und mehr in die reine Verteidigung; oder sie überantworteten sich der weltlichen Macht. In dem einen Fall mußten sie als rückschrittlich erscheinen und waren es – eine Folge der Entwicklung – oft genug; in dem andern Fall verkümmerte ihre Kraft, den Geist der Welt im Lot zu halten.

Aus: „Die Kirchen – konservativ oder fortschrittlich?", für die Februarnummer 1951 der Frankfurter Hefte bestimmtes, dort aber nicht veröffentlichtes, unvollständig aufgefundenes Typoskript.

Die Auseinander-Setzung von Kirche und Weltgeist

Als sich die philosophische Spekulation von der Theologie trennte (Gründe und Anlässe damals genug, es zu tun), begann eine der folgenschwersten Entwicklungen des Abendlandes: Der Mensch entdeckte die Welt, die Geschichte und die fruchtbaren Utopien. Jeder dieser Vorgänge kostete Opfer über Opfer; sie wurden als Preis für die tatsächlichen und die vermeintlichen Fortschritte gezahlt. Der innerweltliche Intellekt, voraussetzungslos, wie er sich dünkte, wurde zum Dynamit der Gesellschaft.

Die Gelehrten und die Schriftsteller waren es, die den neuen Kräften, von mächtigen Interessen emporgehoben, die Bahnen brachen. Berufen und, wenn überhaupt, befähigt, die unerschrockenen Wegbereiter, die Nachstürmenden, die großen Rechner der Wirtschaft wie der Politik von ihrem Innersten her neu zu formen, sie im Kern der menschlichen Entscheidungsfreiheit selbst für die Eroberung des Unabsehbaren mit dem vollen Bewußtsein der Verantwortung auszustatten, war der Geist der Kirche. Man darf wohl sagen, daß das europäische Abenteuer, in unserem Jahrhundert zum Weltabenteuer geworden, schon längst in einem Totalzusammenbruch unserer Zivilisation geendet hätte, wenn es die Kirche und später, als die Wucht der geistigen Revolutionierung des Abendlandes auch sie erfaßte, die Kirchen nicht gegeben hätte. Noch lange Zeit konnten sie zu einer Art seelischen Gleichgewichts der damaligen Menschheit unseres sich rasch ausbreitenden Kulturkreises beitragen. Die Auseinander-Setzung, in deren Verlauf sie den Weltgeist immer wieder bekämpften und periodenweise in Gefahr waren, ihm völlig selbst zu verfallen, führte schließlich aber doch zu einem Zustand, in dem der moderne Intellekt, bis zum äußersten sich überhebend, ganz und gar sich mündig erklärte, die Kirchen hingegen eine mehr und mehr abbröckelnde, fortschreitend sich aufspaltende acies defensiva bildeten, gleichwohl mit aller Sehnsucht nach Sicherheit dem untreu gewordenen Partner in ungezählten, maßlos überschätzten Beziehungen verbunden. Der kirchliche Geist verlor so seinen wahren Einfluß *und* die Kraft, zu verwandeln. Allzusehr und allzulange an die Freuden und Leiden gewöhnt, die das mittelalterliche Eheleben zwischen Kirche und Welt erfüllt hatten, verwechselte er nun die Sorge um das Heil mit der Stabilität von Verhältnissen und Einrichtungen. Vergebens predigte man gegen die bösen „homines rerum novarum cupidi“ an, statt um des Einen Notwendigen willen den Heiden Heide, den Griechen Grieche, den Juden Jude zu sein, mit Gnadengut und unbesiegbarer Geduld an ihrer Seite zu bleiben, am Ende erschlagen oder doch geachtet und angenommen, weil *auf die Weise der Kirche* nicht weniger mutig als jene Waghalsigen des weltlichen Intellekts. (Oder war, was wir waghalsig nennen müssen, schon bedingt durch das Verhalten der Mutter, die das Wachstum des Sohnes nicht sah, – des Hirten, der mehr auf die Hürde achtete als auf das Leben in ihr, das sie zu sprengen anfing?)

Unvergleichlich stärker als die Kraft der Bewahrung erwiesen sich die Kräfte der Veränderung, und die Menschen mußten sich in den jeweils neuen Verhältnissen, *da es um ihr tägliches Leben ging,* zurechtfinden. So gerieten sie, als die geistigen Führungsmächte sich trennten, in die Zerreißprobe zwischen den modernen

Erkenntnissen – samt ihren Errungenschaften, diesen vor allem! – und dem überlieferten Glauben. Den Sieg trug die Wissenschaft davon, und zwar in ihrer Vulgärform. Die einen warfen die alten Normen überhaupt in die Abfalleimer der Zeit; die anderen überließen sich, als je unwesentlicher ihnen die Gegensätze erschienen, „in Sachen" der religiösen Praxis mehr und mehr der Gleichgültigkeit, einen Anstandsrespekt immerhin noch aufrechterhaltend; die dritten fingen an, zwischen dem Alltag, der ihr Leben ziemlich frei von Religion bestimmt, und dem Sonntag, den man durch einen Kirchenbesuch heiligt, peinlich sauber zu unterscheiden. Daß die Kirche heute die gesellschaftliche und geistige Entwicklung der gegenwärtigen Welt wirklich bemerkenswert mitbeeinflussen würde, nämlich in dem, was ihr Wesen ausmacht, davon kann keine Rede mehr sein. Natürlich läuft im tausendfachen Räderwerk ein gewisses christliches Ethos sozusagen wie Öl noch mit, stark verbraucht bereits und grießig; immerhin. Und viel wichtiger ist, daß sakramentales und mystisches Leben vorerst noch, ohne daß sie es auch nur ahnt, „die Welt im Innersten zusammenhält". (Wenn die Kirche nichts anderes leistete, hat Bernanos gesagt, als die Erde einmal innerhalb von je vierundzwanzig Stunden von dem moralischen Schmutz reinzuwaschen, durch den sie sich dreht, sie wäre schon nicht zu entbehren.) Nur soll uns nichts darüber hinwegtäuschen, die Konkordate nicht, die offiziell üblichen Reden und die gegenseitigen äußeren Ehrungen, traditionelle Kundgebungen in der Öffentlichkeit, die sonntäglich vollen Kirchen und von Zeit zu Zeit laut wiederholte Selbstbeteuerungen nicht, daß der gegenwärtige Lauf der Welt, die Richtung, in der sie sich bewegt, *eigenen Gesetzen* folgt, den Gesetzen eines rein innerweltlichen Intellekts. Verräterisch blitzt ja immer wieder durch zahlreiche Löcher im allgemeinen Theatervorhang die Wahrheit, wenn gepredigt wird, wie schlecht die Welt sei und wie untergangsreif, falls sie sich nicht bekehre. Man braucht nur einen einzigen Satz aus dem Katechismus anzuführen, den jedes katholische Kind im Unterricht auswendig lernen muß, um ihn fürs Leben zu behalten *und anzuwenden* – für die anderen christlichen Konfessionen kann sofort Vergleichbares festgestellt werden –, und jedermann sieht, wer heutzutage die geistigen Grundlagen unseres Daseins bestimmt: „Wozu sind wir auf Erden? Um Gott zu erkennen, ihn zu lieben, ihm zu dienen und dadurch in den Himmel zu kommen."

So denken wir, nicht wahr, und so handeln wir Tag für Tag, in unserer modernen Gesellschaft?

Aus: „Die Aussichten der Welt", Frankfurter Hefte, Januar 1953.

Es soll sich bereits herumgesprochen haben, daß es heutzutage ungezählte Menschen gibt, die mit allem Elend allein fertig werden müssen, weil sie an Gott nicht glauben können. Entweder steht ihnen die Kirche im Weg – und es ist wahrlich nicht jedesmal der religiös Heimatlose, den die Schuld daran trifft, – oder ihr eigener Verstand, der aus der unteren Seite des Teppichs dieser Welt das Bild seines höheren Sinnes nicht herausfinden kann. Religion bloß als Narkotikum wollen sie aber auch nicht. Folglich sind sie, wenn nicht Stoiker, und das sind nur wenige, ihr Leben lang auf der Flucht, viele werden Opfer mehr oder minder tiefgreifender Neurosen; und keiner ist glücklich. Man weiß, wie hilflos katholische Priester und evangelische Diener am Wort diesen Nöten oft gegenüberstehen.

Aus: „Nachtwache", Frankfurter Hefte, Februar 1950.

Die Ehrabschneidung, die Ohrenbläserei und eine fast hemmungslose Verleumdungssucht haben unter den Christen unserer Tage beängstigend um sich gegriffen. So sehr steht der politische Wille, statt auf Reform bedacht zu sein, nur um die Behauptung der Macht bemüht und wie alle Welt im Wahnglauben an die Erlösungskraft geistloser, obwohl vom Geist hervorgebrachter Mittel, im Vordergrund, daß ihm jeder christliche Grundsatz recht ist, unter ihm die Tugend, die das Leben und das Heil ausmacht, ersticken zu lassen.

* * *

(Ein Atheist zu einem Christen:) „Ich vermute fast, daß die Zahl derer, die heute neurotisch und schon am Rande der Verzweiflung sind, im ‚Reiche Gottes' nicht geringer ist als außerhalb. Erfahrung beweist es. Ihr seid so stolz auf eure unerschütterlichen Felsen im wogenden Meer und seht gar nicht, wie viele da jeden Tag herunterstürzen oder verdüsterten Gemütes herabgleiten, und vor allem, wie viele nicht einmal mehr die Hand nach euch ausstrecken, weil ihr ja allezeit eure Hände fromm zum Himmel haltet oder nur glatte Ratschläge erteilt oder uns donnernd anpredigt, – ach so schuldlos!"

Aus: „Der Teufel und das Heilige Jahr", Frankfurter Hefte, September 1950.

Christen und Juden

… Man kann nicht behaupten, daß die Christenheit in den Jahrhunderten, seitdem sie zur Herrschaft im Abendland gekommen ist, im Verhältnis zum zerstreuten jüdischen Volk das leuchtende Beispiel des Heilands und der Apostel gegeben hätte, die zwar gegen die Synagoge standen, aber sie gewiß niemals in Brand gesteckt hätten; der Gedanke ist unausdenkbar, daß die Zwölf, von Simon Petrus und Paulus bis zu Johannes, dem nimmermüden Prediger der Liebe, einen Pogrom gutgeheißen oder ihn gar entfesselt hätten, und auf Christus angewandt, wäre die Vorstellung eine Blasphemie…

Gottlob gibt es auch das Gute. An ihm wollen wir uns aufrichten, an ihm uns ein Beispiel nehmen.

Der jüdische Schriftsteller Sholem Asch, dessen Romane vor 1933 auch in Deutschland viel gelesen wurden, hat einen „Brief an die Christen" veröffentlicht. Er trägt den Titel „*Ein* Schicksal" und ist, ins Englische übersetzt, bei G. P. Putnam's Sons, New York, erschienen: „One Destiny". Auf sechzig Seiten wird uns da eine furchtbare Rechnung aufgemacht, aber das letzte Kapitel beginnt mit den Sätzen: „Vergebt mir, Christen, die scharfen Worte, die meiner Feder entströmt sind wie Blut. Verzeiht, Christen, daß ich, ein Fremdling, bloß ein Außenseiter, mir die Freiheit nehme, das Gewissen in Euch unruhig und wach zu machen. Was gibt mir den Mut und, ich darf wohl auch sagen: das Recht, Euch gegenüber die Haltung eines Bruders einzunehmen, der zu seinesgleichen spricht? Die Achtung, die ich Euerem Glauben entgegenbringe, die Liebe, Verehrung und Treue, die ich dem Gründer Euerer Religion gegenüber empfinde, mein tiefer, überzeugter Glaube an die ewigen, wahrhaft religiösen und sittlichen Werte des jüdisch-christlichen Ideals." Und dann wird gezeigt, was wahre Christen für verfolgte Juden in dieser unserer Zeit getan haben.

„Ohne Übertreibung darf man feststellen, daß beinahe der gesamte verbliebene Rest Israels, der in den befreiten Ländern noch aufgefunden wurde – wie klein immer die Zahl auch sein mag –, seine Bewahrung Christen zu verdanken hat, Christen, die in Vollbringung dieser Tat ihr eigenes Leben in Gefahr gebracht haben. Durch die Großtat der Rettung eines Teils der Judenschaft, besonders jüdischer Kinder, haben sich alle Bekenntnisse des christlichen Glaubens, angefangen vom Papst bis zu den idealistischen Quäkern, würdig erwiesen vor dem Gott Israels und seinem Messias, ebenso aber auch vor der Weltgeschichte..."

Sogar im Deutschland des Dritten Reiches hat es ähnliche Christen beider Bekenntnisse gegeben, die verfolgten Juden geholfen, sie unter Gefahr des eigenen Lebens versteckt, mühevoll miternährt und zuweilen kühn mit neuen Identitätspapieren versorgt haben. Von der Masse der Gleichgültigen, der Herzensharten, der Mitschuldigen kann solch seltenes Verdienst freilich nicht als Anspruch eines Ausgleichs in die Waagschale gelegt werden. Es soll sie vielmehr anregen, nachzudenken, anfeuern, wachzuwerden für echtes Christentum und echte Menschlichkeit...

Frankfurter Hefte, September 1946.

Die Kirchen in der Hitlerzeit: ein bedenkenreiches Mittun-Nichtmittun

Wir wissen von dem und jenem Widerstand höherer kirchlicher Autoritäten gegen die nationalsozialistische Tyrannei. Das päpstliche Rundschreiben „Mit brennender Sorge" wurde 1937 verbreitet; der Bischof von Münster stand auf, als die Mörder darangingen, in seiner Diözese die „Lebensunwerten" zu vernichten; Bischof Sproll von Rottenburg wurde wegen seines mutigen Verhaltens aus seinem Sprengel entfernt; die Bekennende Kirche sprach klar und unmißverständlich in Barmen über den Vorrang Christi vor allem Staatlichen. Aber mit dem großen geschichtlichen Wort „Es ist dir nicht erlaubt!" ist die kirchliche Autorität in Deutschland dem Tyrannen *nicht* entgegengetreten. Keineswegs hat die Kirche als geschlossene Körperschaft mit dem ganzen Gewicht ihrer Bedeutung, angesichts der heuchlerischen oder zynischen Zertrampelung von Menschenrechten, angesichts der hohnvollen Verletzung von Treu und Glauben allerorten, angesichts millionenfacher Knechtungen und barbarischer Tötungen gerufen (obgleich ihr so viele „Heilige Berge“, es zu sagen, verblieben waren): „Du sollst nicht morden! Du sollst nicht stehlen! Du sollst nicht falsches Zeugnis ablegen! Du sollst nicht deines Nächsten Haus begehren..., nichts, was deines Nächsten ist!“ Und du sollst schon gar nicht, wenn du alles dieses dennoch tust, „deines Gottes Namen eitel nennen! Der Herr läßt den nicht ungestraft, der Seinen Namen eitel nennt.“ An der Bedeutung des apostolischen Amtes, der Größe der Stunde und der Tücke des Gegners gemessen, ist nicht das geschehen, was man erwarten durfte. „Kluges“ Schweigen, ängstliches Dulden, beständiger Versuch, mit schriftlichen Eingaben rein kirchliche Rechte zu wahren, und ein bedenkenreiches Mittun-Nichtmittun, gelegentlich unterbrochen von stürmischem Kirchenglockenbeifall, deckte das Opfer jener Tausenden von Kaplänen, Pfarrern, Ordensleuten und Pastoren zu, an die sich die Tyrannei unter solchen Umständen heranwagte, um sie in Kerker zu werfen und in Lager einzuliefern.

Aus: „Kirchliche Kundgebungen von politischer Bedeutung“, Frankfurter Hefte, Juli 1947.

„Positive“ Christen

Ist es Ihnen während der Jahre des Nationalsozialismus aufgefallen, daß die Leute, die in ihrem Programm den verführerischen Satz vom „positiven Christentum“ hatten, nur selten von ihm sprachen, nie aber, *nie* von *Christus?* Es hätte die Christen von Anfang an sehend machen müssen!

Auch unter uns sprechen viele Christen (wie viele? die meisten?) immer nur vom Christentum – laut, fordernd, sehr sicher und manchmal sogar drohend. Von Christus sprechen sie nicht. Täten sie es, dann wären sie laut und doch nicht laut, fordernd und doch nicht fordernd, sicher und doch nicht sicher, und wenn drohend, dann doch nicht drohend.

Es ist der Unterschied, auf den es ankommt. Durch Ihn allein gelangen wir auf den Weg der Rettung, durch Ihn allein nehmen wir teil an der Wahrheit, durch Ihn am Leben, denn Er *ist* der Weg, die Wahrheit und das Leben.

Wenn unter „positivem Christentum“ *das* gemeint gewesen wäre! Nicht ausdenkbar die Folgerungen. Aber dann hätten sie in Wort und Tat sich zu Christus bekennen müssen, und sie wären sofort in ihr Nichts zerfallen.

Sie hätten das Bekenntnis schon rein äußerlich nicht über die Lippen bringen können, da ja Christus dem Leibe nach ein Jude war. Vielleicht ist es gestattet, einigen Christen von heute dies nachdrücklich ins Gedächtnis zu rufen, das heißt, zum Bewußtsein zu bringen; auch daraus ergeben sich Folgerungen. *Dem Leibe nach ein Jude,* – so wie die Mutter Jesu, und der Sproß aus dem Hause David, nämlich Joseph, und wie alle von Jesus erwählten Apostel, sogar ein Zöllner war darunter, klein von Gestalt und wohl häßlich, *Levi* hieß er, später Matthäus genannt, einer unserer Evangelisten... Und in der Schrift steht immer das Wort *Hebräer;* – wir möchten recht deutlich ein Ärgernis geben! An diese Hebräer habe ich gedacht, wenn ich im Konzentrationslager dem oder jenem jüdischen Kameraden in ihrer größten Notzeit Brot zuschmuggelte oder, später, mich mit dem einen oder andern von ihnen herumstritt.

Die Nationalsozialisten waren Anhänger des Versuchers Jesu Christi: „Er führte Ihn in die Höhe und zeigte Ihm in einem Augenblick alle Reiche der Welt und er sprach zu Ihm: ‚Alle diese Macht und Herrlichkeit will ich dir geben, mir gehört sie ja, ich kann sie geben, wem ich will. Willst du mich anbeten, dann soll sie ganz dir gehören.‘“ Wie töricht von uns, zu meinen, jene hätten unter „positivem Christentum“ jemals Christus auch nur meinen können!

Die Christen zuallererst hätten die Täuschung in der Politik durchschauen müssen. Einige besaßen ja in der Tat die Gabe der Unterscheidung. Die allermeisten freilich nicht. Gerade sie aber sprechen am allerlautesten heute vom „Sieg über den Antichrist“.

Wollen wir nicht gemeinsam in erheblicher Bescheidenheit dorthin gehen, wo allein die Wasser des Lebens und der Erkenntnis fließen, – zu Christus Jesus, unserem Herrn, dem wir uns alle in der Taufe übereignet haben? Wir werden dann nicht wieder so leicht auf eine der Finten des Roßtäuschers von Anbeginn hereinfallen, am wenigsten auf seine plumpsten, zu denen die vom „positiven Christentum“ gehörte, das uns nämlich, weil wir der Welt doch sehr verfallen sind, Machtzuwachs und Sicherheit versprach – gegen die *andere* Front des *gleichen* Roßtäuschers: die bolschewistische, die vermeintlich alleinige und offenbare, während die Sicherheit des Christen doch *nur* bei Christus sein kann *und sonst nirgends in dieser Welt.*

(Geschrieben am „Glaubenssonntag", – dem Tag, an dem sich die katholische Jugend Deutschlands, seitdem die Religionsfeindschaft des Nationalsozialismus sichtbar zutagegetreten war, öffentlich und in besonderer Weise zu ihrem Glauben bekennt.)

Originaltitel: „Das Kriterium", Frankfurter Hefte, Juli 1947.

Ist der Vatikan gegenüber Faschisten toleranter als gegenüber Kommunisten?

(1949:) Das „Heilige Offizium" der katholischen Kirche hat in einem Dekret erklärt, daß „Christen, die die materialistische und antichristliche Lehre des Kommunismus verkünden, besonders diejenigen, die ihn verteidigen oder verbreiten, ipso facto (durch diese Tatsache selbst) der Exkommunikation verfallen". Sofort ist bei manchen die Frage aufgetaucht, warum der Vatikan den Anhängern und aktiven Vertretern des Rechtsfaschismus gegenüber nicht ebenso vorgegangen sei... Hier seien nur einige der mir wesentlich erscheinenden Gründe in einer Art Thesenform hervorgehoben:

1. Der Bolschewismus ist nicht nur eine Praxis, sondern auch eine klare und rationale Lehre, der Faschismus hingegen war (und, soweit er noch besteht, ist) eine verdammenswerte Praxis, der Lehre nach hingegen ein Wirrwarr meist unausgegorener Vorstellungen von unterschiedlich zu beurteilenden Werten.

2. Den Bolschewismus als Lehre hat die katholische Kirche nicht zum erstenmal verurteilt. Soweit der Faschismus lehrhafte Ansätze enthielt, hat sie ihn und seine folgenschweren Irrtümer genauso deutlich gebrandmarkt. Dies geschah vor allem durch das päpstliche Rundschreiben „Mit brennender Sorge" im Jahre 1937 in einer Schärfe, die man als außerordentlich bezeichnen kann.

3. Gegenüber einer die Menschenwürde und die Menschenrechte wie immer verletzenden Praxis ist die Leitung der katholi-

schen Kirche in einer viel schwierigeren Situation, obgleich die Sache – zumindest hinterher – viel einfacher erscheint. Millionen von Katholiken haben auch gegen die Praxis des Faschismus immer wieder ein deutlich verurteilendes Wort der kirchlichen Leitung erwartet. Einzelfälle, eingebettet in so viele Umstände, Ursachen- und Zielverkettungen, die mitberücksichtigt werden müssen, sind meist nicht leicht von allem Anfang an in ihrer Tragweite abzuschätzen. Was Sünde ist, ist ipso facto, ob „schwer“ oder „leicht“, verurteilt. Es kann sich also nur um eine gesonderte und besonders deutliche Form der Verwerfung handeln. Sie aber muß je nach Zeitpunkt und je nach den Möglichkeiten eines bessernden oder verhütenden Einflusses bestimmt werden. Mit anderen Worten: der Unterschied ist der zwischen Lehrverkündigung mit Abwehr aller Gefahren einerseits und moraltheologisch-pädagogischer Kasuistik andererseits.

Was das richtige Verhalten einer falschen Praxis gegenüber anlangt, kann man natürlich sehr häufig verschiedener Ansicht sein, zu viel Ungeduld oder zu viel Geduld an den Tag legen und selbst bei bester Absicht auch dem Einfluß vorhandener Interessen unterliegen.

4. Lehre und Praxis des Bolschewismus sind nicht von heute und nicht mehr bloß von gestern; das System ist erhärtet und seit mehr als 30 Jahren an der Herrschaft. Gleiches oder ähnliches konnte man von 1933 bis 1939 vom Nationalsozialismus in Deutschland nicht sagen. (Der italienische Faschismus war gradweise erheblich anders als der Nationalsozialismus, und das gleiche gilt vom Falangismus in Spanien.) Dieser Zeitfaktor kann in beiden Fällen zum Verständnis für das Verhalten der obersten Kirchenleitung nicht einfach unberücksichtigt bleiben.

5. Unter dem nationalsozialistischen Regime von 1933 an ging es für den Vatikan im besondern um das Schicksal von 30 bis 40 Millionen deutscher Katholiken. Sie, ohne dazu durch den Gegner direkt gezwungen zu sein, in die Lage des offenen Kirchenkampfes zu bringen, mochte für die katholische Kirche bei noch keineswegs eindeutig geklärten Verhältnissen immerhin sehr bedenklich erscheinen. Auch in den Satellitenstaaten des Bolschewismus, wo Katholiken leben oder sogar die überwiegende Mehrheit sind, hat die katholische Kirche bisher nie angegriffen, sondern immer gewartet, bis sie sich unbedingt verteidigen mußte.

6. In den Satellitenstaaten des Bolschewismus wird heute der infernalische Versuch unternommen, den Bolschewismus in katholischem Gewand und von katholischen Kernpositionen aus, nämlich durch eine sogenannte „Katholische Aktion", von Katholiken geführt, zu verbreiten. Ein ähnlicher Versuch ist innerhalb des nationalsozialistischen Regimes über geringste Ansätze niemals hinausgekommen, im Gegenteil: die nationalsozialistische Führerschaft hat, bereits nach einer erheblichen „Atempause" im Jahre 1938/39, von Kriegsbeginn an den offenen Kirchenkampf sogar bis zu dem als sicher erwarteten siegreichen Kriegsende „aufgespart", obwohl Papst Pius XII. während des Krieges erneut und wiederholt die entsetzlichen Greueltaten des nationalsozialistischen Regimes, dem der italienische Faschismus verbündet war, schärfstens verurteilte...

Es ist also die ganz besondere Situation, wie sie gegenwärtig im Kirchenkampf der bolschewistischen Satellitenstaaten vorliegt, die den Vatikan zu einem so markanten Vorgehen gegen jene Katholiken zwingt, die sich der bolschewistischen Taktik zur Verfügung stellen, und ihn veranlaßt, die grundsätzliche Verurteilung der „materialistischen und antichristlichen Lehre des Kommunismus" erneut in Erinnerung zu rufen.

... Ich selbst bin der Auffassung, daß man dem Übel, ob es in der Lehre oder in der Praxis auftritt, besonders dann aber, wenn es auf beiden Ebenen gleichzeitig wirksam ist, nicht früh und nicht deutlich genug entgegentreten kann. Ich bin mir aber auch im klaren darüber, daß es einen erheblichen Unterschied ausmacht, ob man *während* einer sich entwickelnden komplexen Situation erkennen und handeln muß oder ob man hinterher Stellung nimmt, wenn jedermann alles klar ist; ferner darüber, daß es leichter ist, den Grundsatz aufzustellen „Den Anfängen widerstehe!", als in jedem Augenblick richtig darnach zu handeln, besonders wenn man schwerste Verantwortung für das seelische und leibliche Wohl von Millionen trägt. Und soweit in der Vergangenheit Unterlassungen geschehen sein sollten oder geschehen sind, ist dies kein Grund, sie nun zu wiederholen. Das richtige Verhalten gegenüber den bolschewistischen Satellitenstaaten *jetzt* kann im übrigen erneut die Frage der Notwendigkeit aufrollen, jenes andere Unrecht nicht außer acht zu lassen, das unter nichtbolschewistisch-diktatorialen Systemen, die in Europa noch bestehen – und auch außerhalb dieser Systeme, wo immer –, getan wird. Es hat, wie wir wissen, wiederholt einen Grad und einen Umfang erreicht, die man nur als entsetzlich bezeichnen kann. Die markante Verurteilung des Bolschewismus würde dadurch im übrigen an Eindringlichkeit zweifellos noch gewinnen.

Originaltitel: „Vatikan – Bolschewismus – Nationalsozialismus“, Frankfurter Rundschau, 18. Juli 1949.

Zum Verhältnis zwischen Kirche und totalitärem Staat

Am 6. Juli dieses Jahres (1961) ist Kardinal Dr. Julius Döpfner zum Nachfolger auf dem durch den Tod Kardinal Wendels freigewordenen München-Freisinger Erzbischöflichen Stuhl ernannt worden. Noch ehe der Kardinal seine bisherige Diözese verließ, bestimmte der Papst bereits einen neuen Oberhirten für die 1 286 000 Berliner Katholiken, die mehrheitlich im Ostsektor der Stadt leben: Dr. Alfred Bengsch.

Alles an dem Vorgang ... ist positiv auffallend. Zuerst das Alter des neuen Bischofs: er wird am 20. September erst 40 Jahre alt, ist also noch jünger als Dr. Döpfner, der mit seinen 47 Jahren der jüngste Kardinal der katholischen Kirche ist. Dann die Tatsache, daß Dr. Bengsch noch nicht sehr lange Priester ist ... Der Wohnsitz des neuen Bischofs, der selbst gebürtiger Berliner ist, nämlich im Ostsektor der Stadt, ist der dritte auffallende Umstand an dieser Neubesetzung, und das eben hat mit der gegenwärtigen Krise sehr viel zu tun, denn es wirft nun im katholischen Bereich weithin sichtbar das gleiche Problem auf, wie es im evangelischen Bereich seit längerem schon im öffentlichen Bewußtsein ist: das der behinderten Freizügigkeit der Kirchenführung zu seelsorgerlichen Zwecken.

Die Machthaber im deutschen Sowjetregime haben es bei den Absperrungsmaßnahmen, die sie vorige Woche verfügten, wohlweislich unterlassen, das Recht der Alliierten, der Deutschen in der Bundesrepublik und der Westberliner auf Zutritt zum Ostsektor – obschon natürlich unter Kontrollen – in Frage zu stellen oder es, wenigstens vorerst, ernstlich zu verletzen. Warum haben sie dann just Bischof Dr. Lilje und Kardinal Dr. Döpfner, jedem für sich, als sie sich in den Osten ihrer kirchlichen Bezirke begeben wollten, den Zutritt verweigert? Es erscheint wie eine besonders unkluge, von Spezialhaß diktierte Verfügung der kommunistischen Behörden, die man sich leisten zu können meint…

Für Bischof Dr. Bengsch jedoch ist die Sache, was die Obhut seines Amtes im Westbereich betrifft, viel ernster: er kann legal überhaupt nicht mehr herüber, wenn ihm von den Machthabern dort keine Ausnahmebewilligung erteilt wird. Das hat man im Vatikan natürlich gewußt, als der im Osten wohnende und amtierende Bischof zum katholischen Oberhirten Berlins ernannt wurde. Folglich ist für die gegenwärtige Konfliktlage und für jede künftige den Seelsorgsnotwendigkeiten dort der Vorzug gegeben worden, und das wirft auf das Problem des Verhältnisses zwischen Kirche und totalitärem Staat nun den besonderen Akzent: die Seelsorge, die evangelische sowohl wie die katholische, flieht nicht, sondern harrt aus, ja mehr als das: vor die Wahl zwischen politischer Freiheit und Unfreiheit gestellt, entscheidet sie sich um ihrer höheren Aufgabe willen für die bedrückende Mühsal, unter den Bedingungen einer feindlichen Diktatur im Maße des Möglichen und allenfalls Heroischen wirksam zu bleiben.

Auf unserer Seite der Demarkation spricht sich so etwas leicht aus. Wir sollten uns aber zu ein wenig mehr als lediglich billiger Bewunderung durchringen, nämlich zu der Bereitschaft, den Männern und den Frauen der Kirche, die unter jenen Bedingungen dann uns vom politischen Standpunkt aus zuweilen schwer verständliche Kompromisse schließen, einen tüchtigen Vertrauenskredit zu geben. Nur sie können einigermaßen zutreffend – es ist schwer genug – beurteilen, nicht wir von außen, wo Nachgiebigkeit gegenüber der Macht unerläßlich erscheint, um das innere Heil und das Wichtigste an kirchlichem Leben und kirchlichem Zusammenhalt zu bewahren. Manchmal sieht das, mit unseren Augen betrachtet, so aus, als würde dem totalitären Regime sogar Vorschub geleistet; es läßt sich nicht leugnen, daß es gelegentlich auch geschieht. Aber finden Sie nicht, daß es *uns,* die wir in der *Freiheit* wahrlich oft genug Rücksichten über Rücksichten in Dingen nehmen, die durchaus eine mutigere Haltung erfordern würden, schlecht ansteht, jene etwa vorschnell abzuurteilen, die sich tatsächlich Tag für Tag *gezwungen* sehen, zwischen dem, was man unbedingt bekennen und festhalten muß, und dem, was sich allenfalls, obschon schweren Herzens, vorübergehend oder ganz preisgeben läßt, zu unterscheiden? Widerstand – ja, aber nicht alle können ihn immer und an jeder Front leisten. *Wir* sitzen sozusagen auf den Tribünen, – es gefällt mir ohnehin nicht, von da aus jenen, die sich in der Arena befinden, kühne Parolen zuzurufen, schon gar nicht aber in Gewissensfragen...

Kommentar vom 19. August 1961 im Hessischen Rundfunk.

Kirche und Humanität

Bemerkungen zu den Thesen eines Warschauer Philosophen

... Die christliche Religion – Lehre und Kult – ist seinerzeit, offen und integralistisch zugleich, eine Lebensgemeinschaft mit den Völkern Europas eingegangen. Aus ihr ist das Abendland geworden: die christliche Kultur des Mittelalters. Niemand, der unsere Geschichte kennt, wird behaupten, daß diese Kultur, in ihrer ersten deutlichen Ausprägung nach den barbarischen „dunklen Zeitläuften" (vom fünften bis zum achten Jahrhundert), in der karolingischen und dann ottonischen Renaissance, Individualität und Personalität im heutigen Sinne gekannt habe, – weit davon entfernt, das Sacrum Imperium war von seiner Entstehung bis erst recht in seine Glanzzeit eine totalitäre Herrschaftserscheinung. Mehrere Gründe können dafür angeführt werden, es zu erklären, und einer davon war sicherlich die adaptierende Reduktion des Evangeliums der sühnenden, stellvertretenden, opfernden Liebe in eine Art Kriegerreligion. Wo insgesamt im Bereich solcher „Pubertät" unserer Zivilisation – jeder Zivilisation – hätte es Toleranz geben können? Man empfindet, handelt und denkt nicht wie ein Dreißigjähriger, wenn man gerade über die Schwelle des Jünglingsalters tritt. Daß sich jedoch eine byzantinische Fixierung der abendländischen Kultur, wie sie sich vom neunten bis zum elften Jahrhundert als konkrete Möglichkeit abzeichnete, nicht vollenden konnte, ist im wesentlichen auf die Kirche Roms zurückzuführen: sie hat den Grund zur differenzierenden Entwicklung Europas gelegt. Aber sie hat andererseits nie mehr, durch alle die folgenden wechselreichen Jahrhunderte hindurch, aus jenen germanisch-feudalistischen Jugendzeiten das Denken in stützender Weltordnung verloren. Das

Bild liebender Hirtensorge, das Jesus Christus den Vorstellungen entnahm, wie sie seinen Zeit- und Volksgenossen zwischen den Bergen Galiläas und den Hügeln Judäas wohlvertraut waren, wurde dem Klerus zur geliebten Ordnungsmetapher mit sehr realer Obhuts- und Herrschaftsfunktion und blieb es, in den praktischen Folgen allgemach abgeschwächt, bis auf den heutigen Tag, Geistliches und Weltliches, im geschichtlichen Werdegang fast unentwirrbar miteinander verflochten, gleicherweise in sich einbeziehend. (Heilvolles und Unheilvolles ergab sich daraus, das Unheilvolle in Partien, zuweilen, so gräßlich, daß es noch die Erinnerung kaum zu ertragen vermag: die Wahrheit als Folterwerkzeug einer pervertierten Seelenliebe.) Der Hirt-Herde-Vergleich, so aufgefaßt, hat dem kirchlichen Denken die Freiheit, die man einst konzipiert und der man selbst zum Leben verholfen hatte, suspekt gemacht, je mehr sie wuchs, besonders aber nach den narkotisierenden Rückfall- und Zwischenjahrhunderten des Absolutismus in Europa.

Die pluralistische Gesellschaft, das vergessen-legitime, ausgesetzte Kind der Kirche, von ihr, als es dastand – in den Revolutionen der Neuzeit aus den geschichtlichen Verdrängungen aufgetaucht –, nicht erkannt und nur sehr allmählich, sehr zögernd, lediglich stückweise, teilweise anerkannt, ist in der Tat eine „christliche Verlegenheit". Das erörtert man nicht offen, man merkt es aber bei vielen Gelegenheiten, immer von neuem. Die tiefsitzende Komplikation besteht darin, daß der Werte-Pluralismus unseres modern-demokratischen Systems etwas mit der Wahrheit, also auch mit *der* Wahrheit, die geoffenbart ist, zu tun hat, daß ihm aber in der Entfremdung von der Kirche, als sie an ihm die Merkmale seiner mitkirchlichen Herkunft nicht zu sehen vermochte, die tragende Überzeugung von der *Verbindlichkeit* (der zwingenden, intersubjektiven, auch wissenschaftlich nachweisbaren Gültigkeit) gemeinsamer human-existentieller Grundwerte abhandenkam. Das Mißtrauen gegen die beiderseits voneinander geforderte Toleranz – hier für den Werte-Pluralismus, dort für eine Reihe von Fundamentalnormen – ist daher auf beiden Seiten groß. Die liberale und die sozialistische „Linke" fürchtet, aus Erfahrung und aus mehr ahnendem als wissendem Einblick, daß die Christen, insbesondere die Katholiken, wenn ihnen Vorherrschaft, gar Alleinherrschaft zufiele, die Toleranz nur mit Vorbehalt, ja mit Einschränkungen üben würden.

Daran ist etwas Wahres, und zwar so lange, als Christen sich für religiös verpflichtet halten, der Wahrheit aus Offenbarung das Alleinrecht zuzuerkennen, verkündet zu werden, und den Werten, die sie als unveränderlich gültig bezeichnen müssen, vor allem den Normen, die die unauflösliche Einehe und eine kirchlich mitbestimmte Erziehung begründen – aber nicht nur diesen! –, gesellschaftliche Verbindlichkeit durch Zwangsanordnung für jedermann zu sichern. Hier *besteht* der von Kolakowski[1] (und anderen) gesehene Unterschied zwischen „offenem" und „integralistischem" Katholizismus. Im vollen Bewußtsein davon, daß gerade die pluralistische Gesellschaft fundamentaler Wertübereinstimmungen gegen die Gefahr des Verfalls durch Relativismus bedarf, übernimmt der „offene" Katholizismus trotzdem das Prinzip nicht, absolute Gültigkeiten bedingungslos *anzuordnen*. Er läßt sich auf die Freiheit – keineswegs deshalb auf Willkür! – ohne Vorbehalt ein. Der „integralistische" Katholizismus hält außerhalb der Bedingungen, die er selber setzt, nichts oder jedenfalls nicht viel von der Mündigkeit – weder des Menschen noch des Christenmenschen.

Die grundsätzliche Debatte über die Toleranz derer, „die sie stets uneingeschränkt für sich fordern, jedoch nicht bereit sind, sie ebenso uneingeschränkt anderen zuzubilligen", ist indes nur so etwas wie ein fortgesetzter Ausklang von Kontroversen, die früher einmal konkrete Bedeutung hatten; denn von einigen sehr wenigen, für die moderne Entwicklung ganz und gar untypischen Restländern abgesehen, zeigt sich nirgends auf der Welt die Tendenz zu einer realen politischen Chance, die gefürchtete christliche Vorherrschaft in toto, also von innen her dann kaum mehr angreifbar, praktisch auszuüben. Kolakowski und seine Freunde sind sogar überzeugt, daß die Religion unter den Bedingungen der heutigen Gesellschafts- und Geistesentwicklung unaufhaltsam abstirbt. Gerhard Szczesny hat darüber unmißverständlich geschrieben[2]. „Ein nur noch phlegmatisches Pietätsverhältnis zum Christentum" unterhalten nach ihm „große und entscheidende Teile der Gesellschaft" unserer Zeit…

---

1 Einen guten Überblick über Leben und Werk Leszek Kolakowskis gibt das Vorwort von Leonhard Reinisch in: Leszek Kolakowski: Leben trotz Geschichte, R. Piper & Co. Verlag, München/Zürich 1977. (Der Herausgeber)

2 „Die Zukunft des Unglaubens / Zeitgemäße Betrachtungen eines Nichtchristen", Paul List Verlag, München 1958.

In den hier für unausweichlich angesehenen Verfallsprozeß bezieht Kolakowski den „offenen" Katholizismus durchaus mit ein; er könne im günstigsten Fall den Verlauf verlangsamen. In der siebten seiner „Kleinen Thesen"[1] hieß es: „Die sich entwickelnden Formen der katholischen Religiosität sind zwar zu einer verhältnismäßig schnellen Anpassung an die moderne geistige Zivilisation fähig, doch sie besitzen die Fähigkeit nicht in unbegrenztem Ausmaß. Nicht die Fortschritte der Naturwissenschaft sind für den katholischen Gedanken schwer zu übernehmen, sondern die laizistische und historische Betrachtung des menschlichen Lebens, der geschichtlichen Veränderungen, der Geschichte des Christentums und der Religion selber." Genau hier möchte ich Kolakowski – so entschieden wie unbeschwert – widersprechen. Die „Entideologisierung" kirchlichen Denkens, schmerzvoll im ganzen und im einzelnen, kann der Wiedergewinnung der religiösen Transformationskraft der christlichen Heilslehre sehr im Gegenteil auf das eindringlichste nützen. Vielleicht erlangen Sauerteig und Salz eben dadurch wieder die Qualitäten, die ihnen ihrer Natur nach zukommen, so daß, um es mit einem einzigen Beispiel anzudeuten, der lebendige Christ in den industriewirtschaftlichen Arbeitsprozessen sich mit seinem Christentum nicht fehl am Platze vorzukommen braucht, indes er gerade in dieser Qualität an der Börse wirklich und buchstäblich nichts zu suchen, aber auch nichts zu verlieren hat. Die allerkritischeste Betrachtung „des menschlichen Lebens, der geschichtlichen Veränderungen, der Geschichte des Christentums und der Religion selber" wird einer Auffassung von der Kirche zugutekommen, die sie viel eher als anbetende und sühnende, in der Nachfolge ihres Herrn für das Heil der Menschen stellvertretend sich aufopfernde Gemeinschaft denn als irgend etwas sonst sieht, und man könnte hoffen, daß sie durch solche Heilssolidarität verborgener Brüderlichkeit – anstelle aller Ansprüche, die sich aus paternaler oder maternaler Autorität immer wohlbegründet ableiten lassen – auch die Einwirk-Orte in der pluralistischen Gesellschaft, ja möglicherweise sogar in der totalitären, fände, von denen aus das Geheime segensreich, unter Umständen rettend sichtbar würde. Weder Kolakowski noch Szczesny noch wir noch

---

[1] Leszek Kolakowski, „Kleine Thesen de sacro et profano", Argumenty, 1961; gekürzter Nachdruck in: Frankfurter Hefte, November 1961.

irgend jemand vermag mit Sicherheit zu sagen, welche Stunde der Religion in der jetzt kommenden Entfaltungs- (oder Untergangs-)-Zeit der Menschheit geschlagen hat, wenn sich auch in den Körperschaften der Christen unter dem Druck der Größe der Weltaufgaben, die auf uns zukommen, ja die schon dasind, die angebrachten Kräfte – Weltgeschichte in Heilsgeschichte verwandelnde Tugenden – entbinden...

Was die *Erhellung des menschlichen Geistes* anlangt, so werden wir nicht verlangen, daß Atheisten Predigt und Praxis des Glaubens, der den Menschen über sein jenseitiges Heil aufklären und es ihm bewirken soll, für einen Nutzen ansehen; in Hinsicht darauf gibt es keine Verständigung, es wäre denn durch Abfall und Bekehrung. Die Kritik richtet sich in unseren Augen sonach gegen Obskurantismus. Aber Vorsicht! Keineswegs war er in der Geschichte – und ist er gar heute – selbstverständlicher Schatten des religiösen Glaubens. Schatten gewiß sehr häufig, und lange; jedoch vieler Erscheinungen, nicht einer einzigen. Und kann man es nicht verstehen, daß die Kirchenführung aller Stufen und Grade je in ihrer Zeit einerseits im Weltlichen regelmäßig nicht klüger war als alle übrige Welt der „Normalität", andererseits besonders vorsichtig, zurückhaltend, ja abwehrend gegenüber den Avantgardisten des Denkens, die oft genug, im Sturm und Drang berauschender geistiger Abenteuer, das Wichtige für wichtiger nahmen als das Wichtigste? Aber waren Mönche und sehr glaubenstreue Gelehrte außerhalb der Klöster, fast in jedem Jahrhundert, nicht auch sehr kühne Denker, die kein Dorfchristentum, kein integralistischer Fanatismus daran hindern konnte, es zu sein? Gäbe es ohne sie, von Augustinus über Thomas von Aquin und Pascal bis zu den Kündern der „Dialektischen Theologie" heute, weiter von Albertus über Raimundus Lullus und Leibniz bis Teilhard de Chardin, um immer nur einige wenige beispielsweise zu nennen, die moderne Wissenschaft? Was mir ferner als nicht wenig bedeutungsvoll erscheint: Muß nicht die mögliche und die tatsächliche Rolle des Gedankens anders gesehen werden in den Bereichen des einfachen Lebens als im Bereich hoher Schulen? Gewiß doch. Die Pädagogik der Aufklärung hat ihre Tücken wie die Pädagogik der Bewahrung; nichts ist leichter und folgenreicher, als unbekümmert zu verblenden, nichts desgleichen so leicht und folgenreich wie dummzuhalten.

Aber kann man sagen, aus der Geschichte es belegen, daß das „dörfische“ Christentum der *Zivilisation* Eintrag getan habe? Nein, nimmt man alles in allem, so kann man es nicht. Die Worte im vierten Abschnitt der Einleitung zur Enzyklika „Mater et Magistra“ stimmen schon: „Obwohl die Kirche vor allem die Aufgabe hat, die Seelen zu heiligen und ihnen die Teilnahme an den Gütern des übernatürlichen Lebens zu vermitteln, ist sie doch auch besorgt um die Bedürfnisse des menschlichen Alltagslebens, nicht nur um Nahrung und Unterhalt, sondern auch den Wohlstand und die Kultur in ihren vielfachen Bereichen und entsprechend den verschiedenen Epochen.“ Auch da ging und geht es nicht ohne Fehler ab, – man braucht nur an einigen falschen Kultureifer der überseeischen Missionierung aus Europa denken. Aber verdunkelt das die Großleistungen des Schulunterrichts, der mannigfachsten Berufsausbildung, der hygienischen und medizinischen Hilfen, die das Werk der Glaubensausbreitung, dem Stande der allgemeinen Entwicklung entsprechend, zu allen Zeiten begleitet haben? Es ist ein allseits sehr beherzigenswerter Satz, der sich an anderer Stelle der Enzyklika „Mater et Magistra“, gegen Ende zu, findet: „Jeder, der sich Christ nennt, muß es als seinen Auftrag und als seine Sendung ansehen, sich mit aller Kraft für die Vervollkommnung der Gesellschaft einzusetzen und bis zum äußersten sich zu bemühen, daß die Menschenwürde in keiner Weise angetastet wird, vielmehr alle Schranken niedergelegt und alle Hilfen beigestellt werden, die ein Leben nach der Tugend anziehend machen und befördern.“

Frankfurter Hefte, Dezember 1961.

Johannes XXIII.: ein Papst, dem man die Liebe glaubte

Ein Papst, von dem eine erstaunliche Wirkung ausging. Nur die politische Seite dieser Wirkung soll hier in wenigen Worten gewürdigt werden. Selbstverständlich war sie umstritten. In dem seit 1945 die Welt umspannenden Gegensatz hat er dem Frieden das Wort gesprochen, und dies nicht auf die gewohnte Weise, die uns aus den Reden aller bekannt ist, sondern auf seine Weise, die unverwechselbar johanneische, der man die Liebe geglaubt hat. Das will in der Politik etwas heißen. Es mußte Politik sein, wenn er den Frieden wollte. Geglaubt aber hat die Welt der Aufrichtigkeit dieses Mannes – und dann sogar seinem möglichen Einfluß: wohlgemerkt, in Sachen einer Friedenspolitik aus Liebe in dieser unserer Welt! –, weil er vom ersten Tage an, als ihm das Amt im Vatikan zugefallen war und er die Schwelle eben dieses Vatikans bereits überschritt, um die Insassen römischer Gefängnisse zu besuchen, unaufdringlich, ohne jeden Herrschaftsanspruch das Ungewohntgewordene getan hat: den Weg zum anderen unbekümmert zu nehmen, Macht und Ohnmacht des heutigen Papsttums hinter sich lassend – allein, beispielhaft das Herz der andern suchend.

Hat er das Risiko, das sich auf Schritt und Tritt damit verband, nicht gekannt? Sehr wohl kannte er es, denn in seinem Testament steht der Satz: „Es bekümmert mich nicht, was über mich geschrieben und gesagt worden ist..."

Notiz für einen Fernsehkommentar (vermutlich NDR), 1963.

Das traditionelle Fest

Was ist Weihnachten in unseren Zeitläuften? Auf jeden Fall eine Illusion. Ist es auch eine Realität, die gegen die Superwaffen ankommt? Birgt das traditionelle christliche Fest eine Hoffnung, die stärker wäre als die Trägerraketen der Kosmonauten? Eine Hoffnung also, die von der Erde *aus,* aber nicht mit den Kräften, die *sie* gibt, in eine andere Welt trägt?

Man kann sich nicht mehr vorstellen, daß die Botschaft, uns sei der Erlöser geboren, lebensverwandelnd wäre. Der Gewohnheitsglaube bewegt die Gefühle, mehr nicht; unsere Gesellschaft bleibt in allen Vorgängen, die sie ausmachen, unverändert, – unverändert die Politik, die Wirtschaft, die Wissenschaft, das Vergnügen. Man redet von Weihnachten und genießt es, die Gans und den Punsch, Tage der Stimmung. Nicht einmal die Geschenke erinnern an *das* Geschenk: Heil vom Himmel, wahrhaftig und wirklich. Man muß froh sein, wenn die Wolken über Vietnam nicht selbst an diesem Tag Napalm-Bomben und die übrige höllische Vernichtung regnen.

Eine Illusion ist das Fest, weil wir von der Realität solcher Art, solange sie uns nicht selber direkt eindeckt, mit Hilfe traulichen

Kerzenlichts und vertrauter Lieder geflissentlich absehen. Über das „ganz andere" täuschen wir uns hinweg, ziehen nicht die geringste Konsequenz, die uns in irgendeiner Hinsicht hart anginge.

Das ist psychologisch recht wohl erklärlich: wir brauchen die Illusion – als Entspannung aus der Mühe unseres Hastens, als Abwechslung vom Alltag, als künstlichen Schimmer einer Hoffnung, es werde schon gutgehen. Die Illusion ist durch kein Malheur umzubringen, keine noch so grausige Katastrophe hat sie zerstört, sie lebt wie eine Aura des Schattens von Leid, der uns begleitet. Die Illusion scheint eine Existenzbedingung des Menschen zu sein, Zeichen der originären Schwäche.

So wäre es also nie anders gewesen? Doch, es *war* anders, seinerzeit in den Anfängen, als die Unverbildeten wie die Gelehrten im jüdischen Volk den Messias erwarteten und seine Gemeinden, als er erschienen war, ihn gläubig verkündeten. Dann alle jene nachfolgenden Jahrhunderte hindurch, in denen der religiöse Glaube eine tatsächlich bewegende Kraft war. Trotz den erschreckendsten Bannungen in Vor- und Fehlurteile damals war doch das Bewußtsein bestimmend, daß unsere Geschichte eine Geschichte des Heils sei, unser Weg eine Wanderung nicht ins Nichts, sondern in die Ewigkeit – Heimkehr zum Vater, der durch den Sohn – den Menschensohn – von sich sichere Kunde gegeben hat. Menschlichkeit als Ideal haben zwar auch griechische Philosophen erkannt, Menschlichkeit als politische Realität, in Grundrechten verbürgt, hat die europäische Aufklärung allmählich durchgesetzt, aber das tragfähige Fundament ist über lange Generationen hin religiös entstanden, aus der himmlischen Verkündigung, die dem Prinzip der Gleichheit in unser aller Personalität Verbindlichkeit schuf – damals noch lediglich ins Jenseits projiziert, irdische Privilegien und strenge ständische Rangordnungen eher stabilisierend, aber doch Hoffnung gegen jeglichen Anschein verlieh. Die Welt von heute wäre in der Humanität, die der Barbarei in einigen wichtigen Bereichen immerhin bereits das Gleichgewicht hält, nicht das, was sie ist, ohne die Wirkung der Kunde, auf die das traditionelle Fest dieser Nacht und dieses Tages zurückgeht.

Der gewaltige, obschon gefährliche Unterschied zwischen seinerzeit und jetzt besteht im Fortschritt des menschheitlichen Bewußtseins aus Naivität zum durchwegs kritischen Überdenken. *Uns* erscheinen eben keine Engel, weil wir gelernt haben – und es lernen *mußten* –, uns in erster Linie auf unseren Verstand zu verlassen. Die einen haben gerade dadurch allen Sinn für das Überirdische verloren. Was ihnen, freilich nur im guten Fall (nicht im faschistischen), bleibt, ist die Errungenschaft der Humanität; sie verbindet sie mit jenen Christen, die ihrerseits inzwischen *politisch* aufgeklärt sind. Die anderen, nominell Getaufte, nominell Ungläubige, möchten in unserer Zeit, deren internationale Verflechtungen die Fraternität sozusagen zwingend einleuchtend machen, ihr einen gesicherten Frieden zugesellt wissen. Sie zweifeln an der Möglichkeit, sie erhoffen sie dennoch. „Friede auf Erden den Menschen Meines Wohlgefallens!", das ist die unverwirklichte aktuelle Botschaft, die die Punkte der Erde, die Punkte der Politik sucht, wo sie sich niederlassen kann, um sich von dort aus auszubreiten.

Daß die weiße Christenheit von heute, die das Heilswort nur allzu gewohnt ist, sich besinnen werde, ist wenig wahrscheinlich. Vielleicht wird die kosmonautisch werdende Menschheit wieder beginnen, zu philosophieren, das heißt, über den Sinn nachzudenken. Das Verwundern, wessen wir imstande sind, ist ein Anfang dazu. In darüber hinausgreifende Sehnsucht eröffnet sich von da aus ein Weg. Vielleicht ist es ein Pfad zu jener Mystik Teilhard de Chardins, die sich mit modernster Wissenschaft verträgt.

Wenn auch nur ein Schimmer von Hoffnung *darauf* besteht, – *Fröhliche* Weihnachten dann, trotz allem!

„Kommentar zum Tage" vom 24. Dezember 1965 im Westdeutschen Rundfunk.

Die religiös Gläubigen und die Nichtgläubigen sind in fast der nämlichen Lage. Wir fahren alle auf einem und demselben lecken Schiff, in der Nacht, bei verhängtem Himmel, es stürmt, der Kurs ist verlorengegangen, die Mannschaft und die Offiziere wissen nicht mehr Bescheid, selbst wenn sie das Gegenteil behaupten, – und wir zünden uns das Lichterbäumchen an, als Illusion, als Überlieferung, als Hoffnung wider die Hoffnung.

Aus: „Die Macht, der Friede und die Menschen guten Willens", Typoskript ohne Datums- und Bestimmungsangabe.

Aufbruch zu einem kritischen Katholizismus
Der Deutsche Katholikentag 1968

Der 82. Deutsche Katholikentag, vom 4. bis zum 9. September 1968 spektakulärer abgelaufen, als von Anfang an bereits erwartet, gilt vielen nun als ein Datum des Aufbruchs in die Demokratisierung der katholischen Kirche. Am 7. September abends faßte in der Essener Gruga-Halle ein Groß-Forum die Ergebnisse von nicht weniger als 27 Arbeitsgruppen zusammen; der Kommentator des Westdeutschen Rundfunks schrieb für alle berichterstattenden Stationen (400 Journalisten waren anwesend, darunter 53 ausländische): „Spontaneität und leidenschaftliches Engagement vieler Tausender von wachen katholischen Christen setzten eine innerkirchliche Bewegung in Gang, die noch lange nachwirken wird. Nach diesem Freitag ist die katholische Kirche der Bundesrepublik nicht mehr dieselbe, die sie vorher war."

Kann man das in der Tat so sagen? Ein großes Wort: Demokratisierung der katholischen Kirche in Deutschland. Man spricht es nicht aus, ohne die Rückwirkungen zu bedenken, die sich in die Gesamtkirche und in die Welt aus einem solchen Vorgang ergeben könnten.

Die deutschen Katholiken standen bis jetzt im Verhältnis besonderer Ergebenheit zu Rom. Die Gründe reichen tief in die Geschichte zurück – man suchte sozusagen auszugleichen, wo und wie es nur ging, daß hier die Reformation entstanden war; daß sich das neudeutsche Kaiserreich preußischen Bewußtseins als eine protestantische Vormacht ansah; daß der deutsche Katholizismus etwa Gefahren der Ansteckung erliegen könnte, dem Modernismus im 20. Jahrhundert beispielsweise. Die Aufmerksamkeit Roms war immer wach: man erwartete von den Deutschen, was man von ihnen erhielt; man wäre sofort mißtrauisch gewesen, wenn die Treuebezeugungen je einmal nachgelassen hätten. (Ganz anders dem französischen Katholizismus gegenüber: hier war es Rom, das bei jeder Gelegenheit beteuerte, die sich bot, wie sehr die Kirche in Frankreich geliebteste Tochter sei – die Tochter mit den gallikanischen Neigungen, die der Episkopat recht national von Zeit zu Zeit deutlich spüren ließ.) Ungebrochene, niemals kritisch gesehene

Autoritätstreue kennzeichnete daher den deutschen Katholizismus aus seinem Sonderverhältnis zu Rom nicht weniger als aus der bestimmenden deutschen Tradition seit den duodezfürstlichen Zeiten. Mancherlei, zum Teil arg antikatholische Mißverhältnisse kamen hinzu, denen nur durch Einheit und Geschlossenheit der katholischen Formation begegnet werden konnte.

Das hätte sich 1945, nach dem Untergang des Nationalsozialismus in Deutschland, des Faschismus in Italien, nach den mutigen Bewährungen und den traurigen Kompromittierungen, die hier wie dort in der Kirche zustandegebracht worden waren, ändern können. Es war eine der großen Gelegenheiten, nicht zu restaurieren, sondern zu erneuern. Man hat weder in Rom davon Gebrauch gemacht, wo der Vatikan zu jener Zeit mehr moralischen Kredit ausstrahlte als jede der weltlichen Mächte, die sich im Chaos der Nachkriegsverhältnisse retablierten, noch in den westlichen Besatzungszonen Deutschlands, wo der katholische Episkopat im entstandenen totalen Hohlraum politischer Autorität subsidiär die einzige Kraft von Ansehen darstellte, die ein Beispiel hätte setzen können. Statt dessen richteten sich auch die Bischöfe – sich und die Kirche – unverändert und ungeläutert nach den Modellen ihrer gewohnten Erfahrungen von vorher ein: im alten autoritären Stil, mit den alten Grundsätzen, in den alten Organisationsformen, soweit sie sich nur überhaupt wieder anwenden ließen.

Die Erfolge der Christlich-Demokratischen und der Christlich-Sozialen Union in der Bundesrepublik haben das Fiasko, daß kein wirksames neues Verhältnis der katholischen Kirche zur tiefveränderten Welt mit ihren immensen Zukunftsaufgaben gefunden wurde, bis zum Auftreten des großen Papstes verdeckt, Johannes' XXIII. Er, ein Mensch bäuerlicher Art, verstand die modernen Industrieverhältnisse, und er besaß den Mut, die kirchliche Anpassung an sie zu verkündigen. Von da an rührte sich Reformwille auch im deutschen Bereich.

Man hat in das Vaticanum II gewaltige Hoffnungen gesetzt. Sie schienen auch deshalb nicht unberechtigt zu sein, weil es bekanntlich nicht zuletzt der deutsche Episkopat und deutsche Theologen waren, die den Geist des verstorbenen Erneuererpapstes in sich wirken ließen und dementsprechend im Konzil tätig wurden. Die gleichen Bischöfe, die da, wo sie seit langem und unmittelbar zuständig waren, nicht die Phantasie und die Entschlossenheit aufgebracht hatten, in bezug auf das Heilsschicksal der Welt etwas Hoffnungerweckendes Wirklichkeit werden zu lassen, besannen sich für die Gesamtkirche. Man konnte daher ebenso gut erwarten wie bezweifeln, daß nach Abschluß des Konzils das „aggiornamento" in der Bundesrepublik tiefgreifend stattfinden werde. Zur Hoffnung gab Anlaß, daß die Besinnung jüngeren Datums war als die Restaurationspraxis; daß ferner das Engagement des deutschen Episkopats in Rom zu bedeutend gewesen war, um außer Liturgischem sozusagen nichts auf zuhause zu übertragen; und daß schließlich, was man den klerikalen Einfluß auf die Welt nennen kann, während der ersten Hälfte der sechziger Jahre in der Bundesrepublik spürbar zurückgegangen war – aus mehreren Gründen, doch immerhin auch, weil in den „amtskirchlichen" Kreisen sich die Einsicht durchzusetzen begonnen hatte, daß es so besser sei.

Die Enttäuschung war dann groß, als die „Eindeutschung" der Konzilsbeschlüsse ins Werk gesetzt wurde. Da stockte die Autoritätsausweitung von oben nach unten: vom Papst zu den Bischöfen, das ging ja wohl noch, aber wie weit und in welchen Formen sollte die „Kollegialität" sonst um sich greifen? Dämpfende Warnungen gegen aufkommende Wirrnisse wurden verlautbart, Warnungen auch, die Dinge, die in Gang gekommen seien, nicht zu überstürzen. Die Aussicht, daß sich Grundlegendes verändern werde, verdüsterte sich.

In dieser Situation machten sich kluge Leute daran, ein Kompromiß aus Fortschrittsgeist und Beharrungswunsch ins Auge zu fassen: die Unruhe sollte eingefangen und „artikuliert" werden, ohne indes Beschlüsse zu bewirken – die sollten dann, je nach souveränem Ermessen, Sache der Bischöfe bleiben; doch könnten – und wollten – sich diese dem angemessenen Fortschritt ganz gewiß nicht entziehen. Der Ruhrgebiets-Bischof Hengsbach hat gemeint, der von ihm mitvertretenen Strategie (die Gegner nennen sie „Manipulation") einen freundlichen Ausdruck in rhetorischer Dialektik geben zu sollen, und so formulierte er in Essen, als er die Teilnehmer am 82. Deutschen Katholikentag begrüßte, die Absicht wie folgt: „Resolutionen wollen wir nicht verabschieden, denn von den uns aufgegebenen Fragen können wir uns nicht ‚verabschieden'." Es waren 1770 Fragen (kein Druckfehler: in der Tat 1770), die auf die vorausschauende Veranlassung des Zentralkomitees der Deutschen Katholiken in monatelanger Bemühung zusammengetragen, thematisch geordnet und in einem Katalog veröffentlicht worden waren, solchermaßen das Motto und Thema des Katholikentages „... mitten in dieser Welt" teutonisch begründend. („Großkampftagung zur Annäherung an konziliare Aufgaben" hat es ein ankündigender Rundfunkkommentar vom 29. August 1968 genannt.) Inmitten einer solchen Problemfülle und Problemmasse ergab sich ja wohl keine Stoßrichtung mehr. Doch genug Anregung aus dem vielbegehrten „Dialog", um zu tun und zu lassen, was der höheren, der lenkenden, der autoritativen Vernunft als zweckmäßig erschien.

Es kam indes anders. Und es war der Papst, der es bewirkt hat! Gegen die radikalen, aber kleinen Gruppen des „Kritischen Katholizismus", die den kirchlichen Autoritäten fast so wenig Respekt erweisen wie die studentische Rebellenschaft den regierenden Politikern, hätten sich die klug berechnenden Planer eines wohltemperierten Fortschritts vermutlich durchgesetzt, denn für Revolutionen, auf welchem Felde immer, hat die überwältigende Mehrheit der Katholiken in der Bundesrepublik nach wie vor nichts übrig. Aber da schuf Paul VI. mit der Enzyklika „Humanae vitae" und mehr noch mit den nach und nach immer schärfer werdenden Erklärungen, die er dem Rundschreiben folgen ließ, Bewußtseinsbedingungen, die generell nicht der Fügsamkeit und dem Kompromiß günstig waren, sondern dem Widerstand und weitergehendem Reformverlangen.

Die meisten deutschen Bischöfe stehen, wie man weiß, in Sachen der Empfängniskontrolle nicht auf der Seite des Papstes, sondern bei jenen, die in der von ihm selbst seinerzeit eingesetzten Kommission die Anerkennung des Gewissens der Ehepartner als oberster Instanz empfahlen. Infolgedessen gerieten sie zwischen der Autorität des römischen Oberhirten, ihrer eigenen Autorität, der der Seelsorger und der des gläubigen Volkes in die Bedrängnis. So verloren sie die Führungsgewalt.

Vom ersten Tag an ist der Katholikentag in Essen über das Problem der „Pille" weit hinausgegangen. Zwar fand die Frage der ehelichen Moral, selbstverständlich, größtes Interesse: an die 5000 jüngere, ältere und altgewordene Katholiken nahmen an dem Forum „Ehe und Familie" teil, und nur 90 stimmten dagegen, nur 58 enthielten sich, als auch dort eine Entschließung vorgeschlagen und unter stürmischem Beifall angenommen wurde, man könne in Fragen der Methode der Empfängnisverhütung der Gehorsamsaufforderung des Papstes nicht Folge leisten (das Lehramt der Kirche werde nicht leiden, sondern nur glaubwürdiger werden, wenn die Enzyklika revidiert werde). Die allgemeine Entschlossenheit, traditionelle Rücksichten jetzt fallen zu lassen, war von einer Massivität, daß sich die ursprüngliche Absicht der Organisatoren des Katholikentages, der Opposition von vornherein und vorsorglich einen eigenen Saal zu reservieren, im nachhinein als zutiefst naive Verkennung der gesamten Situation erwies. Es gab kein Thema im einzelnen, das nicht zum Anlaß genommen worden wäre – immer von den überwältigenden Mehrheiten, nie von der Minderheit des „Kritischen Katholizismus" allein –, Forderungen bis zum letzten zu stellen, also Forderungen bis an die Wurzel, radikale Forderungen.

Was war und was ist darunter zu verstehen? Das Verlangen, die Kirche solle aus sich und von sich entfernen, was ihrer Heilswirksamkeit in der Welt von heute hinderlich sei oder hinderlich sein könne; alles zu tun, nichts mehr zu unterlassen, was dieser ihrer Heilsaufgabe dienlich wäre. So elementar war der Drang, ins Innerste der Kräfte vorzudringen, daß die Veranstaltungen, die sich mit Hauptthemen wie „Kultur, Wirtschaft und Gesellschaft" oder „Unser Staat" befaßten, weniger besucht wurden als „Diese Welt und Gottes Wort" oder das Forum, das den Frieden in dieser Welt zum Gegenstand hatte. Man will mit der Botschaft des Herrn Ernst gemacht wissen. Dazu soll erst die unbezweifelbare Bereitschaft gesichert werden, dann die konkrete Sach- und Situationskenntnis geschaffen. Eine durch und durch menschliche Welt ist das Ziel. Um sie herzustellen, bedarf es der unvoreingenommensten Zusammenarbeit mit allen Kräften. (So der junge Münsteraner Pastoraltheologe Dr. Norbert Greinacher im Fazit seines Referats „Ja zur weltlichen Welt".)

Von da aus erfolgten die Angriffe gegen überholte oder hinderliche Verhältnisse in der Kirche. Manches davon war ohne Maß, einiges sogar, in Stil und Methode (herumgetragene Plakattexte zum Beispiel), unerquicklich. Aber das Bemerkenswerte ist der Aufbruch, der erfolgt ist. Nun wird, auf allen Ebenen, das Recht zur Mitsprache gefordert, das Recht, informiert zu werden, die Pflicht der Autoritäten, ins Gespräch zu treten und im Gespräch zu bleiben.

Keine leichte Situation für den deutschen Episkopat. Wie man hört, ist man in seinen Reihen tief beunruhigt.

Man kann den Satz „Die katholische Kirche der Bundesrepublik ist nicht mehr dieselbe, die sie vor der Veranstaltung in Essen war" als zutreffend bezeichnen. Aber folgt daraus, daß sie „demokratisiert" werden wird? Die Wahrscheinlichkeit ist überaus gering. Die Hierarchie besitzt eine nun schon viele Jahrhunderte hindurch bewiesene Fähigkeit, verharrende Nichtanpassung als große pädagogische Weisheit auszugeben. Mehr und mehr hat sie dadurch die Wirksamkeit dessen, was sie unbeirrt zu bewahren und zu verkünden hat, herabgesetzt. Anders wäre die gegenwärtige Situation der Kirche in der Welt – mitten in dieser Welt – ja gar nicht entstanden. Die verpaßten korrigierenden Anschlüsse haben überdies nur allzu häufig falsche, den Fortschritt abermals verhindernde politische Anschlüsse zur Folge gehabt. Das alles sollte sich plötzlich geändert haben? Zu wenig Macht, zu wenig Entschlossenheit stehen hinter den Impulsen, die im Zweiten Vatikanischen Konzil gemeint worden sind.

Aber was geweckt worden ist, bleibt nicht einfach wirkungslos, weder auf seiten der Bischöfe noch auf seiten des gläubigen Volkes. Unterhalb der Offizialität – angestoßen und gehindert zugleich durch die rebellischen Radikalen – wird sich im deutschen Katholizismus weiter ein Verhaltenswandel vollziehen. Man wird bemüht sein, die abenteuerlichen Gemeinsamkeiten zu vollbringen, die uns die gegenwärtige Welt auferlegt, und das in sie einzubringen, was zum Heil nur in der Nachfolge Christi erbracht werden kann. Vielerorts und vielfach weiß man sich darin evangelisch und katholisch bereits eins. (Protestanten zeigen sich immer wieder überrascht, Positionen der Katholiken als die ihrigen zu erkennen oder gar als diesen voraus.)

Der Prozeß des Abfalls von der Kirche und der Verinnerlichung in ihr, der Distanz von der Welt und der Wiederbegegnung mit ihr wird sich also fortsetzen. An besonders vielen oder besonders markanten Reformen wird das kaum feststellbar sein; allzu zahlreiche Rücksichten, die genommen werden, stehen dem im Wege; das Geflecht der Gewohnheiten ist noch zu stark. Aber die Kräfte der *ecclesia abscondita,* der verborgenen Kirche innerhalb der sichtbaren, nehmen zu. Die Veränderungen des kirchlichen Milieus, wie sie offenkundig sind, nützen dem Erneuerungswillen. Vor allem gibt es gegen sie nicht mehr vergleichbar die Politik der kirchlichen Sanktionen wie ehemals – welch ein Fortschritt im Feld der Gewissensentscheidung!

Originaltitel: „Auflehnung gegen die Autorität", Die Weltwoche, 27. September 1968.

Sie haben aber recht, wenn Sie bestimmte Situationen ins Auge fassen, sagen wir einmal: den Katholikentag in Düsseldorf. Da wurde ich gebeten, in der Kirche von unten, im Katholikentag von unten, Stellung zu beziehen. Ich habe das markant getan, neben Ernesto Cardenal und den Berrigans, den Jesuiten, die sich im Vietnamkrieg haben einsperren lassen. Ich habe den dort versammelten zehntausend Jugendlichen – es waren fast nur Jugendliche – gesagt, was sie tun sollen, um den Frieden zu retten, und daß sie nicht den Mut verlieren sollen und daß sie eine harte Wegstrecke vor sich haben. Es ist unvorstellbar, mit welchem Beifall sie reagierten. Das heißt, sie sind ansprechbar. Es ist nicht wahr, daß sie nicht ansprechbar sind.

Aus: Zeugen des Jahrhunderts – Eugen Kogon im Gespräch mit Reinhardt Hoffmeister (Teil II: 1945 – heute), ZDF 1982.

Die umstrittene Enzyklika über „Die Weitergabe des menschlichen Lebens"

Man stelle sich vor, Papst Paul VI. hätte an die Welt ein Rundschreiben gerichtet, das der Wohlstandsgesellschaft, der kapitalistischen sowohl wie der sozialistischen, eindringlich das für Leib und Geist gleich notwendige Prinzip der Askese zu Bewußtsein gebracht hätte: die Kraft, zeit- und stückweise zu verzichten, um souverän zu sein und dadurch imstande, in allen Gebieten des Lebens einsichtig, überlegen, mutig und fröhlich seinen Sinn zu erfüllen. Der religiöse Bezug wäre in Einklang gesetzt gewesen mit der wohlverstandenen menschlichen Welt – der Papst der geistliche Künder und Mahner, wie es ihm zukommt, der Prinzipien einer Ordnung des Heils. Hätte er die Sexualität verständnisvoll in den

Problemkreis der Betrachtung einbezogen, ich bin sicher, daß ihm sehr viele in unserer Gesellschaft von heute, nicht nur kirchlich Gläubige, zugestimmt hätten. Mit der Niederlegung manichäischer oder scheinheiliger Tabus allein, rabiat im Moment von den jüngeren Generationen außerhalb des kommunistisch-puritanischen Herrschaftsfeldes vorgenommen, ist es ja nicht getan; je daseinsbedeutsamer der Existenzbereich, um so unerläßlicher die Normen, die der Personalität des Menschen, ihrer Erhaltung und Entfaltung dienen.

Statt dessen ist das Rundschreiben „Humanae vitae“ nahezu überall auf Kritik, zum Teil harte und sogar erbitterte Kritik gestoßen. Die Antwort des Papstes, wenige Tage später, war eine einzige Verteidigung, ein Flehen um Verständnis: Begreift doch, wie ich es meine; daß ich nicht anders kann; ich habe alle Argumente wohl erwogen, habe mit mir gerungen, ich war in dieser Sache von unabsehbarer Tragweite nicht übereilig; ich habe gebetet um die rechte Erkenntnis; ich möchte doch nichts als das wahre Glück, die Zufriedenheit der Menschen; ich kann nicht gegen den Schöpferwillen und den Schöpfungsplan handeln; nehmt mir doch, bitte, die scheinbare Härte dieses Rundschreibens nicht übel, ich meine es nicht als Verbot; die wissenschaftlichen Erörterungen können natürlich weitergehen, nur vorerst ist eine andere Entscheidung nicht möglich, vorerst, bis jetzt...

Paul VI., der zu der Zeit, als er noch Montini hieß und Erzbischof von Mailand war, als einer der reformoffensten, reformbereitesten Männer der Kirche galt, ist im Lauf der Jahre und besonders, seitdem er die Bürde der obersten Leitung der Katholischen Kirche trägt, ein kummergequälter, angsterfüllter, anscheinend in endzeitlichen Vorstellungen gebannter Mann geworden. Er fürchtet, wie man weiß, die Atomkriegskatastrophe als jeden Augenblick bevorstehend. Verzweifelt ist er unentwegt – und hierin kühn – um die Erhaltung des Friedens bemüht. Aber was die kirchliche Lehre betrifft, so klammert er sich förmlich an die Tradition. Sie ist ihm der sichere Halt gegen die zahlreichen unheilträchtigen Irrtümer, von denen er die moderne Menschheit befallen sieht.

Und hier liegt der Fehler, dem er selbst, der Papst, unterliegt, es muß klar gesagt werden, man soll nicht meinen, daß ihn sein oberhirtlich-weltweites Informationsspektrum vor einer Fehlsicht im Grundsätzlichen bewahren könnte. Unsere Erkenntnis der Natur und der Geschichte, damit in Zusammenhang die allmählich zunehmende rationale Beherrschung beider, ist gegenüber früher so verändert und fortgeschritten, daß die Theologie, um der Wahrheit selber willen, und wenn sie die Menschen von heute überzeugen soll, nicht umhin kann, alle jene ihrer Aussagen, die auf den alten Erkenntnissen mitberuhen, zu überprüfen. In erster Linie gilt dies für die Naturauffassung und die aus ihr abgeleiteten Begriffe. Mehr denn je muß Tradition im Bereich dieser Erkenntnisse als ein dynamischer Zusammenhang angesehen werden.

Die angstvolle Sorge Papst Pauls VI., die Kontinuität der Überlieferung, die in der uns bewegenden Frage im übrigen ja noch recht jung ist, unverändert aufrechtzuerhalten, verstärkt überdies durch seine Gewissensbedrücktheit – auch sie eine Folge traditioneller Grundanschauung –, er sei es, der als der Oberste „Hirte" das Seelenheil „der ihm Anvertrauten" vor Gott verantworten müsse, diese doppelte Last hat ihn dazu gebracht, durch das Tor, das sein Vorgänger Johannes XXIII. weit geöffnet hatte, den Rückweg anzutreten. Manche meinen sogar, er sei dabei, es wieder zu schließen. Das Rundschreiben „Humanae vitae" läßt jedenfalls nichts von dem Geist gleichzeitig wohlbedachter und kühner Unbekümmertheit verspüren, der den „großen, gefährlichen Naivling", als welcher Johannes den Vatikan-Hierarchen galt, zu dem gemacht hat, was ihn in der Kirchen- und Weltgeschichte für immer auszeichnet – er liebte und vertraute; der jetzige Papst liebt und ist voller Ängste.

Auf solche Weise gerät die katholische Kirche in die Gefahr, alsbald wieder in ihr seit der Reformationszeit überliefertes qualifiziertes Denken und Verhalten der Absonderung, der Bewahrung, der Verteidigung, der staatsvertraglichen und sonstigen juristischen Sicherungen, der pädagogischen Bastionen (aus denen Ausfälle unternommen werden) zurückzukehren. Das aber hieße keinesfalls die Distanz halten, die erforderlich ist, um überlegen einwirken zu können, sondern der Isolation und Obsoletheit verfallen.

Eine Kirche, die ihre Gläubigen nach wie vor dazu verhalten wollte, in dieser unserer Welt der tausendfältigen ober- und unterschwelligen Reize die „nächste Gelegenheit" (zur Sünde) zu meiden (die Nichtvermeidung selbst als Sünde anzurechnen), statt zum vernünftigen moralischen Risiko in den wechselvollen Situationen des heutigen Lebens und zur selbstverantwortlichen Entscheidung des Gewissens zu erziehen, verlöre der Welt gegenüber noch den letzten Rest von Möglichkeit und Kraft, durch Verwandlung der Verhältnisse dem menschlichen Heil zu dienen. Sie könnte, düster eschatologisch, die Geschichte nur verlorengeben.

Die Konsequenzen für die katholische Moraltheologie – deren Formulierungen doch ohnehin in vielem neuzeitlich-rationalistischer Art sind – liegen zutage. An die Stelle einer Unzahl von „Gesetzes"-Bestimmungen im einzelnen, die oft genug an den mosaischen alttestamentlichen Vorschriftenkodex und an die rabbinische Kasuistik erinnern, werden wieder die alten großen evangelischen Maximen treten müssen, die sich an die zentrale Verständnis-, Liebes- und Gehorsamsbereitschaft des Menschen richten.

Indem sich der Papst im Problem der ehelichen Liebe und der Geburtenkontrolle der in der manichäischen Leibes- und Frauendegradierung uralten, in ihren Methodenüberlegungen hingegen überaus jungen moraltheologischen Tradition überantwortete, hat er, selbstverständlich gegen seine Absicht, drei negative Folgeerscheinungen heraufbeschworen.

Er desavouierte in einem moralischen Entscheidungsbereich von zentraler Bedeutung die kirchliche Entwicklungstendenz, die das Zweite Vatikanische Konzil eingeleitet hat. Er trug ferner gewaltig dazu bei, in der weltpolitischen Existenzfrage der Entwicklungshilfe die katholische Kirche den staatlichen Gremien, die in aller Welt darüber befinden, zu entfremden; denn was sollen katholische Politiker und ihre Wähler gegenüber etwa dem US-Kongreß-Beschluß nun tun, amerikanische Nahrungsmittelüberschüsse nur Entwicklungsländern zur Verfügung zu stellen, die die Geburtenkontrolle mit Hilfe der konzeptionsverhütenden Pille oder mit Hilfe anderer Mittel systematisch fördern? Die beschwörenden päpstlichen Generalermahnungen, alles in unseren Kräften Stehende zu tun und nichts zu unterlassen, den industriellen Reichtum besser zu verteilen, haben notorisch, das hat von neuem die Enzyklika „Populorum progressio" gezeigt, gegen die übermächtigen, durch und durch institutionalisierten Systeminteressen keinerlei praktische Wirkung.

Und drittens hat das Rundschreiben „Humanae vitae" der allerorts wohltuend in Gang gesetzten Annäherung zwischen den in der protestantischen Ökumene vereinten christlichen Glaubensge-

meinschaften und der katholischen Kirche ein beachtliches Hindernis errichtet.
Die in der Enzyklika an zahlreichen Stellen unmißverständlich zutagetretende Fürsorgegesinnung des Papstes hebt leider den alten – von Paul VI. wohlgemeinten – Autoritätstypus nicht auf, von dem das Lehrschreiben beherrscht ist. Er nimmt generell und umfassend das Recht in Anspruch, jede Entscheidung, mag sie noch so intim sein, maßgebend, unter offener oder indirekter Androhung von diesseitigen und jenseitigen Sanktionen, bis ins einzelne kasuistisch mitzubestimmen.

Trotzdem wird in der päpstlichen Darstellung des Problems kein einziges Argument, das für die Anwendung der Pille spricht, einer Widerlegung für wert befunden. Und völlig unberücksichtigt bleibt der bekannte Hinweis, daß das Knaus-Ogino-Verfahren sich moralisch von der Anwendung der Pille – und anderer Mittel – prinzipiell nicht unterscheidet – man entrinnt der moralischen Problematik nicht dadurch, daß man den in der neueren Zeit entdeckten Unfruchtbarkeitszyklus im weiblichen Organismus „ausnützen" zu dürfen meint.

Obwohl sich in der Kommission, die der Papst vor Jahren zu seiner Beratung in dieser Sache aus zahlreichen medizinischen, soziologischen, psychologischen, pädagogischen und theologischen Fachleuten eingesetzt hatte, nur vier Stimmen, wie verlautete, gegen siebzig für die formale Tradition erklärten, die überwältigende Mehrheit sonach für eine Änderung der pastoralen Praxis im Sinne der Selbstverantwortung der Ehepartner eintrat, faßte Papst Paul VI. seinen Enzyklika-Beschluß, als hätte es jene Vorentscheidung überhaupt nicht gegeben. Er hat die Kommissionsmitglieder auch nicht zu sich versammelt, um mit ihnen gemeinsam, im sonst vielgerühmten lebendigen Dialog, den ganzen Fragenkomplex eingehend zu erörtern.

Er hat die Kompetenz, das Richtige zu erkennen, als die suprema potestas papae in der altgewohnten Weise für sich in Anspruch genommen – nach der im Zweiten Vatikanischen Konzil vorgenommenen grundsätzlichen Änderung des kirchlichen Verfahrensstils eine just bei diesem Papst nahezu unverständliche „Eigenmächtigkeit". Sie läßt sich paradoxerweise wohl nur aus seiner Ängstlichkeit erklären, die, plötzlich zurückgewandt, es nicht mehr über sich bekam, die „Verantwortung nach vorne" zu übernehmen.

Gerade hier kommt indes vermutlich der geschichtlich-dialektische Charakter des gesamten Vorgangs zum Vorschein: eine doppelte innerkatholische Folge positiver Natur. Es scheint mir keinem Zweifel zu unterliegen, daß die päpstliche Autorität durch das Rundschreiben „Humanae vitae", seinen Inhalt und durch die verursachenden Begleitumstände, eine erhebliche Einbuße erleidet. In Zukunft wird man den Papst nicht mehr bedrängen, wie es diesmal noch geschehen ist, in modernen Fragen von lebensentscheidender Bedeutung eine autoritative Erklärung abzugeben! Und Urteile, die er aus eigenem fällen wird, werden, daran gewöhnt man sich zur Zeit rasch, unvoreingenommen, in allenfalls „respektvoller Opposition", der Kritik unterzogen werden; mit der Unterwürfigkeit und Hinnahme weiter Kreise in vormaligen Zeiten ist es vorbei.

Das ist das eine. Das andere ist der voraussehbare weitere Abbau des altüberlieferten „hellenistischen Intellektualismus" in katholischen Glaubenssachen: daß man den Wert definitorischer Unterscheidungen, Feststellungen und Ableitungen für das religiöse und im besondern das moralische Leben überschätzt. Die Aufschriften auf einer langen, immer länger gewordenen Reihe von Medizinflaschen auf die Autorität derer hin für wahr halten, die sie in Verwahr und Verwaltung haben, ist noch nicht identisch mit dem Vertrauen in den Inhalt, erst recht nicht mit der Entschlossenheit und der Praxis des Gebrauches selbst. Von ihm her wird man künftig eher zurückschließen und womöglich die Korrektur einiger Etiketten vornehmen. Im vorliegenden Fall könnte das beispielsweise bedeuten, daß die hypostasierende Sakralisierung von Einzelvorgängen in der Natur aus den normanzeigenden Aufschriften entschwindet und diese so humanadäquat werden.

Beides, sowohl die Relativierung der bisherigen Autoritätsverhältnisse in der katholischen Kirche als auch die heilvolle Einheit von Wahrheit, Weg und Leben, wird, innerhalb der Zusammenhänge der christlichen Solidarexistenz, dem Gewissensvorrang in der Person dienlich sein. Das kann, während die erwähnten Entfremdungen stattfinden, die praktizierenden Katholiken im Prozeß der Autonomisierung der Person (einer gewiß nicht absoluten Autonomisierung, die ohnehin nicht möglich ist) enger und wirksamer an die Welt, an den Staat und an die christlichen Bruderkirchen heranführen.

Wenn über der jetzt verschärft in Gegensätzen auszutragenden Problematik der Geburtenkontrolle keine harten Fronten sich bilden, kann es sehr wohl sein, daß gerade Papst Paul VI. sich in die angedeutete Entwicklung früher oder später selbst einfügt. Es wäre nicht das erstemal in der Geschichte, daß der objektive Fortschritt sich über Loyalitätskonflikte vollzieht.

Stimme der Gemeinde, 15. September 1968.

Wagnis, nicht Bewahrung ist das Motto der Zeit

(1969:) Woher kommt es, daß die Raschreisen Pauls VI. zwar Schlagzeilen schaffen, aber kaum einen nachwirkenden moralischen Eindruck hinterlassen; Jerusalem, Bombay, New York, Fatima, Konstantinopel, Bogotá und jetzt Genf: er fliegt ein, spricht, spricht, spricht, zelebriert, segnet, fliegt zurück, – und?

Was möchte der Papst mit diesen Besuchen erreicht wissen? Offenbar, daß die Katholiken und die Welt Vertrauen zu ihm haben. Daß jedermann sieht, zur Kenntnis nimmt, begreift, wie nahe die Leitung der Kirche den Problemen sei, die uns in unserer Zeit der gewaltigen Verwandlungen bewegen. Die Reisen des Papstes sind unbezweifelbar Goodwill-Gesten einer ehrlich gemeinten Diplomatie des Herzens: Paul VI. fürchtet um das Heil der Menschheit, sieht die Rettung im angewandten Schatz der überlieferten Normen, verkündet sie Enzyklika um Enzyklika, ohne freilich das Gehör derer zu finden, auf die es ihm ankommt. Nun will er durch Präsenz, immer neue Präsenz, durch persönlichen Kontakt, durch Respekterweis „den anderen gegenüber", durch Umarmung und beteuerndes Wort Verständnis für die so schwierige Aufgabe erringen, der er sich verpflichtet weiß. Es ist etwas Rührendes in der fruchtlosen, hektischen Bemühung; man spürt die angstvoll-wohlwollende Absicht, ist (vom calvinischen Gegeneifer in Genf einmal abgesehen) keineswegs verstimmt und folgert doch nichts Unmittelbares, Handgreifliches, Veränderndes daraus – so wenig wie aus der großen Ermahnung im Rundschreiben „Populorum progressio – Für den Fortschritt der Völker", ein Stück Wettrüsten preiszugeben und das Geld statt dessen der Entwicklungshilfe zuzuführen, den Frieden auch zu Lasten vorherrschender Interessen zu wollen.

Gewiß, dieser Papst hat mit seinen anderen Enzykliken Widerstand hervorgerufen, ganz besonders mit der über „Die Weitergabe des menschlichen Lebens“ („Humanae vitae“), aber die Lauterkeit seines Bemühens, in den elementaren Aufgabenstellungen der Gegenwart auf die gemeinsame Zukunft hin solidarisch zu werden, hat niemand in Zweifel gezogen. Nur: es geht keine bewegende Kraft von ihm aus. Warum?

Weil er nicht in lebendiger Verbindung steht mit den bewegenden Kräften der katholischen Kirche selbst. Der Felsen Petri befindet sich unerschüttert auf einer Insel, die ihren Grund verliert und abdriftet: da helfen nicht Flugreisen und Radiobotschaften. Der Papst möchte den Anschluß, aber unter Beibehaltung der Tradition. In ihr ist so viel Wertvolles! Das Motto der Zeit und der Situation ist indes nicht Bewahrung, sondern Wagnis. Anders könnte unsere Zivilisation, deren Gesetz die Dynamik rastlosen Fortschritts ist, nicht bestehen.

Die westliche Welt, im Angesicht des kommunistischen Puritanismus zwischen eigener Heuchelei und Libertinage keineswegs ohne jeglichen Sinn für moralische Größe, würde den Papst vermutlich auch hinter den Schlagzeilen, die sie ihm widmet, beachten, wenn er einschneidend und nachhaltig, sichtbar, spürbar, ohne viel Reden, ohne die so gutwillig ausgebreiteten Arme, dazu beitrüge, den „erschreckenden Rückstand im Verhältnis zur Entwicklung des Lebens“ zu überwinden, den Kardinal Suenens von Mecheln-Brüssel, der belgische Primas, unlängst in einem ungewohnt kühnen Interview für die Kirche Roms beklagt hat.

Man wird es von Paul VI., seinem ängstlichen Charakter und der Eigenart seiner Frömmigkeit entsprechend, nicht erwarten dürfen. Der offiziell-kirchliche „Schrumpfungsprozeß“, wie man es genannt hat, wird daher trotz den Mühen, die der Papst in seiner immer wieder weltweiten Aktivität auf sich nimmt, weitergehen.

Gleichzeitig sind jedoch vielerorts bedeutende Kräfte der Erneuerung am Werk. Für unser aller Schicksal ist es nicht gleichgültig, ob es sie gibt oder nicht: Die Entscheidungen, auf die es ankommt, sind ja nicht allein die des Geldes und die der Politik.

Originaltitel: „Der Papst“, Industriekurier, 28. Juni 1969.

„Hungern nach Gerechtigkeit“
Das Losungswort des Deutschen Evangelischen Kirchentags 1969

Das Abenteuer ist groß, das die Leitung des Deutschen Evangelischen Kirchentags einging, als sie für die Zusammenkunft und die Beratungen, die vom 16. bis zum 20. Juli in Stuttgart stattfinden, das Motto wählte „Hungern nach Gerechtigkeit“. Das biblische Wort klingt so einfach und so gerade: Die danach hungern und dürsten, werden gesättigt werden. Fängt man indes an nachzudenken, so wird es schwierig – wie bei den meisten Bibelworten; sie sind eben bewegende Kraft und nicht Rezept.

Wie haben die Initiatoren des 14. Deutschen Evangelischen Kirchentags es gemeint? In der Einladung zur Teilnahme erläutert der württembergische Landesbischof Dr. Erich Eichele: „Alle überkommenen Traditionen und Autoritäten werden auf ihre Berechtigung und Glaubwürdigkeit befragt; das Begehren zielt auf Veränderung, Reform, ja Revolution. In der Kirche wird um die Frage gerungen, wie wir die Botschaft von Jesus Christus an den heutigen Menschen so weitergeben können, daß er sie als die entscheidende verändernde Kraft verstehen und erfahren kann...“

Eben dies, nach eineinhalbtausend Jahren gesellschaftlichen und politischen Einflusses, in denen der kirchliche Eifer, der Welt zur Gerechtigkeit zu verhelfen, nicht gerade das hervorstechendste Merkmal christlicher Bemühung war, nenne ich ein kühnes Unterfangen. Niemand kann sagen, in welche Situationen es die Kirche bringen kann. Wird der Mut groß genug sein, den Anforderungen standzuhalten, die das Losungswort, je nach Auslegung, stellt?...

Lediglich auf ein anderes, ein künftiges Leben bezogen, verliert das Gerechtigkeitsverlangen die gesellschaftsverwandelnde Kraft. Das Reich der Fraternität, das die Liebe und die Gerechtigkeit einschließt, hat jedoch schon, mit dem Auftreten Jesu Christi, *in* dieser Welt begonnen. Und *für* diese Welt (wenn auch auf ein über sie hinausführendes Ziel verweisend). Die innerweltliche Wirkung wohnt dem gesetzten Beginn inne.

Nicht als hätte die Kirche seither zur Besserung der Bedingungen der Humanität nichts beigetragen. Aber die Verkündigung war es bis unlängst gewohnt, die evangelische Botschaft von der

Gerechtigkeit im wesentlichen doch als einen Verweis auf jenseitige Vollendung aufzufassen, den vollkommenen Ausgleich, die Erfüllung also von dieser Welt weg zu verlagern, – im Diesseits war für Ordnung zu sorgen, die jeweilige Ordnung, für Gesetze und vertragliche Regelungen, für den Schutz des Bestehenden, für Strafen gegen jeden, der dagegen anging. Gerechtigkeit hier und Gerechtigkeit „dort", das waren über lange Wegstrecken der Geschichte hin recht verschiedene und sogar getrennte Bereiche; man konnte, um die weltliche Gerechtigkeit als bewahrende Funktion der bestehenden Ordnungen unangefochten zu lassen, unentwegt den Segen des Kreuzes denen predigen, die es zu tragen hatten: ihr Trost wartete „drüben" auf sie, ihre Sättigung war doch nicht irdisch gemeint, jetzt nur keine Auflehnung, sondern Hinnahme! Zwar gab es im Mittelalter das Widerstandsrecht, unmißverständlich für den Fall formuliert, daß die Obrigkeit anhaltend schweres Unrecht tat und die Mittel, dem ohne Gewalt wirksam zu begegnen, erschöpft waren, aber zu keiner Zeit war das die offizielle, die verkündete Lehre der Kirche. Im übrigen gehörte die ökonomische Ausbeutung nicht zu den Gründen der Legitimation, Widerstand zu leisten; die Herrschafts- und Nutznießungsprivilegien waren ständisch, von Gottes Gnaden verliehen, vererbt und besiegelt.

Die Gerechtigkeit politisch und modern verstanden: im Sinn der Menschen- und Bürgerrechte, als Verpflichtung zu der Aufgabe, der Brüderlichkeit Freiheit und Gleichheit als rechtlich gesicherte Chance vorzugeben, die ökonomische Mitbestimmung eingeschlossen, ist ein Prozeß, in dem es sehr konkret und nicht selten massiv zugeht. Die Kirche, die bis in die allerjüngste Zeit herein zur demokratischen – und gar zur sozialistischen – Bewegung kein von besonderem Verständnis, geschweige denn von Sympathie getragenes Verhältnis gefunden hat, wird in der Praxis der Konfrontationen, denen sie nicht mehr ausweichen will, die Erfahrung entwickeln müssen, die sie instandsetzt, die konkreten Verwicklungen in den historischen Umständen auf den Kern der Probleme hin zu durchschauen: die Beachtung oder Nichtbeachtung der Menschlichkeit.

Was Liebe ist und was sie verlangt, läßt sich viel leichter sagen – und sogar tun –, als was konkret Gerechtigkeit sei und was sie von uns fordert. „Jedem das Seine": Müssen demnach die Polen, die nach 1945 im Land an der Oder-Neiße geboren und aufgewachsen sind, eines Tages herausgeben, was ihren Eltern aufgrund der Jalta-

Beschlüsse zugewiesen worden ist? Hat die American Fruit Company oder die Esso, die einmal Kuba beherrscht haben ..., nach Jahrzehnten unermeßlicher Gewinne, die sie der Insel entnahmen, Anspruch auf restitutio in integrum oder auch nur auf Wiedereinsetzung in Teile, da sie entschädigungslos enteignet und für die „Wiedergutmachung“ an ihre, die USA-Regierung verwiesen worden sind? In ganz Südamerika: Dient die Gerechtigkeit dort, inmitten Tausender von Kirchen, der Ungestörtheit eines wennschon nicht wohlerworbenen, so jedenfalls wohlvererbten Latifundienbesitzes? Ist die Macht, die sich in den Hochindustrieländern aus der Verfügung über Großproduktionsmittel herleitet, durch die Privateigentumsordnung so legitimiert, daß sie als kommunistische Funktionärsmacht zum unerträglichen Unrecht wird? Vierzig Mark Neugeld in Westdeutschland am 20. Juni 1948 für jedermann, um die kapitalistische Marktwirtschaft wieder in Gang zu setzen, für die Minderheit der Substanzeigentümer gleichermaßen wie für die Millionen Habenichtse – jene, die es schon immer gewesen waren, und jene, die erst der Krieg dazu gemacht hatte –, war diese Gleichheit der Inbegriff der Gerechtigkeit? Der Vorgang, wenn irgendeiner, konnte deutlich machen, was es heißt, der errungenen, herbeigeführten, ausgestalteten „formalen“ Demokratie wichtige ökonomische Inhalte – und soziale, kulturelle, noch andere – vorzuenthalten, ja mehr: mit hochentwickeltem demokratischem Verfassungsrecht breite Freiheits- und Gleichheitslücken zuzudecken, den Geist also realer Errungenschaften als Schutzideologie für partikulare Vorherrschaftsinteressen zu mißbrauchen, indem als gleiches Recht ausgegeben wird, was – eben dadurch verschleiertes – Unrecht ist.

Das alles, wie man sieht, hat noch nichts mit jener anderen Art von Ungerechtigkeit zu tun, die auf Sühne für Schuld bedacht ist, – muß man auch nach ihr hungern? Sollen die Schreie derer, die in Gaskammern gepfercht worden sind, verjähren können? Gehört die Umwandlung unserer Strafanstalten in Resozialisierungseinrichtungen zu dem, was der Gerechtdenkende vertreten oder verwerfen muß? Ist es uns ins Belieben gestellt? Und was bei Verletzung der ins Öffentliche wirkenden Moral soll geahndet werden?

Als sie das Wort der Bergpredigt vom Hungern (und Dürsten) nach Gerechtigkeit zum Losungswort nahm, kann die Leitung des Deutschen Evangelischen Kirchentags unmöglich die Absicht gehabt haben, sich auf die tausend Probleme im einzelnen einzulassen, die sich alsbald stellen, wenn man kritisch zu überprüfen beginnt, was recht ist, was Recht zu sein hätte. Gemeint ist vielmehr offenbar, herauszufinden, wie sich die Kirche in und zu den gewaltigen gesellschaftlichen Verwandlungsvorgängen, von denen die Welt erfaßt ist, verhalten soll, damit die radikale Frage nicht mehr gestellt zu werden braucht, die in das Thema einer der Arbeitsgruppen am Kirchentag einbezogen ist: Wozu überhaupt noch Kirche; kann die Gesellschaft nicht ganz einfach auf sie verzichten, ohne daß sich in der weiteren Entwicklung irgendein bemerkenswerter Nachteil einstellt?

Vielleicht ist sich die Kirche der vollen Konsequenzen nicht bewußt, die sich aus der gewählten evangelischen Losung ergeben. Nicht darum handelt es sich, die Weltverhältnisse da und dort ein wenig gerechter zu machen – dieser Fortschritt vollzieht sich ohnehin nur stückweise –, sondern darum, die nach Gerechtigkeit Hungernden und Dürstenden zu sättigen, indem man die Satten – uns alle in der Gesellschaft des Überflusses – dazu bringt, diesen Hunger und diesen Durst zu begreifen, sich in die Lage der nach Gerechtigkeit Hungernden und Dürstenden zu versetzen, damit alles, was in der Welt ungerecht ist – buchstäblich alles, nicht nur einiges! –, im Maße des je Möglichen auf die Bedingungen des wahren Menschseins hin verändert wird. Die Kirche bekundet den Willen, sich aus den bürgerlichen Selbstverständlichkeiten, die sie mitgetragen hat, zu lösen. Das Establishment hat nichts anderes im Sinn als die Rechtfertigung des Bestehenden durch dessen fortwährende erfolgreiche Reproduktion im Rahmen der geltenden Gesetzesgerechtigkeit: die Aufrechterhaltung der gegebenen politisch-ökonomisch-sozialen Ordnung. „Die Gerechten" als die Satten lassen sich auf Verbesserungen, die anderen zugutekommen, nur insoweit ein, als sie systemkonform sind, als sie das System selber, das der Vorherrschafts- und Nutznießungsprivilegien, stabilisieren. Die nach der Gerechtigkeit des wahren Menschseins hungern und dürsten, um wen immer und was immer es dabei gehen mag, kennen eine solche Grenze nicht.

Die Bergpredigt zielt, so meine ich, nicht auf „Verbesserungen", sie will uns vielmehr zuinnerst verwandelt wissen; die Verbesserungen ergeben sich dann – unweigerlich, in nicht endender Folge aus nicht endender Achtsamkeit, zu der „das ganze Herz, die ganze Seele, das ganze Gemüt und alle Kräfte" den vom Losungswort getroffenen Menschen bewegen. Der Aufforderung und der Verheißung wohnt eine vollkommene Dialektik inne: Der Hunger und Durst nach Gerechtigkeit aus ihrer Verweigerung wird auf der anderen Seite des realen gesellschaftlichen Gegensatzes unter dem Antrieb, der vom Evangelium ausgeht, zum Hunger und Durst aus Identifikation; die gemeinsame Gesinnung, die entsteht, hebt in den Taten, die das nun übereinstimmende Bewußtsein hervorbringt (Taten, die je nach Umständen revolutionär sein können), den Gegensatz auf: die einen wie die anderen werden gesättigt werden.

Die Kirche schafft also, indem sie sich dem gewählten biblischen Wort überläßt, keine Konkurrenz zu den Juristen und zu den Politikern, sondern sie erweckt – ihr ureigenstes Geschäft – die Gewissen, an erster Stelle das eigene, und wird, aus der Erkenntnis dessen, was dann notwendig ist, an jeder Stelle der Welt, wo diese Unrecht leidet, an jeder Stelle, wo die Welt der Gerechtigkeit bedarf, gegenwärtig – die Bundesrepublik selbstverständlich nicht etwa ausgenommen.

Für die Kirche selbst bedeutet das ein Ende vieler Rücksichtnahmen und vieler gewohnter Sicherheiten, die deren gesellschaftlicher Dank waren. Man wird ihre künftigen Stellungnahmen und manche der Aktivitäten, zu denen es um der Gerechtigkeit willen kommen wird, auch mißverstehen, das gehört dazu. Wenn aber die Botschaft von Jesus Christus in dieser Welt von heute wieder verstanden und wirklich als „die entscheidende verändernde Kraft" erfahren werden soll, dann müssen sich die Christen entschlossen und ständig als die tätigen Weggenossen ins Reich der für alle entfalteten Humanität erweisen.

Originaltitel: „Das Losungswort des Kirchentags", Deutsches Allgemeines Sonntagsblatt, Nr. 29, 20. Juli 1969.

Kirchliche Feiertage

Einige kirchliche Feiertage wirken in der Gesellschaft von heute wie „erratische Blöcke": rätselhafte Überbleibsel aus vergangenen Zeiten. Damit sind natürlich nicht die Feste gemeint, die sich weltlich feiern lassen – Weihnachten beispielsweise, oder gar solche, aus denen man einen Jux gemacht hat: wie aus dem Gedenken an

Christi Himmelfahrt, in vollendeter Profanierung, den sogenannten Vatertag. Ich meine diejenigen Kirchentage mit zum allgemeinen Vergnügen staatlich verordneter Arbeitsruhe, mit deren ursprünglichem Sinn man außerhalb der Reihen der braven und getreu-konservativen Orthodoxen in keiner Weise mehr etwas anzufangen weiß. Solch ein Fremdling ist der „Buß- und Bettag".

Gott ist für viele, sehr viele, auch wenn sie formal keine Konsequenzen daraus ziehen, „tot"; zu viel in der Natur, in der Geschichte und im täglichen Geschehen, im großen und im kleinen, spricht gegen ihn; die technische Zivilisation, das Geld und der Wohlstand tun ein übriges, – warum und an wen hin sollte man „beten"? Dies just an einem bestimmten Tag im Jahr besonders? Und gar erst „Buße" – was ist das? Allenfalls eine vom Gericht gegen Verkehrssünder verhängte Zahlung ans Rote Kreuz. Sack und Asche, daran erinnert man sich ja wohl; entfernt irgendwie auch an Ninive. Aber doch nicht mit Übungen, wie sie im Mittelalter Brauch gewesen waren, – wo denn heute.

Gesellschaftlich ändert sich durch den „Buß- und Bettag" buchstäblich gar nichts. Auch nicht über die Minderheiten, die sich individuell besinnen, – das bleibt eine intime, ihre ganz und gar innerliche Angelegenheit.

Aus: „Zeitgeschichtliche Gedanken zum Buß- und Bettag", Kommentar vom 21. November 1972 im Hessischen Rundfunk.

Die Erfahrung lehrt, daß kirchliche Feiertage, denen die staatliche Bestätigung entzogen wird, ziemlich rasch ihre ursprüngliche Bedeutung und Wirkung verlieren.

Aus einem am 19. November 1975 im Hessischen Rundfunk gesprochenen Kommentar zum Buß- und Bettag.

Friede auf Erden

Henry Kissinger oder der Papst mit der Weihnachtsbotschaft – wer wohl würde, wäre danach gefragt, als der realere Friedensmacher angesehen? Kein Zweifel scheint mir da zu bestehen: Kissinger. So irreal ist die Verheißung aus der Bethlehem-Legende geworden, so rational-politisch die Arbeit am Weltfrieden…

Die Vieldeutigkeit und die Fragwürdigkeit dessen, was in dieser Lage unternommen wird, kommt einem – sieht man Herrn Kissinger in jeder Verhandlungssituation, die ihn uns zeigt, lachen und lächeln, worum immer es sich, und wäre es die Nichtbeendigung der scheußlichsten Barbareien, handeln mag – ebenso zu Bewußtsein wie durch die stereotyp hilflos ausgebreiteten Arme des Papstes der Nichtbewilligung der Pille und sehr vieler anderer, nicht minder notwendig gewordener Reformen. (Auf der evangelisch-kirchlichen Seite ist das Bild zersplittert – so aber auch positiv mannigfaltiger.)

Hat sich jedoch, eben dadurch, daß die Sache des Friedens selber verändert ist, nicht auch auf seiten der christlichen Botschaft die Möglichkeit der Einwirkung auf die Realität neu eröffnet? Zwei Jahrtausende lang ist die Verheißung „Und Friede auf Erden den Menschen des Wohlgefallens“ … nur als innere Zufriedenheit für individuelles Wohlverhalten und als endzeitliche Verwandlung der Welt gedeutet worden… Nun sehen die Weltverhältnisse nach einer *neuen* Weltstunde aus. Der Aufgabe, ihr gerecht zu werden, könnte sich eine entsprechend erneuerte christliche Motivation in gemeinsamer Anstrengung, wo immer die im besten Sinn produktive Vorstellungskraft es als zweckmäßig erscheinen läßt, einfügen. Auf daß sich jene Botschaft im Wortlaut erfüllt: „Friede *auf Erden* …“ Womit ja noch nicht Vollkommenheit gemeint ist, sondern ein unter allen Umständen zureichendes Minimum.

Aus: „Der Frieden hat Chancen“, Stuttgarter Zeitung, 23. Dezember 1972.

Haben wir in der Bundesrepublik denn etwa, über einige kirchliche Verlautbarungen hinaus, spezifisch christliche Konsequenzen aus dem grauenhaften Geschehen gezogen, das der Nationalsozialismus über die Welt gebracht hat, – Konsequenzen, indem wir kühn gesellschaftspolitische, wirtschaftspolitische, außenpolitische Beispiele der Verbindung von Entwicklung und Christlichkeit gesetzt hätten?

Aus: „Zeitgeschichtliche Gedanken zum Buß- und Bettag“, Kommentar vom 21. November 1972 im Hessischen Rundfunk.

Johannes Paul II. in Deutschland: Ich erwarte nicht viel davon

Man muß wohl, so scheint mir, wenn man überlegt, welche Bedeutung dem Papstbesuch in der Bundesrepublik Deutschland (1980) zukommt, drei Aspekte unterscheiden: den weltlichen, den kirchlichen und den religiösen. Die gesellschaftlich-politischen Empfänge und Präsentationen, die im Norden und Süden stattfinden, bestätigen den ausgewählt eingeladenen Damen und Herren ihr Ansehen unter ihresgleichen – nicht anders als seinerzeit beim Besuch der britischen Königin... Innerkatholisch wird die Veranstaltung dem kirchlichen Zentralismus konservativer Prägung zugutekommen: Johannes Paul II. macht überall Rom wirksam präsent... Zur Wiederbegegnung von Religion und Zivilisation, wie Johannes XXIII. und das Zweite Vatikanische Konzil sie gemeint haben, ist von den Wallfahrtsakten des Papstes und den fernsehüberstrahlten eucharistischen Massenfeiern wohl kaum etwas zu erwarten. Weder die säkularisierten Denkweisen noch die Politik noch gar die Wirtschaft, auch nicht die kulturellen Gepflogenheiten werden sich dadurch ändern. Von praktischem religiösem Beglaubigungswert wird die aus einer Sonntagskollekte stammende, hoffentlich sehr große Summe sein, die dem Papst zur Hilfe für die Hungernden in Afrika übergeben wird.

Originaltitel: „Weiterhin erwarte ich von diesem Besuch ...", Nürnberger Zeitung, 15. November 1980.

Ist die katholische Kirche noch zu reformieren?

Wer zornig ist, ist engagiert. Er muß Kampf auf sich nehmen. In meinem hohen Alter von achtzig Jahren will und kann ich das nicht mehr. Außerdem glaube ich nicht mehr an den Erfolg eines solchen Engagements. Ich bin der Meinung, daß meine Kirche, die römisch-katholische also, nicht zu reformieren ist. Da hilft dann auch kein Zorn mehr etwas. Er führt nur zu Feindschaften, die ich nicht wünsche. Ich möchte auch mit Bischöfen, sollte ich ihnen begegnen, auskommen. Nicht aus Feigheit sage ich das, denn ich würde ihnen im Gespräch durchaus meine Meinung sagen. Zorn aber hängt mit Eiferertum zusammen, und ich bin kein Eiferer mehr. (Zelot war ich ohnehin nie.) Ich bin dafür, daß jedermann, so gut er kann, in seinem Leben und in den Spezialbereichen, in denen er tätig ist, das zu realisieren sich bemüht, was Jesus von Nazareth uns verkündet und vorgelebt hat. Nachfolge ist mir das Wesentliche, nicht Streiterei um Sätze oder um das Versagen anderer Leute ... Mir ist es in dieser Auffassung ziemlich gleichgültig, wie sich jemand den Inhalt der Geheimnisse auslegt, die dogmatisch formuliert sind. Das Entscheidende ist, die Verhältnisse der Welt auf Heil durch Liebe hin zu verwandeln ... In den Konzentrationslagern haben wir, Kameraden der verschiedenen politisch-humanen Prägungen, Entwürfe für eine demokratische Welt des Nachnazismus, die wir zu erleben hofften, entwickelt. Als es soweit war, 1945, machten wir uns mit enormen Hoffnungen an die Verwirklichung der neuen Möglichkeiten. Heute sind die Erwartungen in dieser Hinsicht sehr, sehr gedämpft, obgleich die Verantwortungen und die Herausforderungen noch viel größer sind, als sie es seinerzeit, in der ersten deutschen Republik, waren.

Ich hatte nach dem Zusammenbruch des nationalsozialistischen Regimes gemeint, die Kirche würde bei der gesellschaftlichen Erneuerung, auf die es damals ankam, eine ganz besondere Rolle spielen. Die Bischöfe hätten zum deutschen Volk wie keine andere Führungsmacht sprechen können, sie waren ja nicht in der NSDAP gewesen, trotz der Fehler und Unterlassungen, die sie begangen hatten, also nicht belastet, – die einzige moralische Autorität, die verblieben war. Sie waren es, die sich nicht um die Kollektivschuldanklage der Siegermächte zu kümmern brauchten, die von sich aus über Schuld, Sühne und Gesinnungsänderung sprechen konnten. Ich war damals nicht der einzige, der mit einem solchen Appell an das deutsche Volk gerechnet hatte. Der ersten Bischofskonferenz, die im Herbst 1945 in Fulda wieder stattfand, wurde eine Empfehlung in dieser Richtung eingereicht, aus der indes nichts, buchstäblich gar nichts geworden ist. Der Vorgang hat, was die gesellschaftliche Transformationskraft der Kirche anlangt, in den späteren Zusammenhängen gründlich zu meiner Resignation beigetragen. Das „Stuttgarter Schuldbekenntnis" der evangelischen Kirche konnte von sich allein aus die Selbstbesinnung, auf die es angekommen wäre, nicht bewirken, zudem sich die Pastorenschaft in einer weniger günstigen Situation befand.

Die alten kirchlichen Organisationsgefüge mit ihren Anordnungs- und Gehorsamsverhältnissen alsbald wiederherzustellen, darauf war das offizielle Bemühen gerichtet. Eine aufschlußreiche Anekdote dazu: Walter Dirks, Clemens Münster und ich hatten die Monatsschrift für Kultur und Politik „Frankfurter Hefte" gegründet, die außerordentlichen Einfluß gewann. Ein Reform-„Brief über die Kirche", von Ida Görres geschrieben, wurde nachweislich von gut einer Million Katholiken gelesen. Wir wurden vom Ordinariat in Limburg gebeten, uns doch zu einer Besprechung einzufinden. „Die Herren wollen gewiß Zensureinfluß auf uns nehmen", sagte ich zu den Mitherausgebern. Wir sind gemeinsam nach Limburg gefahren, und prompt wurde, in liebenswürdiger Form, vom Generalvikar das Ansinnen an uns gestellt. Man könne und solle doch, zur Vermeidung heikler Situationen, regelmäßigen Kontakt halten ... „Meine Herren", erwiderte Clemens Münster, „bedenken Sie bitte, wir sind so etwas wie seinerzeit die Freibeuter Ihrer Majestät der Königin Elisabeth von England: allein auf hoher See, ohne Möglichkeit, uns da Weisungen einzuholen. Wir kommen aber gelegentlich in die Häfen, um dort zu löschen, dann fahren wir wieder hinaus und sind selbst für den Kurs, der zu nehmen ist, verantwortlich." Dabei ist es dann geblieben.

Damals ist das Versäumnis der Erneuerung des Verhältnisses von Kirche und Welt geschehen, bereits vor der Gründung der Bundesrepublik. Im wesentlichen hat sich daran nichts mehr geändert. Überlegene, souveräne, wegeweisende, Entscheidungen fordernde moralische Verkündigung der kirchlichen Führung findet in den Existenzfragen der Zivilisation von heute nicht statt...

Glücklicherweise besteht die Kirche nicht nur aus Hierarchen. Deshalb gibt es da und dort auch einige Lichtpunkte, zum Beispiel die Basisgemeinden. Sie sind keine Sektierer, auch wenn sie die Bedeutung und den Wert des christlichen Lebens nicht in erster Linie an der Geltung der dogmatischen Formulierungen messen. Derlei Unterscheidungen und Bekundungen sind steril. Man muß, ich halte daran fest, nach dem urteilen, was „zum Nächsten hin" faktisch geschieht, der geliebt werden soll, den Feind sogar eingeschlossen.

Die Christen in den Basisgemeinden warten nicht mehr auf diese oder jene Plätze, die ihnen in den kirchlichen Gefügen „von oben“ etwa zugewiesen werden. Sie tun, was sie ihrer gesellschaftlichen Einsicht und ihrem Gewissen zufolge für richtig und notwendig halten. Die überkommenen Ordnungen können da nicht mehr die unter allen Umständen zutreffenden Wegweisungen bieten. Wo hätte denn der im christlichen Sinn verwandelnde Einfluß der bischöflich organisierten Laienschaft in der Gesellschaft von heute stattgefunden? Die von den „C“-Parteien in der Bundesrepublik initiierten und praktizierten Verhältnisse können gleichfalls kaum als Muster der Einwirkung katholischer Soziallehren angesehen werden, wie das einmal, zu Beginn der nachnazistischen Ära, gemeint gewesen war. Ich gehörte zu den Gründern der Christlich-Demokratischen Union in Frankfurt und in Hessen und außerdem lange zum Ellwanger Kreis, in dem bestimmende Männer der CDU und CSU zusammenkamen, um ein überzeugendes christliches Konzept zu entwickeln. Das ist alles längst vorbei; die CDU/CSU hat damit, außer in gelegentlichen proklamatorischen Äußerungen, nichts mehr zu tun.

Als Führungskörperschaft lebt der deutsche Episkopat anscheinend in einer verfehlt konservativen Auffassung von der gesellschaftlichen Entwicklung. Es geht ihm um die Erhaltung von Bastionen und vorgelagerten, vermeintlich schützenden Positionen. Das Entscheidende heutzutage kann aber nicht mehr die Bewährung sein, sondern die Neugewinnung durch das, was Johannes XXIII. das „aggiornamento“ genannt hat: eine verstehbare Vergegenwärtigung des notwendigen Normativen. Fast alle Wertgrundlegungen von früher haben in den Veränderungen der Gesellschaft ihre Bedeutung mitverändert. Man nehme beispielsweise das Wort „Solidarität“: es umspannt heute den ganzen Erdkreis, wir sind den Menschen der Dritten Welt in einer Weise verpflichtet, wie man sie im Kolonialzeitalter selbstverständlich nicht gekannt hat. „Theologie der Revolution“ – „Revolution ohne Gewaltanwendung?“ ist, unter Beteiligung aus den Hochindustrieländern, zur aktuellen Problematik in den lateinamerikanischen Ländern geworden. Oder die Sexualität: ist sie denn in ihrer Bedeutung für das moderne Leben, für die Ehe von heute die gleiche geblieben wie noch vor einem Jahrhundert? Die offizielle Kirche wagt es nicht, ihre überlieferte „Natur“-Auffassung den inzwischen bestimmend gewordenen Einsichten der Wissenschaft und den Erfordernissen der zivilisatorischen Fortexistenz anzupassen. Ist es verwunderlich, daß ihr Einfluß immer geringer wird?

Bemühungen um Erneuerung unter solchen Bedingungen sind eine lange und komplizierte Sache, vermutlich über Generationen hin. Ich fürchte, daß sich unsere Kirchen, wenn sie sich außerstande erweisen, suchende Partner in den neuzeitlichen Entwicklungen zu werden – Entwicklungen, von denen alles Leben erfaßt ist –, zu einer Art lamaistischen Einrichtungen werden, die zwar weiterbestehen, deren Gemäuer aber, immer dünner besetzt, beständig abbröckeln. Man sehe sich die religiöse Unterrichtung der Kinder in unseren Tagen an: Wenn die Schuljahre vorüber sind, ist es auch mit dem Katechismuswissen vorbei, die alten Begriffe „Adam und Eva", „Erbsünde", „Erlösung" und so fort haben fürs Leben keine praktische Bedeutung. Die Taufe zum Beispiel: Wer faßt sie denn als einen feierlichen Akt der Verpflichtung auf, sich unter allen Umständen in einer bestimmten Weise bekennend und handelnd zu verhalten, um eine andere, eine christliche Welt zustandezubringen – in der Wirtschaft, der Politik, beim Militär, in allen unseren Beziehungen?

Ich bin, was unsere Möglichkeiten betrifft, skeptisch geworden. Ich äußere mich aber ungern darüber – auch hier, jetzt, auf Drängen hin, weil ich nicht dazu beitragen möchte, daß es noch schlimmer wird. Mir läge daran, daß die Kirche eine durch und durch lebendige Kraft wäre. Viele Katholiken haben seinerzeit große Hoffnungen in das Zweite Vatikanische Konzil gesetzt, das der damalige Papst mit der so treffenden Zielsetzung des „aggiornamento" einberufen hat. Er ist, kaum hatte er das Tor weit geöffnet, am Pfingstmontag gestorben. Ich wage es nicht zu sagen, daß von seiner Bemühung viel geblieben sei.

Die jetzt zuweilen geäußerte Hoffnung, die Erneuerung könnte aus der Dritten Welt kommen, teile ich nicht so ohne weiteres. Fremde Denkweisen und Kulturelemente dringen in die Katholizität ein, von denen ich nicht weiß, welche Bedeutung sie für den Weiterbestand der Welt annehmen werden. Mir erschiene es wichtiger, daß die abendländischen Geschichtszentren, die es ja industriewirtschaftlich und technologisch noch immer sind, sich der religiösen und philosophischen Erneuerungsproblematik bewußt und entsprechend aktiv öffnen würden, statt daß wir auf die in ihrer Vielfalt und Fremdheit so andersartige Dritte Welt Hoffnungen setzen, nur damit wir uns trösten, die Kirche lebe ja in jedem Fall weiter.

Vom Papst aus Polen haben sich viele viel erwartet. Noch hält das sogar an. Ich habe durchaus Respekt vor der Traditionsaktivität, die Johannes Paul II. praktiziert. Aber ist der polnisch-nationale Katholizismus, ist die Muttergottes von Tschenstochau die Wegweisung, deren wir in der zu bewältigenden Zivilisationswende weltweit bedürfen? Ich kann da nicht die Ansätze zu den notwendigen Erneuerungen sehen. Da müßten schon ganz andere Dinge geschehen als das Lob für die kinderreichen Mütter in Afrika, in Südamerika, auf den Philippinen. Nicht, als ob es an dem Willen, der Welt in ihren drängenden Nöten beizustehen, fehlen würde –, der Papst hat Gelehrte eingeladen, ihn detailliert über die Folgen eines atomaren Krieges zu informieren, er hat die Warnungen, die die Männer der Wissenschaft äußerten, übernommen. Aber müßte und könnte er, vielleicht zusammen mit dem Weltkirchenrat, den er dazu auffordern würde, nicht die christlich firmierenden Politiker, allenfalls unter Sanktionsandrohungen, dazu bringen, Taten des Friedens, das heißt der effektiven Abrüstung zu setzen? Mit dem Predigen allein ist es ja nicht mehr getan.

Es fällt nicht leicht, bei der Bilanz, die zu ziehen ist, den jungen Generationen in der Kirche Ratschläge mit auf den Weg zu geben. Die Lichter, die gesetzt werden, stecken allzu oft in alten Laternen.

Etwas Negatives mit positiver Bedeutung fällt mir zuerst ein: Man soll keine Angst etwa vor Verurteilungen oder Reglementierungen haben. Was wir brauchen, ist der Mut zu eigenen Entscheidungen – auf die Gefahr hin, auch Fehler zu begehen. Es kommt darauf an, Rettungsversuche zu unternehmen. Die industriewirtschaftliche Zivilisation muß sich verwandeln, oder sie geht zugrunde, wir alle mit ihr.

Jesus hat den Sabbat nicht höher eingeschätzt als den Menschen. Er lehrte und lebte sichtbar, sehbar, spürbar nicht so sehr das Gesetz als die Liebe. Wir sollen, als Menschen, nicht wie die Wesen in der übrigen Natur uns in beständigem unerbittlichem Kampf bewähren müssen, sondern uns zu einer höheren Daseinsform, der der Verständigung aus Einsicht, erheben. Daraus ergibt sich eine kritisch-produktive Phantasie des Christen für alle Lebenslagen –

in den Gemeinden, Verbänden, Unternehmen, Bewegungen, in jeder gesellschaftlichen Beziehung.

Möglicherweise dürfen wir, entgegen allem Anschein, doch noch hoffen. (Wo aber hätte der Zorn da seinen Platz?)

Unbetitelter Beitrag in Norbert Sommer (Hrsg.): Zorn aus Liebe – Die zornigen alten Männer der Kirche, Kreuz Verlag, Stuttgart/Berlin 1983, S. 183-189.

Machen wir doch endlich Ernst!

Die Wohlfahrtsgesellschaft und das Christentum

(1959: Wer bestimmt, das ist die Kernfrage, den Fortschritt der global werdenden Zivilisation, und auf welche Vorstellung von Mensch und Gesellschaft hin wird es geschehen? Falls die Welt nicht in einem Totalkrieg untergeht, gibt es durchaus die Möglichkeit, daß noch innerhalb unseres Jahrhunderts auf der nördlichen Hemisphäre sich eine einheitliche Weltzivilisation bildet, und zwar durch Angleichung zwischen den USA, Europa, der UdSSR und China... Wenn also eine einheitliche, vorherrschende Zivilisation des „Nordens" entstehen sollte, so würde dies heißen, daß sie die gleiche Technik hätte und eine vergleichbare Arbeitsorganisation als Folge der Arbeitsteilung, wie die moderne Technik und das industriewirtschaftliche System, ob sozialistisch oder kapitalistisch, sie beide verlangen. Mit der Freizeitverwendung stünde es im großen und ganzen nicht viel anders. Ferner vollzöge sich über die erzielbaren Erfolge von den verschiedenen Seiten her eine gewisse Angleichung zwischen zentraler Planung und freiheitlicher Selbstbestimmung. In den USA unterliegen ohnehin heute bereits etwa 16 Prozent der Gesamtproduktion zentralen Planungen, die der Staat notwendigerweise direkt oder indirekt vornimmt; die Amerikaner sprechen sehr souverän als von einer „mixed economy", – sie nennen sie, Pragmatiker, die sie sind, weder sozialistisch noch kapitalistisch, sondern eben eine Gemischt-Wirtschaft...

Und die Religion? Nirgends wird sie in der Zivilisation der nördlichen Hemisphäre wirkliche Bedeutung für die Gesellschaft haben; sie wird im eigentlichen Sinne Privatsache geworden sein, denn in jeder Variation des gemeinsamen Systems wird es verhältnismäßig gleichgültig sein, ob man an Gott glaubt oder nicht, weil sich die zentralen Prozesse der Gesellschaft ohne Einfluß der Religion vollziehen, – wie es übrigens weitgehend heute schon der Fall ist.

Die Frage erhebt sich: Wird eine solche Menschheit, wenn es dazu käme, in der Tat noch ihren richtigen Weg finden? Kann sie ihr Heil wirken, selbst nur das irdische, indem sie wirklich und auf Dauer eine humane Existenz aufrechterhält? Hier kommt erneut das Christentum ins Spiel! Die Zukunft des Unglaubens und die Zukunft des Glaubens stehen ja durch die Entwicklungswirren unserer Zeit hindurch in Zusammenhang mit der Entfaltung und der Sicherung des wahren Menschseins.

Vorneweg gilt, daß das neue Weltbild, das hauptsächlich die Naturwissenschaft hervorgebracht hat – fortwährend noch hervorbringt, indem sie es vervollständigt und korrigiert –, das Christentum und die christliche Heilsbotschaft überhaupt nicht zu stören braucht, in gar keiner Weise. Niemals hat sich die Offenbarung auf das erstreckt, was der menschliche Verstand selbst in der Seinsordnung zu durchforschen, zu durchleuchten, zu erkennen und mit gewissen Schlußfolgerungen sich anzueignen vermag. Nichts steht dem im Wege, niemals stand ihm prinzipiell von der Offenbarung her etwas entgegen. Geoffenbart mußte das werden, was der Mensch mit dem natürlichen Lichte seiner Vernunft nicht zu erkennen vermochte, die Gesamtheit der zentralen Erlösungstatsachen... Die Offenbarung ist in zeitgebundenen Denkformen erfolgt, aber aus sich läßt sie der Wissenschaftsentwicklung völlig freien Lauf. Irrtümliche Verflechtungen der Gläubigen mit stabilen historischen Anschauungen, zum Beispiel mit dem ptolemäischen Weltbild, standen ihr im Wege, aber nicht die Offenbarung. Im Laufe der Zeit haben wir schließlich gelernt, in dieser Hinsicht die historischen Verflechtungen nicht mehr allzu ernst zu nehmen. Keine Revolution im Weltbild, wie immer sie sein mag, kann praktisch heute noch den wirklichen Offenbarungsglauben, der wohlerleuchtet ist, zu Fall bringen oder auch nur erschüttern...

Aber die generelle Säkularisation der modernen Gesellschaft, wie angedeutet, kann als eine Herausforderung das Christentum dialektisch zu seiner eigentlichen Heilsposition zurückführen: gelöst aus falschen, zweifelhaften, abträglichen Verbindungen, muß es zu richtiger Abwehr von Gefahren und zu richtiger Förderung des Notwendigen seine spezifische Souveränität zurückgewinnen, um die Verwandlungskraft wiederzuerlangen, die zum Heil der Menschen wirken kann, – zu unserem eigenen Heil.

Die erste Aufgabe – eine der Abwehr –, die dem Christen in dieser Gesellschaft, eben im Atomzeitalter, deutlich erwächst, ist die Verhütung des Krieges und die Verbesserung der Voraussetzungen für den Frieden. Nicht die moraltheologische Rechtfertigung der Atomwaffen, selbst wenn sie berechtigt sein sollte, kann die primäre Aufgabe des Christen sein, sondern nur die volle Hinwendung zu der notwendigen Entspannung und Abrüstung. Ganz gewiß wird der christliche Politiker, auch aus christlichem Solidaritätsdenken, die Sicherheit nicht vernachlässigen dürfen. Ihn bewegen die Klugheit und die Festigkeit, zwei Elementartugenden, die zu den Sieben Gaben des Heiligen Geistes gezählt werden. Der christliche Politiker wird nicht leichtfertig irgendein vorhandenes Mittel aufgeben, das geeignet erscheinen mag und erscheint, unsere Sicherheit gegen einen Gegner aufrechtzuerhalten, der in vielem auf radikal andersartigen Anschauungen fußt. Aber ich sage: der christliche Politiker; die Kirche als solche, die Gemeinschaft derer, die Christus nachfolgen, kennt doch auch eine Aufgabenteilung, immer in der Geschichte hat sie sie gekannt, in den Orden etwa: die einen beten mehr, die anderen arbeiten mehr. Die eigentlichste Arbeit der Kirche ist nicht die Verteidigung des Friedens, sondern das Friedenmachen und Friedenschaffen im positivsten Sinne. Hier muß ihre Stoßkraft liegen in dieser unserer Welt, damit sie nicht zugrundegeht. Besonders wird es eine solche Arbeitsteilung im katholischen Bereich, sagen wir: zwischen Priestern und Laien geben müssen, indem der Laie ein ganz anderes Wagnis in der Politik auf sich nimmt, auch das Wagnis, sich zu irren und sich zu täuschen, der Priester aber, indem er diesen Bereichen fernbleibt, über ihnen steht, für alle da ist, immer den Frieden predigend und uns ermunternd, die Voraussetzungen gegen den Krieg fortwährend zu suchen…

Was aber das positiv Fördernde betrifft, nicht nur die Abwehr von Gefahren, so müssen alle Impulse zur Entwicklung der neuen Möglichkeiten unserer Zivilisation mit Nachdruck aufgenommen werden… In dem Wettbewerb, der um die Zukunft der Welt entbrannt ist, gehören die Christen an die vordersten Fronten, an alle Stellen, wo es wirklich „heiß hergeht" und brennt. Ihre Aufgabe ist es, Verständnis für die Verhältnisse zu schaffen, sich selbst von überholten ideologischen Bannungen, geschichtlich bedingten einseitigen Denkweisen, zu befreien, andere mit, und dann, wo immer, wie immer möglich, die Zustände auf die kühnste Weise zu reformieren.

Erforderlich ist also – lassen Sie mich damit schließen – eine produktive Phantasie der Christen auf allen Gebieten, von der Solidarität der christlichen Nächstenliebe getrieben ins Politische und Ökonomische sich übersetzend. Den radikalen Existenzherausforderungen, denen wir heute gegenüberstehen, entsprechend muß es zu einem christlichen Heroismus an allen Fronten und über alle Fronten hinweg kommen. Dazu gehört natürlich auch, daß diejenigen, die bereits vorangehen – es sind bereits kleine Gruppen und Einzelne –, nicht etwa verachtet oder gar diffamiert werden; das ist das Allerwenigste. Man muß zumindest zulassen, daß Einzelne heroisch extreme Wege gehen, um vielleicht die Durchbrüche, die erforderlich sind, zu erzielen, auch um Umwege zu erproben, da es ja keine Patentrezepte dafür gibt, in der Gesellschaft auf jeden Fall die richtige Politik zu betreiben.

Nur so kann das Christentum, wie mir scheint, seine Glaubwürdigkeit für die Heilsverkündigung in der säkularisierten, bedrohten Welt wiedererlangen. Es gibt Anzeichen dafür, daß man beginnt, sich weniger auf überlieferte Bindungen zu stützen, als der Kraft des verwandelnden Geistes zu vertrauen, sich somit in dieser Welt allen ihren Existenzproblemen zu stellen. Da ist der Ansatz zu einem Weltfriedensdienst, da sind die Arbeiterpriester, da ist ein Danilo Dolci in Sizilien, in Florenz La Pira, da ist die deutsche Leprosen-Hilfe, – noch manches andere ließe sich nennen, der internationale Bauorden, eine ganze Reihe von solchen ersten Initiativen. Einiges hat sich zu ändern begonnen, spät genug, aber vielleicht nicht zu spät. In wahrhaft großen Zeiten bedarf es der heroischen Freiwilligkeit als eines typischen Kennzeichens der Christen, und in dieser zweiten Hälfte des 20. Jahrhunderts wird das normale Menschsein nur mehr durch das Außernormale erreicht, – das gute, gewöhnliche Leben aller nur mehr durch ungewöhnliche Taten.

Unter den Titel „Die Wohlfahrtsgesellschaft und das Christentum" gestellter Abschnitt aus: „Atom, Christentum und Gesellschaft", Vortrag, veröffentlicht in: Hessische Hochschulwochen für staatswissenschaftliche Fortbildung, 1.-7. März 1959, Verlag Dr. Max Gehlen, Bad Homburg/Berlin/Zürich.

Es gibt so viele, die heute schon fragen: Kann es einen gütigen Gott geben? Ich sehe nur eine maßlose Gnade darin, daß wir nicht am Tische der Reichen sitzen; denn das verhärtet das Herz.

Daß wir arm sind, daß uns die äußeren Hüllen weggenommen sind, ist kein Schade.

Aus einer am 11. November 1945 an der ersten öffentlichen Kundgebung der Christlich-Demokratischen Partei in Frankfurt gehaltenen Rede.

... daß weder Paragraphen noch Organisationen aller Art imstande sein werden, in dieser unserer heutigen Welt, die durchaus keine christliche Welt ist, selbst wenn sie sich auf große abendländische Überlieferungen und auf lobenswerte Verträge zwischen Kirche und Staat bezieht, die Voraussetzungen des inneren Heils der Menschen zu sichern. Nur eine unentwegte und erfinderische Liebe, die keineswegs weichlich sein soll, wird die Kraft dazu haben, im Maße des Möglichen glaubwürdig und also überwältigend zu wirken. Vom Staat dies zu erwarten, wäre unangebracht; wenn er nicht kirchenfeindlich ist, muß man Gesetzestreue und Toleranz von ihm erwarten. Die größere, die schwierigere Pflicht und Aufgabe liegt bei der Kirche, vor allem bei ihren Gläubigen.

Aus: „Das Urteil von Florenz und die Beziehungen von Staat und Kirche", Kommentar vom 8. März 1958 im Hessischen Rundfunk.

Tradierte Normen in einer veränderten Welt

Es werden sicherlich die Theologen sein müssen, die die Umwandlung der bisherigen pastoralen „Bewahrungs"-Praxis zugunsten einer partnerschaftlichen Bewältigung der schweren Existenzproblematik, in der wir stehen, einzuleiten haben. Es geschieht, indem sie sich, gegenwärtigen Konzilsanfängen im innerkirchlichsten Bereich entsprechend, den gründlich veränderten Situationen der Welt ... aufschließen, Definitionen und Methoden, die gerade in Anpassung an frühere gesellschaftliche Verhältnisse entstanden sind, mit Hilfe weiterentwickelter Erkenntnisse erneuern und so dazu beitragen, der Botschaft von Christus, der heute wie gestern Weg, Wahrheit und Leben in einem ist, in unserer Zeit des gewaltig vermehrten Wissens und der abenteuerlichsten menschheitlichen Fortschritte wenigstens nicht Hindernisse bestehen zu lassen, für die niemand anderer als die Theologen selber die Verantwortung zu tragen hätten.

Da ist, um ein zentrales Beispiel zu nennen, die folgenträchtige Rolle, die in der kirchlich bestimmten philosophischen Anthropologie, in der Ethik und in der katholischen Sozialphilosophie *die Lehre von der Natur und ihren Gesetzlichkeiten* spielt. Das Konglomerat begrifflicher Mehrdeutigkeiten und Konfundierungen, das sich seit den antiken Zeiten der Kirchenväter bis zum Neothomismus unserer Tage als „Naturrechtswahrheit" ansedimentiert hat, sollte nicht länger als Traditionsgrundlage angesehen werden, an die nicht gerührt werden dürfe. Zu viele konkret-historische Unrechtssysteme, die die Personalität des Menschen oft auf das extremste beeinträchtigt haben, sind mit vermeintlicher Naturgesetzlichkeit und mit „Naturrecht" scheingerechtfertigt worden, so auf die zweite Weise vor allem die Neosklaverei vom 16. bis zum 18. Jahrhundert, auf die erste Weise und vielfach bis heute, im Verein mit einer paulinisch-altjüdischen Anschauung, die untergeordnete Position der Frau in der Ehe, in der Kirche und in der Gesellschaft, – zu viele Elementarwidersprüche zu den heilbringenden Kernwahrheiten des Christentums, als daß die Definitionen einer solchen Lehre unbesehen und „dogmatisch" ... in unserer Zeit anzuwenden wären.

Unsere Kenntnis sowohl der Kategorie *Person* wie der Kategorie *Gesellschaft* wie der Kategorie *Geschichte* ist gegenüber der Zeit des Aristoteles und des heiligen Thomas von Aquin, bescheiden ausgedrückt, gewachsen. Wir wissen um die wesentlichen Bedingungen, die die Entfaltung des Menschseins fördern oder hemmen, um seine Abhängigkeiten und seine Möglichkeiten weitaus gründlicher und besser Bescheid als die „philosophia perennis" von einst. Manches von dem, was sie als *die* Natur und ihre bleibend gültigen Gesetzlichkeiten ansah, hat sich uns in ein Feld wechselseitiger Funktionen aufgelöst, das neue konditionierte Autonomien des Menschen sichtbar werden ließ. *Allgemeinwohl* ist keine vorgegebene Ordnungsgröße mehr, deren normative Ableitungen lediglich „anzuwenden" wären. Die fraternellen Beziehungen der Gleichberechtigung, der Solidarität, der Mitbestimmung, der partnerschaftlichen Kooperation, die alle auf die Entwicklung von personeller Freiheit abzielen, ob in der Ehe oder im Staat, im Betrieb oder in der internationalen Politik, verändern die *Wirkungsweise* auch der ethischen Prinzipien, die für unser menschliches Dasein gelten: Es muß und kann wieder mutig gesucht, in verantwortbarer Kühnheit erprobt, in Verbundenheit gewagt werden, – anders wären die horizontweiten, umwälzenden Existenzunternehmen der Menschheit von heute nicht mehr zu leisten...

Mit Auflösung der Wahrheit in Relativismen hat das nichts zu tun. Im Gegenteil muß es als höchst bedenklich erscheinen, daß mancherlei zeitgeschichtliche Bedingtheiten, als solche nicht durchschaut, den Charakter unveränderlicher Gültigkeiten annehmen konnten. Derlei Relationen mit dem ideologiekritischen Rüstzeug, das die Wissenssoziologie zu bieten hat, aufzulösen, kann schlechterdings nicht heilsabträglich sein ... Welche moraltheologische Konsequenzenkette je nachdem, von welchem Wissen und Wissensstand am anderen Pol der ethischen Ellipse man ausgeht – an dem Pol, der der Norm gegenüberliegt: von welchem Wissen und Wissensstand im Tatsächlichen, auf das sie sich bezieht! Häufiger, als wir es wahrnehmen, trifft das normative Urteil nur eine beibehaltene Definition statt die veränderte Wirklichkeit, die es somit verkennt (den Kapitalismus, Sozialismus, Kommunismus).

Eine immense Aufklärungsarbeit ist im Bunde mit der Selbsterziehung zur vollen Verantwortung zu leisten – in der Welt, damit Freiheit sein kann, in der Kirche, damit die Bedingungen begriffen werden, unter denen sie wirken soll.

Aus: „Die Zeit ist gekommen" (Vorwort zu John Rock: Geburtenkontrolle, Walter-Verlag, Olten/Freiburg im Breisgau 1964).

Christlich-politische Gedanken zum Buß- und Bettag

... Jedermann weiß, daß der kirchliche Einfluß auf die gesellschaftliche Entwicklung unserer Zeit oft vordergründig stark, in Wahrheit aber nur oberflächlich ist. Da, wo er wirklich tiefer reicht, verändert er nichts, sondern ist rein konservativ: er stützt durch sittliche Rechtfertigungen das Bestehende ungeachtet der Problematik, die unsere Verhältnisse für das weltliche und das geistige Heil des Menschen in sich bergen. In die zentralen Motivengebiete und in die bestimmenden Abläufe der industriewirtschaftlichen Zivilisation dringt die christliche Botschaft nirgends vor. Zwischen dem Sonntag und dem Werktag klafft ein Wesensunterschied, den keine Konvention mehr überbrückt. Maßgebend ist der Werktag.

Vielleicht kann man eben noch behaupten, daß vieles schlimmer wäre, wenn es die kirchlichen Moralverkündigungen und ihre disziplinäre Praxis nicht gäbe. Aber nicht einmal das ist gewiß, – in Japan etwa leben die Menschen außerhalb dieser Verkündigung und dieser Praxis, aufs Ganze gesehen, moralisch nicht sehr viel anders.

In das verweltlichte, sich immer weiter verweltlichende Grundverhältnis, das die Religion faktisch zur Privatsache gemacht hat, versuchen die Kirchen seit einiger Zeit verändernd einzuwirken. Auch offiziell macht sich innerhalb der beiden Hauptkonfessionen eine unvoreingenommene Art bemerkbar, aufgeschlossen für die Probleme, die uns heutzutage nachhaltig angehen und in der Tat bewegen. Der neue Mut tritt neben der Tradition, zuweilen unbekümmert um sie, in Aktion. In einigem könnte diese Unbekümmertheit, wenn sie sich behauptet, fast schon an den weltlichen Mut der Quäker erinnern.

Es ist interessant festzustellen, daß sich die Entwicklung, was das Verhalten in aktuellen politischen Fragen von Bedeutung betrifft, im evangelischen und im katholischen Bereich genau umgekehrt vollzieht.

Die katholische Praxis bestand nie in Abstinenz. Infolgedessen fällt es auf, daß die Kirchenführungen beginnen, sich aus allzu engen Engagements eher zurückzuziehen. Das kann die Gläubigen, wozu es höchste Zeit ist, nur veranlassen, in Dingen der Politik besser selbst nachzudenken, sich auf eigene Entscheidungen einzurichten und ihr Gewissen weniger an geistlichen und sonstigen Autoritäten zu orientieren. Es scheint, als besännen diese sich allmählich auf ihre eher diskrete Aufgabe: in den säkularen Angelegenheiten einer Zeit, die mit dem Mittelalter nur mehr einige ferne Erinnerungen verbinden, bestenfalls mahnend oder ermutigend tätig zu werden. Ganz gewiß gehört es zu den Pflichten der Kirchenleitung, bei anhaltenden politischen Unterlassungen in Existenzfragen die Gläubigen vernehmbar darauf hinzuweisen, daß etwas geschehen müsse, und dies sogar gründlich. Nur so könnte die Erneuerungs- und Verwandlungsphantasie, die sich aus dem Glauben an die Kraft und die Realisierbarkeit der Bergpredigt ergeben müßte, auch in der industriewirtschaftlichen Hochzivilisation allmählich erfolgreich wirksam werden. Nicht hingegen ist es die Aufgabe der kirchlichen Autoritäten, irgendwelche politischen Anweisungen oder auch nur Ratschläge im einzelnen, die im engeren und eigentlichen Sinn politischen Charakter hätten, zu geben.

Im evangelischen Bereich ist man umgekehrt traditionsgemäß viel zu allgemein geblieben, sofern man die Politik nicht überhaupt der für allein zuständig gehaltenen weltlichen Obrigkeit überließ. Seit unserer staatlichen Neubegründung vom Kriegsende an ist das anders geworden: die Evangelischen Kirchen in Deutschland wandten sich mehr und mehr auf das aufmerksamste den gesellschaftlichen Problemen zu.

Dienten die beiden Kirchen in den vergangenen Zeitläuften durch ihre je verschiedene Methode gleichermaßen dem Status quo der Ordnungen von damals, nämlich der Verbindung von Thron und Altar, so begegnen sie einander nunmehr sozusagen auf halbem Weg von der einen und von der anderen Seite: sie haben begonnen, in einigen der wichtigsten konkreten Fragen – allerdings noch nicht in der der Rüstung und Auseinandersetzung mit den modernen Waffen oder in der der zwingenden Notwendigkeit der weltweiten Entwicklungshilfe aus Solidarität (wobei ich nicht die karitativen, sondern die ökonomisch-politischen Maßnahmen meine) – an das Gewissen der Gläubigen zu appellieren, das aktivste sittliche Bewußtsein zu wecken, damit es mithilft, Lösungen ausfindig zu machen. Es sieht so aus, als käme man nach und nach dazu, die Moral aus ihrer Einschränkung zumeist in den Sexualbezirk zu befreien, um sie als generell bewegende Kraft ins Feld der Politik zu bringen.

Beispiele, von welch mobilisierender Wirkung ein solches Verhalten sein kann, bieten innerhalb der katholischen Kirche einige Entschließungen, zu denen sich das gegenwärtig tagende, auf die seinerzeitige Initiative Papst Johannes XXIII. zurückzuführende Konzil durchgerungen hat, innerhalb der Evangelischen Kirche Deutschlands die jüngste Denkschrift ihres Rates – genauer gesagt: der Kirchenkanzlei – zur Lage und Politik in Osteuropa. In beiden Fällen sind die kirchlichen Gemeinschaften in Bewegung geraten – und nicht nur sie, sondern viele sehr heftig außerhalb. Im Vorwort zu dieser Denkschrift steht zutreffend, daß am Gotteswort orientierte Sachverständige Hilfsdienste tun können, indem sie „einen

Beitrag zur Versachlichung der Diskussion und zur Urteilsbildung leisten", dadurch mitwirken, „einige der bestehenden Spannungen zu beseitigen und damit die Wege zum politischen Handeln zu ebnen"; nicht ihre Aufgabe hingegen sei es, „eine bestimmte Politik vorzuschlagen".

Da ich zum evangelischen Buß- und Bettag zu sprechen habe, möchte ich aus der Denkschrift über das generell Richtige hinaus die Stelle hervorheben, in der davon die Rede ist, wie sehr die deutschen Ansprüche gegenüber den osteuropäischen Ländern in begangenes Unrecht, in Schuld und wieder Schuld verstrickt sind. Hier erhebt sich die Frage, ob die traditionellen kirchlichen Einrichtungen, die doch der christlichen Gesinnung und einer christlichen Praxis im Leben durch und durch dienen sollen, in die erneuernde Bewegung gestellt werden können, die begonnen hat. Nur durch produktive Anstößigkeit, wie ich es beinahe nennen möchte, durch Ärgernisse, die zum Nachdenken und zu Entscheidungen zwingen, können wir dahin gelangen, die Trennung von Welt und christlicher Heilsbotschaft, die Kluft zwischen Sonntag und Werktag, auf die ich einleitend hinwies, durch bewußten Abschied von der sie täuschend überbrückenden Konvention zu überwinden. Geschieht es, dann wissen an Tagen wie dem heutigen auch Ungläubige mit dem christlichen Wort, das verkündet wird, je in ihrer Weise etwas anzufangen, ja sie werden sogar bereit sein, mit mehr als nur einem distanzierten Interesse zuzuhören.

Das Wort, man büße und bete – zumal die öffentliche Aufforderung an einem Tag des Jahres, es zu tun –, hat für diejenigen, die nicht an Gott als unseren Schöpfer und Vater glauben, etwas Fremdartiges, wenn sie es nicht gar, solange jener Zwiespalt offensichtlich besteht, als christliche Heuchelei empfinden müssen. Ohne die angedeutete Erneuerung klingt es zumindest abseitig-pathetisch: wer betet und büßt denn schon wirklich in unseren Tagen und Jahren des ökonomischen Wohlstandes, der Bekundung gesellschaftlichen Ansehens, des vielfältigsten Wettbewerbs inmitten aller unserer Betriebsamkeiten! Herrscht unter den Gläubigen denn etwa das Verlangen vor, sichtbar, erkennbar als Wesen des göttlichen Wohlgefallens in dieser Welt zu bestehen? Träfe das zu, sie sähe anders aus.

Für eine aktive christliche Minderheit – sie ist im deutschen Volk, ja in der Welt insgesamt wohl kaum sehr groß – versteht sich sowohl das Beten wie das freiwillige Büßen von selbst. Es geschieht im eigenen armseligen Namen und in Stellvertretung. Gemeint ist da nicht gesuchtes Leiden und sozusagen Sucht nach hinzunehmendem Unrecht. Mir persönlich geht das Verständnis für solche Akte der Buße, die mir sehr kirchliche Erzieher in der Jugend – damals mit Erfolg – erläutert haben, seit langem ab. Ich begreife nicht, warum Gott das Leiden irgendwelcher Kreatur, die doch seiner Güte das Dasein verdankt, wohlgefällig sein, warum Opfer in diesem Sinn gefordert sein sollten. Wir kennen die Ökonomie des Leidens im Weltplan nicht, es gehörte zu ihm, wie wir wissen, lange, ehe es den Menschen gab, er in seinem Bewußtsein empfindet es nur in besonderer Weise, die nicht die einzige ist, doch war es, worauf immer zurückzuführen, von irgendeinem Anfang an Teil oder Folge des Übels, um dessen Aufhebung Christus uns im Vaterunser zu bitten gelehrt hat. Wir sind da teilhabend und überwindend hineingestellt, in die Schuld mitverwickelt, zur Sühne mitberufen. So kann Buße, wie Beten Anerkennung und Lobpreis des personalen Geschöpfes ist, nur ein Akt der Umkehr in Gesinnung und Tat sein: Wieder-Gutmachen sagt der Wortsinn selber. Das zerknirschte und gedemütigte Herz treibt zu anderem Denken und anderem Handeln an, der Herr verschmäht es sodann nicht, heißt es im Psalm: cor contritum et humiliatum, deus, non despicies; ja er stärkt es, nun das Richtige und Bessere zu tun. Die Phantasie wird im *ganzen* Bereich der menschlichen Solidaritätsverpflichtung produktiv, sie erschöpft sich nicht im Ökonomischen und in dem der militärischen Sicherheit, ja sie ergänzt, ersetzt diese durch eine *Politik* des Friedens und weitet unablässig die Konsumwirtschaft auf alle in der Welt aus, baut die Privilegien ab, die uns nicht zustehen.

Diese christliche Minderheit gibt es unbezweifelbar. Doch ist ihre Existenz bisher nur ein Ansatz. Sie wirkt lautlos, – was sie tut, ist immer erst ein religiöser Vorgang im geheimen. Wir werden das nicht geringschätzen, vielleicht hat die Menschheit nur ihretwegen bisher das gefährdete Gleichgewicht nicht verloren; vielleicht kann in dieser unserer Zeit die Schwelle zum Abenteuer der vollen menschlichen Autonomie in einer Zivilisation von hunderttausend und mehr Jahren Zukunft, ohne daß wir uns mit den neuentdeckten Mitteln der Entfaltung sofort ruinieren, überhaupt nur überschritten werden, weil es die unbekannten, Gott sehr wohl bekannten ständigen Büßer und Beter gibt. Sie anerkennen die Geschöpflichkeit des Menschen – neben seiner Bereitwilligkeit, gut zu sein, seine gräßliche Neigung, dem Guten zu widerstehen; sie wissen um unser aller unheilvolle Unterlassungen und bieten, weil ihr Herz so einsichtig wie bescheiden ist, zum Schwerertragbaren des Lebens, das sie jedenfalls den anderen konsequent zu erleichtern versuchen, ihr Ja als Zeichen erstrebter Sühne an, – Menschen in der Tat des göttlichen Wohlgefallens.

Doch braucht die Welt, um unter ihren heutigen Verhältnissen der christlichen Botschaft Vertrauen abgewinnen zu können, die offene, spürbare, unübersehbare Verlebendigung des Traditionellen im Wagnis des Neuen und Ungewohnten. Wer würde bezweifeln – und kein Ungläubiger, der es in Abrede stellte –, daß die Existenz und die Politik der Deutschen eine klarere, eine aussichtsreichere, eine bessere Zukunft inmitten der anderen Völker und Staaten haben kann, wenn die christliche Moral in jedem Gemenge der Aktualität sich als wirklichkeitsnahe Verwandlungsgesinnung, als glaubwürdig und vertrauenswürdig zugleich erweist. An allen Fronten der Zivilisation müßten unter der christlichen Einwirkung die Voraussetzungen der Humanität verbessert, wo nicht vorhanden, geschaffen werden.

Wir sind weit davon entfernt. Aber es gibt einige trostreiche Anzeichen. Wo immer sie zutage treten, nehmen die Ungläubiggewordenen, obschon distanziert, Anteil. Man sähe es nicht ungern, wenn die Erneuerung deutlicher und nachhaltiger stattfände. Aus welchen mystischen Beweggründen sie sich herleiten mag, ist den Beobachtern nicht wichtig, sie hoffen nur, daß das Umdenken aufrichtig sei, daß es anhalte und seine Wirkung habe. Einer besonnen zurück- und vorausschauenden Politik von weiteren Horizonten, als es unsere gewiß zweckmäßige, ja unerläßliche Konjunkturvorsorge ist, entsteht in dieser Aufmerksamkeit, die die Christen begleitet, ein wertvoller Bundesgenosse; er verbessert die Chancen der Verwirklichung, seine Beteiligung bewahrt uns vor Rückfällen.

Aber ich spreche immer von „Welt" und „man" und „den" Beobachtern, – wer ist denn gemeint? Doch wiederum nur eine Minderheit! *Sie* besteht nicht aus Betern und Büßern, trotzdem sind die Menschen, die ihr zugehören, von vergleichbarer Gesinnung erfüllt: sie respektieren die Eigenart, die Würde, das Schicksal des Menschen – und sind entschlossen, danach zu handeln. Sie nehmen niemanden davon aus, auch unsere ehemaligen und jetzigen Gegner nicht. Das ergibt zwischen denen, die diesseits, und denen, die jenseits der religiösen Glaubensdemarkation stehen, den wenn nicht völlig gleichen, so doch übereinstimmenden Stil, im Privaten wie im Öffentlichen.

Seit unvordenklichen Zeiten waren es diese Minderheiten, die gegen vorherrschende Widerstände den Fortschritt des allgemeinen Bewußtseins auf das wahre Menschsein hin jeweils ein Stück des schwierigen Weges weitergebracht haben.

Zusammengestellt aus zwei weitgehend übereinstimmenden Kommentaren, die am 17. November 1965 im Kirchenfunk des Norddeutschen Rundfunks und am 17. November 1966 im Süddeutschen Rundfunk gehalten wurden.

Der Christ von demnächst

(1968:) Die offiziellen kirchlichen Hirten – mit dem gewohnteren Wort bezeichnet: die Pastoren sämtlicher Ränge – erreichen in der Welt von heute das Ohr, das Auge und gar das Herz von immer weniger Leuten. Dagegen hilft vorerst auch der Rundfunk und das Fernsehen nicht viel, denn die Ursachen sitzen zu tief, als daß lediglich aus dem Umgang mit den Massenmedien dem Heilsgeschehen zu dienen wäre. Zwar sehen die Leute, einer Redakteursredensart zufolge, am Bildschirm Kinder, Tiere und den Papst recht gern, das hindert die meisten von ihnen aber nicht im mindesten daran, gegen das „Wort zum Sonntag" den Abdrehknopf in Bewegung zu setzen.

Die theologisch-liturgischen Spezialisten schaffen es nicht mehr. Daher ist, für die Zukunft, schon das Wort „Laie" falsch. Die Trennung in lenkende, zugleich wissende Subjekte und in gelenkte, zugleich in vielem, oft im meisten unwissende Objekte des Heils taugt kirchlich nichts mehr.

Ich rede damit nicht der zur Zeit modischen Demokratisierung von allem und jedem, folglich der Demokratisierung auch der Kirche das Wort. Zwar bedürfen, hierin stimme ich mit mancherlei Leuten überein, die Finanzen und eine Menge sowohl sachlicher wie personeller Bezüge im kirchlichen Bereich durchdringenden Lichtes und anderer Kontrolle; aber der Abbau einiger hierarchischer Strukturen am falschen Platz, wenn er je erreicht werden sollte, hat nur wenig, wirklich sehr wenig mit dem Verhältnis zwischen Gottes Heilsweisung, wie sie uns durch Jesus Christus, sein Wort und sein Leben, geoffenbart ist, und den Verhältnissen zu tun, die die Welt von heute auf morgen hin ausmachen. Man kann mit so äußeren Reformen ein paar Vorurteile da und dort beseitigen, in der einen oder anderen Illustrierten Animositäten vielleicht auflockern, – die Botschaft, auf die es ankommt und die zu verkünden, die vorzuleben ist, bedarf nicht des Laien, der den Pastor kontrolliert, mag das in einigem nützlich und sogar notwendig sein, sondern einer göttlich durchwirkten menschlichen Gemeinschaft...

Auf humane Solidarität hin stellt der Christ von nun an alles, was ist, in Frage, prüft er alles, was geschieht und geschehen könnte. Die neue christliche Generation, verwirklicht sie sich, wird infolgedessen Fronten sprengende, Fronten auflösende, Fronten überwindende Identifikationen vornehmen. Wo sie auf das wahre Mensch-Sein hin fraternell sein kann, wird sie keine entgegenstehende Autorität mehr achten, weder die patriarchale noch eine fürsorgend-maternelle.

Inmitten der ungeheuerlichsten Auseinandersetzungen und Gefahren hat in der Globalisierung der menschlichen Verhältnisse die Realisation einer Existenzweise nun Ansatz gewonnen, die bisher als die bare Utopie galt – auch unter Christen als Utopie, obgleich die Verkündigung ihres Herrn.

Ich kann mir daher nicht vorstellen, daß der Christ von demnächst, wie die Notwendigkeit der Fraternität ihn jetzt fordert, noch irgendwo auf der Welt Ausbeutung und Unterdrückung des Mitmenschen hinnehmen wird, in welchem Herrschaftssystem immer. Als Christus erschien, stand es um die Politik anders. Erdumspannend haben sich in den langen Jahrhunderten seither die Voraussetzungen so gewandelt, daß es nun niemanden mehr gibt, dem nicht der Anspruch auf Selbst- und Mitbestimmung zukäme; und wir werden entweder Frieden gründen, so schwierig das ist, das heißt die Macht weltweit dem Recht zuordnen, oder in kollektivem Selbstmord auf die grauenhafteste Weise samt und sonders zugrundegehen.

Sinnen und Trachten des Christen von heute, von morgen, von übermorgen ist auf den Frieden gerichtet – nicht abseits der Welt, sondern in ihr.

Dazu gehört, in der Hochzivilisation, der Wohlstand; Wohlstand für alle, nicht privilegiert für uns, für den und jenen, für einzelne Schichten und Völker. Da aber der Mensch, die Erfahrung lehrt es, allein in den materiellen Gütern nicht sein bestes Genügen findet, wird es keinen höheren humanen Fortschritt geben, von der Bildung bis zum Strafvollzug, an dessen Front nicht christliche Beweggründe, ohne daß die Verbindung mit bewährtem Altem verlorenginge, der modernen Tatkraft mit Auftrieb gäben.

Alles das läßt sich aus der Schrift sehr wohl als recht und richtig belegen. Pertransiit benefaciendo, heißt es von Christus – Wohltaten spendend ging er durchs Land. Und die Gegner nannten ihn Säufer, Fresser, Sabbatschänder, Freund der Zöllner und Huren. Da sollte es heute christlich gleichgültig sein, da es doch hundertfach und über die ganze Erde hin notwendig geworden ist, ob man die Industriewirtschaft, den allgemeinen Wohlstand, die Wissenschaft, die Aufklärung, die Demokratie fördert oder ein anderes System, Gerechtigkeit für alle oder nicht?

Man wird den Christen der Zukunft an der Präsenz in den Problemstellungen der Humanität erkennen – nicht nur da und dort, wo es ihm zusagt, sondern, in Arbeitsteilung, überall, wo die Solidarität der Brüderlichkeit es erfordert.

Natürlich wäre es ein kindischer Tagtraum, wollte ich meinen, die offiziellen Kirchen insgesamt würden in dem hier angedeuteten Sinn sich verwandeln. In ihren Gehäusen praktizierend werden sie weiterbestehen, schlecht und recht wie eh und je, – was den Zustand und die Entwicklung der modernen Welt betrifft, sicherlich mehr schlecht als recht. Denn es liegt ja offen zutage, daß die traditionelle christliche Rechtgläubigkeit und Rechtschaffenheit keine Verwandlungskraft mehr besitzt. Sogar die Zehn Gebote befinden sich, eins wie das andere, in einer wahren Zerreißspannung zur bereits gegebenen ökonomisch-sozialen, politischen und geistigen Realität.

Die christliche Rechtgläubigkeit und Rechtschaffenheit der biederen oder hadernden oder polternden Art, die unserer Welt die alleinige Schuld am Absterben der Religion gibt, birgt noch mancherlei bewahrenden Zusammenhalt gegen die Tendenzen der Auflösung von Moral und Kultur in sich, wie sie sich in einigen Welterscheinungen von doch wohl bedenklichster Tragweite kundtun. Aber im Innersten bestimmt wird diese Welt aus sich selbst.

Ich sehe, daß ich, für unsere und die kommende Zeit, menschliche Gottferne wie ein unumstößliches Faktum voraussetze. Darf man das eigentlich so?

Der Entwicklungszug seit der europäischen Aufklärung des 18. Jahrhunderts spricht in den internationalisierten Beziehungen, zu denen sich die industriewirtschaftliche Zivilisation ausgeweitet hat, sicherlich dafür. Die Neigung, unter den mehrfachen Erkenntnismöglichkeiten, die der Mensch hat, die wissenschaftliche für die ausschließlich zuverlässige, für die in allem und jedem geeignete Erkenntnisweise zu halten, hat sich mitausgebreitet. Und noch immer nimmt sie zu. Ihr wirkendes Prinzip ist der systematische Zweifel, aus dem sich die Methode der Überprüfung ergibt: die zweifelsfreie Feststellung, daß ein behaupteter Tatbestand entweder widerlegt oder nicht widerlegt werden kann – „falsifiziert", wie man das heute nennt.

Insoweit sich die Kirche in ihrer hellenistisch-abendländischen Entfaltung auf die Rationalität der Theologie eingelassen hat, muß sie es sich wohl oder übel gefallen lassen, ihrerseits in das Verfahren einbezogen zu werden. Schadet es? Nicht dem lebendigen Glauben, denn er ist Wissen und Hoffnung aus dem Vertrauen in Gott und Jesus Christus; dieses Vertrauen versinkt nicht in der oder jener Einbruchsstelle des intellektualistischen Formulierungsgefüges der Wahrheit im Plural, der sogenannten Heilswahrheiten. Aber die Menschen der rationalistisch begründeten, von Rationalität durchsetzten und getragenen Zivilisation leben nicht aus dem Vertrauen – in dieser Zivilisation mit Recht nicht –, sondern sie sind überzeugt davon, daß sicher nur sei, was sich wissenschaftlich nachweisen lasse; sie sind wissenschaftsgläubig, und dies überdies in der positivistischen Weise der Naturwissenschaften. Sie verlangen daher in Bereichen, deren Existenz, ja deren Möglichkeit in Abrede zu stellen sie von vornherein geneigt sind, gleichwohl, sofern sie daran noch interessiert sind, Beweise allein in der ihnen vertrauten Art, obgleich das in Sachen des religiösen Glaubens zumeist doch nicht funktionieren kann, was wiederum dann als gelungene Widerlegung gilt.

Es ist ein teuflisches Satyrspiel immer negativen Ausgangs. Der Kirchenglaube kann sich darin nicht behaupten. Oder kennt jemand beispielhaft Fälle, in denen das Karussell beiderseits apologetischer Argumente und Scheinargumente heutzutage das Walten

Gottes in der Welt so deutlich gemacht hätte, daß Religion daraus geworden wäre?

Die Wiederbegegnung von Welt und Kirche ist, ich meine das doch wohl richtig zu sehen, im wesentlichen ein Problem des Vertrauens aufgrund von Glaubwürdigkeit... Glaubwürdigkeit der Botschaft heute, die der Christ der kommenden Zeit, einer verborgenen Kirche innerhalb der sichtbaren angehörend, wahrscheinlich, es läßt sich vermuten, mehr darstellt als verkündigt.

Was die Aussicht seiner spezifischen Beteiligung an unser aller gemeinsamem Geschick betrifft, so kennt er die Entmutigung nicht: – noch in der Verzweiflung, die ihn sehr wohl befallen kann, harrt er aus. Denn sein Vertrauen gründet in der gegen die Übermacht des Unheils personifizierten Liebe, die der Weg, die Wahrheit und das Leben in die Erfüllung ist.

Aus: „Der Laie / Eine andere Generation", Kommentar vom 18. November 1968 in der Reihe „Tagträume von einer Kirche der Zukunft" im Kirchenfunk des Senders Freies Berlin.

Verzichten

Von Politik soll unter diesem Titel ausnahmsweise nicht die Rede sein, also etwa von der Oder-Neiße-Grenze, sondern vom Zölibat der katholischen Priester. Von ihm aber auch nur, um sehr viel allgemeiner davon zu sprechen, welcher Wert dem Verzicht in unserer Zivilisation zukommt. Ob überhaupt noch einer in der Konsumgesellschaft. Oder ob sie ihn unweigerlich, es wäre jeweils nur eine Frage der Zeit, in jeder seiner gewohnten und möglichen Formen als unpassenden Rest einer überholten Wertwelt abschaffen wird.

Was das Gebot für den katholischen Klerus betrifft, ehelos zu bleiben, wenn man ihm angehören will, so bin ich für die in seinen Reihen und außerhalb jetzt so sehr umstrittene Erweiterung der freien Wahl: als Priester nicht verheiratet oder verheiratet zu sein. Dies vorweg gesagt, möchte ich jedoch der priesterlichen Ehelosigkeit das Wort sprechen. Natürlich auch, weil der bewußt und freiwillig Nichtverheiratete seine Sorge ganz und gar der Gemeinde und jedem zuwenden kann, der zu ihm kommt. Ebensosehr aber auch, damit eng zusammenhängend, weil der Priester – oder die Nonne (im evangelischen Bereich die Diakonissin) – durch den ins Positive gewendeten Verzicht ein anderes Beispiel menschlicher Entfaltung gibt, als es sonst die gesellschaftliche Norm ist. Das Selbstverständliche und Gewöhnliche ist für den Bestand der Kultur unerläßlich, es hat, richtig vollführt, seine bewundernswerte Größe, aber es wird ergänzt und für die Situationen der Bewährungen gehalten durch das Ungewöhnliche, das Außergewöhnliche, das Nichtselbstverständliche. Diese seine Wirkung tritt aber nur ein, wenn es geübt, immer vorhanden und parat ist.

Die Situation der elementaren Gefährdung ergibt sich in der Sexualität leicht durch die jederzeit lauernde Neigung zum Hedonismus. Es scheint mir ein Schwachsinn zu sein zu behaupten, der Mensch entfalte seine schöpferischen Qualitäten am besten, wenn er stets seiner originären Lust nachgebe; sie vor allem dürfe keiner „Repression"... unterworfen sein. An solch einer Argumentation könnten sich alsbald sogar die Sadisten rechtfertigen, und deren Treiben ist ja leider keineswegs lediglich individuell-privater Natur. In manchem überhaupt, in anderem zeit- und teilweise verzichten zu können, ist sehr im Gegenteil eine der Grundvoraussetzungen menschlicher Höherentwicklung, und zwar ausnahmslos in jedem Lebensbereich.

Auch in der industriewirtschaftlichen Konsumgesellschaft, sei sie kapitalistisch, sei sie sozialistisch? Auch für sie gilt die Notwendigkeit des Verzichts, wenn sie nicht an Apoplexie zugrundegehen soll. Natürlich können die Werbefachleute mit dem Satz des alten Cato nichts mehr anfangen: „Wenn du willst, daß jemand reich sei, so vermindere seine Begierden", – das Geschäft der Werbung besteht ja darin, die Erwerbs- und Verbrauchsbegierden des Menschen stets wachzuhalten und sie fortwährend anzureizen. Die radikale Maxime hat gleichwohl selbst heute noch ihre psychologische Bedeutung, als heilsames Antidotum sozusagen.

Im Ganzen der Industriewirtschaft muß aber ebenfalls verzichtet werden, beispielsweise für die produktiven und infrastrukturellen Investitionen. Zu meinen ist aber mehr. Nicht nur stimmt der Satz, daß wahrhaft genießen nur der kann, der dem Genuß nicht verfällt, der sich im Gebrauch und Verbrauch die Souveränität bewahrt. Sondern die Größe des Menschen, seine Fähigkeit zu Spontaneität, zu Anpassung, Überwindung und Hochleistung, was immer es sein mag: Wirtschaft oder Sport, Kunst oder Wissenschaft, Politik oder unmittelbar Dienst an der Verbesserung der Bedingungen der Menschlichkeit, seine Größe begründet sich anders als im Konsum (der erfreulicherweise dazugehört).

So hat der Streit um den Zölibat über ihn hinaus seine Bedeutung. Aktive Minderheiten, die sich den Sinn für den Wert des Außerordentlichen, des Ungewöhnlichen, allenfalls des Heroischen bewahren und ihn üben, sind auch für die Gesellschaft der Chancengleichheit ein notwendiges Element der Entwicklung.

Originaltitel: „Der Verzicht", Industriekurier, 12. Februar 1970.

Die Botschaft mehr darstellen als verkündigen

... daß nämlich die Kirchen zwischen der Neigung, an den dogmatischen Überlieferungen bis zur vollendeten Isolation starr konservativ festzuhalten, und einer Anpassungstendenz, die in der Verkündigung, daß Gott tot sei, bis zur Selbstpreisgabe geht, meines Erachtens mit ganz anderer Intensität, als sie bislang wahrgenommen werden kann, den Konsequenzen neuzeitlichen Wissens, mit denen wir alle Tag für Tag konfrontiert sind, sich öffnen müssen...

Unbestreitbar ist, daß die meisten der ungezählten Bilder, die in der herrschenden Weltauffassung von seinerzeit – wie denn sonst?! – Vorstellungen vom Unbegreiflichen zu vermitteln hatten, und eine Reihe von Gebräuchen, die sich aus uralten menschlichen Überzeugungen herleiteten – Opfer- und Versöhnungsriten zum Beispiel –, nicht nur unseren heutigen Bedürfnissen nicht mehr entsprechen, sondern auch nicht unseren Denk- und Empfindungsmöglichkeiten...

Beileibe heißt das aber nicht, daß jedermann in der Welt von heute der Meinung wäre, ... daß wir wohl oder übel ohne Religion werden leben müssen und daß auch alle übrige Sinn-Suche endgültig gescheitert sei... Es kann versucht werden, das Zentrale, um das es geht, in der Weise von heute christlich plausibel zu machen, wozu gehört, daß nicht für alles und jedes perfekte, stabile und als ewig gültig ausgegebene Erklärungen, aus denen unveränderbare Normen abgeleitet werden, das Gott- und Welt-, das Menschen- und Gesellschaftsbild ausmachen.

Auch für den Christen ist die Schöpfung absurd: daß das Übel bis in seine furchtbarsten Formen möglich sein soll, damit der Mensch es überwinde und die Welt in den Zustand verwandle, für den sie von Gott bestimmt sei: in Sein Reich... Die andersartige Teleologie mußte Gott schon selber bekanntgeben und als Sein Wohlgefallen in der Erfüllung, die unsere Aufgabe sei, erklären...

Mit dem logischen Fundament ist es in dieser Sache freilich nicht getan, – glaubwürdig ist die Botschaft und die Forderung der Christen allein in der tatsächlichen Nachfolge.

Aus einem am 22. Oktober 1972 im Südwestfunk gesprochenen Kommentar in der Reihe „Blick in die Zeit".

Selbstverständlich ist nichts von dem, was anders werden sollte, leicht, das wissen wir schon. Wer kann beispielsweise Gastarbeiter, die miserabel untergebracht sind, die diskriminierend behandelt werden, obgleich oder gerade weil sie Arbeiten verrichten, die uns unangenehm geworden sind und die wir nicht mehr leisten mögen, evangelisch einfach auffordern, im Einfamilienhaus, das wir besitzen, oder in unserer nicht mehr unangebracht kleinen Wohnung es sich wohlsein zu lassen, bis ihnen etwas Eigenes geboten wird? Oder welcher christliche Bankier brächte es fertig, neben der kapitalistischen Kreditpraxis, in der er so gewinnbringend wie usancengezwungen steckt, schlicht eine zweite, wirtschafts- und gesellschaftsreformerische in die Wege zu leiten? Nichts leichter in Sachen des Paragraphen 218, als gegeneinander Prinzipien-Proklamationsfronten aufzurichten und aufrechtzuerhalten, – worauf es aber ankommt, das ist: in der pluralistischen Gesellschaft tragbare Anschauungs- und Handlungskompromisse zustandezubringen. Das Konkrete ist das Schwierige: die Verständigung in den Hochschulen, die internationale Verständigung ..., die Verständigung in den Betrieben und Unternehmen.

Aus: „Zeitgeschichtliche Gedanken zum Buß- und Bettag", Kommentar vom 21. November 1972 im Hessischen Rundfunk.

Wenn das System der Freiheit unter den Anforderungen, die sich abzeichnen, nicht am Ende diktatorialen Regelungen anheimfallen soll, dann wird es auf ein äußerstes Maß an Einsicht, Verzichtbereitschaft und Anpassungen aus Solidaritätsgesinnung ankommen; nur so können die Neuerungen zustandegebracht werden, die allein die weitere und kulturwürdige Existenz der Menschheit ermöglichen werden.

Meint man im Ernst, Regierungsappelle und sie begleitende parlamentarische Worte zum Sonntag nebst einigen amtlichen Verfügungen seien imstande, solch eine Verwandlung zuwegezubringen? Dazu gehört entschieden mehr.

Die Frage ist allerdings, ob es ihrerseits die Kirchen sind, denen die Leistung, dafür die ausschlaggebenden moralischen Anstöße zu geben, zuzutrauen ist. Ich möchte sagen: Ja, sofern sie die Aufgabe richtig sehen und sie sich nicht unangebrachter Methoden bedienen. Es kann sich nicht darum handeln, alle Welt nun zusätzlich belehren oder von jetzt an unausgesetzt beschwören zu wollen..., davon abgesehen, daß kirchliche Stellungnahmen – die Verlautbarungen, Mahnungen, Bitten des Papstes eingeschlossen – im großen und ganzen lediglich berichtet, sonst aber nicht mehr sonderlich beachtet zu werden pflegen. Auf Vorbilder im Verhalten, moralische Taten also kommt es an. Gerade da können die Kirchen auch im vorliegenden Fall sehr wohl etwas tun.

Unter „Kirchen“ sind hier nicht die Ämter verstanden, sondern die Gläubigen: die Praktizierenden... Christen dieser Art sind die Minderheit geworden. Aber gesellschaftliche Kraft sammelt sich dort, wo Kräfte sichtbar werden, wo sie zutagetreten. Minderheiten können vorangehen, und sie können Einfluß nehmen, da sind sogar die Amtsträger durch Einverständnis und Mithilfe dann unter Umständen geradezu von außerordentlichem Nutzen. Warum sollten sich von einem rechtzeitigen, immer wachen, dem erreichten Zustand angemessenen Problembewußtsein aus nicht Direktionen, Leitungsgremien, Politiker, Publikationszentren gewinnen, bestärken, in Aktion halten lassen? ... Ist es undenkbar, gerade Ingenieure fachlich und christlich zugleich zu der Aufgabe zu motivieren, gegen eine nur quantitative und rücksichtslose Betrachtung des Lebens nun die bessere, die rücksichtsvolle Qualität, wo immer die Gelegenheit sich zeigt oder geschaffen werden kann, systematisch zu realisieren?

Aus einem am 21. November 1973 im Hessischen Rundfunk gesprochenen Kommentar zum Buß- und Bettag.

...sehr einfach gesagt: die Anwendung der Forderungen, die die Evangelien als die göttliche Botschaft überliefert haben, auf die menschlichen Beziehungen heute. Es ist völlig unverständlich, wie man jemals meinen konnte oder heute meinen könnte, das habe nichts mit Politik zu tun. Notleidenden Hilfe bringen – in dem Maße sogar, als ginge es um uns selbst –, wie sollte das keine Bedeutung haben etwa für die Maßnahmen, die erforderlich sind, die Bevölkerungen in den unentwickelten und unterentwickelten Ländern in einen besseren ökonomischen, gesundheitlichen und kulturellen Status zu versetzen? Und gibt es da etwa nichts aus den vergangenen Kolonialzeiten Europas wiedergutzumachen? Müßten sich Christen nicht den Kopf darüber zerbrechen, wie es am besten und nachhaltigsten zu bewerkstelligen sei, daß noch immer bestehende ungeheuerliche Ausbeutungen, wo immer sie in der Welt gang und gäbe sind, wenigstens allmählich abgeschafft werden?

Dazu Diskriminierungen der vielfältigsten Art, an so vielen Plätzen der Erde! Bei uns etwa nicht? Dabei hätten wir es den Gastarbeitern, den Unterprivilegierten, den Behinderten gegenüber sogar um einiges leichter als beispielsweise die Angelsachsen, die auch noch mit den aus der Rassenproblematik sich ergebenden Schwierigkeiten fertig zu werden haben. Jegliche Art von Vorurteilen abzubauen, das gehört ganz gewiß zu den Konsequenzen der Nächstenliebe-Botschaft Jesu von Nazareth.

Was das Beten betrifft, so hängt schon das Wort mit „Bitten" zusammen, und das heißt, bei den Mächtigen der Erde sich auf jede mögliche und vertretbare Weise für die Freilassung aller jenen Gefangenen zu verwenden, die wegen ihrer Überzeugungen, oft unter den unmenschlichsten Bedingungen, der Freiheit beraubt sind. Es heißt amnesty international zu unterstützen, die Organisation, die ohne Unterschied der Weltanschauungen für justizielle Gerechtigkeit unter allen Umständen und insbesondere gegen die Folterung von Gefangenen tätig ist.

Aus einem am 19. November 1975 im Hessischen Rundfunk gesprochenen Kommentar zum Buß- und Bettag.

Wenn die Kirchen – ich meine jetzt nicht die Hierarchie, ich meine die Kirchen als große Glaubensgemeinschaften – aus einer moralischen Motivation heraus handeln, um die Welt auf das hin zu ändern, was eigentlich gemeint ist, eine bessere Welt – wenn solche lebendigen Kräfte bestünden, wieso sollten sich die Ingenieure, Naturwissenschaftler oder Politiker davon ausnehmen können? Aber das ist im Verfall begriffen. Ich will jetzt nicht darauf eingehen, warum. Da sehe ich nun ganz finster. Es gibt kleine Gemeinden, die sich sehr bemühen, und Geschichte ist kein Rechenexempel, vielleicht kann in der Geschichte gelegentlich, in bestimmten Konstellationen, 1 Prozent gegen 99 Prozent siegen. Aber das ist ein langwieriger, sehr umwegiger Vorgang in breitesten Gebieten – von der Sexualmoral bis zur Politik, zur internationalen Friedenspolitik, und da kann ich Hoffnungsfreudiges nicht sehen. Ich kann nur sagen: Wer sieht, muß sich bemühen. Es hat doch keinen Sinn, an andere Leute hinzupredigen. Es müßten bestimmte Minderheiten mit ihrem Beispiel vorangehen, Unternehmer, Gewerkschaftsfunktionäre, Politiker, wo man dann einfach Respekt hat, wo man sagt: Ja, so ist es gut…

Es gibt Minderheiten, die das tun, nicht sehr demonstrativ, Jüngere und Ältere, die sich bemühen, das Reich ein Stück weiterzubringen. Ich will es einmal von meiner persönlichen Überzeugung her ausdrücken. Da kam einer und sagte: Liebt, und liebt alle, auch die Feinde. Die Leute, die dem folgen, erzeugen doch Wirkungen. Das müßte natürlich spürbar werden – jetzt werde ich wieder resigniert –, zum Beispiel in der Wirtschaftsmoral, der Preispolitik, der Rücksichtnahme, der Möglichkeit des Verzichtes – nicht dieses ewige Geplärr, daß wir dauernd mehr haben müßten; ich verstehe nicht, warum wir immer mehr haben müssen –, in der Hilfsbereitschaft, im Verständnis – nicht sentimental, ganz nüchtern – für Dritte, für die Völker der Dritten Welt, für die Gastarbeiter. Das müßte doch an allen Ecken und Enden spürbar werden. Wie bei denen, die jetzt den Zivildienst wählen werden. Das ist doch kein Spaziergang, den die wählen, wenn sie den Behinderten helfen, das ist wirklich nicht leicht…

Laßt uns doch beginnen. Es ist ja kein Mensch gehindert, in jedem Augenblick, sofort, etwas anderes zu tun.

Aus: „Sonntag um sechs - Leonhard Reinisch im Gespräch mit Eugen Kogon", Sendung des Bayerischen Rundfunks vom 9. Juni 1975.

Caritas

Hilfe, die sich rein auf finanzielle Spenden beschränke, so verlautet es aus dem Munde von Perfektionisten und frommen Eiferern, sei nichts als versuchter Loskauf von der eigentlichen Nächstenliebe, die den Beweis persönlicher Solidarisierung, persönlichen Dienstes verlange. Die Werke der leiblichen Barmherzigkeit seien nicht durch Geld zu ersetzen, zudem Summen, deren Hingabe im eigenen Lebensaufwand zu spüren wäre, ohnehin nur in seltenen Fällen gegeben würden... Ich gestehe, daß ich mich irritiert fühle, – wohl auch deshalb, weil ich mich außerstande weiß, durchschlagend dagegen zu argumentieren. Ich meinerseits führe kein beliebig offenes Haus, ich bin nicht für jedermann da, ich leiste keine Dienste in Altersheimen – was nicht noch alles ließe sich aufzählen. Man muß ganz sicherlich mehr tun, als lediglich Münzen oder Scheine spenden, je nach Vermögen Überweisungen vornehmen oder einen Scheck absenden. Trotzdem erlaube ich mir, auch für eine gewisse Gewöhnlichkeit zu plädieren, für die einfache Normalität, deren Ordnungen man nur in extremen Ausnahmefällen um der Nächsten- als Fernstenliebe willen aufgeben oder in Frage stellen müßte. (Ich weiß, ich weiß, was sich wieder dazu sagen läßt.) Ich bewundere alle, die ihr Christentum und die Humanität an den Fronten der Caritas aktiv unter Beweis stellen, von deren heroischem Tun ich höre und lese, – sie dürfen nicht im Stich gelassen werden, man muß dafür sorgen, daß sie in der Welt des Geldes das beschaffen können, was sie für die anderen brauchen – auch für sich selber brauchen, um sich leistungsfähig zu erhalten –; aber erstens, so sage ich mir, gibt es noch einige weitere Plätze, an denen die Bedingungen wahren Menschseins ernstlich zu verbessern sind, und zweitens scheint es mir je nach Anlage, Familien- und Berufsverhältnissen legitim zu sein, nicht fortwährend den Anforderungen der Ausnahmesituation sich unmittelbar stellen zu sollen. Ich finde es, kurzum, keineswegs schäbig, in einer Welt des Kapitalismus Mittel, soviel man in der Lage ist, aus Vermögen und Einkommen über jene zur Verfügung zu stellen, die karitativ intensiver am Werk sind und Unmittelbareres leisten...

Private Hilfen allein können die Verhältnisse nicht entscheidend und nachhaltig verbessern, aber umgekehrt wäre der Schaden, der angerichtet würde, unausdenkbar, wenn die karitativen Werke, die doch Akte lebendigster mitmenschlicher Solidarität sind, nur gesetzlich verfügten Maßnahmen Platz zu machen hätten, soweit diese zuhause und weltweit zustandegebracht werden. Caritas, wenn sie nicht ihrerseits an die Stelle der Grundrechtsansprüche gesetzt wird, ist eine großartige Helferin: Begleiterin und Wegbereiterin zugleich.

Aus einem am 23. März 1975 im Südwestfunk II gesprochenen Kommentar in der Reihe „Blick in die Zeit".

Eine christliche Sprache, die jeder verstünde

Zum Pfingstwunder heute

Diejenigen unter Ihnen, die heute vormittag dem Pfingstgottesdienst beigewohnt haben, dem katholischen oder dem evangelischen, sind aus der Apostelgeschichte an das sogenannte Sprachenwunder erinnert worden, und die anderen, die das verschlafen haben oder die in keine Kirche zu gehen pflegen, haben von dem Bericht natürlich schon einmal gehört: daß an diesem Tag in Jerusalem die Predigt der Jünger Jesu von Nazareth in allen Sprachen der zahlreichen Zuhörer, die durch ein gewaltiges Brausen aufmerksam gemacht und herbeigeeilt waren, verstanden worden ist. Frage: Warum hat sich derlei Wundersames nie mehr wiederholt? Warum wird die Botschaft, um die es sich handelt, seit längerem in aller Regel nicht einmal mehr inhaltlich selbst dann aufgenommen, wenn sie unmittelbar in der Sprache der Angepredigten verkündet wird? Liegt das nur an der Harthörigkeit der „Welt" oder möglicherweise auch am fehlenden „Brausen in der Luft" sowie an der jetzigen Art und Weise der „Jüngergemeinden"?

Das Erlöschen der Wunderkraft der ersten Zeiten ist ganz allgemein eines der Kennzeichen der allmählichen und insbesondere der neueren Entwicklung in der Geschichte des Christentums. Die Ungläubigen sind darüber nicht verwundert, sie halten jene Berichte für pur legendär. Die anderen aber, die die neutestamentlichen Angaben als die wahrhafte Aufzeichnung tatsächlicher Begebenheiten ansehen, müßten über die eingetretene Veränderung doch zumindest erstaunt sein. Die Schwester des amerikanischen

Präsidenten Jimmy Carter – oder ist es die Mutter? –, eine tiefgläubige, überaus missionseifrige Baptistin, die, wie bezeugt wird, selber wirksam gesundbetet, ist, wer könnte es in Abrede stellen, ganz und gar untypisch, eine Minderheitenausnahme in der Christenheit. Zwar werden in der katholischen Kirche vor Heiligsprechungen nach wie vor drei nachgewiesene Wundertaten der „zur Ehre der Altäre" zu erhebenden heroisch-christlichen Person festgestellt, aber von der Wundernormalität, die in der Apostelgeschichte verkündet und weiter vorausgesagt wurde, konnte schon zu der Zeit, als der Evangelist Lukas sie schrieb, keine Rede mehr sein, – geschweige denn später, geschweige denn heute.

Lassen wir indes das Wunder beiseite und fragen wir uns, am Pfingstsonntag 1977, schlicht, ob es denn nicht wünschenswert und verwirklichbar wäre, daß die Botschaft von einer die Menschheit umfassenden Solidarität, in Liebe als dem konstituierenden, das heißt wesentlichen, begründenden, alles bestimmenden Element der gesellschaftlichen Entwicklung, eindrucksvoll, glaubwürdig, Veränderung bewirkend von der Christenheit verkündet werden könnte. Natürlich nicht nur von der Christenheit, aber von ihr doch bevorzugt – der Botschaft gemäß, auf die sie sich bezieht. Um noch einmal die Apostelgeschichte im Pfingstzusammenhang zu zitieren: „Alle Gläubigen hielten zusammen und betrachteten alle ihre Habe als gemeinsames Eigentum; auch verkauften sie dann und wann ihr Hab und Gut und verteilten den Erlös an alle, je nach Bedürfnis." Diese ziemlich radikale Gemeinschaftlichkeit fiel jenen, so muß man gerechterweise für unsere Tage hinzufügen, nicht allzu schwer, weil sie ja das Ende der Welt für unmittelbar bevorstehend hielten, – da lohnte es sich nicht mehr, modern ausgedrückt, Kapitalakkumulation zu betreiben; die „Sozialpflichtigkeit des Eigentums" war unschwerer einzusehen als in den Jahrhunderten nach dem Nichteintreten der Apokalypse. Von da an spielte der Besitz wieder eine über die Caritas hinausreichende gesellschaftliche Rolle.

Die Transformation der Verhältnisse im urchristlichen Sinn, das ist, nach neunzehn Jahrhunderten verschiedenartigster, meist fragwürdiger Erfahrungen, die wir mit der Verwendung des Eigentums in der abendländischen, seit einiger Zeit jetzt planetarischen Entwicklung gemacht haben, erneut das Thema. Man darf die Behauptung wagen, daß die Botschaft Jesu von Nazareth, Gott sei gut und wir dürfen ihm vertrauen, im 20. und 21. Jahrhundert nur verstanden werden wird, wenn sie zusammen mit der Politik der Menschenwürdigkeit des Lebens aller zu Bewußtsein gebracht und unbezweifelbar praktiziert wird. In dieser Sprache wird sie von jedem Volk und jeder gesellschaftlichen Schicht, zustimmend oder ablehnend, verstanden werden.

Ich möchte es mit einem Beispiel klarzumachen versuchen. Nehmen wir an, der Papst in Rom würde sich entschließen, aus dem materiellen Vermögen der katholischen Kirche 1 Milliarde Mark für eine bestimmte Form der Entwicklungshilfe zur Verfügung zu stellen mit der Aufforderung an alle Getauften der Diözesen in der Welt, sie sollten diese Summe verdreifachen, wenn möglich verfünffachen, verzehnfachen, was zweifellos, ohne daß ein „Pfingstbrausen in der Luft“ auch für heute vorausgesetzt werden müßte, verwirklichbar wäre. Ich meine nicht eine karitative Spende im Stil von „Misereor“ oder „Brot für die Welt“, deren reformfördernde Leistungen für Bedürftige nun schon über Jahre und Jahrzehnte hin in hohem Grade anerkennenswert sind, – so anerkennenswert in ihrer Weise wie andere rein karitative Leistungen, seien sie von Christen oder von Nichtchristen erbracht: Kinderernährungshilfe, Aussätzigenhilfe, Blindenhilfe, Rote-Kreuz-Hilfen. Weit darüber hinaus aber geht das Ziel, die Weltverhältnisse insgesamt auf Gerechtigkeit hin zu verwandeln: eine säkulare und ökumenisch-christliche Gemeinschaftsleistung, die es fertigbrächte, die Menschenrechte zu realisieren…

Die spezifisch christliche materielle Initiative, die ich andeute, bestünde darin, an einem ausgewählten bestimmten Punkt, in einem weiterführenden Teilgebiet ein experimentelles Exempel zu setzen, für das im marktwirtschaftlichen Renditendenken nicht von vornherein die Voraussetzung gegeben ist. Die Sachverständigengutachten dürfen nicht zur Verhinderung, sondern sie müßten zur mutigen Inangriffnahme der „relativen Utopie“ führen, zu einer positiven, Erfahrung vermittelnden Wegweisung. Es ließe sich auch an den Versuch denken, etwa die Elendsviertel zahlreicher Großstädte systematisch-schrittweise zu sanieren.

Ordnung, so hat ein Papst unseres 20. Jahrhunderts einmal gesagt, ist die Voraussetzung des Friedens: ex ordine pax. Bescheidener ausgedrückt: Es müssen die zivilisationsgefährdenden Konfliktherde unserer Zeit beseitigt werden. Die erdumspannende grandiose technische Hochindustrie mit ihren gleichzeitig so problematischen Begleiterscheinungen kann uns ruinieren, wenn es nicht gelingt, das selektive Wachstum der richtigen alternativen Qualitäten zustandezubringen. Dies, damit der Mensch für seine höheren Zwecke leben kann. Sollte das denn nicht auch eine vordringliche christliche Zielsetzung sein?

Es wäre die Sprache, die ohne jedes Pfingstwunder, und doch durch jenes Wunder noch nach neunzehnhundert Jahren zur Artikulation gebracht, von jedermann verstanden würde.

Der Wunsch, es möchte so kommen, ist ein Wachtraum, ich weiß es. Der Papst kann keine Milliarde freimachen, er ist eine Figur des Apparates. Wie der Generalsekretär der kommunistischen Partei der Sowjet-Union eine Figur des Apparates ist – gefangen in der Ideologie und der Macht, so groß seine Bedeutung innerhalb der beiden Bereiche sein mag. Johannes XXIII., den man zum Papst gewählt hat, weil er für alt und nachgiebig-versöhnlich galt, ist providentiell, als er das Tor zum „aggiornamento" aufgestoßen hatte, das Tor zur Welt des Verständnisses, der Neuordnung und des Friedens, am Tag nach dem Pfingstsonntag gestorben.

Das Abenteuer der Hoffnung, der Skepsis, der Bemühung um die „relative Utopie" geht weiter.

Kommentar vom 29. Mai 1977 im Südwestfunk II.

Wir haben an dieser Stelle (Frankfurter Hefte, Dezember 1968, S. 820) den Vatikan aufgefordert, dafür zu sorgen, daß die Welt ein- oder zweimal wöchentlich über die tatsächlichen Zustände, was die Versorgung der Hungernden, der Verhungernden in Biafra und in Nigeria betrifft, aufgeklärt wird. Die einander fortwährend widersprechenden Mitteilungen untergraben, verständlicherweise, die Hilfsbereitschaft. Daß man im Vatikan die Frankfurter Hefte nicht auf eine derartige Empfehlung hin liest (sondern allenfalls, vielleicht, wie früher einmal auf mögliche Ketzerei hin), verstehen wir; aber da ist doch die Katholische Nachrichten-Agentur (KNA), die das Notwendige und Wünschenswerte bewirken könnte?

Im übrigen wäre die Einführung von UNICEF-Milchbons (zu 2, 5 und 10 Pfennig) in der Bundesrepublik zu empfehlen. Ich bin überzeugt, daß Abertausende von Familien die Kinder sie, für Biafra und andere notleidende Teile der Welt, kaufen ließen; daß die Kinder, einmal daran gewöhnt, sie als eine Art Wohltätigkeits-Reklamemarken, die man jedoch nicht sammelt, sondern abliefert, ansehen würden. Man könnte sie mit der täglichen Milchlieferung und mit dem Milchverkauf verbinden.

Frankfurter Hefte, Februar 1969.

Heilsgeschichte als Weltgeschichte

5. Sonntag nach Epiphanias (1 Kor 1,(4-5) 6-9): Wie denn die Predigt von Christo in euch kräftig geworden ist, also daß ihr keinen Mangel habt an irgend einer Gabe und wartet nur auf die Offenbarung unsers Herrn Jesu Christi, welcher auch wird euch fest erhalten bis ans Ende, daß ihr unsträflich seid auf den Tag unsers Herrn Jesu Christi. Denn Gott ist treu, durch welchen ihr berufen seid zur Gemeinschaft seines Sohnes Jesu Christi, unsers Herrn.

Ist diese paulinische Textstelle lediglich ein geistlicher Bericht? Inwiefern hat die Aussage doch Verkündigungsbedeutung für uns? Sie wird von den Kirchen vorausgesetzt. Erkennbar wird sie uns indes nur, wenn sie sich von der Berichtsituation ablösen und auf unsere heutigen Verhältnisse anwenden läßt…

Verglichen mit der Zeit, in der der Brief an die Korinther geschrieben wurde – dreißig Jahre nach dem Tode Jesu –, ist unser Leben, mehr als neunzehn Jahrhunderte seither, völlig anders. Niemand von uns, würde er in die Welt von damals zurückversetzt, könnte sich zurechtfinden. Und kein Mitglied der Gemeinde, deren Gnadenfülle Paulus preist, erwartete in unseren Tagen die „Offenbarung“ Jesu Christi, seine Wiederkehr also, für bald oder gar für unmittelbar bevorstehend.

Liegt es an diesem totalen Wandel der Weltsicht, daß „das Zeugnis Christi unter uns“ (Bibelstellen sind hier nach der Rießler-Übersetzung zitiert) wahrlich nicht mehr machtvoll genannt werden kann, geschweige denn bewundernswert, erstaunlich? Es gibt, ohne den gewaltigen Impuls der apokalyptischen Naherwartung, in unserer Welt der nicht kleiner, sondern größer gewordenen Herausforderungen an nicht wenigen Stellen sicherlich Christen, auf die die Feststellung des Apostels zutreffen mag, aber kaum irgendwo ganze Gemeinden solcher Art. (Wie groß übrigens die von Korinth war, weiß ich nicht, eher klein wahrscheinlich.) Und die Kirchen selbst sind es gewiß nicht, von denen man in unseren Tagen sagen könnte, daß sie im Sinne des ersten Korintherbriefes (1,6-9) auffallen.

Heil: das war seinerzeit Rettung jedermanns, der der Gemeinschaft des Neuen Bundes angehörte, aus der Welt der Sünde, des Unheils und des bevorstehenden Untergangs: nicht also ein Prozeß der allmählichen Veränderung auf „das Reich“ hin, das kommen und eines unbekannt fernen Tages in einer Wirklichkeit jenseits der irdischen sich vollenden soll. Auf die Dauer jeweils eines Stückes zusammenhängender Geschichte sind wir Heutigen somit als Wegesucher, Wegbereiter der Vollendung berufen. „An keiner Gnadengabe Mangel zu haben“, darauf sind wir dabei nicht weniger angewiesen. Aber sind es samt und sonders die gleichen Gnadengaben, wie Paulus sie gemeint und an den Korinthern in der Praxis des damals neuen Glaubens festgestellt hat?

Im Prinzip können sich zwischen dort und jetzt die Konsequenzen, die das universale Gebot der Liebe bewirken soll, über die Zirkel von Auserwählten hinaus auf alles und jeden bezogen, natürlich nicht unterscheiden. Gäbe es in unübersehbarer Weise das Beispiel auch bei uns, die Wirkung wäre in der uns umgebenden Welt – in unserer Welt – wohl kaum geringer als in jener Zeit und den ersten Jahrhunderten. In den USA hat die Gewaltlosigkeit der Bürgerrechtsbewegung eines Martin Luther King den Sieg über schlimmste Vorurteile davongetragen. Aber schon dieser Hinweis zeigt, wie sehr die Probleme der Welt anders, vielfältiger und komplizierter geworden sind. Wenn der Sinn der Existenz zur Zeit der Predigt des Apostels Distanz zur Welt, ja Rückzug aus ihr sein mochte – oftmals später noch immer, vorübergehend –, so besteht er heute, inmitten der Wirrnis der pluralistischen Emanzipationen, in der Humanisierung aller Bedingungen. Ein immenses Unterfangen – Heilsgeschichte als Weltgeschichte, nicht abgesondert von ihr, nicht neben ihr her oder über ihr, sondern in ihr sie zu ihrem eigentlichen Ziel führend.

Gemessen daran ist die Kardinalfrage also, mit welchen spezifischen Gnadengaben die christliche Gemeinde aus dem paulinischen Erlebnisbereich des Glaubens auf die Verhältnisse einwirken muß, mit welcher nun heute zeitgerechten geistigen, politischen und moralischen Kreativität, damit es unter den so sehr veränderten Voraussetzungen in einem apostolischen Brief an sie heißen könnte: „Machtvoll ist das Zeugnis Christi unter euch und durch euch geworden!"

Walter Jens (Hrsg.): Assoziationen – Gedanken zu biblischen Texten, Band 2, Radius Verlag, Stuttgart 1979, S. 54 f.

... daß das Vertrauen in Gott – alles habe trotz allem doch sicherlich einen guten Sinn – der Umsetzung in unser praktisches Verhalten und also in die Politik bedarf. Ihr Sinn ist die Zielsetzung, die wir ihr geben: Humanität, das Optimum an Bedingungen wahren Menschseins, jeweils im erreichbaren Maß. Es ist der Zweck, den wir der Evolution setzen – die religiös Gläubigen im Einvernehmen mit Gott, auf seinen geoffenbarten, nicht durchschaubaren Schöpfungswillen hin, im Vertrauen auf ihn, begleitet von der Versuchung zur Verzweiflung – warum die schrecklichen Umwege zu „seinem Reich", das kommen soll?! –, die Ungläubigen ihrerseits aus rationaler Einsicht in den Tatbestand, daß die Humanität vertretenswerter ist als der Sozialdarwinismus.

Aus der Einführung zu: Gott nach Auschwitz – Dimensionen des Massenmords am jüdischen Volk, Herder-Verlag, Freiburg im Breisgau 1979, S. 7-12 (Originalausgabe: Dimensions of the Holocaust, Northwestern University, Evanston, Illinois 1977). Vgl. auch Band 1 der Gesammelten Schriften Eugen Kogons (Ideologie und Praxis der Unmenschlichkeit), S. 293 ff.

Die Vernunft des guten Willens

„Selig die Friedensstifter, sie werden Söhne Gottes heißen." Nicht als ob ich daran glauben könnte, wir Christen ließen uns davon bewegen. Weder die Hierarchen noch das Volk halten in den weltpolitischen Dingen etwas von der Vernunft des guten Willens. Sie gilt lediglich als Schwäche. Aber es gibt, in der moralischen Bewertung, den produktiv-utopischen Versuch, zu zeigen, was möglich wäre... Die ihr Christentum ernstnehmen, können Impulse geben. Das Erste und Vordringlichste wäre, die Diktatur des Vertrauens in die Waffen abzubauen... Andere Ansätze zu positiver Entwicklung kämen hinzu. Kein Zweifel, daß mit einer Einwirkung auf die Politik wie angedeutet das heute höchst fragwürdige Verhältnis der Kirchen zur Welt verbessert würde. Millionen würde die christliche Botschaft verständlicher, die geforderte Moral glaubwürdiger werden, die Verfemung der Aufklärung revidiert, die Humanität zur gemeinsam gesuchten und verteidigten Basis des Fortschritts.

Aus: „Bleibt der Wahnsinn weiterhin Methode?", Publik-Forum, Nr. 11, 6. Juni 1980.

Wie wäre es denn, wenn Johannes Paul II. es unternähme, über die Predigt des Friedens hinaus, sich – und uns – kompetente Helfer zu verpflichten? Die Art dieses Papstes ist dazu angetan, daß es ihm gelingen könnte, die Macher der Weltpolitik, die sich – nehmt alles nur in allem – zu den Bedingungen der Humanität bekennen, in Sachen der Friedenssicherung zu einer nicht unmöglichen Zusammenarbeit mit ihm zu bringen. So etwa: Der Papst betraut „Pax Christi internationalis", mit dem Stockholmer „Internationalen Friedensforschungs-Institut", dem Londoner „Institut für Strategische Studien" und dem Hamburger „Friedensforschungs-Institut" von Graf Baudissin (vielleicht mit noch zwei oder drei weiteren Einrichtungen dieser Art) Fühlung aufzunehmen, damit sie ihm ... realistisch die Punkte nennen, auf die es ankommt, so daß er die maßgebenden Politiker zutreffend bitten kann, ihm – und uns – von Zeit zu Zeit in einer mehrtägigen römischen Konferenz Bericht darüber zu geben, was zur Sicherung des Friedens ... geschehen kann, geschehen könnte und geschehen ist. Das Feld der Möglichkeiten ist da groß... Es brauchte nicht völlig unmöglich zu sein, sich allmählich aus der Ideologie der rein quantitativen Betrachtungsweise ein hoffnungsvolles Stück weit zu befreien.

Ein weiterer Vorteil solcher Initiative des Papstes: Der Weltkirchenrat der Evangelischen würde sie, dazu aufgefordert, mittragen. Es wäre überdies ein Akt ökumenischer Orthopraxis, ohne jede dogmatische Schwierigkeit sofort ausführbar.

Aus: „Was Johannes Paul II. in Hiroshima vorschlagen sollte", Publik-Forum, 6. Februar 1981. (Eugen Kogon billigte diesen von der Redaktion eingesetzten Titel nicht; sein Manuskript trug den Titel: „Der Papst und die Bemühung um den Frieden".)

Die Politik soll nicht das Maximum anstreben, sondern das zureichende Minimum als das jeweilige Optimum, das zumutbar ist. Das ist das Entscheidende der demokratischen und der menschlichen, der humanen Politik. Und daher meine ich, wir sollten also doch in der Normalität, in der wir uns befinden – mehr oder minder Normalität –, mit enormer Geduld, ohne zu predigen, durch die Praxis selbst, langsam die Bedingungen der Politik verbessern in Hinsicht auf das, was ich meinte, also bei der Kirche Liebe und in der Politik die Humanität.

Aus: Zeugen des Jahrhunderts – Eugen Kogon im Gespräch mit Reinhardt Hoffmeister (Teil II: 1945 – heute), ZDF 1982.

Laßt uns doch beginnen – jetzt!

Nach den gewaltigen Erfahrungen der 12 Jahre Nationalsozialismus lag nichts näher, als daß wir nun um die Bedingungen der Humanität bemüht waren. In den Lagern haben wir schon auf das Positive hin konspiriert, falls wir überleben sollten. Wir sagten uns, wir müssen eine Gesellschaft der Verständigung, des Minimalkompromisses auch zwischen Gegnern, auch mit den Kommunisten zustandebringen. Wir haben die Zukunft mit den Kommunisten gemeinsam geplant.

Wir meinten, daß es möglich sein müßte, eine neue Republik der Deutschen zu schaffen, die tatsächlich vorbildhaft würde aufgrund all der Erfahrungen, die wir gemacht hatten. Wir meinten, daß große Teile des deutschen Volkes, die nicht im Detail informiert gewesen waren, sich aufklären lassen würden, mitarbeiten würden.

In den ersten zwei Jahren schien das nicht unmöglich zu sein, enorm viele Initiativen sind entfaltet worden, auch innerhalb der Kirchen, und ich denke nicht nur an das Bekenntnis der evangelischen Kirche in Stuttgart, die die Schuld mitbekannte und sagte: Wir sind nicht stark genug gewesen.

Zwei Jahre lang haben wir versucht, neue Grundlagen zu legen, aber dann ist die Moral von diesem staatlichen Prozeß praktisch getrennt worden, sie wurde eine private Angelegenheit. Diese materialistische Entwicklung ist in der Bundesrepublik 1947, 1948 und mit der Währungsreform 1949 ganz deutlich in den Vordergrund getreten und hat das ganze Bewußtsein okkupiert. Wir haben ein ökonomisches Wunder vollbracht, aber kein moralisches.

Es geht nicht, daß wir Moral predigen und sie nur von anderen verlangen. Seit Jahren wird in der Republik versucht, ein Stück jener Gesellschaft herbeizuführen, die wir eigentlich als Christen meinen sollten, denken Sie zum Beispiel an unsere Friedensbemühungen. Ist es nicht unerträglich, als Christ zum Abendmahl zu gehen und „rauszugehen" und für die Produktion und Lagerung von Massenvernichtungswaffen einzutreten und sich – nur im Verteidigungsfall – zu deren Anwendung bereitzuerklären?

Da müssen doch als allererste die Bischöfe konkret eingreifen, den christlich firmierenden Politikern zureden und Rechenschaft verlangen, wenn zum Beispiel das Wort Pazifismus verächtlich gemacht wird, wenn junge Leute, die sich gegen den Kriegsdienst erklären, verurteilt werden.

Die Aufgabe besteht darin, sich im Detail zu verständigen und sich darin zu engagieren, nicht nur allgemeine, moralische Forderungen zu erheben. Die Moral ist unser Antrieb, um die Gesellschaft bis in die Fundamente hinein zu verändern, denn das ist die Revolution, die der Christ eigentlich meinen sollte.

In der Welt relativer Freiheit hier in unserer Republik gibt es eine Fülle von Ansatzpunkten, um Gesellschaft in dem von uns christlich gemeinten Sinne zu transformieren. Das sind schwierige, umwegige Prozesse. Die Verwandlung der industriewirtschaftlichen Zivilisation in den Teilen, wo es geschehen muß, wird Generationen erfordern.

Ich kann von den Arbeitern in der Atomwaffenproduktion nicht verlangen, daß sie, wie es ein katholischer Bischof in New Mexico verlangt hat, diese Stätten verlassen, ohne Organisationen zu schaffen, die ihnen helfen, das zu überbrücken.

In jeder Gemeinde könnten Kapitalüberschüsse gesammelt werden, um neue Versuche, besonders bei jungen Leuten, zu unterstützen, damit sie sehen, wie anders, wie in Gemeinschaften produziert werden kann. Versuche, einen neuen Weg aus unseren Schwierigkeiten zu finden, den die Politiker offensichtlich weder sehen noch gehen wollen.

Wir können uns mit den Jungen solidarisch erklären, unsere Erfahrungen mit einbringen. Können wir nicht sagen, wir wollen den Dialog gemeinsam pflegen?

Gott will Wesen seines Wohlgefallens, die die Entscheidungen richtig treffen… Das ist tausendfältig möglich: Ich weiß nicht, warum wir nicht in der Bundesrepublik noch einmal einen neuen Beginn machen, jetzt, da unsere Zivilisation wirklich in der Krise ist.

Diskussionsbeiträge zu einem im Oktober 1982 auf der 34. Frankfurter Buchmesse abgehaltenen Gespräch „Die zornigen alten Männer der Kirche im Kreuzverhör der Jungen", in Peter Weidhaas (Hrsg.): Religion von gestern in der Welt von heute – Streitgespräche und Positionen, Burckhardthaus-Laetare Verlag, Gelnhausen 1983.

Personenregister

Entgegen häufiger Praxis in theologischen Werken wurden in das folgende Verzeichnis die Namen von Jesus, Maria und Joseph aufgenommen, weil Eugen Kogon sich stets das Empfinden für ihre durch ihre Göttlichkeit bzw. Heiligkeit nicht aufgehobene menschliche Personalität in der geschichtlichen Wirklichkeit bewahrte. Die Namen von Eva und Adam wurden aufgenommen, weil er stets Respekt vor der biblischen Tradition bekundete, sie, hier von der anderen Seite her, ebenfalls als personale Subjekte statt als mythische Symbolfiguren zu sehen.

Editionsplan der „Gesammelten Schriften"
von Eugen Kogon

Herausgegeben von Michael Kogon und Gottfried Erb

Band 1: 1995
Ideologie und Praxis der Unmenschlichkeit
Erfahrungen mit dem Nationalsozialismus

Band 2: 1995
Europäische Visionen

Band 3: 1996
Die restaurative Republik
Zur Geschichte der Bundesrepublik Deutschland

Band 4: 1996
Liebe und tu, was du willst
Reflexionen eines Christen

Band 5: 1997
Die reformierte Gesellschaft

Band 6: 1997
Begegnungen

Band 7: 1998
Bedingungen der Humanität

Band 8: 1998
Konservative Anfänge